中国行政体制改革
30年回顾与展望

ZHONGGUO XINGZHENG TIZHI GAIGE
30 NIAN HUIGU YU ZHANWANG

汪玉凯　等著

人民出版社

目　录

导　论

一

在人类发展的历史长河中，30 年也许只能算得上是"弹指一挥间"。然而，对于有着 13 亿人口、30 年计划经济经历的大国——中国来说，这"弹指一挥间"的改革，又是多么的壮观、宏伟。其间，有多少振奋和激动、成功与胜利，又有多少艰辛和痛苦、挫折与失败，我以为只有亲身经历过这场深刻变革的人，才能真正体会到其中的酸甜苦辣和复杂的心路历程。人们也许永远不会忘记，改革开放之初那场思想解放带给人们的精神激荡，以及随之而来社会迸发出对政治变革的无限热情；人们也清晰地记得，计划经济体制是如何被凌厉的市场化改革一步一步逼退，最终被市场经济体制所取代；当然人们也绝不会忘记，中国如何从"闭关锁国"艰难地走向世界，撩开它神秘的"面纱"。

在这场深刻的变革中，我们发现有一个东西似乎一直在深深地影响和伴随着我们，这就是思想解放。换句话说，当我们真正能够坚持思想解放，就像邓小平同志当年所说的"大胆地试，大胆地闯"的时候，我们的事业就会快速健康地发展；反之，我们的事业就可能裹步不前，甚至会反复、倒退。如果把改革开放的 30 年看做是一个艰难的选择过程，那么在这个过程中，我们至少经历了两次大的思想解放：第一次是 1978 年，也就是人们所熟悉的"真理标准"的讨论；第二次是 1992 年，即邓小平同志南方谈话。

应该说，这两次思想解放的方向都十分明确，要解决的问题也非常清晰。就 1978 年"真理标准"的思想解放而言，这是以邓小平、胡耀邦为代表的老一辈革命家发动的一次直接开启改革开放的思想激荡，其方向，就是要通过"真理标准"的讨论，直指引发中国发生动乱的"文化大革命"和否定以阶级斗争为纲，顺利实现党和国家工作重点的转移。通过这场思想解放，我们不仅果断地实现了党和国家工作重点的转移，而且最终坚定不移地踏上了改革开放的征程，使中国进入一个崭新的时代。

就 1992 年的思想解放而言，那是在一个异常复杂而特殊的情况下发生的。众所周知，1989 年中国发生了政治风波，这场风波被平息后，中国的改革开放随之也进入了低谷。且不说在此之后的若干年改革开放毫无实质性进展，就连经济发展也十分缓慢，到 1991 年中国的经济甚至出现了负增长。与此相联系，在政治上，"双中心"的思潮却甚嚣尘上，有的人认为，中国不能简单地坚持经济建设这一个中心，还应该坚持以"反和平演变"为中心。当邓小平同志看到他提出的"一个中心"的思想有可能被动摇的时候，一个 87 岁的老人破门而出，在南方转悠了一圈，发表了著名的南方谈话，从而构成了这次思想解放的主旋律。

实际上，南方谈话在笔者看来，最核心的即为两句话：一是基本路线动摇不得，一百年不能动摇；二是计划和市场都是发展经济的手段，并不决定一个国家的政治制度，资本主义可以有计划，社会主义也可以有市场。正是后面这句话，奠定了中国走市场经济道路的基础。可以毫不夸张地说，在中国改革发展的重要关头，如果没有邓小平同志的这些重要思想，中国后来会不会选择市场经济，中国的改革发展会不会取得今天这样的成效，也许都可能要画上问号。

值得关注的是，在中国改革发展 30 年之际，人们发现，中国的改革发展似乎进入一个战略转折期。其重要标志之一，就是改革的重点正在悄悄地发生变化：如果说过去的改革，我们一直是以经济体制改革为主导，那么越到后来，人们发现，政府也越来越成为社会矛盾的焦点和中心。因此，当 2005 年中央在制定"十一五规划"时，便明确指出，"加快行政管理体制改革，是全面深化改革和提高对外开放水平的关键"。这标志着以政府自身改革为重点的行政体制改革将上升到更为重要的位置。那么人们也许会问，这究竟是为什么呢？难道说过去 20 多年我国所进行的若干次行政体制改革没有发挥作用吗？当然不是。而是说我们政府面临的外部环境已经发生了重大变化，以及政府自身还存在一些深层次问题。这在一定程度上就对我们的公共治理形成了一系列新的挑战和压力。

除了政府自身的问题外，就外部环境的变化而言，笔者认为最主要的特征大概有四个方面：一是中国改革发展取得了巨大成就，但是人们对改革的认同度在下降；二是中国经济持续、快速发展，但是我们付出了过多的资源和环境代价；三是中国社会转型、体制转轨在快速推进，但我们却积聚了大量的社会矛盾和社会冲突；四是中国在国际社会中的影响力越来越大，话语权越来越多，但是中国不断地被西方国家所误读、误解。

问题在于，当以政府自身为重点的行政改革以及与此相联系的政治改革上升到更重要的位置需要我们不断推进这方面的改革时，我们的改革能否取得实质性进展，这是许多人都十分关心的。尽管党的十七大对此已经做出了一系列重要部署，2008 年国务院已经启动了新一轮的行政体制改革，但在笔者看来，要在新的条件下推动这场政府的"自我革命"，没有新的思想解放是很难有实质性进展的。

令人兴奋的是，党的十七大以来，中国似乎正在酝酿一场新的思想解放。那么，这场正在酝酿的思想解放的方向究竟在哪里，无疑是海内外都很关注的。笔者以为，以落实科学发展观为切入点的思想解放，大概不会简单地定格在经济层面，因为市场经济在中国只是完善的问题，而不存在被颠覆的问题。在经济方面中国已经不可能再走回头路了。而中国真正受到内外挤压的，主要还是行政层面和政治层面。原因在于，以经济体制为主轴的改革，越来越遇到诸多政治和行政的制约，如果没有这方面的突破，不仅经济层面的问题难以解决，而且在政治层面遇到的压力似乎也在与日俱增。正是从这个意义上，我们说，这次思想解放能在多大程度上对未来中国产生影响，很大程度上取决于我们在政治和行政方面的作为。值得我们关注的是，前不久，胡锦涛总书记到人民网的《强国论坛》与网民在线交流，引起国内外广泛关注。笔者以为，社会关注这一事件，绝不仅仅是因为最高领导人利用网络这一新兴媒体与网民直接交流，而是领导层真正看到了中国网民在一系列重大公共事件中所反映出的巨大力量对这些公共事件进程的影响，以及中国非营利组织崛起所反映的主流民意对中国民主政治发展的潜在动力。与此相联系，作为中国改革开放前沿的深圳，最近在政治体制改革方面释放出的种种信息，如未来几年市长、局长都要通过差额选举产生，人大代表要实行直接选举等，都值得人们高度期待。种种迹象显示，目前中国正在汇聚的新一轮思想解放，已经成为推动中国政治与行政变革的强大助推器。而中国行政的实质性变革，如果没有政治体制改革的推进，是很难单打独斗的，也是很难取得成功的。

　　2004 年，笔者在发表的《公共治理面临的局势及其应对策略》一文中，曾提出过我国公共治理的十四字方针，这就是："严治官、善待民、创新政体、稳定银根"。几年下来，回过头来再用这一方针和策略审视我们面临的问题，似乎仍具有参考意义。所谓严治官，就是要对我们的官员队伍，进行严格的治理，在法制框架下建立起一套从选任、管理、追究在内的完整的官员问责制，形成对公共权力的有效监督和控制。所谓善待民，就是要真正体现以人为本，坚持"立党为公、执政为民"的理念。确立人民作为国家权力主体的地位，实行行政民主和政治民主。所谓创新政体，就是我们在推动各项改革的时候，一定要把革新政治，推动政治体制的创新，放在突出地位。如果没有政治体制改革的深化，行政体制改革只能解决政府管理的表层问题，很难解决深层次问题。所谓稳定银根，就是我们应该坚持稳健的经济政策，在宏观调控方面，要防止高失业和高通胀风险的交替出现，保持经济的良性和健康发展。

二

在本书即将付梓出版之际，中国几乎以其完美成功举办了北京奥运会。随之而来的是，美国爆发了百年来最大的金融危机，中国又发生了"三鹿毒奶粉"事件。所有这些，对未来中国的公共治理都会产生深刻的影响，也会对政府的政策制定、行政管理形成巨大挑战。深刻分析目前我们面临的局势，找出公共治理的应对策略，对我们下一步的行政体制改革同样会产生重要影响。

从后奥运中国面临的挑战看，主要集中在三个领域：

第一，在经济领域，当前最大的问题是，滞胀的风险在加大。其主要表现：一是中国经济与世界经济高度融为一体，受世界影响越来越大；二是受世界经济周期调整的影响，中国经济发展放缓已成定局；三是股市大幅下挫、楼市岌岌可危，加上美国金融风暴的冲击，使金融风险在积聚；四是通胀的基础不稳，如果要理顺能源、粮食价格，还可能推动物价上涨。

第二，在社会领域，当前最突出的是，一般社会冲突与"疆独"、"藏独"的显性化交织在一起，呈现出更加复杂的局面。

第三，在政治领域，主要是社会对政治体制改革的预期与现实之间差距较大。从中国改革发展的实际进程看，中国的许多问题，表面看似乎在经济、社会领域，实际上根子却在政治领域。如果这方面的改革不能有实质性的进展，中国社会面临的许多深层次问题，很难真正解决。

依据上面的分析，我们认为，决策层首先要对未来事关全局的重大公共治理的议题有准确的判断。这些议题主要包括：一是本轮世界性经济周期会在多大程度上影响到中国；二是中国经济在国际和国内多种因素影响下会不会出现滞胀；三是目前采取的"一保一控"的目标能否实现，难点在哪里；四是未来中国改革发展要突破的关键点是什么；五是新的改革如何才能获得民众的广泛支持。这些问题，不仅构成了后奥运时代中国公共治理的核心问题，而且对政府的公共政策制定、应对策略的选择，都是很大的考验。为此，我们认为应对挑战，主要应该坚持"防滞胀，保增长，让利与民，还权于众"的十四字方针。

关于防滞胀。滞胀是现代国家经济发展中最为严重的一种经济现象，这种现象的突出表现，就是经济停滞和通货膨胀并存。一个国家一旦陷入滞胀泥潭，不仅治理难度大，蔓延时间长，而且有可能进一步引发其他社会问题的爆发。美国在 20 世纪 70 年代由于石油危机导致经济出现长达 10 多年的滞胀；日本在 80 年代末出现的经济滞胀，持续的时间更长，造成的危害更大。从本质上说，滞胀的出现是一个国家通货膨胀长期发展的结果。为了最大限度地防止经济出现滞胀，笔者以为，我们应当采取三方面应对策略：

一是在价值层面，要认真分析目前中国经济产生滞胀的风险及其原因。比如滞胀的风险主要来自国际社会的冲击，还是内在的经济结构、体制机制问题；过去几年我们的宏观政策方面有没有明显的失当，应对的措施是否有力等。只有对这些带有根本性问题有了比较清楚的认识，才有可能做出正确的选择。

二是针对美国金融危机的巨大冲击，我们应该权衡利弊，采取果断的措施。要正确权衡人民币的升值、美元贬值对中国经济产生的影响，把握好二者的平衡点，并在美国的金融风暴中最大限度地规避风险，抓住机会。

我们认为，中国经济出现滞胀的风险之所以加大，还应从总体上进行综合分析，探求其深层原因。近年来，由于中国经济受到世界经济的严重冲击，特别是 2005 年以来，伴随着美元不断贬值、人民币对美元的升值以及世界油价的大幅上涨，对中国的经济发展本已经形成了较大的压力。再加上举办奥运会、美元贬值以及人民币对美元升值这些几乎既定的"答案"，又为国际社会中的大量热钱进入中国在房市和股市中兴风作浪提供了"机会",这在客观上加大了中国宏观调控的难度和不确定性。由此,我们可以看到,2008 年上半年,中国与西方少数国家出现的某些纷争,尽管有中西方价值冲突的一面,但更本质的东西,似乎与隐藏在后面的经济、货币战有关。一方面,美元贬值使中国外汇储备严重缩水;另一方面,当中国的企业不能承受人民币对美元的升值以及高油价,出口下降,甚至倒闭时,刚好为西方国家的企业提供了机会。这无所谓"阴谋论",而是反映了国际社会竞争的严酷。

与此相联系,2001 年中国加入世贸组织,对中国经济同样产生了深刻影响。如果说在此之前,中国还有可能韬光养晦、侧身参与世界竞争的话,那么,加入世贸组织后则把中国推到了世界经济"阵地战"的前沿。随之而来的则是贸易摩擦等各种不是问题的问题,中国几乎都成为被质疑的对象。中国不可避免地卷入世界经济的漩涡之中。在这样的环境下,如果我们自身的问题特别是长期困扰我们的结构性、体制性问题不能有效解决,就增加了未来中国经济发展的许多不确定性,同时也增加了出现滞胀的风险。

三是在宏观经济层面,要把货币政策、财政政策以及必要的政策干预配套使用,使之更具灵活性。要更多地借助市场力量,控制物价上涨,同时又不至于对经济发展造成过大的影响。这方面可以选择的政策工具主要包括:加强对热钱的控制;控制货币发行量,防止流动性泛滥;大幅度地实行减税政策,减轻企业、社会成员的负担;尽快出台解决中小企业融资难的措施,开放民间融资渠道,防止或者减缓中小企业的倒闭及其由此导致的失业等连锁反应。

关于保增长。对于有着 13 亿人口的大国来说,保持一定的经济增长速度是至关重要的。一个显著的例子是,从 1996 年到 2003 年中国曾经历了 8 年之久的高增长、低通胀,为中国的快速崛起发挥了重要作用。从 2004 年以后,中国经济虽然继续保持高增长的势头,但是节节攀升的通货膨胀以及宏观政策的某些失灵,使中国经济逐步陷入困难的境地。所以有学者认为,未来中国经济放缓或出现滑坡,其风险要远大于通货膨胀的风险，中国经济整体进入高成本时代。

就当前中国经济面临的内外环境看，"保增长"的宏观举措优先要考虑以下三个方面：

一是把落实科学发展观放在突出地位，确立以可持续发展为中心的理念和战略，把资源节约、环境友好贯穿在经济发展的每一个环节。这里需要特别指出的是，我们强调要树立以可持续发展为中心的理念和战略，绝不是要否定以经济建设为中心的思想，而是说以经济建设为中心的思想、主张在现阶段集中地体现为以可持续发展为中心的战略。二者在本质上是一致的。坚持可持续发展为中心，更体现了以经济建设为中心的时代特征，它们是包容、继承的关系，而不是扬弃、替代的关系。否则，我们在强调保增长的同时，极有可能重蹈覆辙，继续以往那种粗放式的发展方式，这是必须避免的。

二是要动用多种手段，启动内需，坚持以扩大内需实现保经济增长的目标。一方面由于中国经济与世界经济融入度已经很高，继续受世界经济的冲击和影响是不可避免的，这中间的很多不确定因素是靠我们自己的力量无法控制的；另一方面我们过去那种为了追求经济的高增长，过度地依赖投资、出口两个轮子拉动经济的方式所造成的欠账太多，接下来如果不能在社会分配的结构上做出比较大的调整，解决国家、企业、个人三者之间分配的不合理问题，社会成员特别是普通民众的收入水平不能有明显的提高，内需驱动经济发展就缺乏基础。在这方面，我们要有长远的战略意识，而不要被眼前的得失所动摇。

三是利用经济调整期，优化经济结构，解决长期困扰我们的结构和体制问题。在保增长中，即要有权宜之计的举措，更要注重解决经济结构、体制中深层次问题，实现经济结构的优化，提升产业的素质。从发展的角度看，中国必须过这一关。如果说在过去 30 年我们利用经济全球化的契机与中国特有的廉价劳动力优势，靠某些方面的粗放式增长还给了我们较大的空间的话，那么，随着世界经济竞争的加剧、中国与世界经济的高度融合，这方面的空间越来越小，我们必须花更多的精力优化经济结构，提升产业素质，这样才能整体上提高中国经济在国际社会中的竞争力。

关于让利与民。防止滞胀，保持经济增长的一个重要举措，就是要坚决实施"让利与民"的策略。

从解决政府、垄断行业与民争利的问题看，关键要对政府的自身的行为采取更加严厉的控制手段。这方面可以采取的举措包括：大力整顿政府的各种收费项目，坚决取消不合理的收费；贯彻反垄断法，规范国有大企业特别是具有垄断地位国有企业的行为；大刀阔斧地削减政府的行政支出，加强人大对政府公共财政的监督等。

就让利与民来看，当前重点要解决三个突出问题：一是要实行大规模的减税、减费政策，为企业特别是中小企业、居民个人减轻负担，从而达到刺激经济的目的。二是在利益分配上，重新调整国家、企业、个人在整个利益分配中的比例，改变国家所占比例过高的问题。有资料显示，近年来，我国的居民消费占 GDP 的比例，最低已经降到37%，而世界的平均水平大体在60%左右。在进行这方面的调整时，要更多地向低收入人群、弱势群体特别是农民、农村倾斜，并制定相应的政策。三是要大力发展民营经济，改变目前民营经济发展出现明显逆转的局面。从世界经济发展的经验看，如果没有民族企业的大发展，实际上很难造就持久的民族品牌；从中国改革开放的经验来看，没有民营经济的崛起，中国的经济到不了今天这样的规模和水平。然而，目前的情况是，民营企业过多地受制于"官"：许多行业仍不许民营企业进入，民营企业在贷款、融资方面仍困难重重。可以设想，印度的民营企业米塔尔钢铁公司和塔塔汽车公司，之所以能把美国著名的国际钢铁集团和福特旗下豪华车品牌捷豹和路虎收入囊中，主要得益于民企的雄厚实力。在印度，民营企业从钢铁、汽车、房地产到石油、石化、通讯、金融等等都可以进入；而在中国，这些领域基本都是国资要占绝对垄断地位的行业。上述现象反映的另一个问题是，中国国有企业在国外进行资产并购时，屡遭质疑，困难重重，除了偏见之外，是不是与我们的体制、机制也有一定关系。因此，如何坚持我们早已达成的共识，即国有经济应该尽量退出竞争性领域，给民营经济更大的空间，也许是我们必须从战略上认真考虑的问题。笔者以为，这中间我们似乎一直存在某种误区，就是把国有经济在整个经济结构中所占的比例，与社会政治制度简单挂起钩来，或者与国家的经济安全挂起钩来，其实，这个问题说到底也许就像当年我们对计划和市场认识方面的误区一样，值得我们重新思考。

关于还权于众。后奥运时代的政治发展以及由此产生的对整个社会经济的影响，是不可回避的问题。对于中国这样一种相对独特的政治体制而言，更是如此。前不久，湖南省委书记张春贤提出的"解放思想，还权于民"的主张之所以在社会引起强烈反响，也说明了这一点。我们认为，要应对后奥运时代来自政治方面的挑战，最关键的就要敢于真正还权于民众，坚定不移地推进中国民主政治的发展和政治体制改革。

一是要把"还权于众"作为确立人民是国家权力主体地位、落实党的十七大提出的民主是社会主义生命的重要举措。"还权于众"，实际上就是要还权于广大人民群众，通过还权于众，保障人民当家做主的权力主体地位。

"还权于众"的本质，是"还权于政"。这就要通过现代代议制民主政治，通过人民代表大会，确立宪政的权威性，大力发扬社会主义民主。在后奥运时代，当整个社会对民主政治的发展、政治体制改革的期望值不断升高的情况下，只有大刀阔斧地推进这方面的改革，我们才能总体上减缓来自内外的压力。

二是在具体的应对策略方面，实现还权于众要从解决、落实四种权力开始。这就是张扬民权、废除特权、约束公权、规范党权。

张扬民权，就是要按照党的十七大报告中提出的"人民民主是社会主义的生命"和"民主选举、民主决策、民主管理、民主监督"、保障人民群众的"知情权、表达权、参与权、监督权"以及在基层实现"自我管理、自我服务、自我教育、自我约束"的要求，通过解放思想，进行大刀阔斧的改革。

废除特权，就是要对那些明显不合理、人民群众反映强烈的问题进行坚决的割除，如严格党政领导干部的待遇，建立官员财产公布制度、推进公车改革等。

约束公权，就是要大胆探索一套真正对公权力具有约束力的制度和机制。这是我们面临的难点，也是必须解决的重点。某种意义上说，中国这种制度有多大的张力，在很大程度上取决于我们能不能在这样一个架构下找到一种有效的对公共权力的约束机制和制度设计。

规范党权，就是要按照中央提出的共产党要科学执政、民主执政和依法执政的要求，规范党的权力，真正确立宪政的权威性、民权的本源性和司法的独立性。这样才能保证国家的长治久安，提高党的执政能力和执政水平。

三

由于30年来中国行政体制经历了一个异常复杂的过程，改革的内容广泛，涉及面宽，每次改革面临的环境、问题都有显著的差异，改革的结果也不一样，因此，要准确描绘30年改革的过程、总结改革的经验、教训都不是一件容易的事情。因此，本书主要还带有明显的专题研究的性质。除了对中国行政体制改革的背景、脉络、特点、主要经验等进行综合性分析外，主要内容涉及政府机构改革、纵向权力结构的调整、政府职能转变、政府与社会关系的调整、人事制度与国家公务员制度、改革示范区的行政体制改革、电子政务、建设服务型政府、未来行政体制改革的发展与展望等。本书的整体结构正是按照上述思路展开的，并从不同的层面对这一波澜壮阔的改革，进行了描绘和阐述。

第一章

中国行政体制改革的
基本脉络

　　中国已经进入全面建设小康社会和完善社会主义市场经济体制的关键时期，无论是落实科学发展观，还是构建和谐社会；无论是优化经济结构，还是转变经济增长方式；无论是建立资源节约型和环境友好型社会，还是建设创新型国家，深化行政体制改革都至关重要。因此，中国"十一五"规划明确提出"加快行政管理体制改革，是全面深化改革和提高对外开放水平的关键"[1]；党的十七大报告也指出"行政管理体制改革是深化改革的重要环节"[2]；2008 年中央政府工作报告强调"行政体制改革是深化改革的重要环节，是政治体制改革的重要内容，也是完善社会主义市场经济体制的必然要求"。由此可见，国家对行政体制改革战略地位的深刻认识和高度重视。在党中央、国务院将深化行政体制改革放在各项改革之首，中国社会、经济发展对行政体制提出了更高更新要求等现实背景下，值此改革开放政策实施整整 30 年之际，分析中国行政体制改革的重要背景、梳理中国行政体制改革的主要历程、概括中国行政体制改革的核

---

① 参见《中共中央关于制定国民经济和社会发展第十一个五年规划的建议》，《中共中央关于制定国民经济和社会发展第十一个五年规划的建议辅导读本》，人民出版社 2005 年版。
② 参见胡锦涛：《高举中国特色社会主义伟大旗帜　为夺取全面建设小康社会新胜利而奋斗》，《十七大报告辅导读本》，人民出版社 2007 年版，第 31 页。

心特征、总结中国行政体制改革的基本经验，对推进我国行政体制改革，进而实现国家的宏伟目标，有着十分重要的理论意义和实践价值。①

第一节　中国行政体制改革的背景分析

任何一个国家的行政体制改革都不是孤立的，均受到特定的历史条件和社会经济政治文化发展状况的影响。因此，要想较为全面地知晓改革开放以来的中国行政体制改革，首先必须对这一改革的背景进行理性分析，只有这样，人们才能深入了解改革的缘由、客观评价改革的成败得失，才能准确把握行政体制改革的方向，科学制定应对行政体制问题的有效对策。仔细考究中国行政体制改革的背景，其主要来自国际和国内两个层面。

一、中国行政体制改革的国际背景

现今世界，国际环境瞬息万变，处于国际大环境中的各国行政体制改革无疑亦受到国际因素的影响和冲击。在新形势下，中国行政体制改革面临的国际背景主要有如下三个方面：

---

① 关于加强行政体制改革在中国整个改革中的重要地位学术界进行了深入分析和充分肯定。有学者认为："没有政府体系与经济发展的同步完善，改革开放和现代化建设就会失去一项基本的保障条件。几十年建设社会主义的经验和改革开放的历史性变革都昭示我们，推进政府体系的优化，关系到社会主义民主政治能否发展，关系到经济体制及其他体制的改革能否顺利进行，关系到社会生产力能否得到解放和发展，最后关系到能否实现社会安定和政府廉洁高效，能否形成全国各族人民团结和睦、生动活泼的政治局面。"还有学者指出："深化行政体制改革是由社会主义初级阶段基本矛盾决定的，是全面深化改革和提高对外开放水平的迫切要求，是完善社会主义市场经济体制的重要条件，是加快民主政治建设，解决我国经济社会发展中深层次矛盾和问题的客观需要。"参见任晓：《中国行政改革》，浙江人民出版社1998年版，总序第3页；参见李登峰：《加快推进行政体制改革——"学习贯彻十七大精神　加快推进行政体制改革"研讨会综述》，《国家行政学院学报》2007年第6期，第108页。

（一）全球经济一体化浪潮的影响

20 世纪末期，美国学者赖克指出："我们正在经历一场变革，这场变革将重新安排即将到来的世纪的政治和经济。到那个时候，将不存在国家的产品和技术，不再有国家的经济，至少是像我们所了解的那样的概念。在国家边界以内将剩下的只是构成一个国家的公民"。① 随着 21 世纪的车轮滚滚向前，尽管政治一体化仍遥遥有距，但经济一体化已是不争的事实，并成为国际领域里不可逆转的时代潮流，对各主权国家的政治、经济、文化等方面产生了广泛影响，而作为上层建筑的重要组成部分的行政体制是不可能置身于全球化影响之外而独行其道的。正所谓："全球化是当今世界客观存在的历史发展趋势，是不以人的意志为转移，任何国家都无法回避；全球化是世界科技革命和生产力发展的必然趋势，从总体上推动世界的进步；全球化将推动公共行政的改革，要建立适合全球化要求的管理体制。"② 全球一体化进程对政府管理的影响主要体现在以下方面：

一是国际竞争的日益激烈对政府管理的效率与质量提出了更高要求。全球一体化形成了新的国际竞争规律和竞争态势，使国家与国家之间、地区与地区之间、国家与地区之间的竞争日益激烈。在此背景下，如何不断提升本国的国际竞争力便成为各国关注的焦点和热点。而要增强本国的综合国力和国际竞争力，必须发挥政府的主导作用和重大影响，因此，各国政府唯有进行强力改革，锐意进取，才能提高自身的行政效率和治理能力，改善管理水平和服务质量，更好地应对复杂多变的国际环境，更好地服务于企业和民众，更好地促进综合国力的增强和国际竞争力的提升。"经济的迅速全球化使得保持国际竞争力显得十分必要，这是公共部门制度革新的一个强有力的因素。"③

---

① 参见罗伯特·赖克：《国家的作用》中译本，上海译文出版社 1994 年版，第 1 页。
② 参见周大仁：《"公共行政与全球化"国际研讨会在意大利召开》，《中国行政管理》2000
年第 9 期，第 43 页。
③ OECD："Public Management Development Survey：1990"，Paris：*OECD*, p. 9.

二是全球一体化使各国的政府权力面临增强和弱化两方面的挑战。全球一体化的一个重要标志和结果是权力和影响正在向诸如国际货币基金组织、世界银行等超国家机构流动，这向各个国家的政府权力提出了既要增强某方面权力，又需弱化一些权力的要求。一方面，随着全球化进程的加快，保障信息安全、经济安全等政府权力日渐重要，这就要求政府加强信息安全和经济安全等方面职能。如此，政府不仅需要履行国内行政管理的职能，而且随着政府管理活动向国际领域的渗透，各国政府在国际事务上享有更多的发言权，承担更多的责任，由此可见，全球化使关涉整个世界的国际事务日益增多，从而拓展了各个主权国家政府的活动领域和空间，增强了他们在需要共同处理的国际事务中所行使的权力。诚如 OECD 所指出的："处理国际问题不再是传统涉外部门的唯一职责……所有政府部门甚至地区和地方政府部门，都必须具有追踪、理解和处理的能力，这些源于国际的问题正渗透到各国社会和经济问题的各个方面。这不仅是欧洲统一体公共部门改革的一个重要考虑因素，它也是适用于其他国家。"[①] 另一方面，全球一体化使政府传统上固有的权力渐次出现弱化的趋势。首先，全球一体化浪潮加强了各个国家、地区之间的联系，这引致地方政府机构或者是第三部门在处理地区事务甚或是国际事务中的作用越来越显著。尽管这些组织的作用日渐增强，但其面临的政府监管过多过滥又强烈地抑制着其功能的发挥，因此，它们提出了进行政府分权的要求。其次，全球一体化催生了许多超国家组织，使国际组织日益发展和壮大，而每一个国际组织都制定了一定的条约或规则对各自的成员进行约束和管理，这就意味着各个国际组织的成员国需将自身的部分权力转移给国际组织，从而弱化了自身的权力。例如，凡是加入世界贸易组织（WTO）的国家，其活动不但均必须遵循 WTO 规则，而且当其政府治理方式和行政法制与 WTO 规则发生冲突时，后者享有优先性。针对此种现象，一位加拿大教授分析说："全球化的经济要求国家自由裁量权的某种牺牲，把

---

① OECD："Public Management Development Survey：1990"，Paris：OECD，p. 10.

它们让渡给国际机构并服从国际规则。例如，一个国家的贸易政策越来越受到国际协议的限制。"① 由此可见，全球一体化冲击着政府固有的权力结构，提出了中央和地方、政府与市场、政府与非政府组织、主权国家与国际组织等各方主体之间的权力分配问题。为了适应全球化的要求，为了更好地参与全球竞争与合作，为了谋求在国际竞争中的有利地位，更为了在国际竞争与合作中获得长足发展，各国就必须对行政体制予以相应改革。

（二）全球公共管理改革浪潮的影响

20 世纪 70 年代末 80 年代初，随着后工业时期的来临和经济全球化浪潮的兴起，产生于机器大生产阶段的官僚制模式，不但日益失去其昔日光环与辉煌，而且问题丛生，弊端凸显，从而导致政府管理困难重重，危机四伏。② 为了摆脱管理困境和治理危机，西方各国不得不认真审视政府管理理念，反思政府管理行为和结果，以寻找解决政府实际问题的有效途径，创建旨在指导政府进行良好治理的科学理论。正是在此政府环境下，以英美为代表的西方国家掀起了新公共管理运动，进行了广泛而深入的政府管理体制改革，并对世界上许多其他国家产生了示范效应，以致在 20世纪 90 年代迅速扩展到几乎所有西方发达国家和新兴市场经济国家，并波及处于经济转型中的原苏东国家和其他绝大多数发展中国家，形成了一股世界性的公共管理改革浪潮。

新一轮的全球公共管理改革强调：

1. 政府职能应是掌舵（steer）而不是划桨（paddle）。政府应区分管理活动与具体操作，缩小规模，减少开支，提高效率。

2. 政府服务应以顾客或市场为导向。建立企业家式政府（entrepreneurial government），使其树立顾客或市场意识，从而建设服务政府、便

---

① Savoie, D.: "Reforming Civil Service Reform", *Policy Options*, April 1994, p. 5.
② 周志忍教授指出，当时西方政府面临的困境有三个，即财政危机、管理危机和信任危机。这些危机被认为是前期政府职能扩张和规模膨胀的必然结果。参见周志忍：《当代国外行政改革比较研究》，国家行政学院出版社 1999 年版，第 11—16 页。

民政府与高效政府。

3. 公共管理引入竞争机制。广泛引进竞争机制，打破公共服务供给垄断，建立公私竞争机制，以提高公共服务供给的质量和效率。

4. 借鉴私营部门管理方法。公共组织和私营组织在管理本质上具有相似性，基于私营部门的管理优越性，政府应借鉴其绩效管理、资源开发、人事制度和相关方法、技术，克服政府管理弊端，提高行政效率，改进公共服务质量。

上述公共管理改革措施的实施，使西方政府公共治理模式发生了重大变化，政府行政管理的效率和质量得到很大提升，这对本来就存在众多问题的中国政府管理构成了严峻挑战和巨大压力。正是为了融入世界公共管理改革浪潮，正是为了改善政府管理质量和提升政府管理水平，中国于1978年拉开了包括行政体制改革在内的改革开放序幕，西方国家新公共管理运动的理念、做法与经验也开始在我国迅速传播，对我国行政体制改革的理论和实践产生了巨大影响，也提供了可资借鉴的经验。

（三）全球信息化浪潮的影响

信息化，也即信息社会，是指培育、发展以信息技术、人工智能、新材料和生物技术等为代表的新生产力并造福于人类的过程。20世纪末期，人类社会正步入后工业时代和信息化时代。信息化浪潮的掀起极大地改变了国家的经济结构和社会结构以及人们的生活方式，并对政府管理产生了重大影响。首先，现代高新科学技术革命使民众参与公共管理活动的形式和范围产生了巨大变化，从而影响了公共管理赖以存在的社会基础。其次，信息技术的渗透，大大地加快了知识、思想、文化的传播速度，提高了信息的共享程度，加剧了社会的多元化进程，创造出了无数掌握丰富科学知识和技术的利益群体和多元化的社会需求，使政府的公共服务面临前所未有的挑战。再次，现代通信和信息技术的发展，使社会公共事务管理更加复杂化，时效性更强。政府的传统金字塔式权力结构和信息传递处理方式明显不能适应信息化的需求，从而要求公共部门改革组织结构、运行机制和工作方式，推进管理的扁平化和网络化，同时赋予地方政府、非政府公共部门、普通民众更多自主权。最后，随着信息技术的迅猛发展，国家信息化成为世界诸国普遍关注的焦点。在国家信息化体系建设中，政府信息化又成为整个信息化的关键。推动政府信息化，建设电子政府，是政府管理方式的深刻革命，也是当今时代行政体制的核心课题。因此，全球信息化浪潮提出了变革行政体制的现实需要和迫切要求。

二、我国行政体制改革的国内背景

中国 1978 年以来的行政体制改革的国内背景主要是指政治、经济、文化诸体制的发展变化，以及行政体制自身发展与完善的内在需要，催促政府加强行政体制改革，以实现政治、经济和行政体制的同步协调发展，以及行政体制的日渐成熟和完善。

（一）中国行政体制改革的经济背景

经济基础决定上层建筑，上层建筑服务于经济基础。经济基础的变化，决定了作为上层建筑重要内容之一的行政体制也会发生相应变化，以便建立与经济基础之间的良好关系，更好地为经济基础服务。改革开放以前，中国长期实行高度集中的计划经济体制。在该体制下，政府对经济实施强力干预，政府是配置整个社会资源的主体，国家的各种经济活动都被严格地纳入计划的轨道，企业不过是政府的附属物，没有经营自主权，其产、供、销等各项经营活动都被限制在政府的指令性计划范围之内。客观地说，这种经济体制对巩固国家政权，完成社会主义改造发挥了积极作用。但随着生产力的发展，计划经济体制愈益难以适应发展生产力的要求，成为制约生产力进一步发展的巨大障碍。从 20 世纪 50 年代后期起，尽管我们对这种体制做过一些调整，也试图克服其存在的弊端，但由于观念上的束缚、理论上存在误区，以致无法从根本上解决问题，加之政治领域"左倾"错误思想的发展和影响，使中国的经济长期处于徘徊不前的境地，直至发展到"文化大革命"时期濒临崩溃的状况。

党的十一届三中全会后，中国的改革开放事业首先是从经济领域开始的。如果说政治上的拨乱反正、党的工作重点的转移为改革开放的发动开辟了道路，扫清了障碍，那么，以家庭联产承包责任制的推行为中心的农村改革举措的实施，则标志着拉开了挑战传统计划经济体制的序幕。也正是从那时起，中国迈入了进行经济体制改革和大力推进现代化建设的新阶段。1984 年，党的十二届三中全会通过了《中共中央关于经济体制改革的决定》，该《决定》确认我国社会主义经济是在公有制基础上的"有计划的商品经济"，强调要按经济规律尤其是价值规律办事，充分运用市场机制发展社会主义经济。这打破了将计划经济与商品经济对立起来的传统认识，是社会主义经济理论的一次重大突破，表明中国最终抛弃了长期禁锢人们思想的产品经济模式，并对 8 年之后确定建立社会主义市场经济体制的目标起着承上启下的作用。现在看来，如果没有先期发展"有计划的商品经济"的经济改革，就很难产生以后的"建立社会主义市场经济体制"和"完善社会主义市场经济体制"等经济体制改革的重大战略目标。理论的突破推动了改革实践的发展。1984 年后，中国经济体制改革的重心已由农村转向城市，大力发展有计划的商品经济成为这一时期经济生活的主旋律。与此相联系，经济体制改革也从计划体制、流通体制、财政体制、劳动用工制度、经营体制、所有制结构、扩大企业自主权等方面展开。在经济体制改革的有力推动下，这一时期，中国不仅获得了良好的经济发展态势和较快的经济增长速度，而且乡镇企业异军突起，国防企业"军转民"成效显著，对外开放进一步扩大，这些均极大地推动了中国的现代化进程。1987 年，党的十三大报告，强调社会主义有计划商品经济中计划与市场的内在统一性，提出在社会主义有计划商品经济中建立"国家调节市场，市场引导企业"的新型经济运行机制，这就将市场的地位进一步提高，指出国家的主要管理手段是运用经济手段、法律手段和必要的行政手段，调节市场供求关系，创造适宜的经济和社会环境，引导企业进行正确的决策，这些理论共识标志着中国在政企关系的认识上，又向前迈进了一大步。

　　1992 年邓小平同志的南方谈话提出，"计划多一点还是市场多一点，不是社会主义与资本主义的本质区别。计划经济不等于社会主义，资本主义也有计划；市场经济不等于资本主义，社会主义也有市场。"① 这就从根本上破除了计划经济和市场经济属于社会基本制度范畴的陈旧观念，使多年来关于计划与市场问题的争论摆脱了意识形态的束缚，为形成社会主义市场经济理论清除了障碍。不久，党的十四大确定，把社会主义市场经济体制作为经济体制改革的目标模式。这是社会主义经济理论的又一次重大突破，是对马克思主义政治经济学的重大发展。党的十四大后，按照党的十四大的伟大部署，围绕社会主义市场经济体制的建立，中国加快了经济改革的步伐，调整和优化经济结构，从而极大地促进了经济的发展。特别是1994年出台的计划、财政、金融、外贸等改革方案，表明中国的经济体制改革已向纵深发展。1997年，党的十五大有关经济体制改革一系列重大举措的出台，标志着中国的经济体制改革已发展到以搞好搞活国有企业为重点的新阶段。其中最主要的有：一是把公有制为主体、多种所有制经济共同发展，作为社会主义初级阶段的一项基本经济制度；二是第一次提出公有制实现形式可以而且应当多样化；三是按照"抓好大的、放活小的"的原则，对国有企业实施战略性改组，强调以资本为纽带，通过市场形成跨地区、跨行业、跨所有制及至跨国的大企业集团，采取改组、联合、兼并、租赁、承包经营和股份制、股份合作制、出售等形式，放开搞活小企业；实行鼓励兼并、规范破产、下岗分流、减员增效和再就业工程，形成企业优胜劣汰的竞争机制，等等。党的十五大做出的上述重大决策，不仅为国有企业的改革发展、摆脱困境指明了方向，而且也预示着中国经济体制改革，在世纪之交，已进入了攻坚阶段。

2002年党的十六大指出，21世纪前20年经济建设和经济改革的首要任务是完善社会主义市场经济体制，推动经济结构的战略性调整；2003年党的十六届三中全会审议通过了《关于完善社会主义市场经济体制若干问题的决定》，上述两项战略举措标志着中国经济体制改革进入了以完善为主题的新阶段。2007年党的十七大强调，实现未来经济发展目标，

---

① 《邓小平文选》第三卷，人民出版社1993年版，第373页。

关键要在转变经济发展方式、完善社会主义市场经济体制方面取得重大进展。这是中国共产党在深入探索和全面把握我国经济发展规律基础上提出的重要方针，也是从当前我国经济发展的实际出发提出的重大战略。在这一重大方针的指导下，2007 年以来，中国继续不断深化国有企业公司制股份制改革，深化垄断行业改革，建设国有资本经营预算制度，完善各类国有资产管理体制和制度，推进集体企业改革等经济建设和改革措施，取得了可喜的成绩。

以上分析表明，无论是改革开放前高度集中的计划经济体制，还是改革开放以来市场导向的经济改革，事实上都为中国的行政体制改革创造了广阔而复杂的经济环境，而这种背景的任何变化，都会直接或间接地影响到行政体制改革本身，对行政体制形成极大的挑战。为了适应不断变化的经济环境，改革中国行政体制刻不容缓，否则，我国上层建筑与经济基础之间的不一致和上层建筑改革的滞后性将成为经济体制改革和经济发展的严重桎梏，进而影响现阶段国家完善社会主义市场经济体制和夺取全面建设小康社会新胜利宏伟目标的最终实现。

（二）中国行政体制改革的政治背景

中国行政体制改革的政治背景，主要是指新中国成立以后的政治发展和政治体制。1949 年，依据《中华人民共和国共同纲领》，中国迅速在全国建立起新的国家政权。1954 年制定了第一部宪法。在新中国成立初的若干年里，随着各项事业的展开，中国的政治发展、政治体制运作，从整体上看是健康的、积极向上的。与此相联系，中国行政体制也显现了一定的活力，发挥了一定作用。令人遗憾的是，社会主义制度基本确立后，随着"左倾"错误的产生和蔓延，中国的政治体制运作、政治发展开始偏离原来的轨道，党的一元化领导被曲解为党包揽一切，党和国家的政治生活长期处于无序、混乱状态，以致政府的管理活动也被大大削弱，从而形成了党政一体化的格局，政府对社会经济的有效管理功能，被以阶级斗争为纲所取代。在该历史时段，如何使国家的政治发展步入健康轨道，使政府管理有序化，成为人们长期苦苦思索和试图解决的问题。

1978 年 12 月党的十一届三中全会的召开，是新中国建立以来中国共产党历史上具有深远意义的伟大事件，也是中国的政治发展、政治体制运作步入健康轨道的重要标志。党的十一届三中全会后，全党不仅顺利实现了工作重心的转移，摈弃了"以阶级斗争为纲"的错误口号，并通过规模空前的思想解放运动，拨乱反正，平反冤假错案，使中国顺利踏上了改革开放的征程。1980 年 8 月，邓小平所做的《党和国家领导制度的改革》的重要讲话，全面阐述了改革党和国家领导制度的重要性和必要性，并第一次提出了制度问题至关重要的著名论断。1982 年 9 月召开的党的十二大，进一步提出"建设高度的社会主义民主，是我们的根本目标和根本任务之一"，"社会主义民主的建设必须同社会主义法制的建设紧密地结合起来，使社会主义民主制度化、法制化"。同年年底召开的五届全国人大第五次会议，通过了新的《中华人民共和国宪法》和《中华人民共和国全国人民代表大会组织法》、《中华人民共和国国务院组织法》。新宪法和国家机构组织法的颁布，标志着党的十一届三中全会以来中国政治发展在新的历史条件下取得了重要的阶段性成果。1985 年 6 月，全国农村人民公社实现政社分开，完成了组建乡政府的工作，改变了在农村基层政权党包揽一切的状况。1987 年 10 月召开的党的十三大，较为全面地提出了中国政治体制改革的设想，即"改革的长远目标，是建立高度民主、法制完备、富有效率、充满活力的社会主义政治体制"，"改革的近期目标，是建立有利于提高效率，增强活力和调动各方面积极性的领导体制"。党的十三大把政治体制改革提到重要议事日程，从根本上说，是为了适应经济体制改革不断深入的要求，其积极意义是显而易见的。1992 年，在党的第十四次全国代表大会上，江泽民明确提出，"我们应当在发展社会主义民主，健全社会主义法制方面取得明显进展，以巩固和发展稳定的社会政治环境，保证经济建设和改革开放的顺利进行。"党的十四大关于发展社会主义民主、加强社会主义法制的任务部署，是在建立社会主义市场经济体制的目标下提出的。为了实现这一目标，党的十四大后，中国在政治体制改革方面，除了进行行政体制和机构改革外，把重点主要放在健全和完善人民代表大会制度，加强中国共产党领导的多党合作和政治协商制度以及法制建设等方面，并获得了良好成效。1997 年党的十五大是新中国成立以来又一次继往开来、有着深远历史意义的重要会议。这次会议在政治领域，不仅继续强调要深化政治体制改革，发展社会主义民主和法制，而且第一次把建立法制国家，作为建设社会主义的一个重要目标，这就使中国的政治发展、政治体制运作在新的历史条件下有了更丰富、深刻的时代涵义。2002 年，江泽民同志在党的十六大报告中指出，发展社会主义民主政治，建设社会主义政治文明，是全面建设小康社会的重要目标。围绕这个目标，报告对我国的政治建设和政治体制改革做出了具体部署，强调除了要深化行政体制改革外，还应坚持和完善社会主义民主制度、加强社会主义法制建设、改革和完善党的领导方式和执政方式、改革和完善决策机制、推进司法体制改革、深化干部人事制度改革、加强对权力的制约和监督、维护社会稳定。这些方面的建设和改革，可以说是坚持党的领导、人民当家作主、依法治国相统一的具体化，也是当前和今后一个时期我国政治建设和政治体制改革的着力点。2007 年党的十七大报告提出，要深化政治体制改革，并明确强调我国政治体制改革的深化必须坚持一个方向、一个根本、一个目标，即必须坚持正确政治方向、以保证人民当家作主为根本、以增强党和国家活力、调动人民积极性为目标，这表明随着经济体制改革进入攻坚阶段，我国的政治体制改革必须予以深化，力争取得实质性的进展和更大的突破。

通过以上分析，我们可以清楚地看到，新中国建立以来，尽管中国的政治发展、政治体制运作经历过曲折的发展过程，留下了诸多深刻的教训，但有一点是毋庸置疑的，即党的十一届三中全会前后中国的政治发展、政治体制运作有着鲜明的不同。如果说党的十一届三中全会以前的种种教训，迫使我们不得不进行包括行政体制改革在内的政治体制改革的话，那么，党的十一届三中全会以来政治体制改革的步步深入，则为行政体制改革的开展、深化提供了强有力的保证。

（三）中国行政体制改革的文化背景

我国政治、经济体制改革的发展，深刻改变了我国社会生活的方方面面，引起了社会文化体制的变化发展，而这些因素的变化也会对行政体制改革产生影响。首先，教育事业的发展，门类齐全、结构完整的教育体系的建立，促使中国人接受教育的机会大大增加。公民科学文化素质的提高，使其更能理解和支持社会主义改革开放事业，为改革提供良好的人文环境，推进了我国政府管理体制改革。其次，改革开放解放了人民的思想，开阔了人们的视野，在全国上下形成了良好的改革氛围，以致开展和加强我国各项改革事业，成为全国人民的共识，为我国各项改革奠定了坚实的民众基础、争取了广泛的民众支持。再次，我国政府提出了"科教兴国"的发展战略，在全国形成了崇尚教育、发展科技的学习型社会。学习型社会的发展，极大地激起了我国政府领导干部和公务员的学习积极性，有力地促进了学习型政府的形成，从而提高了政府部门工作人员的专业素质和工作能力，为行政体制改革的日益深入提供了强大的精神动力和智识支持。

（四）中国行政体制自身发展的内在需要

中国行政体制改革除受中国整个经济、政治、文化发展变化情势的影响外，还深受其自我调整和完善的内在需要驱动，是内外因素综合作用的结果。世界上任何一种行政体制都不可能是完美无缺的，即使通过一次或几次体制改革，使体制日趋成熟和完善，但随着外界环境的变化以及体制自身运行过程中产生的新矛盾、新问题，以致体制改革的课题时常被提上日程。我国行政体制历经多次改革，尽管取得了巨大成就，但在机构、职能、运行机制等方面仍然存在诸多问题，需要进行持续不断的改革，以满足自身发展的内在需求，更好地为经济建设、经济和政治体制改革服务。从本质上而言，行政体制改革是一个不断解决体制本身内在矛盾和回应外在环境变化从而达到自我完善并与外界环境保持动态平衡、协调发展的过程，它是外界环境客观要求和行政体制满足自身内在需求等多种合力综合作用的结果。

第二节　中国行政体制改革的历程

党的十一届三中全会以来，我国曾进行多次行政体制改革，但较大规模的改革主要有六次，依次是 1982 年、1988 年、1993 年、1998 年、2003 年、2008 年改革。尽管这些改革前后时间跨度达近 30 年之久，每次改革也各有侧重，然而仔细梳理改革历程便可发现，上述诸次改革蕴涵着三大主题和四条主线。

一、"三大主题"

改革开放以来，中国的行政体制改革主要围绕打破高度集中的计划管理体制、转变政府职能、建立宏观调控体系三大主题展开。

从改革的具体过程看，三大主题大体是依循改革开放的历史进程和时间序列展示出来的。换而言之，这三大主题的选择不是于顷刻之间做出的，而是由中国改革开放事业在不同发展阶段面临的重大问题和需要完成的主要任务决定的。例如，改革开放之初，中国面临的最大问题是如何打破高度集中的计划管理体制模式，为改革开放的顺利推进奠定良好的政府环境。为解决这些难题，中国政府进行了一系列重大政策调整，并将行政体制改革的主题定为简政放权、冲破高度集中的计划管理体制。又如，1984 年后，随着中国改革重点的转移，传统的"全能政府"下的政企不分、政事不分的弊端日益显现，成为制约经济体制改革的巨大障碍，因此转变政府职能、实现政企政事职责分开，就成为继续推进经济体制改革的关键。基于此，党的十三大首次提出转变政府职能的要求，并成为后来历次行政体制改革的又一个主题。还比如，1992 年党的十四大确立建立社会主义市场经济体制的目标后，伴随市场经济在中国的迅猛发展，政府在市场经济条件下扮演什么样的角色，如何处理政府与市场的关系，以及在社会资源配置主体发生重大变化之后，政府怎样有效地发挥宏观调控职能，成为行政管理领域必须解决的重大课题。因此，党的十四大以后的行政体制改革，主要是围绕适应社会主义市场经济发展的要求，建立宏观调控体系以及与此密切相关的政府职能转变、政企职责分开、建立现代企业制度、加强国有企业改革等一系列关键问题而展开的。

二、"四条主线"

与遵循时间序列的上述三大主题相联系，中国行政体制改革过程中还自始至终贯穿着四条主线，即机构改革、干部人事制度改革、中央和地方权限的调整与划分、行政法制建设。

（一）机构改革

当代政府管理理论认为，机构既是公权的载体，亦是职能行使的平台。在政治层面，机构反映了权力的配置和划分；在行政层面，机构反映了职能履行的现实需要，因而机构改革历来是我国政府管理中的热点问题，也是行政体制改革中的敏感问题和核心内容之一。改革开放以来，伴随着中国六次大规模的行政体制改革，中国也毫无例外地进行了六次机构改革，可以说，每次行政体制改革都有机构的调整和人员的精简，凸现了机构改革在我国行政体制改革中的重要地位，使其成为贯穿我国行政体制改革历程中的一条鲜明主线。

（二）干部人事制度改革

无论政府的管理还是服务职能，均需通过行政组织中的公务人员去履行和完成。因此，要保证政府职能的有效高质执行，必须建立良好的干部人事制度，科学地选拔、培养和使用公务人员，提高公务员忠于职守、尽职尽责的积极性。我国原有的干部人事制度存在严重的弊端，即干部职务终身制、缺乏科学的人才分类管理、缺乏公开公平竞争选拔的机制、缺乏考核、升降、奖惩、辞职、罢免、退休等管理制度。正缘于此，干部人事制度改革成为改革开放后中国行政体制改革中的另一条主线。从 1982 年起，我国行政体制改革进程中，提出了干部队伍"四化"方针，建立了干部离退休制度，下放干部管理权限；实行委任、选任、考任、聘任等多种干部任用模式，探索人才分类管理的思路，起草、修改《国家公务员暂行条例》，在部分政府机关试点国家公务员制度。1993 年 8 月，国务院颁布了《国家公务员暂行条例》，并决定大体用三年或更多一点时间，在全国范围内基本建立起国家公务员制度。经过各地各部门的共同努力，1998 年年底，国家公务员制度在中央和省、地（市）、县、乡（镇）五级政府机关基本建立。国家公务员制度的建立，标志着中国在干部人事制度改革方面取得了重大进展，为建设高素质、专业化的公务员队伍，奠定了良好的制度基础。2005 年《国家公务员法》的颁布和 2006 年的正式实施，是我国干部人事管理制度上的重大改革举措，标志着我国公务员制度的日益成熟和完善。经过多年的干部人事制度改革，当前我国政府机关人才的选拔和任命，严格按照公开、公平、择优、竞争的原则，推行竞争上岗和岗位轮换制度，从而保证了机关人员分流工作的顺利进行，同时又增强了干部队伍的活力，使多年来机关干部能上不能下、能进不能出的状况得到明显改善，也促使一批优秀年轻干部脱颖而出，改变了政府机关人员结构，提高了公务员的整体素质及其尽职尽责的积极性，从而促进了政府执行力和管理服务效率的提升，推动了现代化事业的顺利进行。

（三）调整中央与地方的权限

调整中央与地方的权力关系，合理划分中央与地方的事权和财权，是新中国建立后中国行政体制改革长期探索的一个重要问题，也是党的十一届三中全会以来行政体制改革过程中始终关注的中心议题之一。因为这个问题妥善解决与否，关系到能否有效地破除长期困扰中国的高度集中的管理模式，调动中央与地方两个积极性，充分发挥地方、基层的自主性、创造性，维护中央的权威性和政令的统一性。特别是在发展社会主义市场经济的条件下，其还对宏观调控体系的建立和宏观调控权的行使产生重大影响。

改革开放以来，中国在调整中央与地方的权限方面，从整体上看，经历了一个较为曲折的过程。在 1988 年前，主要是以中央向地方放权让利，扩大地方自主权为主。党的十一届三中全会明确提出调整中央与地方权力关系的任务。按照党中央的要求，从 1980 年起中国行政体制改革围绕这个中心，采取了一系列重大举措：1980 年决定实行"分级包干"、"分灶吃饭"的财政体制；1984 年《中共中央关于经济体制改革的决定》发布后，进一步扩大了地方的自主权；1987 年党的十三大，对调整中央与地方关系提出了明确的要求："凡是适宜于下面办的事情，都应由下面决定和执行。在中央与地方的关系上，要在保证全国政令统一的前提下，逐步划清中央和地方的职责，做到地方的事情地方管，中央主要负责大政方针的制定和监督政策的执行情况。"按照党的十三大提出关于调整中央与地方关系的原则精神，从 1988 年起，中央又先后下放了外资企业审批权、外贸企业审批权等。

上述改革措施的实施，尽管较好地调整了中央与地方的职权关系，但因操作过急过猛，引起了某些混乱，导致了地方主义的孳生。针对这一状况，从 1988 年后，在调整中央与地方的权力关系方面，中央采取了更为稳妥的步骤，既强调该下放给地方的权力要继续下放，又强调中央必要的统一和集中，从而保证了改革措施的顺利实施。1992 年党的十四大，对调整中央与地方的关系，提出了新的目标和要求，即要适应社会主义市场经济发展的要求，合理划分中央与地方的管理权限，发挥中央和地方两个积极性。依据这些要求，中央相继制定了一系列政策，进一步调整中央与地方的关系。特别是 1994 年年初出台的财政、金融、税收、计划、外贸等体制改革措施，以及在此之前做出的关于建立社会主义市场经济体制若干问题的决定和此后的各项关于明确中央和地方职责权限、理顺中央与地方关系的改革，对提升中央与地方权限划分的合理性、制度性和规范性，确立宏观调控体系，发挥了重要的促进作用。

（四）加强行政法制建设

行政法制是国家行政体制的基础，一个国家要进行有效的行政管理，就必须把国家的行政管理建立在牢固的行政法制的基础之上。而行政体制则是行政机关的组织结构、组织原则和管理方式的制度化表现形式，要使这种体制充分发挥作用，就必须把实现行政体制的制度化、法制化放在重要地位，以此规范行政体制的运作，规范管理活动的过程。按照这一要求，中国在党的十一届三中全会后的 30 年行政体制改革中，把加强行政法制建设，建章立制，用法律规范行政活动，始终作为一个重要的内容。鉴于十年"文化大革命"对中国法制的严重破坏，改革开放之初，中国法制建设的重点是重新恢复法律法规的权威，重建行政法制，并对新中国建立以来颁布实施的法律规范进行了全面清理。如 1979 年，全国人民代表大会常务委员会做出了关于中华人民共和国成立以来制定的法律、法令效力问题的决议，并以法令的形式重申，五届人大以前颁布的但不与其后颁布的法律、法规相抵触，并未被其后颁布的法律、法规明令废止的法律、法规仍然有效，以保证中国行政法制的连续性和统一性；对一些比较重要的法律、法规还予以重新公布，以强调其现行效力。在对新中国成立以来颁布实施的法律、法规的清理中，还废止了一批已经过时或特定情况发生了变化的法律、法规。在废止的法律、法规中，已由新法规规定废止的 13 件，由新法规代替的 41 件，由于调整对象或情况发生变化而不再适用或者已经停止执行的 29 件，已经过时的 30 件，总共 113 件。

1992 年党的十四大提出了建立社会主义市场经济体制的宏伟目标。而市场经济本质上是一种法治经济。法制是维持市场秩序的有效保障。一个完善的法律体系是促进经济发展和社会进步的必要条件。因此，党的十五大确立了依法治国方略，法治被写入宪法和政府工作报告。而依法治国的重要内容之一便是依法行政。为实现依法治国方略，国家确定实施依法行政建设法治政府的目标，并计划用 10 年的时间实现这个伟大目标。而要做到依法行政建设法治政府，就必须加强行政法制建设。近年来，中国大大加快了行政立法的步伐，制定、颁布、修改了一大批与建立和完善社会主义市场经济体制密切相关的法律、法规，从而保证了市场经济的健康发展。这些法律、法规中，规范行政管理主体的有：1993 年颁布的《国家公务员暂行条例》；1994 年颁布的《中华人民共和国国家赔偿法》；1995 年颁布、2004 年修订的《中华人民共和国地方各级人民代表大会和地方各级人民政府组织法》；1996 年颁布的《中华人民共和国行政处罚法》；1997 年颁布的《中华人民共和国行政监察法》；1999 年颁布的《中华人民共和国行政复议法》；2001 年修订的《中华人民共和国民族区域自治法》；2003 年颁布的《中华人民共和国行政许可法》；2005 年颁布的《中华人民共和国国家公务员法》，等等。规范各部门、行业管理的主要包括：1995 年颁布、2002 年修订的《中华人民共和国保险法》；1995 年颁布、2003 年修订的《中华人民共和国中国人民银行法》和《中华人民共和国商业银行法》；1996 年修订的《中华人民共和国统计法》；1999 年修订的《中华人民共和国会计法》；2000 年修订的《中华人民共和国外资企业法》；2001 年颁布的《中华人民共和国药品管理法》；2006 年修订的《中华人民共和国义务教育法》；2006 年颁布的《中华人民共和国企业破产法》；2007 年颁布的《中华人民共和国劳动合同法》；等等。

除了健全、完善行政法制体系外，在行政体制改革中，中国还从组织上加强行政执法机构的建设，加大对行政执法监督的力度。改革开放以来，中国在政府机关先后建立了环境保护、土地管理、食品卫生、财务审计、监察等机构，并对工商、税务、公安、司法、海关等行政机构进行了整顿、加强，建立了行政诉讼和行政复议制度，从而大大加强了行政执法的力度，也强化了对行政执法的监督。

第三节　中国行政体制改革的主要特点

众所周知，现今中国面临着深化行政体制改革的重大任务。为了有效地推进行政体制改革，使改革沿着正确的轨道前进，人们必须准确把握行政体制改革的主要特点和基本规律。纵观中国行政体制的改革历程，不难发现其具有以下几个主要特点：

一、行政体制改革历程的渐进性

行政体制改革的渐进性，是通过从"外延型"改革向"内涵型"改革的发展变化表现出来的。所谓"外延型"改革，是指在基本不触动政府组织结构、权力关系和行政体制模式的前提下，注重机构的裁减、合并，人员的精简等量的控制的行政体制改革路径。而"内涵型"改革，则是指在重视控制政府规模、人员数量的前提下，聚焦政府组织结构和权力结构的调整以及政府职能的合理配置等方面的行政体制改革路径。从中国行政体制改革的实践看，上述两种情形显现于改革的不同发展阶段，并从总体上表现出由前期的"外延型"向后来的"内涵型"发展、演变的趋势。

中国行政体制改革的这一特征说明，在改革初期，由于改革开放主要围绕经济政策的调整、适度的简政放权而展开，在政策对经济发展的推动还没有发展到与传统的行政体制形成尖锐冲突时，随着各项事业的全面展开，政府机构及其人员也在原有的体制运行轨道上迅速膨胀。在这样的情况下，行政体制改革很自然地沿袭了改革开放前"外延型"改革模式，重点关注精简机构与裁减人员等量的方面。

但是，随着经济建设的不断发展和经济体制改革的不断深入，特别是建立社会主义市场经济体制目标的提出以及社会主义市场经济体制的日益发展，传统的行政体制与经济发展、社会进步之间的内在矛盾日渐突出，成为中国经济建设和经济体制改革进程中的重大制约因素。要使政府管理体制适应经济体制改革的要求，适应市场经济发展的规律，就必须从行政管理的理念、原则、政府组织结构、权力关系、职能配置和管理方式等方面，进行根本性的改革。转变政府职能、实现政企分开，加强政府宏观调控，以及建立办事高效、运转协调、行为规范的行政体制等一系列新的改革目标的提出，标志着中国行政体制改革已由"外延型"模式向"内涵型"模式的转变，并反映了中国行政体制改革由表及里、由浅入深的渐进性特点。

二、行政体制改革目标的多元性

中国行政体制改革，大体处于政治体制改革与经济体制改革的中间地带，属于政治体制改革范畴。① 从根本上说，改革开放以来的中国经济体

---

① 参见汪玉凯：《中国行政体制改革 20 年的回顾与思考》，《中国行政管理》1998 年第 12 期，第 10 页。

制改革主要是解决计划与市场的关系问题，这无疑是影响现代化建设全局性的关键问题。其间，虽然经历了许多曲折，一些具体目标的选择也日益发生变化，但市场化改革的趋势始终未变，这也是中国最终能够达成建立社会主义市场经济体制目标共识的重要原因。中国政治体制改革的目标，主要是完善社会主义民主法制，解决执政党、政府与人民群众的关系问题，建立具有中国特色的社会主义民主政治。值得注意的是，不管是经济体制改革目标还是政治体制改革目标，对行政体制改革目标的选择均产生了重大的影响。从经济层面看，与经济体制改革的重点是解决计划与市场的关系问题相联系，中国行政体制改革主要是通过转变政府职能以解决政企职责不分等问题；通过改变政府管理方式，即由直接管理向间接管理转变、由微观管理向宏观管理转变、由以行政手段为主向主要依靠经济和法律手段转变，建立强有力的、适应市场经济发展要求的宏观调控体系等问题。从政治层面看，与政治体制改革的核心是要坚定不移地发展社会主义民主政治相联系，行政体制改革之关键则是解决政府的权威、权力、行为与效率等问题。也就是要通过改革，树立政府管理的权威，防止行政权力的滥用，规范政府行为，提高行政效率。以上说明中国行政体制改革的目标模式不是单一的，而是多元的。这种多元性，既反映出市场化的客观要求，又体现出民主化的内在规律，可以说是市场化、民主化在特定历史条件下对行政管理提出的新要求。

行政体制改革目标的多元性，归根结底是由这一改革任务的综合性决定的。在中国，行政体制改革属于综合性的改革。从社会基本矛盾的发展、演变看，这种综合性表现为当社会生产力发展到一定水平时，必然要求变革旧的生产关系；同样，当经济基础发生变化时，也必将推动上层建筑领域的适应性改革。因此，当行政体制改革的诉求被提出后，它就被同时赋予了变革生产关系和上层建筑的双重任务：一是通过调整生产关系，克服旧体制下形成的某些束缚生产力发展的障碍，促进新的生产关系的建立；二是通过改革去除上层建筑领域中的某些弊端，巩固新的经济基础。这就是说，行政体制改革任务的多重性，是通过其目标的多元性表现出来的；而其目标的多元性，又反映了其任务综合性的客观要求。

三、行政体制改革的复杂性

任何改革都是一项系统工程，均涉及方方面面的利益调整，表现出相当的复杂性，中国行政体制改革亦毫不例外。中国行政体制改革的艰巨性、复杂性，主要表现在以下三个方面：

第一是利益调整的复杂性。众所周知，我国行政体制改革，是对高度集中的计划经济体制下形成的既定权力和利益格局的改革和重新调整，它无疑会触及许许多多的既得利益组织、群体和个人，以致引起他们的不满，甚至产生抵触情绪，从而产生一股影响改革进程的强大阻力，增加了改革的艰巨性和复杂性。例如，精简机构，裁减人员，就意味着有部分行政组织及其人员将失去或部分失去原有的权力和地位；下放权力、转变政府职能、实行政企分开、减少行政审批，也会使一些机关、人员的权力被剥离、利益受削减；加强行政监督、推行政务公开，虽然可增强政府行为的透明度，规范政府行为，减少权力腐败，深受民众欢迎，但未必得到某些相关利益部门及领导者的认可和接纳。诚如笔者曾指出的，中国行政体制改革在取得很大成就的同时，也面临着巨大的困难，而这种艰难性主要是源于改革所涉及利益调整的艰巨性和复杂性。

第二是行政生态环境的复杂性。行政生态环境是行政体制改革的外部条件，是一切行政活动赖以生存和发展的空间。行政生态环境的变化都会引致行政体制做出相应的变革或调整，以保持与行政生态环境的适应性，建立二者之间的动态平衡关系。比如，中国行政体制改革中任何一项政策的制定、实施，都是在特定的社会经济环境下进行的，当时的行政体制状态、政治经济形势、人们的社会文化心态、改革主体的决心以及国际环境等因素，都会直接或间接地对行政体制改革产生一定的影响，从而使改革表现出异常的复杂性。特别在改革开放初期，中国行政体制改革面临的是一个有着长期封建文化传统、"官本位"思想根深蒂固、法制不健全、民主政治落后等不利环境，使改革每前进一步，都表现出极大的艰巨性和复杂性。行政生态环境的复杂性，说明行政体制改革不可能孤军奋进，更不可能一蹴而就。因此，在推进体制改革的进程中，我们不仅要高度重视改革举措与客观要求之间的相对适应，考虑各类相应的配套改革措施，而且还要高度注意改革的时机，准确把握改革的节奏等。

第三是实现政企分开的艰难性。实现政企职责分开，是行政体制改革的一个重要目标，也是发展市场经济、建立现代企业制度的客观要求，但在具体改革过程中却遇到了诸多阻力。例如，就企业而言，由于长期生存于计划经济体制之下，要使其在短时期内按照市场经济要求，转变经营思想、管理方式，真正成为自主经营、自我发展的独立法人实体，参与市场竞争，并不是一件容易的事情。一些地方至今存在的、企业"不找市场找市长"的现象，就充分说明了这一点。而对于政府来说，在直接管理企业、频繁使用行政命令、参与招商引资和城市开发等方面，早已习以为常，轻车熟路，要让其转变职能，实行政企分开，无论从观念上还是实际行动中，都绝非易事。可见，实现政企分开，尽管主要矛盾首先在政府方面，政府要通过自身改革，理顺与企业的关系，从组织形式上消除直接管理企业的可能性，但是如果不加快企业改革的步伐，培养和提升企业作为市场主体的意识，不大力培育发展市场、创造公平竞争的外部环境，政企分开的目标仍然难以实现。这种现象，从一个侧面反映出行政体制改革的艰巨性、复杂性和长期性。

第四节　中国行政体制改革的经验总结

在 30 年的改革开放进程中，中国行政体制改革尽管遭遇的困难颇多、阻力重重，以致每次改革之后总是难免出现或多或少的反复，似乎始终难以走出机构精简与膨胀的循环怪圈以及职能转变的艰难困境，引起了社会舆论的不满。但更客观地说，每次改革均不是原地踏步、毫无成效的，比对 1978 年以前的行政体制及其改革，目前中国的行政体制及其改革不可同日而语，其在取得许多令人瞩目的辉煌成就的同时，也彰显了丰富的改革经验。因此，在中国各项改革处于攻坚阶段的现时，总结行政体制改革的成功经验，无疑能为下一步的体制改革提供明确的行动指南和强大的智识支持，无疑有利于促进整个改革的顺利深化。

分析中国行政体制改革的背景、历程和基本特点，人们便可发现其积累了以下堪为典范的可贵经验：

一、体制改革必须尊重中国的基本国情

由于每一个国家的历史不同，现状有异，各国的改革可能迥然有别。只有从本国国情出发，才能为改革取得成功奠定良好的前提条件，而任何不顾国情，奉行"拿来主义"的做法，只可能以失败告终。这是一条国际经验，也是中国行政体制改革过程中信守的一条基本原则。仔细分析中国 30 年来的行政体制改革，便可发现其始终极其尊重中国的基本国情和客观实际①，高举改革开放的伟大旗帜，创造一种中国特色的改革模式。我国的基本国情是国土面积辽阔，地区经济发展不平衡，人口众多，人均国内生产总值比较低，仍处于社会主义初级阶段。针对这种实际情况，我国行政体制改革采取"摸着石头过河"的方法，每项重大改革措施出台前，均在某些地区先行试点，如果试点成功，则在全国广泛推行。这种改革模式充分注意到了国情的适应性，降低了改革失败的几率，保证了改革渐次有效地推进。当前，我国经济社会正处在深刻变革和全面转型的关键时期，政治体制改革亦进入攻坚阶段，作为整个改革的中心环节以及经济和政治体制改革结合部的行政体制改革面临着更为错综复杂的矛盾，承受

---

① 邓小平曾经指出，政治体制改革一定要"根据自己的特点，自己国家的情况，走自己的路"，"既不能照搬西方资本主义国家的做法，也不能照搬其他社会主义国家的做法，更不能丢掉我们制度的优越性"。正是在邓小平思想的指导下，我国的各项改革均是在注重实际国情的前提下开展的，并取得了显著的成效。《邓小平文选》第三卷，人民出版社 1993 年版，第 256 页。

着更加巨大的压力。在此特殊情势下，现阶段我国的行政体制改革既不能操之过急，也不能畏缩犹豫；既要"摸着石头过河"，又要"架桥铺路"①；既要加强统一部署，又要避免"一刀切"（one size fits all）。具体而言，现今中国的行政体制改革，应从现阶段中国的各项实际情况出发，准确把握我国经济政治体制改革目标和任务对其提出的客观要求，并深刻分析和紧密结合行政体制自身所存在的各种矛盾和问题，制定统一的改革战略和因地制宜的改革措施。

二、体制改革必须坚持正确的指导思想

改革开放以来，中国行政体制改革取得伟大成就的一个主要原因就是始终坚持正确的指导思想，从而保证了改革沿着正确的方向和轨道不断推进和走向成功。党的十一届三中全会以前，由于受"左"的错误思想指导，中国行政体制改革不但没有明显的建树，而且旧有的一些体制成果也遭到了严重破坏，使加强行政体制改革相当紧迫和必要。改革开放以来，中国吸取此前的深刻教训，自始至终以正确的思想为指导，初期是以邓小平理论为指导，后来随着"三个代表"重要思想和科学发展观的产生和发展，我国行政体制改革在选择指导思想上亦与时俱进，即坚持以邓小平理论、"三个代表"重要思想和科学发展观三大理论为指导。在这些科学理论的影响下，我国行政体制改革以适应和服务社会主义市场经济体制为终极目标，以转变政府职能为核心环节，加强和完善政府的经济调节、市场监管、社会管理和公共服务职能，重点强化社会管理和公共服务职能，努力形成行为规范、运转协调、公正透明、廉洁高效的行政体制。

---

① 这里所说的"架桥铺路"，就是要对改革的"深水区"进行周密的"地质勘探"，选好路径，打好基础，从而建起一个比较稳固的"桥梁"，使我们能够少走弯路以便较为顺利地到达彼岸。参见叶萍：《中国改革呈现四大变化》，载《资料通讯》月刊，2006 年第 6 期，第 42—43 页。

三、体制改革必须以政府职能转变为关键

中国行政体制改革的实践证明，如果不能紧紧抓住政府职能转变这个关键，不能切实有效地转换政府职能，我国即使实施更高频率更大规模的政府机构改革、裁减更多的政府机关人员，也无法避免机构人员精简后的再次反弹，最终走出"精简——膨胀——再精简——再膨胀"的循环怪圈。现今中国整体政府职能，随着改革开放和社会经济发展以及行政体制改革的推进，已被定位为经济调节、市场监管、社会管理和公共服务四个方面，这是我国政府职能改革的重大突破。当前深化经济政治体制改革提出了深入开展行政体制改革的迫切要求。在此情形下，中国行政体制改革尤应牢牢抓住政府职能转变这个关键，进一步采取有效措施，切实推动政府职能转变，全面履行经济调节、市场监管、社会管理和公共服务职能。在此基础上，优化政府机构设置，科学配置政府职能，完善公共服务体系，规范政府运行机制，创新政府管理方式，健全政府管理制度，加强政府公务员队伍建设和政风建设，推进政府体制的系统化和整体化改革。只有这样，深化行政体制改革的目标才会有望实现，中国经济政治体制改革才可能逐步深入，社会主义各项事业建设才会取得更大成功。换而言之，我国能否顺利实现深化整个改革的宏伟蓝图和最终取得建设社会主义事业的伟大胜利，中心环节在于行政体制改革中的政府职能能否成功转变。因此，未来行政体制改革仍然必须以转变政府职能为关键，这是行政体制改革实践所证明了的一条成功经验，更是当前和今后改革进入攻坚阶段所必须坚持的一条基本原则。

四、体制改革必须注意借鉴国际经验

正如其他国家的行政改革一样，我国行政体制改革在立足本国国情的基础上，亦十分注重借鉴国外经验。因为在体制改革视域中，"全盘移植论"终因理论逻辑拷问和历史发展事实而宣告破产；"国情特殊论"也因成为保护落后的挡箭牌而日益失去影响力，立足国情与大胆借鉴相结合，

已成为体制改革的公论和原则。如前所析，中国行政体制改革进程中，改革者充分考虑具体的国情社情，在改革主导方向和具体措施的选择和设计诸方面均高度重视国情的适应性，促进了改革的顺利进行。但在重视国情的同时，为了应对全球一体化和国际公共管理改革浪潮所形成的严峻挑战，为了积极参与国际竞争，提升中国政府在国际公共事务管理中的地位和影响力，中国政府通过多种途径和形式对 20 世纪 70 年代以来持续不断的国外行政改革进行了长期广泛的了解甚或是专门的研究，认真总结世界各国行政改革的成效和经验，并结合中国自身的特点，进行了创造性借鉴。① 例如，西方国家的行政改革过程中，关注政府职能缩减和优化以及市场的回归；重视社会力量的有效利用和公共服务社会化；加强电子政务建设，构建透明政府；进行分权和权力下放，理顺中央与地方的权责关系；减少管理层级，拓宽管理幅度，建立大部门体制；实施决策、执行、监督机构的适度分离和相互制约；改革公共人事制度等等，这些主要改革内容亦是我国政府改革中的重大课题，不同的只是在具体改革措施的选取上，我国实施的是有别于他国的做法，这反映了中国行政体制改革对国际良好经验的创造性借鉴，而不是食洋不化，亦步亦趋，从而有效地促进了中国特色的行政体制的日渐完善，提高了中国政府处理国内国际公共管理问题的能力，有利于中国政府及其管理体制获得长足发展。

---

① 周志忍教授认为，行政改革的环境适应性可以体现在不同层次：宏观层次的环境适应性和微观层次的环境适应性。与此相联系的是，行政改革的环境适应性有两种实现形式：创新与创造性借鉴。创新这里指根据国情和行政传统的特征，设计与众不同的全新的改革方案；创造性借鉴则意味着引进其他国家的有效改革措施，加以改造使之适应各自的国情。参见周志忍：《当代国外行政改革比较研究》，国家行政学院出版社 1999 年版，第 544 页。

第二章
中国政府机构改革

政府机构即政府的组织结构形式,所谓政府机构改革就是政府组织结构形式的调整和变化。政府机构改革是行政体制改革中最直接的表现形式,这是因为:一方面,政府组织是行政管理体制中最为重要的因素,在制约行政管理体制改革的诸多变量中,政府组织结构形式的变化,起着至关重要的作用;另一方面,政府组织结构是政府职能正常行使并发挥作用的主要物质载体,政府职能的转变与调整(包括量的变化和质的变化),必然要求政府组织结构做出相应的变化,同时机构改革又进一步推动了政府职能的转变。回顾改革开放的30年里,中国政府根据经济体制和政治体制改革的需要,不断地进行机构改革,以适应政府职能的变化。其中,规模较大的机构改革已经发生六次,平均每五年一次,其时间标志分别为:1982年、1988年、1993年、1998年和2003年,2008年启动新一轮的机构改革。历次机构改革,印证着我国改革开放30年来行政管理体制改革持续而艰难的历程。

第一节　政府机构改革的内涵及其进程

一、政府机构改革内涵与发展

什么是"政府机构改革"？回顾改革开放以来政府工作报告中的相关

提法和内容，我们可以发现这个概念的内涵在发展变化。

1981 年政府工作报告里第一次提出"机构改革"这个概念。为了克服官僚主义，要坚决改变部门林立、机构臃肿、层次繁多、互相扯皮、人浮于事、副职虚职过多、工作效率很低这类不能容忍的状况。

1988 年政府工作报告指出，改革政府工作机构是政治体制改革的重要组成部分；政府机构改革的长远目标，是根据党政分开、政企分开的精简、统一、效能的原则，逐步建立具有中国特色的功能齐全、结构合理、运转协调、灵活高效的行政管理体系；改革机构的一个重要目的是克服官僚主义，提高工作效率，树立良好政风。

1993 年政府工作报告的提法有了变化：行政管理体制和机构改革，是建立社会主义市场经济体制和加快经济发展的重要条件，也是政治体制改革的紧迫任务。当前的突出问题，是政企不分，关系不顺，机构臃肿，效率低下。要围绕转变政府职能这个中心环节，用三年时间基本完成各级政府机构改革的任务。

1998 年政府工作报告指出，政府机构改革是深化经济体制改革、促进经济和社会发展的迫切需要，是国家领导制度改革的重要内容，也是密切政府同人民群众联系的客观要求；机构庞大，政企不分，滋生官僚主义，助长不正之风，也给财政带来了沉重负担；这次机构改革，要按照发展社会主义市场经济的要求，根据精简、统一、效能的原则，转变政府职能，实现政企分开，建立办事高效、运转协调、行为规范的行政管理体系，完善国家公务员制度，建设高素质的专业化行政管理干部队伍。

2003 年政府工作报告对当年工作提出的建议之一是，深化行政管理体制改革。坚持政企分开，按照精简、统一、效能的原则，进一步转变政府职能，调整政府机构设置，理顺部门职能分工，减少行政审批，提高政府管理水平，努力形成行为规范、运转协调、公正透明、廉洁高效的行政管理体制。

2008 年政府工作报告提出"加快行政管理体制改革，加强政府自身建设"，"深化政府机构改革"是其中一款。这次国务院机构改革方案，主要围绕转变职能，合理配置宏观调控部门职能，调整和完善行业管理机构，加强社会管理和公共服务部门，探索实行职能有机统一的大部门体制；针对职责交叉、权责脱节问题，明确界定部门分工和权限，理顺部门职责关系，健全部门间的协调配合机制。

可以明显看出，改革开放以来，历届政府工作报告有关政府改革的提法是有变化的，如"机构改革"、"政府机构改革"、"行政管理体制和机构改革"、"行政管理体制改革"。

机构改革针对的内容，从1982年的机构臃肿、人浮于事、效率低下，到1988年扩展为党政分开、政企分开，在1993年明确提出转变政府职能，到1998年指出财政负担沉重，2003年提出减少行政审批，2008年围绕转变政府职能、调整和配置机构及职能。

机构改革提法、侧重点在每一时期也有所不同，说明改革在解决原来的问题上发挥了一定作用，新的改革在前次改革的基础上针对旧病新疾继续推进；同时也表明认识的过程在不断深化和发展。

官方对词汇的斟酌使用及内容表述，让我们对于政府机构改革、行政管理体制改革的关系和内容有了一定的认识：第一，从官方文件和相关研究文献看，机构改革有时用来直接指代行政管理体制改革。第二，政府机构改革严格来讲并不等于行政管理体制改革，政府机构改革是行政管理体制改革的重要内容和标志①。在2008年政府工作报告里，"深化政府机构改革"的内容涵盖在"加快行政管理体制改革"之下。第三，极狭义的政府机构改革，主要是组织机构的调整变动。第四，政府机构改革包括国务院机构改革和地方政府机构改革，国务院机构改革往往是整个政府机构改革的重头戏。第五，人事制度改革、事业单位改革在政府机构改革过程中需要同步推进，因为机构调整的同时必定发生人员的变动，政府职能的调整需要配套进行事业单位改革。

概括来说，如果行政管理体制改革包括政府管理权限调整的改革

---

① 2008年政府工作报告中关于"行政管理体制改革"的论述从四个方面展开："转变政府职能"、"政府机构改革"、"行政监督制度"、"廉政建设"。

（转变职能和理顺关系）、政府组织结构的调整和优化的改革（精简机构和人员）、政府管理方式和运行机制的改革（加强行政组织法制建设），那么狭义上的政府机构改革主要对应其中的政府组织结构的调整和优化的改革，但同时又与另两方面的改革紧密相连。政府机构改革的主要任务和目标可以说是围绕组织机构设置、职能配置、人员配备、运行机制，探索建设与经济、社会、文化发展相适应并能够促进它们发展的政府组织架构。

本章主要侧重于讨论国务院机构改革、行政机构改革，人事制度改革、事业单位改革的详情请见第七章"中国人事制度改革与公务员制度的建立"、第八章"中国事业单位改革"，本章不再赘述。

二、政府机构改革的推进过程

改革开放以来的历次政府机构改革，有关国务院机构改革以至整个政府机构改革的指导思想，首先在中国共产党的代表大会上确立。改革方案经全国人民代表大会审议通过后实施。标志性文件主要是在全国人民代表大会上做的有关国务院机构改革方案的报告、说明和《国务院机构改革方案》。回顾历次改革的主要任务，可以帮助我们把握政府机构改革的内涵：

1982 年 3 月 2 日在第五届全国人民代表大会常务委员会第二十二次会议上做的"关于国务院机构改革问题的报告"中指出：国务院机构的改革，首先必须改进国务院本身的领导体制和领导方法，以加强集中统一领导，提高工作效率。国务院各部、委和国务院直属机构、办公机构的设置，必须做到分工合理，职责分明，机构精干，提高工作效率。

1988 年 4 月 9 日在第七届全国人民代表大会第一次会议审议通过的《国务院机构改革方案》中提出：这次国务院机构改革的基本要求是减少政府机构直接干预企业经营活动的职能，增强宏观调控职能，初步改变机构设置不合理和行政效率低下的状况。适当裁减一些专业管理部门，完善或新建一些综合和行业管理机构。

1993 年 3 月 16 日在第八届全国人民代表大会第一次会议上做的《国务院机构改革方案的说明》中指出：这次机构改革和以往机构改革的不同，就是把适应社会主义市场经济发展的要求作为改革的目标。机构改革要围绕这一目标，按照政企职责分开和精简、统一、效能的原则，在转变职能，理顺关系，精兵简政，提高效率方面，取得明显进展。这次机构改革的重点是转变政府职能。转变职能的根本途径是政企分开。这次改革是全国性的，在中央一级改革后，地方各级政府也要随之进行改革。国务院对综合经济部门、专业经济部门、社会管理部门、直属机构、办事机构和非常设机构，根据不同情况，分别提出不同的改革要求。

1998 年 3 月 6 日在第九届全国人民代表大会第一次会议上做的《国务院机构改革方案的说明》中提出：这次机构改革的目标是建立办事高效、运转协调、行为规范的行政管理体系，完善国家公务员制度，建设高素质的专业化行政管理干部队伍，逐步建立适应社会主义市场经济体制的中国特色的行政管理体制。这次机构改革的重点是国务院组成部门，分别是宏观调控部门、专业经济管理部门、教育科技文化、社会保障和资源管理部门、国家政务部门。

2003 年 3 月 10 日在第十届全国人民代表大会第一次会议上做的《国务院机构改革方案的说明》明确：国务院机构改革的指导思想是以邓小平理论和"三个代表"重要思想为指导，按照完善社会主义市场经济体制和推进政治体制改革的要求，坚持政企分开，精简、统一、效能和依法行政的原则，进一步转变政府职能，调整和完善政府机构设置，理顺政府部门职能分工，提高政府管理水平，形成行为规范、运转协调、公正透明、廉洁高效的行政管理体制。国务院机构改革的重点是：深化国有资产管理体制改革，完善宏观调控体系，健全金融监管体制，继续推进流通管理体制改革，加强食品安全和安全生产监管体制建设。

2008 年 3 月 11 日在第十一届全国人民代表大会第一次会议上做的《国务院机构改革方案的说明》指出：这次国务院机构改革的主要任务是，围绕转变政府职能和理顺部门职责关系，探索实行职能有机统一的大部门体制，合理配置宏观调控部门职能，加强能源环境管理机构，整合完善工业和信息化、交通运输行业管理体制，以改善民生为重点加强与整合社会管理和公共服务部门。

简而言之，从历次改革的主要任务来看，1982 年的国务院机构改革主要是减少领导职数和优化结构、精简机构和编制；1988 年的国务院机构改革提出转变职能，增强宏观调控能力。1993 年的国务院机构改革的重点是转变职能，政企分开；1998 年的国务院机构改革撤销几乎所有的工业专业经济部门，对机构和人员进行精简；2003 年的国务院机构改革围绕转变职能调整和完善机构设置；2008 年的国务院机构改革的任务是围绕转变政府职能和理顺部门职责关系，探索实行职能有机统一的大部门体制。可以说，历次政府机构改革的主线是调整和优化机构设置，提高政府工作效能。

第二节　政府机构改革的主要内容

一、1982 年机构改革

（一）国务院机构改革

从五届人大四次会议（1978 年 9 月 13 日）一结束，国务院有步骤地着手进行国务院和所属各部、委的机构改革。中共中央对此做了明确的原则指示，胡耀邦、邓小平提出了许多重要意见。

1980 年 8 月，邓小平在中央政治局扩大会议上指出，现在"机构臃肿，人浮于事，办事拖拉，不讲效率，不负责任，不守信用，公文旅行，互相推诿，以至官气十足"，"都已到达令人无法容忍的地步"。① 1982 年 1 月，邓小平明确指出，"精简机构是一场革命"，"这不是对人的革命，

---

① 《邓小平文选》第二卷，人民出版社 1994 年版，第 327 页。

而是对体制的革命"。①

经过国务院常务会议多次讨论，经过国务院各部、委负责人反复研究，经过多方面地听取意见和充分酝酿，到五届人大第二十二次会议（1982 年 2 月 22 日到 3 月 8 日）时，国务院机构改革的总体方案已经初步拟定。并将此次机构改革工作定位于为经济体制改革工作服务。

国务院机构改革的主要内容有：

1. 改进国务院本身的领导体制和领导方法，以加强集中统一领导，提高工作效率。

2. 根据重叠的机构撤销、业务相近的机构合并的原则，裁减合并部、委、直属机构和办公机构。此外，撤销绝大部分国务院现有临时性的领导小组、办公室、委员会等各种非常设机构，其工作由各有关部、委承担。国务院和各部、委的机构精简之后，工作人员编制减少约 1/3 左右。国务院各部、委和国务院直属机构、办公机构的设置，做到分工合理、职责分明、机构精干、提高工作效率。

"关于国务院机构改革的报告"中提出的具体机构设置、职能调整情况是：

1. 全国工作的重心转移到社会主义现代化建设上来之后，国务院第一位的任务是领导经济建设。

2. 为了搞好社会主义的计划经济，特别是搞好战略性的长期规划，国家计划委员会的工作必须进一步加强。

3. 国家日常经济活动的指挥必须集中统一，目前领导多头、管理分散的状况必须改变，为此决定重新组建国家经济委员会并扩大其职权和业务范围。

4. 撤销现有的国家农业委员会、国家机械工业委员会、国家能源委员会和国务院财贸小组，它们主管的业务一部分由重新组建的国家经委负责，一部分划归有关的部。

5. 撤销现有的国家基本建设委员会，它主管的业务分别划归新组建的城乡建设环境保护部、国家经委和国家计委。

---

① 《邓小平文选》第二卷，人民出版社 1994 年版，第 396—397 页。

6. 国家科学技术委员会今后的主要任务是，研究科学技术政策，会同国家计委和国家经委提出重大的科学技术研究课题，组织协调科学技术力量进行攻关；科学技术规划和生产技术工作分别划归国家计委和国家经委，使科学技术和经济建设更加紧密地结合起来。

7. 国防工业办公室和国防科学技术委员会合并，统一管理国防工业的科研试验和生产工作。

8. 电力工业部和水利部合并，组建水利电力部。

9. 商业部、全国供销合作总社和粮食部合并，组建商业部。

10. 进出口管理委员会、对外贸易部、对外经济联络部和外国投资管理委员会合并，组建对外经济贸易部。

11. 国务院管理供销合作事业的行政机构同商业部合并后，中华全国供销合作总社这个群众组织仍然对内对外开展必要的活动。

12. 保持部的建制不动的化学工业部、煤炭工业部和纺织工业部，都进行内部机构精简。

第五届全国人民代表大会常务委员会第二十三次会议通过决议，任命2 名副总理、10 名国务委员（原有副总理 13 名）。国务委员职位相当于副总理级。国务院总理、副总理、国务委员和秘书长组成的国务院常务会议，是国务院的日常领导工作机构，在国务院总理主持下，负责对国务院职权范围内的各项重要工作进行领导和决策。

1982 年 4 月 26 日，国务院总理赵紫阳在五届人大常委会第二十三次会议的全体会议上宣布：国务院各部、委机构的组织工作已经完成。国务院部委设置减少。部、委下设司、局机构减少，正副部长（主任）、正副司局长数目减少、平均年龄降低，工作人员编制减少，具有大学文化水平的干部占比提高。国务院直属机构裁并为 15 个。

（二）地方政府机构改革

1982 年国务院机构改革基本完成后，省、市、自治区政府随后进行了较大规模的改革。这次改革以调整领导班子为重点，同时提出精简机构、紧缩编制、实行老干部离退休制度以及加强干部的轮训工作等多项任务。

改革还向地（市）县乡逐级推进。除了限制领导干部职数配置、精简机构、紧缩人员编制外，还进行了两项工作。

1. 地、市合并，实行市领导县体制。以经济发达的城市为中心，以广大农村为基础，推进地、市合并，实行市领导县的体制，使城市和农村紧密结合起来，充分发挥两方面的优势，促进城乡经济、文化事业的发展。与此同时，保留的地区机关改为名副其实的派出机构。对地区的主要任务、县的地位和作用做出规定。

2. 改革"政社合一"的体制，建立乡政府。1958 年乡政府被人民公社所取代，实行"政社合一"的体制。1982 年宪法改变政社合一体制，建立乡人民政府。1983 年 10 月，党中央、国务院发出通知，要求各地改公社党委为乡党委，建立乡人民政府。

改革后省级领导班子职数减少、平均年龄降低、平均文化程度提高。国务院和省、市、自治区两级政府机构的改革，在密切政府与群众的联系、提高工作效率方面，有了初步成效。

二、1988 年国务院机构改革

党的十三大报告将"改革政府工作机构"作为"关于政治体制改革"的一款内容进行阐述。认为官僚主义现象在我们党和国家的政治生活中依然严重地存在着。应该看到，政府机构庞大臃肿、层次过多、职责不清、互相扯皮，也是形成官僚主义的重要原因。因此，必须下决心对政府工作机构自上而下地进行改革。为了避免重走过去"精简——膨胀——再精简——再膨胀"的老路，这次机构改革必须抓住转变职能这个关键。要按照经济体制改革和政企分开的要求，合并裁减专业管理部门和综合部门内部的专业机构，使政府对企业由直接管理为主转变到间接管理为主。要从机构配置的科学性和整体性出发，适当加强决策咨询和调节、监督、审计、信息部门，转变综合部门的工作方式，提高政府对宏观经济活动的调节控制能力。要贯彻精简、统一、效能的原则，清理整顿所有行政性公司和近几年升格的机构，撤销因人设事的机构，裁减人浮于事部门的人员。为了保证机构改革顺利进行，必须认真做好机构变动中的人员调整。要做到工作能正常运转，人员有妥善安排。从总体上说，这次机构改革在人员问题上要解决的，主要是调整结构、提高素质。要把人员的调整和培训密切结合起来，有计划分步骤地将一部分人员调整到需要加强的国家机关以及经济、文化组织。为了巩固机构改革的成果并使行政管理走上法制化的道路，必须加强行政立法，为行政活动提供基本的规范和程序。要完善行政机关组织法，制定行政机关编制法，用法律手段和预算手段控制机构设置和人员编制。要层层建立行政责任制，提高工作质量和工作效率。要制定行政诉讼法，加强对行政工作和行政人员的监察，追究一切行政人员的失职、渎职和其他违法违纪行为。

《国务院机构改革方案》提出，根据政府机构改革要建立一个符合现代化管理要求，具有中国特色的功能齐全、结构合理、运转协调、灵活高效的行政管理体系的长远目标，以及党政分开、政企分开和精简、统一、效能的原则，今后五年改革的目标是，转变职能、精干机构、精简人员，提高行政效率，克服官僚主义，逐步理顺政府同企事业单位和人民团体的关系、政府各部门之间的关系以及中央政府同地方政府的关系。这次国务院机构改革的基本要求是：减少政府机构直接干预企业经营活动的职能，增强宏观调控职能，初步改变机构设置不合理和行政效率低下的状况。适当裁减一些专业管理部门，完善或新建一些综合和行业管理机构。

本次国务院机构改革，根据部分全国人大代表的意见，国务院研究，在国务院机构改革方案中，拟保留铁道部、交通部和民航局，暂不组建运输部。此次改革，通过试点进行定职能、定机构、定人员编制（"三定"），取得经验后总结推行"三定"制度。改革后的国务院组成部委41个。

按照预定计划，1989年起将从省级向下推开地方政府机构改革。但恰在这时，中国的经济形势和政治形势发生了大的变化：1988年为了控制过热的经济增长，全国的工作中心成了治理整顿，而1989年的"六四"政治风波,更使得"稳定"成为全国上下压倒一切的任务,故地方政府改革的议题被暂时搁置。

三、1993 年政府机构改革

党的十四大报告提出,要下决心进行行政管理体制和机构改革,切实做到转变职能、理顺关系、精兵简政、提高效率。机构改革,精兵简政,是政治体制改革的紧迫任务,也是深化经济改革、建立市场经济体制和加快现代化建设的重要条件。目前,党政机构臃肿、层次重叠、许多单位人浮于事、效率低下、脱离群众、障碍企业经营机制的转换,已经到了非改不可的地步。各级党委和政府必须统一认识,按照政企分开和精简、统一、效能的原则,下决心对现行行政管理体制和党政机构进行改革。综合经济部门的工作重点要转到加强宏观调控上来。撤并某些专业经济部门和职能交叉重复或业务相近的机构,大幅度裁减非常设机构。精简机关人员,严格定编定员。机构改革、精兵简政是一项艰巨任务,必须统筹规划、精心组织、上下结合、分步实施,三年内基本完成。要把人员精简同提高工作效率和发展社会生产力结合起来,既改善机关人员结构、提高人员素质,又使大批人才转移到第三产业和其他需要加强的工作岗位上去,成为现代化建设的生力军。

(一)国务院机构改革

"关于国务院机构改革方案的说明"指出,机构改革是政治体制改革和社会主义政治建设的重要内容,也是深化经济体制改革和加快社会主义现代化建设步伐的重要条件。目前我国各级政府机构存在的突出问题,是政企不分、关系不顺、机构臃肿、效率低下,必须下决心进行改革。这次机构改革把适应社会主义市场经济发展的要求作为改革的目标。按照政企职责分开和精简、统一、效能的原则,在转变职能、理顺关系、精兵简政、提高效率方面,要取得明显进展。"这次机构改革的重点是转变政府职能,转变职能的根本途径是政企分开。要按照建立社会主义市场经济体制的要求,加强宏观调控和监督部门,强化社会管理职能部门,减少具体审批事务和对企业的直接管理，做到宏观管好，微观放开。""政府的行政管理职能，主要是统筹规划、掌握政策、信息引导、组织协调、提供服务和检查监督。""要理顺中央和地方的关系，合理划分中央与地方的管理权限，充分发挥中央与地方两个积极性"；"要理顺国务院各部门之间的关系，合理划分职责权限，避免交叉重复，调整机构设置，精简各部门的内设机构和人员，提高行政效率。"

按照这次机构改革的指导思想，国务院的机构改革方案，对综合经济部门、专业经济部门、社会管理部门、直属机构、办事机构和非常设机构，根据不同情况，分别提出不同的改革要求：

1. 关于综合经济部门的改革。在原有国务院经济贸易办公室的基础上，组建国家经济贸易委员会。综合经济部门的工作重点要真正转到搞好宏观管理上来，集中主要精力搞好国民经济发展战略、发展规划和经济总量的平衡，制定产业政策，培育与发展市场，有效调控社会经济活动。综合经济部门要精简内设机构和人员，理顺综合经济部门之间以及综合经济部门与专业经济部门之间的关系。

2. 关于专业经济部门的改革。按照不同情况，将专业经济部门的改革分为三类：一类是改为经济实体，不承担政府行政管理职能；一类是改为行业总会，作为国务院的直属事业单位，保留行业管理职能；一类是保留或新设的行政部门，这些部门的机构也要精干，主要职能是规划、协调、服务、监督。

3. 关于国务院直属机构、办事机构的改革。这部分机构分三种情况进行大幅度的精简。一种是保留直属机构、办事机构；一种是并入部委，作为部委管理的国家局；还有一种是并入部委成为部委内设的职能局。

国务院各部门无论是保留的，还是新设置的，都严格定编定员。国务院机构定员的精简指标是 20% 左右。

1996 年政府工作报告强调，要进一步调整和改革政府机构，把综合经济部门逐步调整和建设成为职能统一、具有权威的宏观调控部门；把专业经济管理部门逐步改组为不具有政府职能的经济实体，或改为国家授权经营国有资产的单位，或改为行业管理组织；其他政府部门也要进行合理调整。要建立权责明确的国有资产管理、监督和营运体制，促进国有资产保值增值。

（二）地方政府机构改革

这次机构改革是全国性的，在中央一级改革后，1994年从省、自治区、直辖市开始，市（地）县乡各级依次推进改革。

1993年政府工作报告对地方政府机构改革做了说明：省和省以下的机构，由于各地经济发展水平、所管辖的人口和面积有很大差异，在设置上要区别对待，给地方一定的自主权。国家规定机构设置和人员编制限额，区别必设机构和因地制宜设置的机构，后一类不要求上下对口设置。地区机构改革要同调整行政区划相结合。各级派出机构要大力精简。地和地级市并存于一地的，原则上要合并。县级政府要按照"小机构，大服务"的方向，将大部分专业经济部门改为经济实体或服务实体。乡一级机构要结合加强基层政权建设和完善农村社会化服务体系进行精简，减少脱产人员。在机构改革中，要建立健全各级政府机关和工作人员责任制，确定各级行政机构的职能、编制和定员。在完成机构改革的地区和部门，实行国家公务员制度。事业单位要按照政事分开和社会化的原则进行改革。

改革的主要内容包括：

1. 转变政府职能，弱化微观管理职能，减少具体审批事务。多数专业经济部门转为经济实体、服务实体或行业协会。各类公司实行政企分开，办成名副其实的经济实体。

2. 理顺各种关系。理顺政府各部门之间的关系，理顺党政各工作部门之间的关系；理顺省与市（地）县的关系、市（地）与县的关系、县与区乡镇的关系，特别是理顺省与计划单列市的关系。

3. 精简并规范政府机构设置。省、自治区党政机构减少，直辖市党政机构减少，市（地）县政府机构精简。

4. 核定编制，精简人员。采取系统分析和分类排序的方法，将省、市、县各级划分为大、中、小三类，同时参照各地的编制基数，合理确定

省、市、县各级的编制总额。全国省、自治区机关人员编制总数精简
20%，直辖市机关人员编制总数精简 15%。①

四、1998 年政府机构改革

党的十五大报告将"推进机构改革"列为"政治体制改革和民主法
制建设"的一款内容来阐述。提出机构庞大、人员臃肿、政企不分、官
僚主义严重，直接阻碍改革的深入和经济的发展，影响党和群众的关系。
这个问题亟待解决，必须通盘考虑，组织专门力量，抓紧制定方案，积极
推进。要按照社会主义市场经济的要求，转变政府职能，实现政企分开，
把企业生产经营管理的权力切实交给企业；根据精简、统一、效能的原则
进行机构改革，建立办事高效、运转协调、行为规范的行政管理体系，提
高为人民服务水平；把综合经济部门改组为宏观调控部门，调整和减少专
业经济部门，加强执法监管部门，培育和发展社会中介组织。深化行政体
制改革，实现国家机构组织、职能、编制、工作程序的法定化，严格控制
机构膨胀，坚决裁减冗员。深化人事制度改革，引入竞争激励机制，完善
公务员制度，建设一支高素质的专业化国家行政管理干部队伍。

（一）国务院机构改革

"关于国务院机构改革方案的说明"指出，这次机构改革的目标是建
立办事高效、运转协调、行为规范的行政管理体系，完善国家公务员制
度，建设高素质的专业化行政管理干部队伍，逐步建立适应社会主义市场
经济体制的中国特色的行政管理体制。改革的原则为：

一是按照发展社会主义市场经济的要求，转变政府职能，实现政企分
开。要把政府职能切实转变到宏观调控、社会管理和公共服务方面来，把
生产经营的权力真正交给企业。

二是按照精简、统一、效能的原则，调整政府组织结构，实行精兵简
政。加强宏观经济调控部门，调整和减少专业经济部门，适当调整社会服

① 夏海：《政府的自我革命——中国政府机构改革研究》，中国法制出版社 2004 年版，第 42 页。

务部门，加强执法监管部门，发展社会中介组织。

三是按照权责一致的原则，调整政府部门的职责权限，明确划分部门之间的职能分工，相同或相近的职能交由同一个部门承担，克服多头管理、政出多门的弊端。

四是按照依法治国、依法行政的要求，加强行政体系的法制建设。

这次机构改革的重点是国务院组成部门，改革的内容主要有：

1. 宏观调控部门。国家计划委员会更名为国家发展计划委员会；国家经济体制改革委员会改为国务院高层次的议事机构，不再列入国务院组成部门序列。宏观调控部门的主要职责是：保持经济总量平衡，抑制通货膨胀，优化经济结构，实现经济持续快速健康发展；健全宏观调控体系，完善经济、法律手段，改善宏观调控机制。

2. 专业经济管理部门。主要职责是：制定行业规划和行业政策，进行行业管理；引导本行业产品结构的调整；维护行业平等竞争秩序。专业经济管理部门都要实行政企分开，切实转变职能，不再直接管理企业。政府与国有企业的关系是：政府按投入企业的资本享有所有者的权益；向企业派出稽查特派员，监督企业资产运营和盈亏状况；负责企业主要领导干部的考核、任免。

3. 国务院直属机构和办事机构。为适应改革的要求，对国务院直属机构和办事机构也进行了调整。分为四种情况：一是保留的直属机构、办事机构；二是将国务院部、委调整为直属机构、办事机构；三是新组建的直属机构、办事机构；四是并入有关部门，作为部、委管理的国家局。

国务院各部门"三定"方案对内设机构平均精简 25%，编制精简47.5%。① 改革后除国务院办公厅外，列入国务院组成部门序列的共有部、委、行、署从 40 个减少为 29 个。

（二）地方政府机构改革

1999 年 1 月，中共中央、国务院发出《关于地方政府机构改革的意

---

① 徐建军、任丰金：《国务院各部门机构改革究竟精简了多少？》，《行政人事管理》1999 年第 1 期。

见》，指出：政府部门管理体制不适应社会主义市场经济的要求，部门权力利益化的倾向，造成一些部门、地区、行业之间的分割和封锁，加剧了部门、行业和地方的保护主义，阻碍了公平竞争和市场体系的培育、发展；地方各级政府机构庞大，职责交叉，人员臃肿、结构不合理，财政负担沉重，尤其是贫困、边远地区的财政更是难以为继。提出改革的原则是：按照实事求是、从实际出发的要求，结合地方各级政府行政管理和地域特点、经济社会发展水平、市场发育程度、人力资源状况，制定具体方案，进行分类指导，因地制宜地推进改革，在实践中补充完善。中央对地方政府特别是县、乡两级政府的改革只提出原则要求，具体机构的设置由省一级政府根据改革的原则及实际情况自行确定。

省级政府组成部门的设置应与国务院组成部门基本对口，以利于工作的衔接。地方各级政府一般不设置与国务院办事机构对应的机构和部门管理的机构。地方各级政府人员要按编制数精简，重点是精简各级机关。省级政府机关人员编制精简幅度原则上参照国务院精简比例进行，逐步、分期达到精简一半左右。乡镇机关精简的重点是降低乡镇财政供养人员比重，首先要坚决把不在编的人员精简下来。同时要结合费改税，清理清退各类由行政性收费供养的人员。

1999 年 7 月，召开全国地方机构改革工作会议。2000 年，下发《关于市县乡人员编制精简的意见》。2001 年 2 月，召开全国市县乡机构改革工作会议，部署市县乡机构改革工作，研究贯彻落实措施，全面展开全国市县乡机构改革工作。改革的要点有：精简行政编制；清理现有行政审批事项，简化和规范行政审批程序；清理整顿行政执法队伍，实行集中综合执法；坚决清退超编人员和各类临时聘用人员；切实做好人员分流工作，鼓励和支持分流人员自谋职业、自主创业。

概括来讲，改革主要包括四个内容：

1. 转变政府职能。政府机关不再办经济实体，已经办的限期脱钩；解除政府主管部门与国有企业的行政隶属关系，主管部门不再直接管理企业，切实落实企业经营自主权。

2. 调整政府机构设置。加强发展计划、经济贸易、财政部门和执法监督部门；撤销工业、商业、物资管理部门。行政性公司按照政企分开、公平竞争、自主经营的要求进行改组。

3. 调整地区建制。与地级市并存一地的地区，实行地市合并；与县级市并存一地的地区、所在市（县）达到设立地级市标准的，撤销地区建制，设立地级市，实行市领导县体制；其余地区建制也要逐步撤销，原地区所辖县改由附近地级市领导或由省直辖，县级市由省委托地级市代管。

4. 精简人员编制。省级政府机关人员编制精简一半左右。市、县和乡政府行政编制的精简比例平均为 20%。①

五、2003 年政府机构改革

党的十六大报告在阐述"政治建设和政治体制改革"下的"深化行政管理体制改革"时，提出按照精简、统一、效能的原则和决策、执行、监督相协调的要求，继续推进政府机构改革，科学规范部门职能，合理设置机构，优化人员结构，实现机构和编制的法定化，切实解决层次过多、职能交叉、人员臃肿、权责脱节和多重多头执法等问题。

党的十六届二中全会上审议通过了《关于深化行政管理体制和机构改革的意见》。

（一）国务院机构改革

"关于国务院机构改革方案的说明"提出，改革要坚持政企分开，精简、统一、效能和依法行政的原则，进一步转变政府职能，调整和完善政府机构设置，理顺政府部门职能分工，提高政府管理水平，形成行为规范、运转协调、公正透明、廉洁高效的行政管理体制。

本次改革的主要任务是：

---

① 夏海：《政府的自我革命——中国政府机构改革研究》，中国法制出版社 2004 年版，第 45 页。

1. 深化国有资产管理体制改革，设立国务院国有资产监督管理委员会。将国家经贸委指导国有企业改革和管理的职能，中央企业工委的职能，以及财政部有关国有资产管理的部分职能整合起来，设立国资委。国务院授权国资委代表国家履行出资人职责。国资委的监管范围，确定为中央所属企业（不含金融类企业）的国有资产。地方所属企业的国有资产，由改革后设立的省、市（地）两级地方政府国有资产管理机构负责监管。因其特殊性，将国资委确定为国务院直属的正部级特设机构。

2. 完善宏观调控体系，将国家发展计划委员会改组为国家发展和改革委员会，综合协调各方面改革，使改革更好地为促进发展服务。

3. 健全金融监管体制，设立中国银行业监督管理委员会。将中国人民银行对银行、资产管理公司、信托投资公司及其他存款类金融机构的监管职能分离出来，并和中央金融工委的相关职能进行整合，设立银监会，作为国务院直属的正部级事业单位。人民银行不再承担金融监管职能，加强制定和执行货币政策的职能，不断完善有关金融机构运行规则和改进对金融业宏观调控政策，更好地发挥中央银行在宏观调控和防范与化解金融风险中的作用，进一步改革金融服务。

4. 继续推进流通管理体制改革，组建商务部。为适应内外贸业务相互融合的发展趋势和加入世界贸易组织的新形势，促进现代市场体系的形成，将国家经贸委的内贸管理、对外经济协调和重要工业品、原材料进出口计划组织实施等职能，国家计委的农产品进出口计划组织实施等职能，以及外经贸部的职能等整合起来，组建商务部。

5. 加强食品安全和安全生产监管体制建设，在国家药品监督管理局基础上组建国家食品药品监督管理局。将国家经济贸易委员会管理的国家安全生产监督管理局改为国务院直属机构。

6. 将国家计划生育委员会更名为国家人口和计划生育委员会。

7. 不再保留国家经济贸易委员会、对外贸易经济合作部。

改革后除国务院办公厅外，国务院组成部门 28 个。

（二）地方政府机构改革

国务院机构改革以后，地方政府机构改革在中央的统一部署下，按照巩固、完善、探索、深化的总体要求，结合本地实际，巩固和完善已经取得的改革成果，积极探索符合各地特点的改革路子。

加快推进乡镇机构改革，重点是合理界定乡镇机构职能，精简机构和减少财政供养人员。

六、2008 年启动的国务院机构改革

"关于国务院机构改革方案的说明"指出：政府机构设置还不尽合理，部门职责交叉、权责脱节和效率不高的问题比较突出；有些方面权力仍然过于集中，且缺乏有效监督和制约，滥用职权、以权谋私、贪污腐败等现象仍然存在。

国务院机构改革是深化行政管理体制改革的重要组成部分。这次国务院机构改革是在以往改革基础上的继续和深化。深化国务院机构改革，要"按照精简统一效能的原则和决策权、执行权、监督权既相互制约又相互协调的要求，着力优化组织结构，规范机构设置，完善运行机制，为全面建设小康社会提供组织保障"。

这次国务院机构改革的主要任务是，围绕转变政府职能和理顺部门职责关系，探索实行职能有机统一的大部门体制，合理配置宏观调控部门职能，加强能源环境管理机构，整合完善工业和信息化、交通运输行业管理体制，以改善民生为重点加强与整合社会管理和公共服务部门：

（一）合理配置宏观调控部门职能，形成科学权威高效的宏观调控体系

1. 国家发展和改革委员会要进一步转变职能，集中精力抓好宏观调控，搞好国民经济综合平衡，指导推进和综合协调经济体制改革，协调解决经济运行中的重大问题，加强预测预警和信息引导，促进区域协调发展等。同时，进一步减少国家发展和改革委员会的微观管理事务和具体审批事项。一是深化投资体制改革。继续缩小投资审核范围，下放审核权限，

简化审核程序，进一步确立企业的投资主体地位，更好地发挥地方政府和行业管理部门在投资管理方面的作用。二是改进规划和产业政策管理。地方规划和专项规划、专项产业政策，除按规定需报国务院审批的外，由地方政府和行业管理部门在国家规划和政策的指导下分别制定。三是将工业行业管理有关职责划给新组建的工业和信息化部承担。

2. 财政部要改革完善预算和税政管理，健全中央和地方财力与事权相匹配的体制，加快形成统一规范透明的财政转移支付制度。围绕推进基本公共服务均等化和主体功能区建设，完善公共财政体系。

3. 中国人民银行要进一步健全货币政策体系，完善人民币汇率形成机制，加强与金融监管部门的统筹协调，防范和化解金融风险，维护国家金融安全。

国家发展和改革委员会、财政部、中国人民银行等部门要建立健全协调机制，各司其职，相互配合，发挥国家发展规划、计划、产业政策在宏观调控中的导向作用，综合运用财税、货币政策，形成更加完善的宏观调控体系，提高宏观调控水平。

（二）加强能源管理机构，保障国家能源安全

能源问题涉及多领域、多部门，为加强能源战略决策和统筹协调，设立高层次的议事协调机构国家能源委员会，负责研究拟订国家能源发展战略，审议能源安全和能源发展中的重大问题。同时，为加强能源行业管理，组建国家能源局。将国家发展和改革委员会的能源行业管理有关职责及机构，与国家能源领导小组办公室的职责、国防科学技术工业委员会的核电管理职责进行整合，划入该局。国家能源局主要负责拟订并组织实施能源行业规划、产业政策和标准，发展新能源，促进能源节约等。国家能源委员会办公室的工作由国家能源局承担。为促进能源管理与经济社会发展规划和宏观调控的紧密结合，统筹兼顾，国家能源局由国家发展和改革委员会管理。不再保留国家能源领导小组及其办事机构。

（三）组建工业和信息化部，加快走新型工业化道路的步伐

目前，工业行业管理由国家发展和改革委员会、国防科学技术工业委

员会、信息产业部分别负责，管理分散，不利于工业的协调发展。为加强整体规划和统筹协调，有必要对相关职责进行整合，组建工业和信息化部。将国家发展和改革委员会的工业行业管理有关职责，国防科学技术工业委员会核电管理以外的职责，信息产业部和国务院信息化工作办公室的职责，整合划入该部。工业和信息化部的主要职责是，拟订并组织实施工业行业规划、产业政策和标准，监测工业行业日常运行，推动重大技术装备发展和自主创新，管理通信业，指导推进信息化建设，协调维护国家信息安全等。工业和信息化部作为行业管理部门，主要是管规划、管政策、管标准，指导行业发展，不干预企业生产经营活动，确保企业的市场主体地位。同时，组建国家国防科技工业局，由工业和信息化部管理。国家烟草专卖局改由工业和信息化部管理。不再保留国防科学技术工业委员会、信息产业部、国务院信息化工作办公室。

（四）组建交通运输部，加快形成综合运输体系

为优化交通运输布局，发挥整体优势和组合效率，加快形成便捷、通畅、高效、安全的综合运输体系，组建交通运输部。将交通部、中国民用航空总局的职责，建设部的指导城市客运职责，整合划入该部。交通运输部的主要职责是，拟订并组织实施公路、水路、民航行业规划、政策和标准，承担涉及综合运输体系的规划协调工作，促进各种运输方式相互衔接等。同时，组建国家民用航空局，由交通运输部管理。为加强邮政与交通运输统筹管理，国家邮政局改由交通运输部管理。考虑到我国铁路建设和管理的特殊性，保留铁道部；同时，要继续推进改革，不再保留交通部、中国民用航空总局。

（五）组建人力资源和社会保障部，完善就业和社会保障体系

为更好地发挥我国人力资源优势，进一步解放和发展生产力，必须统筹机关企事业单位人员管理，整合人才市场与劳动力市场，建立统一规范的人力资源市场，促进人力资源合理流动和有效配置，统筹就业和社会保障政策，建立健全从就业到养老的服务和保障体系。为此，组建人力资源和社会保障部，将人事部、劳动和社会保障部的职责整合划入该部。人力

资源和社会保障部的主要职责是，统筹拟订人力资源管理和社会保障政策，健全公共就业服务体系，完善劳动收入分配制度，组织实施劳动监察等。同时，组建国家公务员局，由人力资源和社会保障部管理。国家外国专家局由人力资源和社会保障部管理。不再保留人事部、劳动和社会保障部。

（六）组建环境保护部，加大环境保护力度

为加大环境政策、规划和重大问题的统筹协调力度，组建环境保护部。其主要职责是，拟订并组织实施环境保护规划、政策和标准，组织编制环境功能区划，监督管理环境污染防治，协调解决重大环境问题等。不再保留国家环境保护总局。

（七）组建住房和城乡建设部，加快建立住房保障体系，加强城乡建设统筹

为深入推进住房制度改革，加快建立住房保障体系，完善廉租住房制度，着力解决低收入家庭住房困难，进一步加强城乡建设规划统筹，促进城镇化健康发展，组建住房和城乡建设部。其主要职责是，拟订住房和城乡建设政策，统筹城乡规划管理，指导全国住宅建设和住房制度改革，监督管理建筑市场、建筑安全和房地产市场等。不再保留建设部。

（八）国家食品药品监督管理局改由卫生部管理，理顺食品药品监管体制

为进一步落实食品安全综合监督责任，理顺医疗管理和药品管理的关系，强化食品药品安全监管，这次改革，明确由卫生部承担食品安全综合协调、组织查处食品安全重大事故的责任，同时将国家食品药品监督管理局改由卫生部管理，并相应对食品安全监管队伍进行整合。调整食品药品管理职能，卫生部负责组织制定食品安全标准、药品法典，建立国家基本药物制度；国家食品药品监督管理局负责食品卫生许可，监管餐饮业、食堂等消费环节食品安全，监管药品的科研、生产、流通、使用和药品安全等。

调整后，卫生部要切实履行食品安全综合监督职责；农业部、国家质量监督检验检疫总局和国家工商行政管理总局，要按照职责分工，切实加

强对农产品生产环节、食品生产加工环节和食品流通环节的监管。同时，各部门要密切协同，形成合力，共同做好食品安全监管工作。

这次国务院机构改革，新组建工业和信息化部、交通运输部、人力资源和社会保障部、环境保护部、住房和城乡建设部；不再保留国防科学技术工业委员会、信息产业部、交通部、人事部、劳动和社会保障部、建设部；除国务院办公厅外，国务院组成部门设置 27 个。

2008 年国务院机构改革前，除国务院办公厅外，国务院共有组成部门 28 个，特设机构 1 个、直属机构 18 个、办事机构 4 个、部委管理的国家局 10 个、直属事业单位 14 个。① 改革后，除国务院办公厅外，国务院共有组成部门 27 个，特设机构 1 个、直属机构 16 个、办事机构 4 个、部委管理的国家局 16 个、直属事业单位 14 个。② 这次改革，精简和规范议事协调机构及其办事机构。新一届国务院将设置 29 个议事协调机构，撤销 25 个议事协调机构，此外保留 2 个办事机构的名义。

本次改革，要求加紧进行地方政府机构改革。根据各层级政府的主要职责，合理调整和设置机构，除中央有原则要求上下对口外，地方政府可从实际出发，因地制宜，不搞"一刀切"，不设时间限制；调整和完善垂直管理体制，进一步理顺和明确权责关系；深化乡镇机构改革，加强基层政权建设。

第三节　政府机构改革的经验总结与趋势展望

改革开放以来已经经历过五次政府机构改革，现在启动第六次国务院

---

① 朱中原：《"大部制"将引领机构改革》，《中国改革》2008 年第 1 期，第 31—35 页。
②《国务院关于机构设置的通知》（国发 [2008] 11 号）、《国务院关于部委管理的国家局设置的通知》（国发 [2008] 12 号）、《国务院关于议事协调机构设置的通知》（国发 [2008] 13 号）。

机构改革。这些改革从促进经济社会又好又快发展的需要出发，着力解决一些长期存在的突出矛盾和问题，既迈出了重要的步伐，又保持了政府机构相对稳定和改革的连续性。每一次改革都为今后的改革奠定了坚实基础。

一、历史上的五次改革取得的成果和存在的问题

尽管每次改革总有或多或少的回潮，似乎总难走出精简——膨胀——再精简——再膨胀的怪圈，引起了社会舆论的不满，但客观地说，每一次改革都不是原地踏步，而是留下了重要的改革成果：

（一）1982 年机构改革

1982 年的机构改革，最主要的特点是适应党的工作重心转移和现代化建设的需要，促进干部人事制度改革，推动干部队伍的新老交替，为精干领导班子提供了依据。

这次改革自上而下对各级政府机构数、各部门的领导职数做出全面规定，精简机构和领导职数。国务院工作部门减少约 1/3，各级政府部门数减少；副总理职数下降，副部级职数也减少了很多，各级各部门领导班子副职减少，素质提高；国务院各个部门人数精简 25%，省、自治区、直辖市党政机关人员数减少约 1/3，市县机关工作人员约减 20%。[①] 此外还解决了实际存在的领导干部终身制的问题，基本建立起正常的离退休制度。干部队伍向着"革命化、年轻化、知识化和专业化"方向调整，干部人事制度改革迈出了较大的步伐。这些改革，大大提高了政府工作的组织效率。

同时，地市合并，实行市领导县体制；将政社不分的人民公社改为乡政权组织，加强了基层政权建设；第一次对各级地方政府的机构设置限额和人员编制做出规定。

但此次改革没能摆脱就机构论机构，就编制论编制的老框框，没有触

---

① 钟瑞添、欧仁山：《政府治理变革与公法发展》，人民出版社 2007 年版，第 71 页。

动高度集中的计划经济体制，没能实现政府职能的转变。因此，改革后在机构和人员数量上有回潮的现象发生。

以现在的眼光回视历史上的这次改革，当时指出的机构改革中必须扎扎实实做工作、重点解决的三个问题在今天看来依然实用：

第一，必须首先明确各部门及其所属机构的任务和职责范围。要坚决改变那种分工不合理、职责不分明的状况。只能因事用人，绝不能因人设事。一个机构可以办的，就不要设许多机构；一级机构可以办的，就不要设几级机构；一个人可以办的，就不要配备几个人。每个机构，每个人，负什么责，办什么事，都要有个章程。机构精简之后，还要进一步深入研究各部门上下左右之间的工作关系，如国务院各部、委之间的关系，国务院各部、委同省、市、自治区政府及其所属厅、局之间的关系，行政组织同经济组织之间的关系，以及政府机构怎样才能更好地管理企业事业单位并为它们服务，并订出切实可行的规章制度。过去种种互相扯皮、互相推诿和无人负责的现象，固然是官僚主义作风的一种表现，但也有相当大的部分是职责不清、分工不明造成的。

第二，选贤任能，配备和建设好领导班子。这是最重要的一环。

第三，切实加强干部的轮训工作，提高整个干部队伍的素质。这是一项具有战略意义的重大建设。干部轮训搞好了，干部才干增长了，我们的事业肯定会发展得更好更快。

（二）1988 年国务院机构改革

受经济体制改革这一决定性因素影响，这次在经济管理部门的改革上迈出很大的步子。此时提出了社会主义经济是公有制基础上的有计划的商品经济；新的经济运行机制，总体上来说应当是"国家调控市场，市场引导企业"的机制。这次改革以转变职能为关键，重点是实现政企分开，弱化政府的微观管理职能，强化综合管理职能，精简专业部门，强化宏观调控部门。

通过这次改革，国务院部委、直属机构、非常设机构数量、人员编制都有明显减少，国务院部委机构减少到 41 个，人员编制裁减。

就是在这次机构改革中，首次提出了转变政府职能的要求，并与经济体制改革结合起来，以求互相适应、互相促进。这次改革明确把机构改革作为政治体制改革的重要组成部分，强调必须坚持党政分开的原则。但转变政府职能的任务在这次改革中并没能贯彻到位。

（三）1993 年政府机构改革

这次改革最主要的特点，就是明确机构改革是以适应社会主义市场经济体制的需要为目标。按照社会主义市场经济的要求转变职能，是这次改革的一个贡献。

这次改革强化政府的宏观管理职能，减少具体审批事务和对企业的直接管理。在机构和人员精简上，国务院工作部门和省、自治区、直辖市党政机构都有减少，市（地）县政府机构也都做了较大幅度的精简。国务院和省、自治区、直辖市机关人员编制总数亦有精简。这次改革还同时逐步推行国家公务员制度。

作为机构改革自身而言，这次改革有三方面值得重视，一是首次提出包括党委、人大、政府、政协机关在内的完整的机构改革方案；二是基本规范了改革的内容，主要是转变职能，理顺关系，精兵简政；三是基本规范了改革工作的程序，即首先由党的代表大会提出改革的任务，再由中央全会审议讨论改革方案，最后由全国人大一次会议审议批准国务院机构改革方案。

这次改革也存在问题。由于处于市场经济刚刚开始建设的背景下，政府职能不可能马上转变到位。虽然从理论上讲，建立社会主义市场经济体制的一个重要改革任务就是要减少、压缩甚至撤销工业专业经济部门，但从 1993 年的机构设置来看，这类部门合并、撤销的少，保留、增加的多。如机械电子部合并本来是 1988 年改革的一个阶段性成果，1993 年改革时又被拆分成两个独立的部；1988 年成立的能源部本来是在撤销煤炭、石油、电力三个专业经济部门的基础上建立的，但 1993 年的改革又撤销了能源部，设立了电力部和煤炭部。

（四）1998 年政府机构改革

1998 年国务院机构改革方案对历史上的改革进行了总结评价，认为改革开放以来，特别是党的十四大以来，政府机构改革取得了一定进展，积累了经验。但是，由于历史条件的制约和宏观环境的限制，政府机构存在的诸多问题虽经多次改革但仍未得到根本性的解决，机构设置与社会主义市场经济发展的矛盾日益突出：

第一，现有政府机构设置的基本框架，是在实施计划经济体制的条件下逐步形成的。突出的弊端是政企不分，政府直接干预企业的生产经营活动，不能形成科学决策的投资体制，容易造成责任不清和决策失误，难以发挥市场在资源配置中的基础作用。政企不分必然导致政府包揽属于企业的事务，大量设置专业经济管理部门。同时，片面强调综合部门与专业部门的相互制约，造成部门职能重叠，政出多门，相互扯皮，办事效率低下。经过二十年来的改革开放，以公有制为主体、多种经济成分共同发展的格局已经展开，国有经济的规模日益扩大，企业组织形式和经营方式发生了很大变化，通过专业经济部门直接管理企业的体制，已经越来越不适应建立现代企业制度的要求。

第二，现有政府机构的设置原则，是在社会主义法制还不完善的条件下确立的。主要依靠行政手段管理经济和社会事务，许多本来应该运用法律手段或者通过社会中介组织来解决的问题，也是通过设立政府机构管理，把过多的社会责任和事务矛盾集中在政府身上。政府管了许多不该管、管不了、实际上也管不好的事情，影响了政府集中力量去办那些应该办的事情。随着社会主义法制的完善和社会中介组织的发育，需要及时改革政府机构的设置原则和职能运作方式，明确界定政府、企业和社会中介组织的责任，实现社会主义市场经济的法制化、规范化。

第三，现有政府机构重叠庞大、人浮于事的现象严重。这不仅滋生文牍主义和官僚主义，助长贪污腐败和不正之风，也给国家财政造成了沉重负担。中央与地方财政几乎都成了"吃饭财政"，极大影响了政府进行社会主义建设和维护社会公共利益的能力。

这次改革试图突破、解决上述问题，被称为改革开放以来力度最大、精简机构和人员较多、各方面认同程度较高的一次改革。①

此次改革，关键是着眼于市场经济建设的需要，精简了很多与计划经济相关的经济部门。撤销了几乎所有的工业专业经济部门，电力、煤炭、冶金、机械等部门从政府序列中被剔除；各地基本撤销了工业、商业等经济管理部门；行政性公司改组为经济实体，政府部门与所办的经济实体、直属企业"脱钩"。政企不分的组织基础在很大程度上得以消除。国家经济发展和改革委员会的正式成立，标志着中央实现了从微观直接的部门经济管理向宏观间接的综合经济管理体系的蜕变。除此之外，一些市场监管机构得到了强化，规格提高了，如国家工商行政管理总局、新闻出版总署、国家质量监督检验检疫总局（由国家质量技术监督局和国家出入境检验检疫局合并而成），成为正部级单位。而一些部门下面也设立了很多司局级单位，比如外贸部建立了世界贸易组织司，还成立了中国政府世贸组织通报咨询局、进出口公平贸易局等。还成立了一些正部级单位，如国务院信息化办公室等。

不过，改革的动力虽然是基于很大的财政压力，但是改革的成本依然是很高的，中央财政并未因此而节约，反而为此多支出了 20%②。但即便如此，改革成就依然得到了巩固。

（五）2003 年政府机构改革

"关于国务院机构改革方案的说明"对过去五年改革的基本经验进行了总结：一是支持以适应社会主义市场经济体制为改革的目标，把转变政府职能作为机构改革的关键；二是坚持精简、统一、效能的原则，把精兵简政和优化政府组织结构作为机构改革的重要任务；三是坚持积极稳妥的方针，既审时度势，把握时机，坚定不移地迈出改革步伐，又充分考虑各

① 夏海：《政府的自我革命——中国政府机构改革研究》，中国法制出版社 2004 年版，第 45 页。
② 毛寿龙：《中国政府体制改革的过去与未来》，《江苏行政学院学报》2004 年第 2 期，第 87—92 页。

方面可承受的程度，审慎地推进改革；四是坚持机构改革与干部人事制度改革相结合，制定配套的政策措施，妥善安排分流人员，优化干部队伍结构；五是坚持统一领导，分级负责，分步实施，从实际出发，因地制宜地进行改革。"随着经济体制改革的深入和加入世界贸易组织新形势的发展，现行政府机构还存在着一些不适应的问题，必须通过深化改革加以解决。"

这次改革，中国加入世贸组织是一个特殊的背景，对政府法制化程度、透明度提出更高的要求；互联网和信息技术的发展为政府推行电子政务提供了支持；当年发生的非典疫情对政府的信息公开透明、应急反应能力、公共服务职能形成巨大考验。政府自身的改革更成为一切改革的关键环节。这次改革并没有对政府机构人员精简提出具体的数量指标，而是以加强宏观调控和执法监管部门为重点，通过机构调整，为建设适应市场经济需要的政府体制奠定了组织基础。

总的说来，改革开放以来，行政管理体制改革不断推进，政府组织机构逐步优化，公务员队伍结构明显改善，科学民主决策水平不断提高，依法行政稳步推进，行政监督进一步强化。我国政府机构改革围绕改变政府的组织结构、调整部门职能配置、精简优化人员配备来提高行政效能，取得了一定成果。总结改革开放以来五次机构改革，可以看到如下特征[①]：

一是政府机构和人员的精简，虽然有精简——膨胀的循环，机构数和人员数虽然每一次改革之后都有回潮，但实际上回潮的幅度要小于改革的幅度，所以机构总数从长期来看是一直在下降的。以国务院部门设置数为例，历次国务院机构改革前后部门机构数据（参见表2-1）显示：国务院部委数经过每次改革呈缩减趋势；分析历次改革前后部委管理的国家局设置数趋势，围绕14个上下波动；国务院部门总数（不含部委管理国家局）在1988年国务院机构改革后呈现稳定的减少趋势。总体来说，国务

---

① 主要参考唐铁汉：《中国公共管理的重大理论与实践创新》，北京大学出版社2007年版，第364页；毛寿龙：《中国政府体制改革的过去与未来》，《江苏行政学院学报》2004年第2期，第87—92页。

院机构设置是精简了。

表 2-1 历年国务院部门机构数据统计

年份	1981	1982	1987	1988	1992	1993	1997	1998	2002	2003	2008
部委	52	43	45	41	41	40	40	29	29	28	27
国务院办公厅	1	1	1	1	1	1	1	1	1	1	1
直属机构	43	15	22	19	19	13	13	17	17	18+1	16+1
办事机构	4	2	4	6	9	7	5	6	6	4	4
部委管理国家局	0	11	13	15	16	15	15	18	18	10	16
总数（不含部委管理国家局）	100	61	72	67	70	61	59	53	53	52	49
总数（含部委管理国家局）	100	72	85	82	86	76	74	71	71	62	65
（另：事业单位事）						11		9		14	14

说明：转引自朱中原：《"大部制"将引领机构改革》，《中国改革》2008 年第 1 期，第 31—35 页（资料来源：中央机构编制委员会办公室），并根据原始报告对部分数字进行补充、修正。

二是各级政府机构的职能发生了很大的变化，政府逐渐放弃了物资分配权、物价控制权、企业经营管理权，撤销经营性控制机构，加强综合管理和中央宏观调控、监管能力。国营企业逐步减少，并且基本实现了股份化、市场化经营，民营企业不断发展壮大，成为国家经济发展的主力，市场经济的雏形基本形成。

三是政府的运作方式发生了很大的变化，法律的力量在各个领域开始发挥作用，依法治国、依法行政已经成为政府运作的基本要求。政府的职能也因此开始而走向法制化的轨道，领导人的指示、条子、批示，上级部门的红头文件如通知等，依然发挥作用，但作用已经大不如前。政府的执法职能越来越强化，成为政府的重中之重。

四是政府的权力开始逐步下放，条条的力量依然很强，但块块的力量越来越得到了强化。政府公共服务越来越强调公民参与，强调公民和公共服务消费者对政府活动的评价。全国各地很多地方政府开展了让公民评价政府绩效的活动，取得了较好的效果。

五是政府改革的焦点依然是机构、职能和人员编制数，但基本的制度建设越来越受到重视，为市场经济服务的意识越来越强化，行政审批制度改革、财政预算制度和财务制度改革、领导干部选拔任命制度改革、政务信息制度改革等，在宏观的机构和人员改革之后逐步推行。政府管理开始逐步重视质量。

由于社会主义市场经济体制的建立和完善需要一个过程，中国的行政管理体制改革和政治体制改革渐进进行，我国历次政府机构改革不可能一步到位。当前，我国正处于全面建设小康社会新的历史起点，改革开放进入关键时期。面对新形势新任务，现行行政管理体制仍然存在一些不相适应的方面[①]：

一是政府职能转变还不到位。公共财政体制尚未建立，政府还承担了许多不该管、管不了、管不好的事情；社会管理和公共服务仍比较薄弱，不能满足社会公共需要。

二是政府机构设置与职能配置存有问题。如有的宏观管理部门权力太集中，宏观职能微观化；部门职责交叉、权责脱节、相互扯皮和效率不高的问题仍比较突出；行政运行和管理制度不够健全。

三是行政执法体制不完善，管理多、散、乱，政府行为不规范。

四是对行政权力的监督制约机制还不完善，滥用职权、以权谋私、贪污腐败等现象仍然存在。

这些问题直接影响政府全面正确履行职能，在一定程度上制约经济社

①《关于深化行政管理体制改革的意见》（2008 年 2 月 27 日中国共产党第十七届中央委员会第二次全体会议通过）。

会发展。深化政府机构改革势在必行。

二、国外经验借鉴

当代西方国家处于较为成熟的市场经济环境之中和民主监督之下，其对政府机构的设计和接纳在满足本国的各方需求的过程中，也折射出某些共同的特性。研究这些共性和个性，吸收某些共性的规范，对于我们初入市场经济环境而又迅速发展、既要按照市场经济管理的通行规则行事又要保持自己某些特色的发展中国家来说，是必要和可行的。

考察西方政府机构设置，首先是要考察和研究居于决策地位的内阁机构，因为它们是政府的核心和骨架。但是，仅仅只有内阁机构还不行，还必须有大量机构的支持和支撑，执行内阁机构的决策，反馈执行决策中的问题，并对决策的改进提出建议。此外，还有一些咨询机构，承担信息收集和整理、提出建议和意见的功能。[1]

（一）中央政府内阁机构设置

西方国家的内阁机构相当于我国的政府组成部门。其设置的特点有：

1. 内阁机构的数量较少，比较稳定。政府调整内阁机构的设置，需要经过议会的辩论和投票通过。美国、俄罗斯、日本、英国、法国、德国、加拿大、澳大利亚和西班牙等国家政府的内阁机构都在 14—19 个之间。

联合国制定了一个具有普适性价值的政府机构标准，它包括十个领域[2]：第一个是一般性公共服务，比如立法部门、执行部门、财务部门、税收部门、外交部门，任何公民都需要这种服务；第二个是国防，比较经典的是国防服务发展规划；第三个是秩序与社会安全，比如公安部门；第四个是经济职能，经济职能部门对中国来说一直是个比较重要的部门，市场经济的进程在某种程度上决定了政府职能及政府机构的设置；第五个是

---

[1] 本部分内容主要参考左然：《国外中央政府机构设置研究》，《中国行政管理》2006 年第 4 期，第 74—77 页；卓越：《国外政府改革与发展前沿》，福建人民出版社 2007 年版。

[2] 竹立家：《"大部制"改革之我见》，《中国改革》2008 年第 1 期。

环境保护；第六个是教育；第七个是卫生；第八个是娱乐、文化与宗教；第九个是住房与社区，主要是解决老百姓住房问题或社区的福利设施；第十个是社会保护，包括社会福利和社会保障。

2. 大部制。所谓大部制，就是西方国家把一些职能相近的部门或职能相关的部门重组为一个大部，把原来的部委改革为内设的职能司局，或改为部委管理的、又具有一定独立地位的机构。

如法国的经济、财政和工业部是一个超级大部，被人们戏称为"一个不可攻破的大城堡"。它负责经济政策、财政政策和工业政策，还负责经济宏观管理、财政预算和决算、转移支付、国际贸易、税收管理、第一二三产业的政策和协调。其下属机构众多，包括海关、税收、统计、贸易、公平交易监督等，仅在巴黎本部工作人员就有近万人。

（二）英国和英联邦国家的执行机构设置

20世纪80年代末期，英国政府发起了提高公共服务质量和效率，公开向市民的服务承诺等一系列活动，突破了传统的管理模式，将执行性、服务性和商业性、甚至监管性的部门的内设机构和职能成建制地转为行政执行机构，承担行政管理、监管职能、咨询职能、服务职能。这些执行机构仍然是主管部门的一个机构。

英国的执行机构专门化改革最核心的任务就是设立专门执行机构，为其确定性质，规定任务，规范关系，建立绩效评价方法体系等。[1] 其实，机构的调整在执行机构改革中的意义更在于提升管理的地位并推动管理的现代化。因为组织结构的调整不过是为现代管理理念、原则、机制和方式奠定制度基础。[2]

（三）中央政府的独立机构、管制机构和法定机构

除了内阁机构之外，在政府组织系统中还存在着数量众多的机构。这

---

① 傅小随：《政策执行专职化：政策制定与执行适度分开的改革路径》，《中国行政管理》2008年第2期，第12—16页。
② 参考周志忍：《英国执行机构改革及其对我们的启示》，《中国行政管理》2004年第7期，第79—84页。

些机构在不同的国家有不同的称呼。在美国等一些国家称为独立机构或管制机构；在法国等一些国家称为管制机构；在新加坡等一些国家称为法定机构。这些机构涉及的领域和范围、履行的职责和行使的权力多种多样。分别来说：

1. 美国的独立机构

美国的独立机构由联邦法律建立，具有独立的法律地位，直接对国会负责。美国的独立机构分为两类：

一是独立管制机构。它们依据法律对经济领域进行广泛的管理和监督。管制机构一般实行委员会制，其成员由总统提名，参议院批准。总统只能因诉讼的原因而不能因政策或观点的不同撤换委员会成员。独立管制机构具有准立法权、行政权、行政裁判权。

二是行政事务性机构。主要为政府或公众提供特殊或专门的服务。这类机构实行首长负责制，其正、副职主要负责人由总统任命，参议院批准。

2. 法国的独立管制机构

法国的独立管制机构一般设在公法人的内部。它自己没有法人资格，不能够单独提起诉讼。独立管制机构在预算上也不能直接对财政部，而要通过所属的公法人进行。但是法国的独立管制机构不受所属公法人的领导，也不受其他行政机关的领导。它们的活动不受行政等级权力的监督。对它们的唯一监督措施是它们必须如实公开自己的工作报告。

法国的独立管制机构可以分为两大类：一类负责规范经济活动，如股票交易委员会、竞争委员会、法兰西银行等。另一类负责保护公民的权利，如作为接受公民申诉的共和国调停人等。

3. 新加坡的法定机构

新加坡的法定机构根据专门的法律成立，其职责也由专门的法律规定。法定机构行使对某一领域的监管职责、或对市场进行监管，还有的法定机构是教学、科研及咨询机构。

总之，这些机构的法律地位基本相同：即独立于政府的部委机构之外，履行法律赋予的职责，直接向议会负责，可以依据法律不受内阁部门制约。其共同的特点：一是具有法律地位，依法负责某一项或某一领域具体的管理事务；二是具有规章制定权力，这等于获得了制定政策的权力；三是具有执行权力，监督社会执行并可以对违法行为进行处罚；四是依法向公众公开工作报告，获取公众的支持，体现独立、公开和公正的理念，树立一种道义权威。

（四）内阁的委员会和部际联席会议机构

各国中央政府在内阁中普遍成立了一些专门委员会，不同的委员会由不同的内阁成员组成。这些委员会不单设办事机构，而由内阁办公室承担日常的文秘工作。部际联席会议也是一个议事机构，没有专门的办事机构，而由牵头的部门承担日常的秘书工作。这些委员会和联席会议在政府运转过程中，承担着减少交叉和互相掣肘、加强政府决策的整体性和一致性、科学性和可行性的作用。

三、中国政府机构改革趋势

在党的十七大报告中，"加快行政管理体制改革，建设服务型政府"列于"坚定不移发展社会主义民主政治"之下，其包括的内容主要有：

行政管理体制改革是深化改革的重要环节。要抓紧制定行政管理体制改革总体方案，着力转变职能、理顺关系、优化结构、提高效能，形成权责一致、分工合理、决策科学、执行顺畅、监督有力的行政管理体制。健全政府职责体系，完善公共服务体系，推行电子政务，强化社会管理和公共服务。加快推进政企分开、政资分开、政事分开、政府与市场中介组织分开，规范行政行为，加强行政执法部门建设，减少和规范行政审批，减少政府对微观经济运行的干预。规范垂直管理部门和地方政府的关系。加大机构整合力度，探索实行职能有机统一的大部门体制，健全部门间协调配合机制。精简和规范各类议事协调机构及其办事机构，减少行政层次，降低行政成本，着力解决机构重叠、职责交叉、政出多门问题。统筹党委、政府和人大、政协机构设置，减少领导职数，严格控制编制。加快推进事业单位分类改革。

2008 年 2 月 27 日中国共产党第十七届中央委员会第二次全体会议通过《关于深化行政管理体制改革的意见》。这份行政管理体制改革的总体方案提出的深化行政管理体制改革的总体目标是：到 2020 年建立起比较完善的中国特色社会主义行政管理体制。通过改革，实现政府职能向创造良好发展环境、提供优质公共服务、维护社会公平正义的根本转变，实现政府组织机构及人员编制向科学化、规范化、法制化的根本转变，实现行政运行机制和政府管理方式向规范有序、公开透明、便民高效的根本转变，建设人民满意的政府。今后五年，要加快政府职能转变，深化政府机构改革，加强依法行政和制度建设，为实现深化行政管理体制改革的总体目标打下坚实基础。《意见》提出要从六个方面推进政府机构改革①：

（一）按照精简统一效能的原则和决策权、执行权、监督权既相互制约又相互协调的要求，紧紧围绕职能转变和理顺职责关系，进一步优化政府组织结构，规范机构设置，探索实行职能有机统一的大部门体制，完善行政运行机制。

（二）深化国务院机构改革。合理配置宏观调控部门的职能，做好发展规划和计划、财税政策、货币政策的统筹协调，形成科学权威高效的宏观调控体系。整合完善行业管理体制，注重发挥行业管理部门在制定和组织实施产业政策、行业规划、国家标准等方面的作用。完善能源资源和环境管理体制，促进可持续发展。理顺市场监管体制，整合执法监管力量，解决多头执法、重复执法问题。加强社会管理和公共服务部门建设，健全管理体制，强化服务功能，保障和改善民生。

（三）推进地方政府机构改革。根据各层级政府的职责重点，合理调整地方政府机构设置。在中央确定的限额内，需要统一设置的机构应当上下对口，其他机构因地制宜设置。调整和完善垂直管理体制，进一步理顺和明确权责关系。深化乡镇机构改革，加强基层政权建设。

---

① 《关于深化行政管理体制改革的意见》（2008 年 2 月 27 日中国共产党第十七届中央委员会第二次全体会议通过）。

（四）精简和规范各类议事协调机构及其办事机构，不再保留的，任务交由职能部门承担。今后要严格控制议事协调机构设置，涉及跨部门的事项，由主办部门牵头协调。确需设立的，要严格按规定程序审批，一般不设实体性办事机构。

（五）推进事业单位分类改革。按照政事分开、事企分开和管办分离的原则，对现有事业单位分三类进行改革。主要承担行政职能的，逐步转为行政机构或将行政职能划归行政机构；主要从事生产经营活动的，逐步转为企业；主要从事公益服务的，强化公益属性，整合资源，完善法人治理结构，加强政府监管。推进事业单位养老保险制度和人事制度改革，完善相关财政政策。

（六）认真执行政府组织法律法规和机构编制管理规定，严格控制编制，严禁超编进人，对违反规定的限期予以纠正。建立健全机构编制管理与财政预算、组织人事管理的配合制约机制，加强对机构编制执行情况的监督检查，加快推进机构编制管理的法制化进程。

2008年已经启动的国务院机构改革正在按照《关于深化行政管理体制改革的意见》的精神进行推进：一是进一步明确和调整宏观调控部门的职能，加强和改善宏观调控，促进科学发展。二是着眼于保障和改善民生，加强社会管理和公共服务。如组建人力资源和社会保障部，建立健全从就业到养老的服务和保障体系；组建住房和城乡建设部，加快建立住房保障体系、加强城乡建设规划统筹；调整卫生部组成，强化食品药品安全监管；组建交通运输部，加快形成便捷、通畅、高效、安全的综合运输体系。三是按照探索职能有机统一的大部门体制要求，对一些职能相近的部门进行整合，实行综合设置，理顺部门职责关系。四是组建工业和信息化部，整合完善工业行业管理体制；通过设立国家能源局、环境保护部，完善能源资源和环境管理体制，促进可持续发展。五是精简议事协调机构。

接下来，紧紧围绕政府职能转变积极探索大部制运行机制和执行机构改革，优化政府内部结构，深入推进国务院组成部门的内部管理机构改革、地方政府机构改革。第一，借鉴国外大部制、执行机构改革经验和深圳、海南洋浦行政管理体制改革经验，推行大行业、大系统管理体制，并根据经济和社会发展情况有所创新；探索由专门的执行机构承担公共服务和行政执法等方面的执行职能。第二，以政策制定、政策执行、监督职能不同功能和分权作用，调整纵向、横向政府机构组织形式，探索建立精干的科学决策指挥系统、相对集中的高效执行系统、地位相对独立的监督系统以及结构扁平化的咨询系统，构建上下级政府和部门之间相互协调、有利制约的职权关系。第三，推进地方政府机构改革，依法实行机构的综合设置和职能的优化配置，加强职责协调，加强对职责履行情况的跟踪评估和监督，逐步形成权责一致、分工合理、决策科学、执行顺畅、监督有力的行政管理体制；深化乡镇机构改革，加强基层政权建设。第四，完善政府组织法、制定编制法，对政府机构的数量、领导职数、机构变更的程序、各机构的职能权限做出明确的规定，并将编制与经费预算紧密挂钩，巩固已有改革成果。

第三章

中国行政体制纵向
权力结构调整

纵向权力结构是政府结构中非常重要的一个组成部分，在政府运行中发挥着重要作用。行政体制纵向权力结构调整是市场经济发展和政府职能转变的需要。本章将主要梳理改革开放 30 年以来我国纵向权力结构调整的历程，总结其中的经验、教训，并对未来中国纵向权力结构调整的趋势进行展望。

第一节　纵向权力结构调整综述

在回顾中国纵向权力结构调整的历程之前，我们首先介绍纵向权力结构的内涵、纵向权力结构调整的动因及其背景。

一、纵向权力结构的涵义

政府的权力结构可以划分为两种：一种是横向权力结构，指一级政府不同部门之间的权力配置关系；另一种是纵向权力结构，指不同层级的政府之间或者说中央政府与地方政府之间的权力配置关系。

政府纵向权力结构主要包括两个方面：一是中央政府与地方政府之间的财权结构；一是中央政府与地方政府之间的事权结构。财权结构主要涉及中央与地方之间的财政税收制度，财权结构是各级政府利益最重要的体现，是政府纵向权力结构中最重要的部分。事权结构的内容则比较复杂，不同国家的事权结构相差很大。在市场经济比较成熟的国家，已经实现了政企分开，中央与地方之间的事权调整主要体现在公共物品或公共服务供给（如社会保障和交通、住房等公共服务的决策和管理）权力的重新调整和划分上，基本不存在投资管理、外贸管理等方面的事权调整。而中国在向市场经济过渡的过程中，存在着高度中央集权的行政体制的弊端，事权的内容比西方市场经济发达国家要多很多，涉及金融、投资、教育等许多方面。中国传统的高度集权的行政体制与传统的高度集权的经济管理体制是混合在一起的，所以，行政体制改革的纵向事权调整过程是与经济体制改革的历程联结在一起的，纵向事权的调整多是通过经济体制改革来实现的（立法权力的调整除外）。事权包括中央与地方的金融管理权、投资管理权、外贸管理权、社会事业管理权、物价管理权、社会保障事业管理权、立法权和公共事务的管理权等多项内容。

二、纵向权力结构调整的动因

改革开放以后，我国政府一直在进行调整纵向权力结构的探索，其主要动因有以下几个方面：

（一）推动经济健康发展的需要

党的十一届三中全会以后，我国进行了一系列的经济体制改革，目的就是要改变高度集中的计划经济体制，使经济社会发展充满活力。经济体制改革往往离不开行政体制改革，在经济体制改革的推动下，政府行政体制改革也必须稳步跟进。从改革开放 30 年的实践中我们可以清晰地看到，每一次纵向行政权力结构的调整都是在经济发展出现困难或障碍，必须克服这些障碍以推动经济健康快速发展的状况下发生的。权力结构调整以推动市场经济的健康发展为归依。

（二）增强中央与地方政府间的相互依赖的需要

中央政府与地方政府之间存在着极强的依存关系，纵向权力结构的调整是增强中央政府与地方政府间相互依赖的需要。一方面，要确保中央政府对地方政府的有效监督和控制，通过经济体制改革提供良好的市场机制和市场环境，克服政府"缺陷"。另一方面，市场调节作用必须在国家法律、法规和规划指挥下进行，这些都必须强化政府的整合功能。政府结构的纵向整合做到中央政府主要依赖地方政府承担公共事务管理，地方政府依赖中央政府的资金支持才能顺利履行公共事务管理功能；而中央政府通过地方政府的资金支持，强化地方政府的有效调控。

（三）维护中央的统一领导的需要

我国是中央集权的单一制国家，地方政府均受中央政府的统一领导，不能脱离中央而独立。单一制体现了中央政府与地方政府之间权力划分的紧密联系：中央政府总揽全局，地方政府是中央政府的分支、必须服从中央命令。因此，无论出于何种具体原因，纵向权力结构的调整都必须遵循一个原则：维护中央的统一领导。从改革开放以来我国纵向权力结构调整的失误和教训来看，纵向权力结构的调整不能脱离这一原则。权力结构调整必须以维护中央的统一领导为前提。

三、纵向权力结构调整的背景

任何政府权力的调整都是在一定的背景之下展开的。改革开放后中国行政体制纵向权力的调整有其特殊的背景，这些背景构成了我国政府权力纵向调整的客观环境，孕育了权力调整过程中的矛盾，约束了政府纵向权力调整的方向。[①]

（一）改革后的政府间纵向权力调整是改革前政府权力纵向调整的历史延续

历史是无法割断的。改革前高度集中的计划经济体制并没有否定地

---

① 汪玉凯：《中国行政体制改革 20 年》，中州古籍出版社 1998 年版，第 46—49 页。

方分权，相反这是该种体制的一种必然要求。高度集中的指令性计划体制是中央政府运用行政力量和行政办法集中配置资源的一种体制。但自上而下的指令性计划只能以地方为中介才能实现。因而地方分权是计划经济得以运行的重要条件。当然这种地方分权是以服从全国统一的指令性计划为前提的，是以维护中央集权为前提的。由于这种分权是以计划经济为基础，它不能解决微观主体的活力与资源的合理配置问题，往往与中央的计划产生矛盾。如果中央集权过多，会影响地方的积极性和灵活性，导致经济计划的僵化；如果地方分权过多，则又会造成严重的分散性和盲目性，破坏中央计划的完成，结果只能是集权与分权的不断循环。中国改革前中央与地方关系的一个重要特征是行政权力分割上的不稳定的收放循环，由此形成所谓的条条块块之间的矛盾。第一个五年计划后期开始向地方分权，1961 年中央又恢复向中央的集权，1966 年又开始地方分权。可以这样说，周而复始的权力收放循环不仅仅是一种行政权力的上下转移，事实上也培育了地方的利益意识，地方政府开始成为利益主体。这种状况对改革开放后的纵向权力调整产生了深远的影响。

从中央与地方的关系看，1979 年之后至 1992 年邓小平南方谈话之前的纵向权力调整，在很大程度上延续了地方行政性分权的做法，即中央政府从计划、投资、财政、物资、外贸等各个方面层层向地方政府下放权力，分解指标，特别是 1980 年开始实行的各种形式的财政包干制，使地方政府的财力与财权大大增加。这些做法是改革前纵向权力调整的一种历史延续。1992 年之前，中国没有明确要抛弃计划经济体制，实行市场经济体制，而是要建立"计划经济为主，市场调节为辅"的双轨运行的经济体制，这种状况不可能使中国的纵向权力调整走出收放交替的轨迹。1992 年确立的以市场化为导向的经济体制改革，要求中国政府的纵向权力调整有助于推动政府与企业之间的分权、有助于推动市场机制作用的扩大、有利于中央政府宏观调控职能的到位、有利于全国统一的大市场的形成。

（二）1979 年之后的以地方分权为主导的纵向权力调整是市场化改革的一个中介环节，它是解决政府与市场、政府与企业关系的一个中介

我国的改革是渐进式的改革，向市场经济的过渡不可能一步到位。各种权力从政府向企业的下放，必须以地方行政性分权为中介。分权是由计划经济走向市场经济的必由之路。政府之间的行政性分权必须服务于政府与市场、政府与企业之间的经济性分权。

改革后的纵向权力调整是改革前纵向权力调整的一种延续，它体现了改革的渐进性和体制的过渡性。但改革前后的政府间纵向权力调整却有着巨大的差别。

首先，改革前的纵向权力调整只涉及中央与地方的权力分割问题，不会改变计划经济的格局，而 1979 年后的地方分权以搞活企业为中心，以政府向企业放权让利为内容而展开，行政性分权与经济性分权结合在一起，具有明显的过渡性。

其次，改革前的纵向权力调整以计划经济为基础，集中和分散都是以中央政府为主导，集中也罢，分权也罢，都是由中央政府单方面决定的。改革后的纵向权力调整虽然没有建立在成熟的市场经济基础之上，但却是建立在商品货币的交换关系基础之上，且中央与地方之间有了一定的契约关系（如财政包干）；中央与地方的利益主体地位都有所强化，中央不能像过去一样随意上收与下放权力，特别是不能上收地方的财政收入，地方政府的经济行为也容易与中央政府的宏观调控目标发生偏离。

最后，改革前的纵向权力调整主要是中央与地方之间的一种垂直经济关系，很少涉及不同地方政府之间的横向关系；改革后的纵向权力关系往往影响到不同地方政府之间的经济关系。在政企不分的状况下，企业之间的相互竞争关系，往往表现为地区之间的竞争关系。

（三）行政性分权与经济性分权之间的矛盾是推动体制过渡时期纵向权力持续调整的内在动力

行政性分权是指不同层级的政府主体之间的权力调整，主要是指事权

与财权在上下级政府之间的重新配置。经济性分权是指政府与市场、政府与企业之间的一种权力配置，它可具体表现为政府与市场配置资源的比重的变化，政府与企业在诸多权力方面的重新划分。行政性分权可以为经济性分权创造条件，但行政性分权不一定等于经济性分权。

中国的纵向权力调整从一开始就蕴涵着行政性分权与经济性分权的矛盾。如前所述，在一定意义上说，改革后政府间纵向权力调整是改革前纵向权力调整的一种历史延续，这是由中国改革的渐进性决定的；同时，改革后，中国的纵向权力调整是计划经济迈向市场经济的中介，它承担着从行政性分权迈向经济性分权的重任，这是由中国经济体制改革的目标决定的。

第二节　纵向权力结构调整的历程

改革开放 30 年来，中国中央政府与地方政府之间的财权与事权处于不断的调整变化之中。一方面调整过程表现出了阶段性的特点；另一方面调整过程也有一定的规律性。

一、中国中央政府与地方政府之间财权的调整

财权是各级政府利益最重要的体现。纵向权力的调整离不开财权的重新划分。自改革开放以来，我国财权的调整经历了两个阶段：1978 年至 1993 年是第一阶段；1994 年之后是第二阶段。

（一）财政包干：1978 年至 1993 年三次财权调整的主题

1. 1978 年至 1993 年，我国政府间的财权经历了三次较大的调整与改革

（1）1980 年，实行"划分收支，分级包干"的财政管理体制。其主要内容是：①按照经济管理的行政隶属关系，划分中央固定收入、地方固

定收入、固定比例分成收入三类。在支出方面分两种情况：一是属于包干范围的正常支出，按企业和事业的隶属关系划分；二是对于一部分不宜实行地方包干的支出，由中央财政根据情况专项拨款。②按划分的收支范围，以1979年的财政收支为基础，经过合理调整后确定地方财政收支基数。基数确立之后，如果地方固定收入和固定分成收入不能满足地方财政支出的，则由中央财政给予定额补助。

（2）1985年，在前几年的基础上，对各省、自治区和直辖市实行"划分税种、核定收支、分级包干"的财政体制。其主要内容是：财政收入的划分基本上按税种设置，将财政收入划分为中央固定收入、地方固定收入、中央财政和地方财政共享收入三大类。收入分成比例、上交或补助的数额，视各地的财政收支基数情况而定。

（3）1988年，根据各地区经济的发展水平，区别不同情况，在原定财政体制的基础上，全面推行财政包干办法，对各省、自治区、直辖市和计划单列市分别实行"收入递增包干"、"总额分成"、"总额分成加增长分成"、"上解递增包干"、"定额上解"、"定额补助"等六种不同形式的包干办法，参见表3-1。

2. 三次财权调整的特点以及调整过程中出现的问题

（1）三次财权调整的共同特点

其一是收支划分。理论上的政府收入基本上分为三个来源类别：中央收入、地方收入和分成收入。同时，不同级别的地方政府承担不同的支出责任。

其二是基数。收入和支出的这两种基数一般是根据各地在确立新体制前一年的财政收支决定的。

其三是收入分成。这是财政问题的核心，各省可以保留一部分地方收入用于地方开支。分成办法因各省经济性质和税收能力的不同而有所区别。

其四是一对一的谈判。由于缺乏确定基数的通行方式，分成办法与留成比例这些收入分成的基本参数需通过协商解决。地方政府在与中央政府谈判的过程中获得了一定的权力。各地根据与中央的讨价还价，确立不同的财税关系。

表 3-1　1980—1993 年财政体制的变化

1980—1984 年间的财政体制	固定比例分成（江苏） 分类分成（15 省） 少数民族地区体制（8 省） 直辖市体制（北京、天津、上海） 定额包干（广东、福建）
1985—1987 年间的财政体制	固定比例分成（17 省市） 定额上解（黑龙江） 定额补助（4 省） 少数民族地区体制（8 省） 定额包干（广东、福建）
1988—1993 年间的财政体制	收入递增包干（10 省市） 固定比例分成（3 省） 总额分成加增长分成（3 省） 上解比例递增包干（2 省） 定额上解（3 省） 定额补助（16 省市）

其五是税收管理。一方面，税权是高度集中的：所有税种的税级和税率都由中央政府确定，包括中央税与地方税；另一方面征税权几乎全部下放。除了中央所有的几个不起眼的小税种外，几乎所有的税种的征收工作都由地方政府掌握。①

（2）调整过程中出现的问题

其一是中央政府的财力下降。1992 年中央财政收入占国内财政收入的比例只有 40% 左右，大大低于市场经济国家中央财政收入占 60% 的最低水平。中央政府的财力增长速度低于地方财力的增长速度，1988 年至 1993 年的增量财政收入为地方所有（参见表 3-2）。中央政府财力的下降

---

① 王绍光：《分权的底限》，中国计划出版社 1997 年版，第 104 页。

有以下三方面的原因：以分灶吃饭来代替统收统支的财政包干体制实现了调动地方积极性、促进地方发展经济的目的，但包死了中央的财力。地方在完成中央的包干任务后具有很大的自主权，随意减免企业税，使中央丧失了应得的分成收入；特别是中央税收收入由地方税务机构征收，没有确保自己收入的组织保障，中央政府是依靠地方政府这一中介来落实自己的收入的，中央政府为了保证自己的收入份额，虽付出了巨大的交易费用，也没有取得很好的效果；财政包干制具有鞭打快牛的特点，地方政府担心在一对一的谈判中会不断地被抬高上交中央的份额，因此征税积极性下降，而对征收不受中央预算控制的预算外资金有较大的积极性（1978 年至 1992 年，国家预算只增长了 3 倍，预算外资金却增长了 11 倍）。没有稳定的规则可以保证中央政府收入的提高，以一对一的谈判来确定中央与地方的财力划分，随意性太大。

表 3-2　1988—1993 年中央与地方财政收入增长速度的对比

年份	中央	地方	中央比地方的差距
1988	100.00	100.00	0.00
1989	106.17	116.42	10.25
1990	128.10	122.88	−5.22
1991	121.11	139.73	18.62
1992	126.44	158.22	31.78
1993	129.92	213.31	84.39

注：债务收入已从中央收入中扣除。
（资料来源：国家统计局编：《中国统计年鉴 1995》，中国统计出版社 1995 年版，第 220 页）

其二是不利于抑制重复建设，影响了全国统一市场的形成和产业结构的优化。为了扩大地方财源，各地片面发展税高利大的工业项目，重复建设与盲目建设屡禁不止，国家要限制的产业得不到限制，国家要鼓励发展的产业得不到发展。与此同时，地区之间的市场封锁现象也时有发生，不利于地区之间的公平竞争，造成资源、人力和财力的浪费。

其三是按企业隶属关系划分财政收入，不利于政府职能的转变。这种做法助长了地方政府干预所属企业的行为倾向，不利于真正把企业推向市场。

必须继续深化改革来解决行政性分权阻碍经济性分权的状况，真正推进以市场化为导向的改革。1994 年的分税制改革就是为了适应这种新的形势而出台的。

（二）1994 年的分税制改革：理顺中央与地方政府之间的财权关系

面对财政包干制出现的种种弊端，根据发展社会主义市场经济的总体要求，总结我国财政制度改革的历史经验，针对财政包干体制存在的问题，理顺中央与地方财政的分配关系，必须建立分税制财政管理体制。分税制是根据市场经济的原则和公共财政的理论确立的一种分级财政管理体制，是国际上市场经济国家通行的一种财政分配体制，是处理中央与地方财政分配关系的一种较为规范的方式。党的十四届三中全会通过了《关于建立社会主义市场经济体制若干问题的决定》，提出了财税体制改革的总体目标和要求。1993 年 12 月 15 日，国务院发布了《关于实行分税制财政管理体制的决定》，这是我国财政收支划分法的主要法律文件。此外，《预算法》中关于预算级次的划分、预算收支的范围以及预算管理的职权分割等内容事实上构成财政收支划分法的重要内容。1995 年开始中央从收入增量中拿出 20 亿元实行一种新的无条件转移支付办法，发布了《过渡转移支付办法》，这也是我国财政收支划分法的法源之一。根据中央的部署，1994 年 1 月 1 日，改革地方财政承包体制，对各省、自治区、直辖市及计划单列市实行分税制。

1. 1994 年实行分税制财政管理体制确定的基本原则

（1）正确处理中央与地方的分配关系

分税制改革要有利于调动中央与地方理财积极性，促进国家财政收入合理增长，逐步提高中央财政收入的比重。既要考虑地方利益，调动地方发展经济增收节支的积极性，又要适当增加中央财力，增强中央政府的宏观调控能力。

(2) 合理调节地区间的财力分配

分税制改革要坚持公平与效率相结合，既要有利于经济发达地区继续保持较快增长的势头，又要通过财政转移支付帮助欠发达地区加快发展。

(3) 坚持统一政策与分级管理相结合的原则

税收立法权集中在中央，以保证中央政令统一，维护全国统一市场和企业平等竞争；同时依法逐步赋予地方适当的地方税收立法权。

(4) 坚持整体设计和逐步推进相结合的原则

这次改革重在建立良好的财政运行机制，首先建立分税制基本框架，然后逐步完善，进而达到规范的目标。在改革方式上采取渐进式，根据客观条件，在体制的外在形式和内在机制上采取了一些过渡性办法。

2. 分税制改革的主要内容

(1) 中央与地方财政支出的划分

中央预算支出，包括中央本级支出和中央返还或者补助地方的支出。主要是有关国家安全、外交和中央国家机关运转所需经费及调整国民经济结构、协调地区发展、实施宏观调控所需支出及中央直接管理的事业发展支出。中央本级的预算支出主要包括：国防费，武警经费，外交和援外支出，中央级行政管理费，中央统管的基本建设投资，中央直属企业的技术改造和新产品试制费，地质勘探费，由中央财政安排的支农支出，由中央负担的国内外债务的还本付息支出，以及中央本级负担的公检法支出和文化、教育、卫生、科学等各项事业费支出。

地方预算支出，包括地方本级支出和地方规定上解中央的支出。包括本地区政权机关运转所需支出及本地区经济、事业发展支出。地方本级支出主要包括：地方行政管理费，公检法支出，部分武警经费，民兵事业费，地方统筹的基本建设投资，地方企业的技术改造和新产品试制经费，支农支出，城市维护和建设经费，地方文化、教育、卫生等各项事业费，价格补贴支出以及其他支出。

（2）中央与地方财政收入的划分。

根据事权与财权相结合的原则，按税种划分中央与地方的收入。将维护国家权益、实施宏观调控所必需的税收划分为中央税；将同经济发展直接相关的主要税种划分为中央与地方共享税；将适合地方征管的税种划分为地方税，充实地方税税种，增加地方税收。分设了中央与地方两套税务机构，中央税务机构征收中央税和中央与地方共享税，地方税务机构征收地方税。

根据《预算法》和国务院《关于实行分税制财政管理体制的决定》，预算收入划分为中央预算收入、地方预算收入、中央和地方预算共享收入。

中央预算收入是指按照分税制财政管理体制的规定，纳入中央预算，地方不参与分享的收入，包括中央本级收入和地方按照规定向中央上解的收入。其中，中央固定收入包括：关税，海关代征的增值税和营业税，消费税，中央企业所得税，地方银行和外资银行及非银行金融企业所得税，铁道部门、各银行总行、各保险总公司等集中交纳的收入（包括营业税、所得税、城乡维护建设税），中央企业上交利润等。

地方预算收入是指按照分税制财政管理体制的规定，纳入地方预算，中央预算不参与分享的收入，包括地方本级收入和中央按照规定返还或者补助地方的收入。其中，地方固定收入包括：营业税（不包括铁道部门、各银行总行、各保险总公司集中交纳的营业税），地方企业所得税，个人所得税，土地使用税，印花税，屠宰税，农（牧）业税，耕地占用税，契税，土地增值税，地方企业上交利润，国有土地有偿使用收入等。

中央和地方共享收入是指按照分税制财政管理体制的规定，中央预算和地方预算对同一税种的收入，按照一定划分标准或者比例分享的收入。包括：增值税、资源税、证券交易税。增值税收入中央分享75%，地方分享25%。资源税收入按不同的资源品种划分，大部分资源税收入作为地方收入，海洋石油资源税收入作为中央收入。

以上是 1994 年实行分税制财政管理时对收入的划分。近些年来，根据分税制运行情况和宏观调控的需要，对收入划分又做了一些调整。如从 1997 年 1 月 1 日起，将证券交易（印花）税分享比例由原来中央与地方各占 50%，调整为中央占 80%，地方占 20%；将金融保险业营业税税率由 5% 提高到 8%，提高税率增加的收入归中央财政；为了严格控制土地使用，对国有土地有偿使用收入分配做了必要调整，将其中新批转为非农业建设用地的部分收入上交中央财政。

2002 年国家实施所得税收入分享改革，改变了按照企业隶属关系划分中央和地方企业所得税收入的办法，规定除铁路运输、国家邮政、中国工商银行、中国农业银行、中国银行、中国建设银行、国家开发银行、中国农业发展银行、中国进出口银行以及海洋石油天然气企业缴纳的所得税继续作为中央收入外，其他企业所得税和个人所得税收入由中央与地方按比例分享。分享比例上，2002 年所得税收入中央分享 50%，地方分享 50%；2003 年所得税收入中央分享 60%，地方分享 40%；2003 年以后年份的分享比例根据实际收入情况再行考虑。从 2004 年起，中央与地方所得税收入分享比例继续按中央分享 60%，地方分享 40% 执行。全部用于地方主要是中西部地区的一般性转移支付。从所得税收入分享改革实施的情况表明，现行分享办法基本符合我国的实际情况和市场经济的基本要求。

（3）政府间财政转移支付制度

按规定划分收入和支出后，由于各地情况不同，通常会产生中央与地方以及地方之间财政的横向和纵向不平衡，必须通过各种形式的政府间财政转移支付来解决。所以，财政转移支付是分税制财政管理体制的一项重要内容。另外，政府间的转移支付是中央影响地方政府的有效手段。

1994 年实行的分税制改革，在重新划分中央与地方财政收入的基础上，相当有力地调整了政府间财政转移支付的数量和形式。新体制的政府间转移支付形式除保留了原体制中央对地方的定额补助、专项补助和地方上解外，根据中央固定收入范围扩大、数量增加的新情况，着重建立了中央对地方的税收返还制度，其目的是为了保证地方既得利益，实现新体制的平稳过渡。税收返还的具体办法是，中央税收上来后，通过中央财政支出，将一部分收入返还给地方使用。税收返还以 1993 年为基数，以后逐年递增，即 1993 年中央将以上划中央的收入全额返还地方，1994 年以后，税收返还额在 1993 年基数上逐年递增，递增率按各地增值税和消费税的平均增长率的 1：0.3 系数确定，即上述两税每增长 1%，中央财政对地方的税收返还增长 0.3%。

新体制实施一年以后，对转移支付办法做了以下调整和完善：

一是从 1995 年起，对保留的原体制下地方上解中央的办法做了调整，取消了原体制中上解的递增率，对原上解地区以 1994 年实际上解额为基数，实行每年定额上解，原实行定额上解和定额补助的地区，继续维持原办法不变。

二是实行过渡期转移支付办法。由于现行一般性转移支付还不规范，尤其是税收返还基本上是按改革前各地既得利益确定的，没有体现通过转移支付实现各级各地政府基本公共服务水平均等化的要求，因此，转移支付需要进一步改革和完善。同时，考虑到我国现阶段实现规范化转移支付条件还不成熟，从 1995 年起，实行了过渡期转移支付办法。就是根据中央财政收入情况，中央每年增加安排一部分资金，采用相对规范的做法，重点解决一些困难地区特别是民族地区的财政困难。具体办法是按影响财政支出的因素，核定各地的标准支出数额，凡地方财力能够满足标准支出需要的，中央不再转移支付。对地方财力不能满足支出需要的，再对财政收入进行因素分析，凡财政收入达不到全国平均水平的地区，收入努力不足的部分由地方通过增收解决相应的支出需要；凡财政收入达到全国平均水平或通过增收仍不能解决其支出需要的，其财力缺口作为计算转移支付的依据，中央根据新增的转移支付资金的总额和各地的财力缺口分配补助资金。各地享受新增转移支付额的计算公式：某省区转移支付补助数 =（该省区标准支出 – 该省区财力 – 该省区收入努力不足额）×客观因素转移支付系数＋政策性转移支付额。1996 年进一步改进了这个办法，以"标准收入"替代"财力"因素，对标准支出测算进一步细化，完善了激励机制，通过调整转移支付增量和改进转移支付办法，逐步向规范化的财政转移支付制度靠近。

（三）分税制改革的成效与存在的主要问题

1. 分税制改革的成效

从分税制财政管理体制运行的情况看，实现了新体制的平稳过渡，初步建立起适应社会主义市场经济发展要求的财政体制和运行机制的基本框架，取得了积极成效。主要表现在：

（1）调动了中央与地方两个积极性，建立了中央与地方财政收入稳定增长的机制。从 1994 年实行分税制财政管理体制改革之后，我国基本形成了财政收入的稳定增长机制，财政收入的吸纳能力明显增强。1994 年分税制改革的时候全国财政收入是 5 千亿元，从 1994 年的 5 千亿元到 1999 年超过 1 万亿元只用了五年的时间；从 1999 年的 1 万亿元到 2003 年的超过 2 万亿元用了四年时间；从 2003 年的 2 万亿元到 2005 年的 3 万亿元用了两年的时间；从 2005 年的 3 万亿元到 2006 年的近 4 万亿元用了一年的时间；而 2007 年全国财政又迎来了高速增长年，全国财政收入达到 5 万多亿元，增速达到 32.4%。2007 年全国一个月的财政收入，就比 1993 年一年的财政收入还多。[①] 从表 3 - 3 可以看出，实行分税制财政管理体制后，国家财政收入明显增加。全国的财政收入从 1992 年的 3483.37 亿元增长到 2007 年的 51304.03 亿元，净增 47820.66 亿元，增幅达 1372.8%。

（2）中央财政收入占全国财政收入的比重提高，加强和改善了中央宏观调控能力。从中央收入项目构成来看，与 GDP 增长呈明显正相关关系的消费税、增值税上划中央或实行共享，形成了中央财政收入稳定增长的来源，为提高中央财政收入的比重提供了必要条件（参见表 3 - 3）。

---

① 数据来源于国家统计局：《中国统计年鉴》，中国统计出版社 2007 年版。

1993 年中央本级财政收入占全国财政收入的比重为 22.0%，1994 年这一比重上升为 55.7%，1995 年为 52.17%，自 1999 年以后一直稳定在 51% 以上。中央财政收入比重的上升，有利于中央政府强化对地方政府行为的控制与调节，改变了包干体制中央财政支出依靠地方上解的被动局面。这种收入分配格局对保证中央支出需要，调节地区之间的财力差距起到了积极作用。①

表 3 - 3　1992—2007 年财政收入各项指标变化情况

年份	财政总收入（亿元）	增长指数	中央收入（%）	地方收入（%）
1992	3483.37	100.0	28.1	71.9
1993	4348.95	124.9	22.0	78.0
1994	5218.10	120.0	55.7	44.3
1995	6242.20	119.6	52.2	47.8
1996	7407.99	118.7	49.4	50.6
1997	8651.14	116.8	48.9	51.1
1998	9875.95	114.2	49.5	50.5
1999	11444.08	115.9	51.1	48.9
2000	13395.23	117.0	52.2	47.8
2001	16386.04	122.3	52.4	47.6
2002	18903.64	115.4	55.0	45.0
2003	21715.25	114.9	54.6	45.4
2004	26396.47	121.6	54.9	45.1
2005	31649.29	119.9	52.3	47.7
2006	38760.20	122.5	52.8	47.2
2007	51304.03	132.4	54.7	45.3

（资料来源：国家统计局：《中国统计年鉴 2007》以及财政部网站）

（3）使地方的积极性趋于合理化，减少了地方的低效和重复投资。

---

① 汪玉凯：《中国行政体制改革 20 年》，中州古籍出版社 1998 年版，第 62—63 页。

地方政府从生产建设项目的直接投资领域退出，以及与此相联系，在分税制中大部分甚至近乎全部地区接受中央政府提供的专项补助，体现了地方事权范围一定的收缩和与此相应的财政范围的受挫，这有助于促进地方政府的积极性趋于合理化。这样做，一方面地方政府不再热衷于兴办那些仅从本地区利益考虑而不惜冲击全局产业结构平衡关系的生产建设项目，从而消除个别地方政府的"盲目、重复建设"和"地区封锁"，推动统一市场发育；另一方面，地方政府可以专心致志地承担应由地方承担的道路、桥梁、通讯、水利、环境保护等基础设施建设、公用事业发展和科教文卫、社会福利、社会治安等社会公共事务的组织与管理，并以此为主要标准改变以往以各地 GDP 增长为主要指标考核地方政府政绩的做法，从而为企业自立经营、公平竞争创造良好的外部环境，并缓解多年来我国国民经济发展深受其制约之累的基础设施供给能力的短缺，以及扭转生态环境恶化的趋势。

（4）在中央与地方的财权关系方面，大大提高了财力分配的透明度、稳定性和规范性，规则全国一律，有利于长期行为的形成，并促进地方政府转变理财思路，实现规范管理，减少税收的随意减免，狠抓非税收入和预算外资金的管理，注意自我发展中的自我约束，强化支出管理等。

（5）税务机构建设进展显著。分设国税和地税征收机构，改变了过去中央与地方"委托—代理"的征收关系，两套税务机构同时发挥作用，对分税制财政管理体制的正常运行和加强税收管理都起到了保障作用。国税局与地税局的分设在组织上保证了中央政府的收入，中央政府与地方政府之间的交易费用大为降低。

2. 分税制改革存在的主要问题

（1）事权与支出的划分不科学。分税制改革初步划分了中央和地方的财权，但是在事权划分上，基本维持了以前旧体制划分不明确的状态。一方面中央包揽了太多的事务，另一方面中央该管的事情并没有管好，中央与地方政府之间财权和事权的不对称使上级政府侵蚀下级财政，"越位"、"缺位"现象时有发生，而下级政府也承担了许多本该由中央政府承担的具有外部性公共物品的成本。从表 2－4 的数据可以看到，实行分税制后中央在全国财政收入中的比重多数都大于地方财政收入的比重，而与此形成反差的是，地方财政支出的份额和比重都大大超过中央（见表 3－4）。中央与地方的财权范围和财政支出责任至今仍然处于比较模糊的

表 3－4　1992—2007 年财政支出各项指标变化情况

年份	财政总支出（亿元）	中央支出（％）	地方支出（％）
1992	3742.20	31.3	68.7
1993	4642.30	28.3	71.7
1994	5792.62	30.3	69.7
1995	6823.72	29.2	70.8
1996	7937.55	27.1	72.9
1997	9233.56	27.4	72.6
1998	10798.18	28.9	71.1
1999	13187.67	31.5	68.5
2000	15886.50	34.7	65.3
2001	18902.58	30.5	69.5
2002	22053.15	30.7	69.3
2003	24649.95	30.1	69.9
2004	28486.89	27.7	72.3
2005	33930.28	25.9	74.1
2006	40422.73	24.7	75.3
2007	49565.40	23.1	76.9

（资料来源：国家统计局：《中国统计年鉴 2007》以及财政部网站）

状态。由于事权划分不清，在现阶段我国集权的体制下，中央为了缓解财政压力转移事权，将财政支出责任推卸给地方政府的情况比较普遍，这也是造成我国地方政府尤其是县乡两级政府财政困难的体制性原因。这充分说明，分税制改革没有解决中央与地方在财政收入和支出上不平衡的状况。

　　（2）转移支付制度不规范、不科学。转移支付制度的均等化使全国

地方政府生产或提供公共品和服务的效果差。中央财政转移支付越来越多，地方政府却越争相向国家有关部委要钱，其根源在于，中央转移支付的分配还不够透明，分配办法不够规范，大量资金分散掌握在中央相关部委。而且由于计算方法不合理，以至于税收返还的结果是维护地方、特别是富裕地区的既得利益，而不是缩小贫富差距。体制补助与上解是在老体制下按基数法确定的，包含很多不合理因素。专项转移支付由于需要较高的配套资金而流向富裕地区。

（3）省以下分税制改革不完善导致各级政府间财力分配不均。1994年的分税制改革，实际上仅限于中央和省级政府间，而省以下尤其是在县乡两级则明显滞后。有资料表明，分税制前的1993年，中央财政收入占全国财政收入的22%；实行分税制以后，该比例逐年上升，2007年急剧上升为54.7%，提高了32.7个百分点。但省级财政收入比重并未因此而下降，也从1993年的16.8%提升到2000年的28.8%，而省以下（不包括省）则从61.2%下降到19%。而到了乡镇这一级，财政入不敷出，赤字逐年增加。据报道，目前我国有4.5万个乡镇，其中65%的乡镇都不同程度地出现财政赤字，累计负债已经高达4000多亿元。主要原因有两个：一是税权过于集中。在税种的划分上，哪些税归中央，哪些税归地方，基本上由中央决定，结果使地方缺乏应有的、能够使地方财政收入稳定增长的主体税种；二是地方各级政府的权力又决定着各自的财权。由于分税制财政体制对于省以下各级政府享有哪些财权，并没有做出明确规定。哪级政府负责征收哪种税，下级政府上缴哪些税以及多大返还比例等，基本上都是由上级政府单方决定。这样，省级财力的集中程度在不断加大，市一级政府同样也在想方设法提高集中程度。于是财权由下往上纵向上移，财力由下向上集中，县、乡两级财力严重不足。[1]

---

[1] 曹敏、刘恩华、牟进洲：《我国现行分税制的主要缺陷及其完善》，《上海经济研究》2004年第11期，第34页。

二、中国政府间的纵向事权调整

中国政府间事权包括中央与地方的金融管理权、投资管理权、外贸管理权、社会事业管理权、物价管理权、社会保障事业管理权、立法权和公共事务的管理权等多项内容。中国改革开放以后的纵向权力调整均涉及以上内容。由于篇幅所限，本章只阐述我国社会事业管理的权限划分调整。

中国社会事业，主要包括科学技术、文化、教育、医药卫生等四个方面。下面重点探讨中央与地方在教育管理方面的权限调整。

（一）划分我国教育管理权限的基本原则

1. 与政治、经济体制改革的要求相适应。《中国教育改革和发展纲要》（1993 年）指出："教育体制改革的目标是初步建立起与社会主义市场经济体制和政治体制、科技体制改革相适应的教育新体制，达到三个'有利于'。即：有利于坚持教育的社会主义方向，培养德智体全面发展的建设者和接班人；有利于调动各级政府、全社会和广大师生员工的积极性，提高教育质量、科研水平和办学效益；有利于促进教育更好地为社会主义现代化建设服务。"因此，处理教育管理权力分配问题必须以上述思想为指导，才能保证教育管理权力划分的正确性。

2. 充分考虑中国的基本国情。中国是一个幅员辽阔、人口众多、经济文化发展极不平衡的国家，各地区生产力发展水平、产业结构、人口状况、民族构成、文化教育基础和对教育发展的需求参差不齐。因此，确定我国教育管理权限划分的立足点应该是：照顾差异，共同发展。

3. 尊重教育自身发展的客观规律。教育的事业是关于未来的事业，它关系到国家的前途命运和未来的发展。然而，十年树木，百年树人，教育事业投资大，见效慢。所以，必须给予足够的重视。为了达到此目的，必须加强教育立法，用规范的、系统的、严密的法律条文明确各级行政部门的权力和责任，以法治教，以法促教。如果不能做到这些的话，教育行政权限划分又将会出现"放——乱——收"的局面，给教育事业带来严重损害。

（二）教育管理权限调整的历程

1. 1985 年成立了国家教育委员会，统筹整个教育事业的发展，协调各部门有关教育的工作，统一部署和指导教育体制改革。各省、自治区、直辖市也陆续成立了教育委员会。1998 年的国务院机构改革又将国家教育委员会改为教育部，加强对教育事业的协调，推进教育事业的发展。

2. 通过简政放权，增大了地方发展教育事业的权力和责任。国家明确规定，基础教育管理权属于地方。除大政方针和宏观规划由中央决定外，具体政策、制度、计划的制定和实施，以及对学校的领导、管理和检查，都由地方负责。地方负责、分级管理的体制已经由试点阶段转到全面实施阶段。这一改革调动了地方各级政府特别是农村各级政府、企事业单位和广大群众的积极性，基础教育受到重视，中小学教师待遇有所提高，中小学办学条件日益改善。基础教育管理体制的改革，推动了基础教育与当地经济和社会发展的结合，不少地方开始把教育纳入当地经济和社会发展的总体规划之中，明确中等城市和县以下教育工作的重点是办好基础教育和职业技术教育，对基础教育、中等职业技术教育和成人教育进行统筹规划，为当地的经济建设和社会发展服务。

3. 科学地划分各级政府、教育行政管理部门和学校的职责权限，扩大高等学校的办学自主权，增强高等学校适应经济和社会发展需要的能力。1986 年国务院发布了《高等教育管理职责暂行规定》。规定学校有以下权力：在保证完成国家下达的培养人才任务的前提下，可以按照国家规定的比例实行跨部门、跨地区的联合办学、接受委托培养和自费生；可根据党和国家的教育政策，按照社会需要调整专业的服务方向，制定教学计划、教学大纲、选用教材，进行教学内容和方法的改革；在保证完成国家下达的科学研究任务的前提下，可自行决定参加科学研究项目，承担其他单位委托的科学研究任务，面向社会开展技术服务和咨询；在不需要主管部门增加基建投资、事业经费和人员编制的情况下，学校可自行决定单独设立或与其他单位联合兴办科学研究机构或教学、科研、生产的联合体，可以接受企业单位的资助并决定其使用重点以及拥有干部任免、财务基建、对外交流活动等方面的自主权。此外，学校内部进行了校长负责制的试点。

（三）教育管理权限划分方面的矛盾

1. 条块分割，重复建设，经济效益低下。目前的教育管理体制，比较明确的是普教属地方事业，由地方各级政府实施全面管理，中央只负责大政方针的制定。对于中等专业教育和高等教育来说，现在仍沿用过去的管理体制，即中央教育部门、中央其他业务部门和地方三级领导管理。这种体制不利于从宏观上对高、中等专业教育事业进行全面规划、综合平衡、统一指导，因而出现相互重叠、效益低下的状况。按照各自的管辖范围，中央教育部门、其他中央业务部门和地方，以条条块块的方式发展自己的高等学校和中等专业学校，形成纵向、横向独立建立的格局。往往一个地区或城市中设置的高等学校和中等专业学校，分别隶属于教育部门、其他部门和当地，彼此独立，互相封锁，重复交叉，特别是各种科系、专业，重复布点更多。这使国家教育资金的投入无法发挥应有的宏观效益，相当一部分投资和经费浪费在不必要的重复布点上。

2. 对高校统得过死。在政府与学校管理权限的划分上，政府有关部门对学校主要是高等学校统得过死，使学校缺乏应有的活力；而政府应该管的事情，又没有很好地管起来。

3. 资金来源单一。目前，中国绝大多数教育事业单位都隶属于国家，其资金来源渠道比较单一，除少数自筹外，绝大多数靠"吃皇粮"。

三、中国纵向权力结构调整中的规律

改革开放以来中国纵向权力结构的调整历程，体现出以下规律：

（一）纵向权力结构调整必须有利于调动中央与地方的积极性

纵向权力结构调整过程中，必须兼顾中央和地方两个方面，必须调动两个方面的积极性，不能偏废。权力过分集中，权力结构不合理，是我国传统管理体制的"总病根"。必须处理好集中与分散的关系，实现权力结构的合理配置，从而真正地调动中央和地方两个积极性。

（二）纵向权力结构调整必须从国情出发

中国的纵向权力结构调整必须从中国的国情出发，考虑中国的政治体制、经济体制、文化传统、地域特点等因素，而不能生搬硬套国外的改革经验的借鉴。

（三）纵向权力结构调整必须尊重调整对象自身的规律

纵向权力结构调整还要尊重和适应调整对象自身的发展规律。比如金融管理权限的调整必须了解和尊重金融本身的规律，文化教育管理权限的调整必须尊重和适应文化教育的发展规律。

第三节　纵向权力结构调整中的
经验教训与趋势

改革开放以来我国纵向权力 30 年的调整，积累了宝贵的经验，也有过失败的教训。我们要总结其中的经验教训，并了解纵向权力结构调整的发展趋势。

一、纵向权力结构调整中的经验

（一）纵向权力结构调整要充分考虑中央与地方两个方面的因素

如在财权结构调整中，财政体制的设计与改革，要充分考虑财政体制对经济社会发展和宏观经济稳定性的影响，既要保证中央财政在财政收入中的主导地位，又要充分激励地方政府组织财政收入、促进经济社会发展的积极性。1994 年实行的分税制改革以及后来将所得税划分为中央与地方共享税等措施，就发挥了保证中央财力与激发地方政府积极性的双重作用。正如毛泽东同志所言："我们的国家这样大，人口这样多，情况这样复杂，有中央和地方两个积极性，比只有一个积极性好得多，我们不能像苏联那样，把什么都集中到中央，把地方卡得死死的，一点机动权也没有。"①

（二）纵向权力结构调整过程中加强中央的权威有利于遏制地方保护主义

中央向地方下放权力的同时，必须加强维护中央的权威，反对和防止地方滥用自主权和搞地方保护主义。改革开放以来的权力结构调整中既有这方面的教训，也有较为成熟的经验。只有加强中央的权威，才能保证中央下放权力不会导致地方保护主义。比如：在经济管理权限划分上要坚持以下原则：一是必须克服中央过分集中权力的严重弊端，将原来由中央包揽地方的权力下放到地方，使地方有足够的经济自主权；二是地方必须遵照执行中央通过的各种法律法规，依法行使自己的自主权，必须反对和纠正"上有政策，下有对策"，与中央方针政策背道而驰的错误做法；三是在经济管理上，既要让地方拥有自主权，同时又要把宏观调控权力集中在中央，地方要严格执行中央宏观调控政策，自觉维护中央的权威。总而言之，必须改革以往中央过分集中的权力体制，同时，又必须强调在改革过程中维护中央的权威，坚决反对和防止侵犯中央权威、搞地方保护主义的现象。

（三）按照政府能力与收益相协调的原则划分中央与地方政府的事权

中央与地方政府事权（主要涉及公共物品和服务）的划分必须以相应层级的政府既有能力（主要是筹资能力）为基本前提。在某一层级政府筹资能力被经济发展和居民收入水平客观限定的情况下，如果赋予其超过这一能力的财政支出责任，或者允许其量力而行地提供低于相邻地区水平的公共物品（适用于非基本的公共物品），或者上级政府必须负责补充为提供标准公共物品所需要的财力缺口（适用于涉及公民基本生存与发展权利的公共物品）。就这点来说，我国中央与地方政府之间在教育管理权限的划分上已经积累了一定的经验。

---

① 毛泽东：《论十大关系》，《毛泽东文集》第七卷，人民出版社 1999 年版，第 31 页。

二、纵向权力结构调整中的教训

（一）过度放权会导致中央宏观调控能力弱化

改革开放以来，国家为了调动地方发展经济的积极性，充分发挥各地区组织管理经济的职能，中央政府把相当大一部分权力下放给地方政府，形成了权力和社会财富的高度分散格局，严重削弱了国家的宏观调控能力。1952—1978年，国家财政收入占国民收入的比重为33.3%，而1991年下降为22.4%。中央财政支出占全部财政支出的比重已从1981年的54%降到1991年的39.8%。中央可支配财力所占份额的急剧下降说明，过度放权以及通过直接配置资源的方式来实现国民经济发展战略和调节国民经济运行显得力不从心，中央难以控制全局，宏观经济很难保持长期稳定。

（二）转移支付制度的不合理导致地区发展差距扩大

转移支付制度的缺陷主要是：形式过多，结构不合理。我国在1994年分税制财政体制改革的基础上，逐步建立起转移支付制度，其形式主要有：税收返还、过渡期转移支付（2002年起改为"一般性转移支付"）、体制补助、结算补助、专项拨款（也称专项转移支付）。近几年，适应新的情况，又新增了民族地区转移支付、调整工资转移支付、农村税费改革转移支付、缓解县乡财政困难"三奖一补"等形式，目前已占到23.5%，尽管具有均等化作用，但都具有专项用途，将其归并到专项转移支付中去可能更为确切。另一方面，专项转移支付比重过大，目前占到30.7%，并且种类庞杂，几乎涉及所有的支出项目。

税收返还制度并不是基于地区经济发展水平的差异而设计的。税收返还，是财政转移支付的主要形式，在相当长的时间里一直占到中央对地方财政转移支付总额的50%以上，目前仍占到36%。这样，在地区间经济发展差距巨大的条件下，税收返还的真正得益者是经济发达地区，不但不利于缩小地区间财力配置的差距，反而成为扩大差距的消极因素。

另外，转移支付缺乏规范性和透明度，助长"跑部钱进"。① 这就使得那些擅长"跑部"的地区能够拿到更多的好处，从而扩大了地区发展上的距离。

（三）财权与事权的不对称导致基层政府财政困难

分税制改革的不完善性导致财权与事权的不匹配。1994 年的改革旨在提高中央财政收入及其在全国财政收入中的比重，这导致地方财政收入及其在全国财政收入中的比重下降。根据中国统计年鉴有关中央财政收入和地方财政支出的统计数据，1994 年分税制改革以来中央财政收入占全国财政收入的比重维持在 50% 左右（见表 2-3），而在财政支出总量上，中央财政支出只占全国财政支出的 30% 左右（见表 2-4）。这与中央和地方收入和支出的比例极不对称。而且，中央和地方之间的职能划分不清晰，县乡财政主体税种严重缺乏，且财力向省级集中，大量事权支出不断缩减，导致基层财政负担严重。中央和省级政府拥有大量财权而承担较少的事权，县乡拥有少量的财权却承担过多的事权。各级政府在提供公共产品和服务过程中各自承担的份额不够合理，容易出现相互扯皮的现象。尤其是乡镇政府与中央政府共同提供公共品和服务时，地方政府往往承担的份额太大，如乡镇政府在义务教育中承担 80% 的财政支出。此外，地方政府还会承担应由中央政府承担的部分支出，如民兵的训练、计划生育、农业生产支出等。这种财权与事权的不对称，给基层政府特别是县乡两级政府财政造成了巨大的困难。

三、纵向权力结构调整的趋势

（一）横向权力结构调整与纵向权力结构调整相结合是一个大的趋势

随着公共财政理念的不断深入以及基本公共服务均等化趋势的日益明显，横向权力结构调整与纵向权力结构调整会越来越频繁地同时发生。事

---

① 安体富：《"跑部钱进"考问转移支付制度改革》，《人民论坛》2007 年第 24 期，第 18 页。

实上，纵向权力结构调整不能只考虑单一的纵向权力转移，而必须同时进行横向权力的转移，实行纵向转移与横向转移相结合的模式。横向权力得到适度的均衡之后，地方之间就会协调发展起来，从而提升地方和中央政府的财力，最终提升国家的整体经济实力。所以，必须完善纵向权力结构调整的指导思想，从更长远的角度和更高的视野来看待和处理中央与地方政府财权与事权的调整。因此，转移支付制度具体设计的优化就成为必然趋势。财政转移支付要以实现全国各地公共服务水平的均等化为基本目标，应实行一般转移支付为主、专项转移支付为辅的模式。当前东部与中西部地区差距过大，单靠中央对地方的纵向转移实现基本公共服务均等化，将会旷日持久，难以实现。我国东部发达地区目前已接近一些发达国家的水平，有条件、也有义务从财力上支持不发达地区的发展；东部支援西部已有一定的政治思想基础，但是还未形成正式的制度。东部支援中西部，有利于加快地区间的协调发展，最终也有利于东部地区经济的发展以及国家整体实力的提升。

（二）经济性分权的作用会越来越突出

当前，中央和地方政府纵向权力结构调整中出现的种种问题，其根源不仅是中央与地方的关系没有理顺的结果，而且是政企不分的结果。企业尤其是国有企业对各级政府的依赖是一个重要原因。计划经济体制条件下，企业与政府之间有很强的依附关系、行政隶属关系。中央政府往往过分重视行政性分权，而忽视经济性分权。中央政府下放权力的时候，往往没有将权力转移给市场和企业，而只是将管理企业的权力转移给下一级政府。于是，地方政府又变成了新的地方资源的配置者甚至是投资主体，这样一来就导致了地方分散主义以及地方经济混乱。面对这种状况，中央又不得不上收权力，以至于形成纵向权力关系的"收放循环"。所以，要实现中央与地方纵向权力关系的合理化，就必须实现政府职能的彻底转变，达到政企分开。只有以市场经济为基础，科学合理地界定政府职能、减少政府对企业的干预，这样才可以使中央政府下放的权力能够真正下放给企业，避免被地方政府截留而导致地方分散主义。

政企分开、政事分开和政社分开，是大趋势。在建设服务型政府的大环境下，政府在维护公民、经济主体和社会主体合法权益，继续抓好经济调节和市场监管的同时，会将公共资源更多地投向社会管理和公共服务领域，更加重视社会管理和公共服务。

（三）纵向权力结构调整不断走向法治化

当前，地方利益主体逐步形成，自主倾向加强，中央权威资源流失，过去中央控制地方的动员式、命令式、意识形态和政治控制式、个人讲话号召式等传统的调节中央与地方关系的手段，已经越来越过时和低效。很难想象，没有法治理念的支撑，中国中央与地方职权调整、地方自主倾向的发展会自发进入法治化、制度化的轨道。随着追求法治国家框架下中央与地方权力格局的科学、合理重构目标的努力，行政命令型的权力调整模式向法治化的权力调整模式发展，就是一个必然趋势了。在中央与地方政府权力划分模式上，有两种方式：一种是采用法治化、制度化的调整模式；一种是行政命令型调整模式①。法治化调整模式符合世界潮流，不但要求依法界定权限，且要求所依之法必须合宪。第二种模式的本质是主观意志型模式，初期是符合效率价值诉求和政府主导型经济发展的要求的。然而，随着经济社会的不断发展，分散的权力就越来越难以得到有效整合，经济社会与政府、地方与中央的离心倾向会不断加强。在个人意志影响力削弱和中央权威资源流失的情况下，可能造成市场碎片化、道德滑坡甚至国家分裂。同时，在"文化竞争"、"经济竞争"、"政治效率竞争"的经济全球化、政治民主化潮流的冲击下，不发展、不进步则会动摇政府的合法性，并进一步威胁国家的统一性。可见，在行政化权力结构调整模式下，不发展影响统一，发展也会影响统一。而"一放就乱，一收就死"这种权力格局的高度不稳定性是行政化权力结构调整模式的必然结果。然而，法治化调整模式却能将地方的"恶"（如地方保护主义）转化为国家整体利益，凸显其正面效用。其基本逻辑是：法治化调整模式可以将地方

---

① 它不同于行政性分权。行政性分权是与经济性分权相对应的概念，见本章第一节。

保护主义导入法治轨道，从而将大大激发公平竞争，在保证市场统一性的同时保证地方政府能各显其能，给地方经济发展注入不竭的动力和活力，从而促进国民经济健康、快速、持续发展。[①]

纵向权力结构调整法治化，也顺应了依法行政、构建法治政府和建设法治国家的世界潮流。

（四）现代科技的发展会加速政府权力的下移

当今社会已经进入"信息社会"、进入"知识经济"时代。科学技术的突飞猛进、知识积累的加快和信息资源的急剧膨胀，都远远超出传统的中央集权政府的承受能力。因此，中央政府要保持对信息的垄断和集中已经十分困难。信息的非集中化，意味着社会的多元化、权力的非集中化。它对中央与地方关系的影响是，中央政府必须对地方政府分权，将许多过去由中央政府拥有的决策、执行权下放给地方政府。

在信息技术革命的冲击下，传统的控制型权力结构分崩离析，被分散化的权力结构所替代。政府权力的分散与下移、决策权与执行权分离，有利于公共管理系统机动灵活地应付多元化、复杂化的政府环境与政府管理需求。公共管理权力来源于人民，公共管理权力的扩散，有利于还权于人民，让人民直接参与公共事务的管理，这正是公共管理民主化所追求的终极目标。

[①] 参考刘光大、莫勇波：《论我国政府间纵向职权划分模式的战略选择》，《改革与战略》2006 年第 11 期，第 26—27 页。

第四章

行政体制改革与
政府职能转变

转变政府职能是中国 30 年行政体制改革的一大主题。政府职能是行政体制的核心内容。它揭示了政府的基本方向和基本作用，即回答了政府"应该做什么，不应该做什么"的问题，是政府一切活动的逻辑与现实起点。党的十七大明确提出，行政管理体制改革的任务是"着力转变职能、理顺关系、优化结构、提高效能"。可见，转变职能是第一位的任务，是行政管理体制改革的关键。

第一节　政府职能转变综述

一、政府职能转变的探索历程

（一）市场经济条件下政府职能定位的理论探索

各国政府和专家学者对市场经济条件下的职能转变过程进行多年的理论探索，这些经验对于中国政府职能转变必然有所启示。

18 世纪，英国经济实力的增长和国际贸易地位的改变，使得英国资产阶级逐步抛弃重商主义和贸易保护主义，要求取消一切不利于资本主义发展的限制措施和国家干预政策，实现自由竞争和自由贸易。基于经济人利己动机假设的经济自由主义的兴起就反映了这一要求。亚当·斯密主张政府的职能主要是充当自由经济的"守夜人"。① 这明确地限定了政府的三大职能：保家卫国，抵御外侮；建立严明的司法机构；兴办并维持公共工程和公共事业，不对经济进行干预。这种古典经济学的政府职能理论盛行于 20 世纪以前的西方主要资本主义国家。

1929 年至 1933 年，世界经济大危机爆发，不主张政府干预经济的西方各国政府顿感束手无策。1933 年，美国总统罗斯福抛弃国家不干预经济的理论政策，实行国家大规模干预和调节经济的"新政纲领"。危机过后，英国的凯恩斯认识到传统的经济理论不符合现实，反对放任自流的经济政策，论证了国家干预经济的合理性，提出了国家直接干预经济的政策手段，要求扩大政府职能。

20 世纪 60 年代，经济自由主义的政府职能理论再度兴起。20 世纪 70 年代两次石油危机引发经济危机，结束了资本主义世界的"黄金时代"，出现了经济增长缓慢、失业不断增加、经济停滞和通货膨胀并存的"滞胀"现象。对此，凯恩斯主义无能为力，新经济自由主义的政府职能理论针对政府干预经济的弊端，主张把政府职能限制在最小的范围内，充分发挥市场的优势。英国政府和美国政府分别于 1979 年、1981 年开始推行新自由主义的经济政策，调整政府职能。

20 世纪 80 年代末和 90 年代初，西方部分国家经济增长率下降，失业人数增加，新经济自由主义的政府职能理论的政策主张是实施效果不尽如人意，新凯恩斯主义开始重申政府政策干预的必要性，融合新自由主义的思想，强调政府要合理干预经济，提出建立在微观基础上的适应新环境的政府职能理论。

纵观政府职能转变历程，西方国家政府一直在努力寻求一条介于经济自由主义与国家干预主义之间的道路。政府适度干预与自由市场机制并

---

① ［英］亚当·斯密著：《国民财富的性质和原因的研究》（下卷），商务印书馆 2002 年版。

存，两者有机结合，成为当代西方发达国家普遍存在的现象。

（二）转变政府职能概念的提出及其发展

中国处在计划经济向市场经济转型，而社会主义市场经济又尚未成熟完善的阶段，面临国际化、信息化、工业化等时代特征，传统的以计划指标为手段的全能管理已不能适应，迫切需要转变政府职能，重新定位社会主义市场经济条件下新的政府职能。

政府职能转变和政府机构改革密切联系。转变政府职能是机构改革能否成功的关键。政府机构是政府职能的载体，只有在合理界定政府职能的基础上进行机构调整，政府机构改革才能做到有的放矢。

回顾 30 年来的改革进程，转变职能就是中国 6 次行政管理体制改革的落脚点之一。中国最早提出转变政府职能，是在 1988 年七届人大一次会议通过的国务院机构改革方案和《政府工作报告》中。当时提出机构改革的目标是：转变职能，下放权力，调整机构，精简人员。直到现在，转变政府职能仍然是改革面临的重要任务。

从 1978 年到 20 世纪 80 年代初，政府职能转变重点是从政治职能为主向经济职能为主转变，这一转变在 80 年代很快完成。80 年代中国政府的职能侧重于经济建设。限于当时的历史条件，1982 年的政府机构改革以精简机构和干部年轻化改革为重点，减少了国务院组成部门和人员编制，打破了领导职务终身制，提高了政府的工作效率。但是，就经济管理而言，这次改革并没有触动高度集中的计划经济管理体制，政府的经济职能没有转变。1985 年，中共中央关于七五计划的建议（草案）提出国家对企业的管理由直接控制转向间接控制为主，要求相应调整和改革综合性、专业性经济管理部门和监督性管理部门的职能。

1988 年至 2000 年这 12 年，转变政府职能主要是通过机构改革来实现的，即以政企分开为主线，以减少政府微观经济管理职能为核心内容，回应市场经济和社会发展的要求。

1987 年，经济体制已经开始转轨，物资部门和流通部门开始通过双轨制改革逐步进入市场化阶段，政府机构设置和人员已经迅速回潮。中国政府的经济职能开始由经济建设为主转向经济调节为主。精简机构和人员成为当时政府改革的主要手段。

1988年的政府机构改革，其历史性的贡献是首次提出了"转变政府职能是机构改革的关键"。这次改革在调整和减少工业专业经济管理部门方面也取得了进展。

1992年明确提出的建立社会主义市场经济体制的改革目标进一步对政府职能转变提出新的要求，要求围绕社会主义市场经济体制的建立，下决心进行行政管理体制和机构改革，切实做到转变职能、理顺关系、精兵简政、提高效率。职能转变工作直接促动政府机构在90年代进行两次改革（1993年、1998年）。

1993年政府机构改革的重点是转变政府职能，提出政企分开是职能转变的根本途径，要求加强宏观调控和监督部门，强化社会管理职能部门，减少具体审批事务和对企业的直接管理；明确提出行政管理体制改革的概念，提高了政府职能转变的广度和深度。从1993年的机构改革来看，工业专业经济类部门合并、撤销的少，保留、增加的多，主要依靠行政手段管理经济和社会事务的管理方式仍然没有全面转变。政府职能尽管开始转变，但是成果有限。

1998年的政府机构改革，政府职能转变的力度很大，国务院40个组成部门（国务院办公厅除外）减少为29个。通过调整政府结构和精兵简政，加强宏观调控部门，放开微观管理，调整和减少专业经济部门，适当调整社会服务部门，加强执法监管部门，发展社会中介组织。这次改革之后，撤销了几乎所有的工业专业经济部门，政企不分的组织基础在很大程度上得以消除，行政管理从具体的工业经济管理中淡出。

2000年以后，机构改革不再作为政府职能转变的唯一方式，行政审批制度改革开始成为转变政府职能的突破口，通过改变政府的管理方式，实现政府职能"由量的减少到质的飞跃"。

2003年的政府职能转变，是在完善社会主义市场经济体制和应对加入世贸组织的大背景下进行的，更多地着眼于行政管理制度创新。这次职能转变尽管幅度不大，但是抓住了社会经济发展阶段的突出问题，深化国有资产管理体制改革，完善宏观调控体系，健全金融监管体制，推进流通体制改革，加强食品安全和安全生产监管体制建设，整合相关职能，合并交叉的职能，加强了监管的职能。

2003 年爆发的"非典"（非典型肺炎疫情）事件暴露出了公共需求的全面增长与公共服务不到位的矛盾。而且，经过 30 年的发展，中国由生存型社会转向发展型社会，经济快速增长同社会发展不平衡、资源环境约束的矛盾日益突出，对政府职能转变提出新的时代要求，中国政府职能开始由经济职能为主转向宏观调控职能和公共服务职能并重。2007 年，明确提出建立服务型政府，加强公共服务和社会管理，实现政府自身的转型。

2008 年的政府机构改革，以强调部门整合和职能整合的大部制为核心，转变政府职能，改善民生。这次改革选择一些条件相对成熟的领域推进政企分开、产业融合、职能融合。

（三）政府职能转变亟待解决的实际问题

30 年来，中国政府职能转变已步入正轨，并取得了显著成绩，但是，政府职能转变是一项艰巨而复杂的系统工程，牵扯到社会方方面面的利益，受到传统计划经济体制惯性的影响，因此，按照完善的社会主义市场经济体制和服务型政府的要求转变政府职能，实现一步到位是难以做到的，必然是一个渐进的过程，是一项长期的任务。

当前政府职能转变过程中存在的各种矛盾仍然非常突出，面临的现实问题主要有以下几个方面。

第一，政府职能转变没有完全到位，政府管理的越位、缺位和错位的现象依然存在。从全国范围来看，由于计划经济体制下旧的传统管理方式和观念的影响，政府职能并没有切实按照社会主义市场经济和建设服务型政府的要求真正转变到位。政企不分、微观管理和宏观管理不分、审批权过大、基本公共服务不到位等现象仍然非常严重。

第二，承载政府职能的组织机构及其权力职责的配置还不尽科学。政府职能的结构如何配置、各职能之间的关系如何协调、通过什么方式来解决职能交叉，还需要进一步深入研究。这也是导致出现政出多门、权责不清、权责脱节、条块关系不顺、行政效能不高、推诿扯皮等现象的重要原因。

第三，职能配置行政化趋势严重，缺少法律的硬约束。社会主义市场经济的过渡时期，为适应经济和社会发展的需要，机构调整频繁，政府职能经常变更亦属正常，但是，政府职能配置的成功实践迫切需要采用法律的形式加以固定下来，巩固改革成果，推动体制改革走向制度创新。

第四，职能的履行方式和履行手段转变过慢，行政程序和行政行为不规范。多数政府部门在思想观念和管理办法上仍习惯沿用行政命令和直接管理的手段，管理经济和社会事务，推动职能转变，宏观调控手段仍然不健全，依法行政、依法办事的能力和水平还不高，形式主义和文山会海现象还比较严重。

二、政府职能转变的主要特点

改革开放以来，市场机制在资源配置和经济生活中的调节作用日益突出，政府管理经济和社会的内容与方式发生了变化，政府开始将该管的事情逐步管住、管好，将不该管的事逐步转交给市场和社会组织，减少对经济社会微观活动的直接干预。总体来看，政府职能正在向宏观调控、社会管理和公共服务等方面进行转变。政府职能转变的主要特点表现为如下几个方面。

(一) 政府职能由管制型向服务型转变

建立和完善社会主义市场经济体制、建设服务型政府的总体战略布局，推动中国政府职能从管制型走向服务型，这是政府职能转变的主要特点。

政府职能由管制型转变为服务型，不仅仅为了满足建立和完善社会主义市场经济的要求，体现效率优先的原则，而且还适应了政治建设、经济建设、文化建设、社会建设协调发展的需要，体现科学发展的原则，最终为建设社会主义和谐社会提供持久的动力支持，实现经济和社会的协调发展。改革开放之前，计划经济体制下的政府职能主要体现为经济管制，采用计划命令和直接管理的方式来管理经济。市场经济条件下，政府的公权力不断向下和向外发生转移，政府职能更多地放到保护财产权与促进市场竞争机制中去，更多地用法律手段和经济替换行政手段来管理经济，更多地关注发展社会公共事业，为人的生存和发展提供合适的公共服务。与此同时，公共服务的需求也在不断增加，尤其在缩小居民收入差距、扩大就业、提供基本医疗卫生和基本社会保障服务、保障公共安全等方面的公共服务需求日益突出。① 2003 年"非典"事件之后，我国政府在继续加强市场监管和宏观调控职能的同时，更加注重社会管理和公共服务，正式开始服务型政府建设的实践进程。2006 年 10 月，党的十六届六中全会提出要完善公共财政制度，逐步实现基本公共服务均等化，增强基层政府提供公共服务的能力，通过逐步增加国家投资规模来不断增强公共产品和公共服务供给能力，进一步明确了服务型政府建设的具体内容。

比如，1992 年，广东顺德市撤销原来的经济管理部门，按照宏观管理的需要，成立新的管理机构，赋予间接管理、综合管理的职能，体现了政府职能从管制到服务进行转化的特征。撤销经委和乡镇企业局，成立工业发展局，负责全市工业的行政管理；撤销农林局、水产畜牧局、绿委办、糖办、饲料办和农业基地公司，成立农业发展局，负责对全市农业实行统一管理；撤销外经贸委、财办、口岸办，成立贸易发展局，统管全市的内外贸易；商业局转为商业总公司，为纯企业单位，原来的行政职能归口主管部门履行。②

（二）调整政府、市场和社会的关系，建立有限政府

政府职能转变的特点还表现为重新调整政府、市场和社会的关系，建立有限政府。

---

① 高尚全：《改革共识与建设服务型政府》，《经济社会体制比较》2005 年 6 月。
② 汪玉凯：《中国行政体制改革 20 年》，中州古籍出版社 1998 年版，第 127—128 页。

任何一项以政府职能转变为主题的行政体制改革都会涉及众多的权力与利益关系，主要体现为政府与社会的关系、政府与市场的关系。职能转变的过程，就是改变政府的公权力，不断调整政府、市场和社会的关系的过程。改革开放初期，在中央政府的主导下以地方政府行政性分权为中介实现政府向企业的放权让利，把属于企业的权力放给企业，把应该由企业自己解决的问题交由企业自己去解决，是政府与市场关系的调整。20世纪90年代以来，按照社会主义市场经济体制的要求，在加强政府的宏观调控和市场监督职能的基础上，不断强化社会管理和公共服务职能，培育和发展民办非企业单位和其他各类民间组织，从而调整政府和社会的关系。无论是政府与市场关系的调整，还是政府与社会关系的调整，都表现为政府的公权力再次发生变化，政府的部分原有职能转移给市场和社会，同时根据时代的新公共需求承担起新的职能，计划经济条件下的全能政府逐步走向市场经济条件下的有限政府。

（三）职能转变重点是放松政府规制

30多年的改革开放表明，放松政府规制是政府职能转变的重点内容之一，这也是充分发挥市场配置资源的基础性作用的保证。

首先，历次改革都在调整政府间的投资管理权限。高度集中的投资体制严重压制了地方政府和企业等多方面的投资积极性，造成了生产力发展的障碍。1979年以来的投资体制改革，重点放在放宽投资审批权，简化审批程序，从而打破了传统计划经济体制下高度集中的投资管理模式，初步形成多元化的投资主体并存和分层次决策的投资模式，提高地方政府在投资项目审批方面的决策权，改变中央与地方政府之间的投资管理权限的格局。1988年中央一级成立6个国家专业投资公司，作为组织中央政府经营性投资活动的主体。2004年的《国务院关于投资体制改革的决定》，则进一步确立企业在投资活动中的主体地位，落实企业投资自主权，合理界定政府投资职能，规范了政府的投资管理行为，促进政府综合部门和专业部门分投资、批项目局面的改变。2006年，进一步落实投资主体的自主权和风险承担机制，改进项目核准和备案制度，从而不断健全投资宏观调控体系。

其次，减少具体审批事务和对企业的微观管理，简化行政许可，改进行业管理方式，切实把政府的经济管理职能转到主要为各类市场主体和经济组织提供服务上来。通过机构改革，将原有的综合经济部门改组为宏观调控部门，不再是微观管理部门。实行政企分开，要求管行业不管企业，而且行业管理区分为行业自律组织和政府部门。

（四）不断创新政府职能的实现方式

政府职能的转变需要实现方式的创新，而制度创新是政府职能实现方式创新的首选。管办分离，"运动员"、"教练员"和"裁判员"角色分离，收支两条线，都是职能转变实现方式的制度创新过程中积累的宝贵经验。市场经济条件下，行政执法监督部门实际上就是市场公平竞争的裁判，当裁判就不能当教练员、运动员，工商行政管理部门不能办市场，海关不能办报关厅，安全生产监督部门不能兴办煤矿，食品药品监督部门不能卖药，质量技术监督部门不能管生产。监管市场的部门不能主办市场，管与办必须分开，执法监督才具有公正性与权威性。在行政许可方式的制度创新上，很多基层政府及部门实行"大厅办公、一门受理、联合审批、限时办结"办事机制，加快了行政审批制度改革的进程。

工具创新也有力地支撑了政府职能的转变。有的地方通过信息化建设推动行政许可职能的转变，支撑社会管理和公共服务改革。比如，"网上许可"、"电子行政监督"、"通透式"办公、"网格化城市管理"等。

第二节　政府职能转变的主要内容

改革开放以来，中国行政管理体制经过多次改革，取得了很大成绩，突出的标志就是政府职能转变取得了积极进展。其主要内容如下：

一、加强宏观管理，强化经济调节

市场经济调节主要依靠经济规律为主，配合政府的宏观调控来调节和控制经济。单纯依靠行政力量直接配置资源，和完全听任市场配置资源，都有其种种局限性，政府应根据市场失灵的程度和范围对市场经济实施合适的宏观调控。在微观放开、搞活的条件下，对市场经济的运行过程实施宏观调控，彻底放弃直接干预微观经济活动以及主要使用行政手段管理经济的方式，重点放在为市场主体服务和创造良好发展环境上，是政府的一项重要职能。中国把政府的宏观调控目标定位为"促进经济增长、增加就业、稳定物价、保持国际收支平衡"，促进国民经济又好又快发展。

建立宏观调控体系，是在中国经济体制改革发展到一定阶段，特别是建立社会主义市场经济体制的目标才提出的，现已成为政府职能转变的重要内容。从 1987 年以来，中国的行政体制改革，一直把转变政府职能，精简和合并专业经济管理部门，建立综合管理机构，完善宏观调控体系作为一个重要目标。特别是 1993 年和 1998 年两次大的机构改革，其核心都是围绕这个问题进行的。在改革开放早期，中国政府在经济调节方面，存在着过分关注经济增长，过分依赖行政手段等问题。1988 年，经济过热的治理主要依靠压缩固定资产投资、调整投资结构、开征投资方向、调节税收、紧缩进口和控制消费需求、整顿市场流通秩序、控制信贷规模和货币投放、加强物价管理等行政手段，最终于 1991 年实现了经济增长的"硬着陆"。经过多年的职能转变，中国政府的经济调节主要以宏观调控为主，针对企业的生产和经营活动所进行的微观调节政策日益减少。1993 年以来，中国政府从整顿金融秩序入手，开始实施适度从紧的货币政策为主，配合适度从紧的财政政策等宏观调控政策，辅之以必要的行政法律手段，顺利实现了国民经济的"软着陆"，出现了高速低胀的良好局面。1994 年，推行分税制财政体制改革，划分各级政府的财政权限，增强财政宏观调控的能力。1996 年，中央提出为了转变政府职能，强化国家的宏观调控能力，需要把综合经济部门逐步调整和建设成为职能统一、具有权威的宏观调控部门，把专业经济管理部门逐步改组为不具有政府职能的经济实体，或改为国家授权经营国有资产的单位，或者改为行业管理组织。1998 年，在亚洲金融危机和特大洪涝灾害面前，中国政府改变经济调节政策，经济调节以扩大内需为主，由适度从紧的财政、货币政策转到积极的财政政策为主，并配套稳健的货币政策，实现了经济的持续健康稳定快速发展。2003 年开始的新一轮宏观调控主要依靠土地和信贷来遏制固定资产投资过快增长，有抑有扬，区别对待，加强经济运行调节，调控成效明显。21 世纪以来，土地、环境保护政策、税费、临时价格干预、存贷款利率和存款准备金等也发展成为宏观调控的手段之一。历次经济调节中所采用的宏观调控方式有间接调节、价格干预、调控总供给和调控总需求，具体政策有国家规划、财政政策、货币政策、收入政策、产业政策、消费政策和价格政策等。来自宏观调控部门的这些政策相互配合、相互制约，共同组成国家宏观调控体系，体现了中国政府宏观调控能力的提高。

在宏观调控方面，不断加强中央的经济权威，也是职能转变的重要内容。只有维护中央的权威，才能保证政令畅通，宏观调控切实到位。1993 年，《关于当前经济形势和加强宏观调控的意见》开始全面加强中央政府在宏观调控经济方面的权力。1998 年，改革中国人民银行管理体制，撤销 31 个省级分行，组建 11 个跨省的大区行，确立了中央政府在货币金融领域的权威地位。2003 年，将银行监管工作分离出来，单独设立中国银监会，有利于中国人民银行更好地履行货币宏观调控职能，体现其权威性。此外，地方政府保留一定的地方经济调控权，如投资管理权、经济发展规划权、国资管理权、产业结构调整权等，配合中央政府落实宏观调控措施。

二、完善机构设置，加强市场监管

社会主义市场经济的正常运转，离不开有效的市场监管。传统计划经济体制下，中国政府掌握着资源的配置权，依靠行政权力安排国有企业生产和销售产品，市场监管需求较弱。在市场经济条件下，微观经济主体走向多元化，在追求利益最大化的原则驱动下，总会自觉不自觉地"越轨"、"违规"，这就需要加强政府的市场监管能力。在市场监管方面，政府应当依法对市场主体及其行为进行监督和管理，致力于建立公平、公开、公正的规则，打破行政性垄断和地区封锁，限制不公平竞争，创造各类市场主体平等使用生产要素的环境，加强对重要资源和国有资产的监管，形成统一、开放、竞争、有序的良好市场秩序。

中国政府通过转变政府职能，强化机构设置，不断加强政府的市场监管能力。1997 年 11 月，原来由中国人民银行监管的证券经营机构划归中国证监会统一监管，加强证券行业的统一监管。1997 年 3 月中国人民银行建立了货币政策委员会，推动货币政策制定和执行的分离。1988 年撤销隶属于原国家经委的国家计量局和国家标准局以及原国家经委质量局，新设立国家技术监督局，加强产品质量的统一监管。1998 年国务院机构改革撤销了证券委，明确中国证监会为国务院正部级直属机构，形成全国统一证券市场监管体制。1998 年 11 月，中国保险业监督管理委员会成立，负责监管全国商业保险市场。2001 年国家工商行政管理局调整为国家工商行政管理总局，国家质量技术监督局、国家出入境检验检疫局合并，组建中华人民共和国国家质量监督检验检疫总局，均升格为国务院直属正部级机构，强化了工商行政和产品质量的监督监管。2003 年 4 月，中国银行业监督管理委员会成立，统一监管银行、金融资产管理公司、信托投资公司等金融机构。2003 年，新组建国家电力监管委员会，负责对电力领域的市场准许、主体行为和价格实施专业化监管。2003 年国家安全生产监督管理局成为国务院直属机构，2005 年年初再次升格为总局，全面履行全国安全生产的综合监管职能。2003 年组建国家食品药品监督管理局，加强食品药品安全监管。2008 年，明确由卫生部承担食品安全综合协调、组织查处食品安全重大事故的责任，同时将国家食品药品监督管理局改由卫生部管理，落实食品安全综合监督责任。①

---

① 参见历年的关于国务院机构改革方案的说明。

三、加强社会管理，突出公共服务

公共服务和社会管理是社会主义市场经济条件下政府的主要职能之一，也是中国政府最为薄弱的环节之一。在市场经济条件下，市场对社会资源的配置主要发挥基础性的作用，由于经济外部性和市场失灵的影响，许多产品和服务不能由市场完全提供，而必须由政府直接提供或在政府的监管下由市场提供。这类产品或服务常称为公共产品或公共服务。公共服务的范围非常广泛，包括政府所提供的城乡基础设施、文化、教育、科技、卫生、体育、社会保障、就业、环境保护、办事和政务公开等产品或服务。同时，中国将长期处于社会主义初级阶段，人民日益增长的物质文化生活需要同落后的社会生产之间的矛盾这一社会主要矛盾还将长期存在，建立健全处理新形势下人民内部矛盾和各种社会矛盾的有效机制、社会治安综合治理机制、城乡社区管理机制等任务还会持续相当长的一段时间，社会管理这一职能还需继续不断强化。现阶段，社会管理主要包括依法管理和规范社会组织，协调社会矛盾，保证社会公正，维护社会秩序和稳定，应对社会突发事件，保障人民群众生命财产安全。

中国政府通过转变政府职能，强化公共服务机构，增强社会管理和公共服务职能，大力推进社会管理和公共服务能力建设。在计划经济阶段和单纯追求 GDP 增长的发展时期，社会管理主要依靠单位制度来进行，政府的公共服务职能被弱化，公共服务能力不强，惠及全民、水平适度、可持续发展的基本公共服务体系和新型的社会管理体制没有建立起来，导致一些重大民生问题长期得不到解决，直接影响了国民经济持续快速协调健康发展和社会的和谐。2003 年爆发的"非典"疫情，中国内地成为重灾区，"非典"事件最大的教训就在于忽视了政府的公共服务职能。2003 年新组建的国家食品药品监督管理局和 2008 年新组建的交通运输部、人力资源和社会保障部、环境保护部、住房和城乡建设部，都是通过机构改革来推动政府的公共服务职能转变，提升公共服务能力。此外，加强流动人口管理和服务，建立应急响应机制，推行政务公开，扩大基本公共服务的涵盖面，拓宽利益表达的正常渠道，推进网上办事，引入公共服务市场化机制，发挥社团、行业组织和社会中介组织在社会管理和公共服务中的作用，将公共资源更多地向社会发展领域倾斜，都是转变政府职能、提高社会管理和公共服务能力的举措。北京市海淀区公共服务委员会和东城区市民中心都是在探索有效的公共服务体制方面所做的积极尝试。进入 21 世纪以来，中国政府更加重视关系国计民生的重大公共利益的公共服务，优先发展促进经济运行质量提高的社会事业，将其作为政府职能转变的重要内容，如公共安全、防灾减灾、基本公共服务均等化。此外，社会管理和公共服务坚持政府主导和社会组织协同、公民参与三者相结合，可以避免和减少单一管理主体独揽公共事务造成的众多弊端。

四、发展社会中介，承接职能转移

在调整政府、市场和社会的关系的过程中，政府职能的成功转变都需要与社会的自我管理程度和市场的发育程度结合起来。政府要把不应由自身行使的职能，如技术性、行业性、服务性职能，逐步转移给社会中介组织和其他行业组织。为了承接政府职能转移，中国政府改变"强政府、弱社会"的传统模式，不断培育和发展大量社会中介和民间组织。

为了实现政企分开，将政府的职能转移到经济调节和市场监管方面来，中国政府在职能转变的过程中也注意大力培育和发展社会性公共组织，特别是市场中介组织。比如大力培育和发展会计师事务所、审计师事务所、律师事务所、公证和仲裁机构、资产评估和资信评级组织、消费者协会、市场公正交易协会等，发挥这些社会中介组织在社会主义市场经济中的服务、沟通、协调、公证和监督作用。由于一部分社会中介组织在独立性、规范化运转方面还存在一些不足，因此，政府在将部分职能转移给中介组织之后，仍在不断加强中介组织的监督职能，规范中介组织的行为。

五、完成政企分开，促进政资分离

政府职能转变的主要内容就是政企分开。政企分开，就是国有企业不再在行政上隶属于专业管理部门，政府只对投入企业的资本享有所有者权益，对企业债务承担相应的有限责任，行使国有资产所有者的职能，对经营权进行监管。政企分开要求政府既不能直接介入和干预企业生产经营，也不能直接参与企业投资决策。1978 年 10 月，政企分开开始试点改革，改革重点为扩大企业自主权。1983 年国有企业改革由利润留成改为利改税，实现了经济利益上政企分开的制度化。1984 年，国有企业实行政企职责分开，简政放权。1986 年，国有企业在所有权和经营权分离的原则指导下实行多种形式的承包经营责任制。1988 年的机构改革推动了机关办社会向机关后勤服务社会化的转变，针对企业的微观管理、部门管理、直接管理逐步向宏观管理、行业管理、间接管理发生转变。1993 年，国有企业开始建立符合市场经济理念的现代企业制度，旨在解决企业"管赢不管亏"和缺乏活力的问题，同时，改革综合经济部门和专业经济部门，进一步推动政企分开。1997 年，国有企业根据"抓大放小、有进有退"的原则，通过重组、改组、联合、兼并、租赁、承包经营、股份合作、出售等多种形式转变国企经营机制，推行股份制改造。1998 年，进一步加强宏观调控部门，调整和减少专业经济部门，加强执法监管部门，真正把生产经营的权力交给企业。到 2003 年，原来由行政部门管理的企业，按照抓大放小的原则，多数已经转换了经营机制。少数仍需要政府全资经营、控股经营或参股经营的企业，转由国有资产监督管理委员会直接管理，完全切断了行政部门与企业的经济关系，实现了企业无行政部门管理，为企业提供了自主经营。自我发展的活动空间。除广电总局、铁道部、烟草专卖局等政企合一的部门以外，政府行政部门基本上没有隶属企业，淡出微观经营活动领域，实现了政企分开。

政资分离也是政府职能转变的重要内容之一。政资分离就是军队武警和政法机关不再从事资产经营活动，行政机关和事业单位的国有资产实现规范化管理。2006 年的《行政单位国有资产管理暂行办法》和《事业单位国有资产管理暂行办法》为合理配置国有资产，提高国有资产使用效益，推动国有资产的合理配置和有效使用提供了制度保障。

第三节　政府职能转变中的经验教训与趋势

一、政府职能转变中的经验教训

受传统计划经济体制惯性的影响，中国政府在职能转变的过程中从来不是一帆风顺的，在取得成绩的同时，也积累了一些经验教训。

（一）政府职能转变不彻底，导致行政审批事项偏多

尽管经过 30 多年的政府机构改革，政府职能开始全面转变，但是受"官本位"和利益主义的影响，政府部门的职能转变依然不彻底。尽管 2002 年以来，中国各级政府推行行政审批制度改革，审批事项有所减少，审批环节有所简化，审批行为有所规范，但是，行政审批项目总体上还是偏多，审批流程不够透明，仍需加大改革力度，大幅裁减直接审批权。比如，一些政府部门仍然固守了一些应当而且可以放松的行政管制不放，特别是一些拥有项目审批实权的政府部门在行政审批体制改革中，通过各种方式保留自己的审批权力，在一定程度上限制了企业作为市场主体的积极性和创造性的发挥。

改革开放发展到今天，政府仍然掌握了大量经济资源的直接分配权，这就制约了市场在资源配置中基础性作用的发挥。加快退出对经济资源的直接分配，是政府全面转变职能的前提。尤其在土地、资金、矿产资源等要素市场和电信、电力、公用事业等垄断行业中，政府职能的转变还有很长的路要走。

（二）机构交叉，流程复杂，职能难以转变到位

政府职能转变过程中，存在机构交叉、职能重叠等现象，职能履行的业务流程模糊不清、纷繁复杂，这些都影响到政府职能转变的到位效果。

首先，一些政府职能定位本身就不科学，管了许多不该管也管不好的事务，而一些应由政府履行的职责没有很好地承担起来。尤其是一些新兴

的社会公共事务，需要政府切实担起责任，履行新的职责。

其次，政府职能和业务运作缺乏规范，没有形成制度化，导致职责不清，相互推诿扯皮等问题的存在，也是机构改革未能有效推动政府职能转变的重要原因之一。对于涉及多个部门的职能和业务，需要明确责任，分清界限，理顺关系。

最后，专业划分过细，综合部门和专业部门多重交叉，政府职能的层次结构模糊不清，职能履行涉及太多的管理环节，效率低效。一些综合管理部门兼具宏观调控和微观管理职能，既管宏观，又管微观，而且，微观管理有膨胀的趋势，如中小型项目审批、商品价格调价决策等。

（三）根据社会组织发育程度，调整政府职能的外部转移进程

根据社会组织发育程度，逐步推进政府职能向社会、市场和内部的转移，是政府职能转变得以成功的现实保证。经过 30 年的改革开放，传统的单位制社会正在向"市民社会"转变，随着多种非国有制经济成分的发展和市场竞争的加剧，个体劳动者与私营企业主、部分乡镇企业、"三资企业"以及游离于单位体制之外的文化界人士、下岗人员，开始在法律范围内逐步游离于国家集中控制之外的社会空间中，形成所谓的"市民社会"。市民社会的发育是一个长期的过程。政府职能转变的本质，就是政府向体制外的社会，即市民社会转移公权力。如果市民社会自身发育程度不够，还无法接受政府职能转变过程中转移的相关职能，那么，就有可能引起一系列的社会问题。

政府部门在职能转变过程中还应发挥引导和培育社会组织发展、做好职能转移的良性对接。在社会管理和公共服务中，政府需要引导和培育市场主体、事业单位、社会组织各自的职能并发展到位，避免政府角色从有关领域退出后，出现职能缺位，以确保政府职能转变取得成效。比如，流动人口问题跟市民社会自身发育不完善相关，在市民社会无法自我解决流动人口问题之后，政府还得组建流动人口管理和服务部门，弥补市民社会的职能缺位，才能保证社会管理职能的顺利转变。近年来，一些城市政府在职能转变的过程中，开始高度重视培育和发展基层社会组织，发挥其在

基层自治和维护合法权益中的作用；不断改善各级工会的运转方式，使其在维护劳动者权益、维护社会稳定中发挥更大的作用。

（四）打破既得利益的保护，谨防权力依赖症

政府职能转变成功与否的关键在于真正调动各级政府部门改革自身的积极性。政府职能转变发展到今天，已经与政府机构和社会团体的利益结构紧密相连。政府部门及其工作人员和社会相关利益团体，如果在职能转变的预期中，认为其所损失的利益无法得到相应补偿，那么，进行自身职能转换的积极性就难以真正调动起来，从而使职能转变的改革方案在实践中受到挫折而无法实现或者成效甚微。

因此，在推进政府职能转变的过程中，必须分阶段推进改革。制定改革措施时，必须意识到，除了社会压力和中央领导的自觉性是改革的持久动力以外，政府和相关利益团体既是改革的推动力量之一，又是改革的对象，需要高度重视协调好政府之间的利益关系，调动其参与职能转变的积极性，开发和扩大改革的动力支援力量，为政府职能转变提供动力。

此外，在政府职能转变的过程中，还需要因地制宜地，灵活调整政府机构设置和职能配置，兼顾上下对接和前后连通，落实政府职能；合理划分各级政府在履行职能过程中的不同事权，理顺关系，相互协调配合，做到权责一致；切实发挥政府财政对职能转变的支撑作用，减少改革成本对职能转变的束缚力；充分发挥市场机制的积极性，防止政府直接采用微观管理手段来替换市场机制作用的发挥。

二、政府职能转变中的发展趋势

（一）加快政府职能立法进程，实现依法行政

30年来的政府职能转变，主要依靠行政手段来推动，一直缺乏法律保障。政府职能转变的成果，要求人大为其提供立法支持，从而发挥人大对经济生活的监督，间接促进人大自身的建设，提高人大作为国家权力机关的地位，保证国家机关之间必要的分工与制约。

采取人大立法的形式，巩固职能转变的改革成果，可以推动行政管理体制改革走向制度创新，加快依法行政和依法治国的进程，是完善社会主义市场经济体制和建设和谐社会的必然要求。

（二）深化行政审批制度改革，进一步转变政府职能

要深化和规范行政审批制度，创新管理制度和方式，进一步转变政府职能。

第一，要继续清理各类行政许可项目和非行政许可项目，减少审批项目数量，放宽项目审批权，继续下放审批权限，加快并联审批和串联审批，减少"多头审批"和对企业的微观管理，实现分层次的审批决策。特别是针对综合管理部门，要逐步裁减其微观管理和具体审批的职能，不能依靠直接干预微观经济活动来调节宏观经济。

第二，对保留的审批项目，应简化行政许可，减少审批环节，改进审批方式，规范审批行为和时限，提高审批效率。加大审批制改为"注册制"、"登记制"、"备案制"的项目范围。

（三）推行行政问责制，改进职能转变效果

开展全面施行行政问责制，实现行政权力与行政责任的统一，实现基层问责和高层问责的一致，强化职能转变效果。

首先，梳理各层级职能部门及其工作人员的具体职责和工作规程，设定可量化的工作目标。对于需多部门协同办理的工作事项，可以建立横跨不同层级、不同岗位的责任链，将部门主办责任制落实为具体的问责目标，完善行政过错责任追究制度和服务精细化管理制度，借此促进政府职能的有效转变。

其次，切实实施问责，实现职能转变监督监察工作的规范化和法制化。政府职能的履行情况，通过问责实施，可以建立起一个完整的、可操作的政府工作责任体系，做到执行和监督的统一，提高政府的公信力，从而加快职能转变进程，改进转变的效果。

此外，在相当长的一段时期内，继续弱化政府对经济和社会的直接管制职能，强化政府的社会管理与公共服务职能，仍然是政府职能转变的重

要内容。就不同的历史阶段而言，政府职能转变的具体内容还需要和历史发展阶段相吻合，政府不能超出历史的范畴去追求无法实现的目标，也不能历史条件已经具备但政府出于种种借口而不去承担自身的历史责任，需要做到水平适度，条件相当。此外，政府职能的转变还需要和政府自身的能力相适应，首先将政府不该管的事和该管的事区分开，履行好政府的基本职能、最小职能、核心职能，再逐步满足社会各方面提出的较宽泛范围内的公共管理和公共服务职能，从而保障职能转变的可持续性。

第五章

政府与社会关系的
调整和改革

第一节　政府与社会关系调整综述

一、政府与社会关系分析

（一）政府与社会关系的核心是政府与公民的关系

政府与社会的关系，是指政府与各种社会组织、社会团体以及普通社会成员之间的关系。政府与社会的关系状态决定了政府角色的基本特征。在政府对社会经济事务所实施的管理中，除了处理好政府与企业、政府与市场的关系外，还要随着社会经济的进步，不断调整、改革政府与社会之间的关系。在某种意义上说，政府与社会良性关系的确立，不仅是市场经济发展的客观要求，也是社会结构变迁、社会进步的重要标志。

分析政府与社会的关系，首先要从社会组织的基本范畴入手。经常见到诸如公民社会、第三部门、非政府组织、民间组织等概念，尽管人们对这些概念的理解不一定相同，但基本的认同还是可以找到的。

公民社会就是国家或政府系统，以及市场或企业系统之外的所有民间组织或民间关系的总和，它是官方政治领域和市场经济领域之外的民间公共领域。公民社会主要是一个与政治社会（国家）和经济社会（企业）相对应的概念，其组成要素是各种非政府和非企业的公民组织，包括公民的维权组织、各种行业协会、民间的公益组织、社区组织、利益团体、同人团体、互助组织、兴趣组织和公民的某种自发组合等等。由于它既不属于政府部门（第一部门），又不属于市场系统（第二部门），所以人们也把它们看做是介于政府与企业之间的"第三部门"。

作为公民社会主体的"非政府组织"，英文全称是 Non-Governmental Organization（简称 NGO），或 Non-Profitable Organization（简称 NPO）。是指在特定法律系统下，不被视为政府部门的协会、社团、基金会、慈善信托、非营利公司或其他法人，不以营利为目的的非政府组织。也就是我们日常所称的"民间组织"或"社会团体"。它指的是那些具有组织性、非政党性、民间性、非营利性、志愿性、自治性的致力于公益事业的社会中介组织，是介于政府组织与经济组织之外的非政治组织形态。

NGO 在全球范围的兴起始于 20 世纪 80 年代。随着全球人口、贫困和环境问题的日益突出，人们发现仅仅依靠传统的政府和市场两极还无法解决人类的可持续发展问题。作为一种回应，NGO 迅速成长并构成社会新的一极。

一个发达的现代社会需要发达的非政府组织。据调查，美国非政府组织总数超过 200 万个，经费总数超过 5000 亿，工作人员超过 900 万人。如此庞大和活跃的非政府机构（NGO），是与美国"大社会，小政府"的制度结构相配套的。这种制度的来源，与美国建国之初移民互助自助的传统有关。

NGO 不是政府，不靠权力驱动；也不是经济体，尤其不靠经济利益驱动。NGO 的原动力是志愿精神。非政府组织的经济来源主要是社会及私人的捐赠。美国有力量极其强大的各种私人基金会支撑美国的各种 NGO。国家从税收上确立捐赠部分可以抵税的制度，鼓励捐赠。

基于以上分析，公民社会、第三部门、非政府组织、非营利组织、民间组织、社会团体等，指的都是同一类的社会组织，即独立于政府和企业市场体系之外的非营利的、公益导向的社会部门。为了强调这种"社会—政府—企业"之间的关系以及组织的"非营利"特性，本章中我们统称其为"非营利组织"。

（二）非营利组织是国家成熟社会政治架构中的重要组成部分

国家和社会、政府与市场的"三分法"新理论突破了传统的"国家至上"或"社会至上"的视野，提出调整国家与社会关系的第三种模式：一种平衡模式，通过两者之间的良性互动而达到"强国家—强社会"的目的，本质上这是国家与社会之间一种特殊的协调机制。在这种模式中，为了实现国家与社会的良性互动，社会团体及各种利益组织必须发挥重大作用。通过这些中介性组织，国家对社会的管理与控制得以顺利实施，而社会则通过团体有效地参与国家管理并监督制约国家机构的活动。它以一种特殊的方式把国家与社会紧密联系起来，使它们相互协作、相互监督，以达到互惠的目的。新型的国家与社会关系加强了国家与社会间的互动与合作，建立起互惠关系，以达到国富民强的双赢目标①。

关于国家和社会的新理论反映在政府与市场的关系上，就是要求在政府与市场之间保持平衡和不断建立新的平衡。非营利组织特别是一些行业性组织即是作为有利于实现这种平衡的调节机制出现的。这类组织的出现无疑在一定程度上弥补了政府和市场双方的缺陷。不论是从政府与市场关系还是从国家与社会关系的发展来看，世界各国的发展趋势即是在政府与市场之间以及国家与社会之间逐渐形成一个中介层面，通过这一中介层面，实现政府与市场的平衡以及国家与社会的互动。

非营利组织在促进社会稳定与和谐中发挥着重要的功能。在新的历史时期，我国非营利组织的发展存在着良好的基础和条件，包括广阔的社会生存和发展空间、法制环境不断完善、社会对非营利组织的需要、社会中间层的形成等。非营利组织在治安管理、环境卫生、社会福利、计划生育、慈善事业、信息提供、社区服务、特殊人群的教育、老年人照顾、学

---

① 颜如春:《培育和发展非政府组织促进社会稳定与和谐》,《人民网》2006 年 7 月 11 日。

术研究、文化发展等多项社会管理职能方面起着极其重要的作用。政府应通过转变政府职能、弱化非营利组织的行政色彩、引导和支持非营利组织积极参与公共事务管理、有计划地建立配套机构，加大对非营利组织的培育及支持，使其更好地为发展经济和社会稳定服务。

（三）中国特色非营利组织的形成与特点[①]

改革开放以来，随着社会主义市场经济和民主政治的发展，各种各样的非营利组织大量涌现，一个相对独立的非营利组织正在中国迅速崛起，并且对社会的政治经济生活发生日益深刻的影响。中国非营利组织的兴起，是中国社会整体进步的重要表现，它不仅有助于推进中国特色的民主政治和政治文明进程，而且也有助于市场经济的健康发展，有助于提高中国共产党的执政能力，有助于构建社会主义和谐社会。一个健康的非营利组织是和谐社会的必要基础。公民与政府的合作，是社会和谐的关键。

一个相对独立的非营利组织在中国的产生和发展，直接得益于其制度环境的改善。从 20 世纪 80 年代以来，中国修改了宪法，进行了以党政分开、政企分开、政府职能转变、建设法治国家等为重要内容的政治体制改革，相继出台了一系列鼓励和规范非营利组织的法律、规章和政策，转变了对非营利组织的态度，所有这些都是直接促成非营利组织迅速成长的制度因素。

非营利组织的迅速崛起，对完善市场经济体制、转变政府职能、扩大公民参与、推进基层民主、推动政务公开、改善社会管理、促进公益事业发挥着日益重要的作用。一个健康的非营利组织是国家长治久安的重要基础，是社会团结和谐的基础，也是民主政治的基础。从某种意义上说，现代国家的成熟程度，与非营利组织的发达程度是一致的。

我国的非营利组织有以下几个明显的特征：第一，中国的非营利组织是一种典型的政府主导型的非营利组织，具有明显的官民双重性；第二，中国的非营利组织正在形成之中，具有某种过渡性；第三，与上述特征相

[①] 俞可平：《中国特色公民社会的兴起》，《21 世纪经济报道》2007 年 1 月 17 日。

适应，中国的非营利组织还极不规范；第四，中国目前的非营利组织的发展很不平衡，不同的非营利组织之间在社会政治经济影响和地位方面差距很大。

过去我们的政治理想是建立"善政"，现在我们把"善治"作为理想政治的状态。"善政"主要是指政府自身要好，而"善治"则是指全社会的治理状况要好。在现代条件下，要达到这样一种"善治"，政府同非营利组织之间的合作就是必不可少的。

在正常情况下，非营利组织与政府应当是一种友好合作和互补合作的关系。市场经济和民主政治的发展，需要让公民和社会拥有更多的自治权力，而公民和社会的自治主要是通过非营利组织得以实现的。因此，政府部门与非营利组织的对社会政治事务的合作管理，是实现民主治理的关键所在。

同时也应当客观地看到，正如市场经济在中国刚实行不久，还很不规范、很不成熟一样，以非营利组织为主体的非营利组织也正处在生长发育阶段，远未定型和成熟。非营利组织对治理的变化所起的作用既有积极的方面，也有消极的方面。因而，既不能漠视非营利组织的作用，也绝不能过分夸大它的作用，绝不能以为，有了非营利组织以后，政府就变得无关紧要。无论非营利组织如何强大，政府始终是社会发展的火车头，在中国尤其如此。

二、政府与社会关系的基本特征

（一）改革开放前中国政府与社会关系的基本特征[①]

党的十一届三中全会以前，中国社会从整体上看，是一种社会发育程度较低、政府对社会实行严格控制的传统的社会结构模式。在那样的模式下，政府依靠强大的组织机构、运用行政权力，对社会的政治生活、经济生活、社会生活以及文化生活，实行较为严格的管制或管理，从而影响了

---

① 汪玉凯等：《中国行政体制改革 20 年》，中州古籍出版社 1998 年版。

社会组织的发育，使整个社会缺乏应有的活力。具体说来，这种社会结构模式的特点主要有以下几个方面。

第一，作为物质生活的生产方式，社会的经济系统是严格按照计划经济的管理模式进行管理的。经济形式、经济组织的单一性、社会物质财富分配的平均性、经济活动缺乏最起码的竞争性以及忽视经济规律等，成为这个时期经济生活最显著的特征。

第二，作为建立在经济基础之上的政治系统，是通过强大的政治权力对社会进行严格控制的。在社会结构中，政治系统属于上层建筑领域，它主要是由国家政权、法制、军队、警察、法庭、监狱、政府部门等构成的，其中最主要的是国家政权机构。政府作为国家行政权力的行使者，直接担负着对社会各种公共事务的管理。改革开放以前，中国的政治系统，在社会主义革命和社会主义建设中曾发挥过重要的作用，对社会的发展、制度的变迁起着政治保障作用。但是由于"左"的错误的影响，也使国家付出了巨大的代价。

第三，作为涉及人们诸多活动领域的社会生活系统，也被高度一体化的行政权力所控制。在社会结构中，社会生活系统是指除了政治、经济以外的广泛的社会活动领域，比如社区生活、同事交往、亲属交往、朋友来往以及人们日常的生活、教育、卫生、保健等。改革开放以前，中国社会的社会生活系统伴随着社会主义革命和建设事业的胜利，有了一定发展，但其间也受到了"左"的思想的严重干扰。其主要表现是：无限制地扩大政治生活的领域，忽视或否认社会生活的重要性，甚至将人们日常的社会生活，也带上了强烈的政治色彩。在那样的条件下，人们不仅不能追求个人的社会生活利益，不能按照自己的意愿组织社会组织、参与社会活动，甚至连某些完全属于个人自由之列的东西，也会受到有形或无形的约束，窒息了社会生活的生机与活力。

第四，作为社会精神生活的主体，思想文化系统也受到了极大的禁锢。思想文化系统是社会结构中的灵魂，是社会物质生产方式以及人们社会生活方式在精神层面的反映。在思想文化系统中，既包括人们对自然界、社会的认识，也包括个体的、群体的意识，属于上层建筑领域中的一个重要组成部分。在旧体制下，如同其他领域一样，中国的思想文化系统同样受到"左"的错误的严重影响，甚至可以说是"重灾区"。正因为如此，思想文化系统中的"左"的影响，及其对广大人民群众造成的精神创伤，远远超过了物质层面本身。可以肯定地说，中国后来发生的历史性制度变迁，以及由此引起的社会结构的深刻变化，首先也是从思想文化系统的松动、开放开始的。

（二）党的十一届三中全会以来政府与社会关系的基本特征

改革开放以来，30 年经济体制改革的深入、经济的持续增长以及政府管理的变化，为政府与社会建立一种新型的关系提供了强大的动力。经济体制和行政体制改革，从根本上打破了传统体制下组织结合方式存在的基础；市场机制的导入，乃至建立社会主义市场经济体制目标的确立，客观上为传统经济组织结构的分化、重组创造了条件；高度集权的行政管理体制的解体，也为社会组织的分化、重组、新生提供了契机。这就是说，30 年的改革开放历程，实际上就是政府与社会之间的相互关系不断调整、重组的过程，也是在旧体制下造就的组织形态不断发生变化，并不断适应经济社会发展要求的过程。

具体说来，党的十一届三中全会以来政府与社会关系的基本特征主要表现在以下几个方面：

第一，政府与社会组织体系之间开始建立新型的关系。改革开放以来，政府调整与社会组织体系之间的关系，是从政府向企业、社会下放权力，实现政企分开，加强社会自身管理开始的。政府向企业、社会下放权力是政府改变高度集中的管理体制，改变直接管理企业的生产经营活动的客观需要，也是推动经济发展、社会进步，增强社会经济活力，调动各方面积极性的需要。政企分开本身意味着政府由过去的直接管理转向间接管理，对政府来说将相当一部分职能向外转移；对企业来说，意味着要自主经营、自负盈亏、自我约束、自我发展，企业生产经营活动中遇到问题，不应该找政府而应当找市场。上述两方面情况决定，政府转移出来的职能，必须有一定的社会组织予以承接；企业找市场也要有一定的市场组织机制予以保障，这在客观上为社会组织的生长发育提供了巨大的社会需求。正是在这样的背景下，中国的非营利组织从 20 世纪 80 年代初发轫，伴随改革开放的进程，得到迅猛的发展。同样，政府要发挥社会自身的管理功能，也必须有相应的组织形式予以保证，如果没有完善健全的社会组织系统，社会自身管理水平非但难以提高，甚至也难以开展。改革开放以来，中国社会发生的上述历史性变化，为政府调整与社会组织体系之间的关系、建立新型的关系提供了大量的组织资源，并使其逐步走向法制化的轨道。

第二，多元利益格局的形成，不同利益群体的分化，为社会组织的发育提供了广阔的前景。改革的一个重要目标，就是要打破长期形成的平均主义利益格局，把竞争机制引入社会经济生活中来。改革开放以来，随着阶级阶层的分化、重组以及多元利益格局的形成，作为社会组织的重要组织形式，不同利益群体也迅速发展壮大。

（1）阶层与利益分化，引起了利益群体的多元化。具体说来，这种利益群体多元化的趋势或格局，表现为利益主体的明朗化、利益群体结构的复杂化、利益群体多元化。利益主体的明朗化和利益群体结构的复杂化，是利益群体多元化的直接表现。比如，在工人阶层内部，实际上已分化为全民企业工人、集体企业工人、乡镇企业工人、三资企业工人、私营企业工人、个体户帮工、混合型企业工人以及失业、下岗工人等。这种分化，使工人阶级不再受制于单一的经济形式的限制，而是隐含着更广泛的社会内容。与此相联系，利益群体的多元化，还表现在不同的经济收入把人们结合为某一共同的利益群体。比如按收入高低，可以把不同群体划分为高收入层、中收入层、工薪层、低收入层以及贫困层等。

（2）阶层与利益分化，也引起了社会成员社会角色的重构。特别是允许一部分人先富起来的政策导向，使那些敢于率先脱离国家地位安排和原有的分层秩序的社会成员，直接进入市场，重构自己的社会角色。与此相联系，劳动收入也成为引起社会地位变化和分层性质改变的主要原因。

正是这种社会角色重组，才给整个社会带来无比的生机和活力，也为新形势下非营利组织的产生、发育提供了广阔的前景。

第三，随着市场经济的发展，产生了游离于行政体系之外的新的组织要素，出现了独立化和分散化的各类社会经济主体，他们正在寻找再组织的途径。与传统社会结构下人们被严格地归属于一定的"单位"、"部门"不同，改革开放以来在社会组织领域的一个新景观就是，游离于行政体系之外的组织要素迅速发展，各类独立化、分散化的社会经济活动主体大量涌现。这些独立分散的社会经济活动主体如个体户、私营企业以及各种非营利组织，虽然是以市场经济的发展为契机参与社会经济活动的，但无论是政府对其实施管理，还是这些组织自身需要寻求政府的支持，客观上要求他们建立新的组织形式，以维护自身的利益，更好地为社会服务。所有这一切，都在客观上推动了社会组织的发育和发展，并且不断改变着政府与社会之间的关系。

第四，个人社会参与的途径增加，传统的依靠"单位"、"部门"的单一行政渠道参与模式已经动摇。在市场经济条件下，由于多元利益格局的形成和社会不同利益群体的分化、重组，反映在人们的社会活动方面，就是社会参与意识的普遍增强，参与形式、参与渠道的多样化。人们已不满足于单一的单位和部门参与方式，而是不断寻求新的社会参与形式和途径。这种现象的出现，从根本上说也是经济社会进步的一种具体体现。因为随着改革开放的深入，追求更多的发展机会、经济利益乃至个人价值的实现，是社会的一种普遍现象，也是社会个体成员素质提高的重要标志。社会只有适应这样的需求，提供适合各类社会成员实现社会参与的组织形式，才能保持社会的良性发展。改革开放以来，我国各类社会组织之所以会得到迅猛发展，是与其内在的巨大需求分不开的。同时，这种现象的出现，也给政府对社会实施有效的管理提出了一系列新的课题。

第五，政府主导和"官民二重性"是目前中国非营利组织的显著特征，并且从长远来看，这种特征也不会发生根本改变。这是因为：一是中国的传统与现实共同确立了国家的主导地位，行政权力支配社会是根深蒂固的社会存在；二是在渐进性改革的大背景下，非营利组织的生存空间也不会有实质的变化，对它的需求依旧来自于国家和社会两个方面，并且这两方面的需求都将更加强烈。站在政府的角度，其管理方式将更为间接，需要通过新的非营利组织形式将各种体制内和体制外、原有的和新生的组织要素进行重构，从而实现自身能力的重建和组织的扩张。站在非营利组织的角度，其生存与发展将取决于政府的认可及其自身能力的建构，一方面表现为它们会在各种适当的场合努力靠近党政机关并积极争取和维持政府对其合法性的认可，在政治层面上与政府目标保持一致性；另一方面则表现为它们正在努力提高自身专业能力的建构和财政的自主性，以摆脱来自政府的过多干预及其严重束缚。显然，前者加强了非营利组织与政府之间的联系，而后者则增强了社会的自治能力和多元化趋向。这是同一过程的两个方面，双方作用力强弱对比的变化将直接影响到非营利组织与国家之间的联系方式及其程度。

第二节　非营利组织的发展以及对公共治理的影响

一、非营利组织的性质、地位和作用

（一）我国非营利组织的性质[①]

所谓非营利组织，是指专门为各类社会主体提供服务的组织、机构的总称。具体说来，非营利组织主要是在政府与社会、政府与企业之间实行"自主、自立、自养"以及"双向"服务的社会组织。其中，"自主"是指社会组织依法按照自己的章程进行组建；"自立"是指社会组织依法独立进行活动，受国家机关的指导、监督，但不能成为机关的附属物；"自养"是指社会组织靠智能、技术、公证和信誉进行有偿服务。"双向服

---

① 汪玉凯等：《中国行政体制改革 20 年》，中州古籍出版社 1998 年版。

务"是指社会组织以服务为本，一方面为政府服务，一方面为社会和企业服务。

作为为一般社会主体服务的社会组织，非营利组织有其鲜明的特点：其一，非营利组织总是以公正、公平的形象，参与社会的各种活动，为各类社会主体提供广泛的服务。其二，非营利组织必须以严格的法律法规规范自身的行动准则，使其从事的各类活动有法可依。其三，非营利组织服务的范围广、领域宽，内容涉及医疗、教育、社会保障、互助服务等各个方面。

非营利组织的上述特征决定，它的产生、发展必然与市场经济的发展相联系，并为市场经济提供广泛的社会服务。

（二）我国非营利组织的地位和作用

在现代民主政治的条件下，一个健康的非营利组织是和谐社会的必要基础。公民与政府的合作，是社会和谐的关键。和谐社会需要家庭和睦、邻里团结、社会融合，但同样不可缺少的是政府与公民之间的团结合作。非营利组织在构建和谐社会中有着不可替代的作用。非营利组织是一个国家和一个成熟社会政治架构中的重要组成部分。它们在结构转型和市场经济中具有重要的社会、政治和经济功能，在促进社会稳定与和谐中发挥着重要的作用：

第一，促进民主政治的发展。随着社会主义市场经济和民主政治的推进，各种各样的非营利组织正在不断涌现，它们已经成为社会生活和政治生活中不可忽视的重要力量。非营利组织建立起政府与人民之间的对话、协商和沟通机制，作为来自社会各阶层意见表达的通道，形成党和国家与人民之间的桥梁，是一个国家民主政治的重要体现。非营利组织作为一种非政府、非营利的社会中间组织，代表着一定的利益群体，并向政府表达各自的主张和要求，维护各自的利益；而政府则可以通过各种民间非营利组织平衡社会群体的利益，沟通政府与各类利益群体之间的关系，传递政府的各种信息和主张。观察一下周围的实际生活就可以发现，周围的非营利组织也不在少数，除了正式批准登记的村民组织、居民组织、社区组织外，还有大量的自发组织，如各种各样的业主委员会、维权组织、公益组织、互助组织、民间研究机构、松散的群众组织、利益团体、兴趣组织、形形色色的俱乐部等。它们对社会政治生活正在发生日益重要的影响。

　　第二，促进社会稳定和发展。在利益已经多元化的现实条件下，构建和谐社会最大的挑战来自各种各样的利益冲突和利益矛盾，而越来越多的利益冲突的主体就是各种合法的或非法的、紧密的或松散的、长久的或临时的非营利组织。无论从维护社会稳定、保障民主权利的角度，还是从邻里和睦、诚信友善的角度，都离不开做好各种非营利组织的工作。非营利组织普遍关注的社会问题，所从事的公益活动，往往体现了对急需各种服务却又较少得到帮助的社会弱势群体的关怀，在一定程度上实现了社会资源的再分配，有效化解了一些社会矛盾，维护和促进了社会的公平、公正，在转型期的中国社会中发挥着独特的社会稳定器的作用。从这个意义上说，非营利组织作为庞大的社会中间结构，是政府治理社会的得力帮手，是和谐社会建设的生力军。非营利组织作为社会中间组织，对社会的政治、经济、文化、教育、科学技术、医疗卫生等方面的参与，构成了一个丰富多彩的多元社会结构，对社会事业的发展具有巨大的推动作用。

　　第三，联结政府与公民的纽带和桥梁。这是由非营利组织的性质和地位所决定的，非营利组织是政府与公民的合作，是社会和谐的实质性要素，也是所谓"善治"的本质。从古今中外的治理经验来看，政府与公民的合作，主要是通过非营利组织实现的。政府与非营利组织的合作，特别是对社会政治生活的共同管理，既是民主政治的基本要求，也是解决政府与公民直接或间接冲突的重要途径。

　　第四，促进公民自治，强化社会管理。非营利组织深深地植根于民众之中，它们既是公民自治的主体，也是社会管理的主体。和谐社会是一个民主的社会，这里的民主，主要指群众的广泛参与和自我管理。我们倡导的政治参与是一种有序的参与，也就是有组织的参与。除了政府的组织外，大量的应当是公民自己的组织，即非营利组织。群众自我管理或公民自治，也不是无组织的、无秩序的，而是井然有序的，至少要求有一个管理或自治的主体，这个主体在许多情况下就是非营利组织。同样，中央提倡的完善社会管理体制，也必然涉及非营利组织，因为社会管理的主体主要是各种合法的非营利组织。

第五，节省社会成本，使社会更有效率。非营利组织所从事的工作属于公共领域，这些组织与公众关系密切，可以更加灵活适应居民需要，非营利组织工作成本一般比较低，甚至提供真正的志愿服务，因而较之于政府更有效率。同时，非营利组织又具有自律和自治及相互制衡功能，这使得社会运转成本降低。

第六，促进经济发展。商会、行业协会等非营利组织，对规范市场行为、维护市场秩序方面发挥着重要作用，在市场经济中扮演着重要角色。这一类非营利组织的存在，可以大大促进经济的发展。

（三）非营利组织对我国经济与社会发展的意义

非营利组织的活动既不是基于一种强制性的规范，也不是以交换服务或商品来获取利润，它的最显著特征是非营利性、志愿性，它之所以在社会中具有相当的影响和积极的作用，在于它是对政府和纯营利性组织社会功能的补充，因此，在市场经济条件下，培育发展非营利组织对正处于转轨期的我国经济和社会发展具有深远理论意义与实践价值。

第一，非营利组织在一定程度上克服了政府失灵和市场失灵。我国经济从计划经济体制向市场经济体制转化的过程中，不可避免地出现了政府失灵现象和市场失灵现象，即政府无法有效实现对公共事务的管理，市场失去对资源进行合理配置的作用，这种现象很大程度上源于社会对信息的需求同信息分散化、复杂化趋势的矛盾不能很好地解决，加工、处理信息的成本过高。非营利组织的发展恰恰可以弥补市场失灵和政府失灵，一些调研类的组织基于自身的公益性目的，为政府和市场主体提供了大量有用信息，推动政府各项政策的制定和市场的合理化发展。

第二，非营利组织可以提高政府管理社会经济的水平。在建立社会主义市场经济体制的过程中，政府对社会经济的管理，主要通过两种途径来进行；一是通过制定行政法规和社会经济政策，以法制杠杆和经济杠杆规范社会经济主体的行为，引导其健康发展；二是依托一定的非营利组织实施对社会经济的调控。许多行业性非营利组织，可以直接承担许多过去由政府承担的职能，协助政府制定行业发展规划、行业政策和有关法规；协调行业内部的合作关系，组织跨行业的经济技术合作；制定行业技术标准，代签进出口商品许可证；开展产品质量认证以及确认行业内的产品价格，等等。这就是说，通过培育发展非营利组织，不仅可以大大减少政府的许多具体事务，实现精兵简政，而且政府也不必要站在社会的前台面对成千上万社会经济主体，去直接管理那些不必要由政府直接管理、解决的问题，这就可以使政府有更多的精力制定政策，处理重大事务，不断提高管理水平。这种管理方式，在市场经济比较发达的国家，早已得到广泛实践。在这些国家，非营利组织、特别是行业性社会中介机构，在政府与社会之间发挥着桥梁和纽带作用，它们在执行社会监管、解决各种市场矛盾和纠纷方面发挥着十分重要的作用。这一点，从中国过去若干年来非营利组织在市场经济中所发挥的作用，也可以得到证实。

第三，可以充分发挥非营利组织的自我管理功能，维护社会经济秩序。在社会经济生活中，非营利组织的管理功能，一方面表现在通过促进市场的联系和沟通，沟通政府与企业、企业与企业、生产者与消费者之间的联系，促进市场交换关系的发展，保证市场交易的公平与公正，推动统一、有序的市场体系的形成；另一方面，通过建立行业规章制度，实行行业自律，充分发挥其既是本行业利益的代言人、又是政府的助手这种政府直接管理难以企及的功能。随着市场经济的发展和非营利组织力量的壮大，政府及其职能部门还可以将更多的事务委托给某些非营利组织承担，从而达到强化社会自身管理的目的，也有利于政府从直接管理转向间接管理。例如，国务院证券监督管理委员会就是直属国务院的行业自律机构，并在监管证券期货市场方面发挥着特殊的作用。可见，加快培育发展中介组织的步伐，不仅可以提高社会的自我管理水平，强化其作为政府助手的功能，而且还可以有效地维护社会经济生活的秩序。

第四，非营利组织有利于我国社会保障体系的建立和完善。非营利组织具有很强的社会服务功能，它们为社会成员提供中介服务和直接服务，将需要者和提供帮助者联结起来，如各级工会组织提供的就业咨询及指导服务，以及自愿者组织为老人、残疾人、少儿及普通居民提供的各项社区服务等。由于非营利组织不是以营利为目的，比起市场化的商业经营，其社会性福利服务在管理上也更具人性，同时对受助者的需要反应更为积极，因此这种组织形式及其活动能有效增进一个地区的公共利益，推动该地区社会保障体系的建立和发展。

第五，非营利组织加速了政府职能转变和社会转型，有利于调整政府与社会之间的关系，促进政府职能的转变。非营利组织的产生，一方面是市场经济发展的客观要求；另一方面也是政府适应社会经济的发展，调整政府与社会关系的必然结果。政府要改变对社会经济的直接管理为间接管理，把该由社会管理的部分职能交给社会，首先必须有承接这种职能的载体。从这个意义上说，政府要把应由社会自身管理的功能交给社会，培育发展非营利组织就成为一个基本的前提。从长远观点看，只有非营利组织得到充分发展，我国政府与社会之间的关系，才能真正进入一个良性循环的状态。同时，非营利组织活动范围涉及教育、扶贫、社会福利、环境保护等诸多方面，形成了巨大的社会资源网络，整合了分散于民间的社会资源，提供了大量价格低廉的服务给低下收入阶层，减轻了政府负担，促使政府职能渐趋专一化。同时，非营利组织还提供了大量就业机会，增加社会资源运用的透明度与合理性，援助社会弱势群体，推动滞后地区与弱势产业的发展，扩大社会公平，缩小贫富悬殊，促进社会改革进程等，这都为政府职能的转变和社会转型提供了有力的支撑。

第六，非营利组织在一定程度上促进和加强了政府和社会的整合。在改革之前，公民和政府及企业等大型组织机构的整合，主要是通过单位制来完成的，尤其是城市就业居民全面依附于其所在的单位。进入转型期后，单位制解体，公民与大型机构之间的关系需要由一种新的整合方式来维系。非营利组织的兴起犹如在大型机构特别是政府与公民之间搭建了一座桥梁，它一方面传导政府政策，另一方面又反映民众诉求，使政府以一种新的社会整合方式实现对社会的控制。

第七，非营利组织倡导了社会文明。面对市场原则带来的"金钱至上"之风和科层体制造成的人际疏离，非营利组织所倡导的关心人类发展、互助互爱的旨趣及其坚守的人道主义精神如同扑面春风，给社会带来了一股清新空气。一些非营利组织中的志愿组织，通过各种非营利的、公益性的活动，帮助人们学习和实践公共道德，学习文明的生活规则和与人相处之道，关心共同利益，积极参与社会生活，倡导社会成员间团结互助的人际关系和无私奉献的道德风尚，这一切具有提高公民素质、倡导社会文明的积极作用。

第八，非营利组织在社会管理及其社会稳定中发挥了基础性作用。社会管理的核心内容是管理和规范各种社会事务，其目标是协调社会公正、维护社会稳定、实现社会治理等。在当前权力重心基层化、社会化、分权化的公共管理潮流中，社会管理更体现了社会管理多元主体的整合，社会治理越来越体现为自治性、互动性、回应性、多元性、灵活性等特点。非营利组织在社会体系中处于一种沟通桥梁的位置，使社会体系构筑在"政府——社会——市场"这样一个框架体系下。由于非营利组织本身具有的自主性、自律性以及中介性等特征，确保了他们在社会管理和社会稳定中的重要功能，主要体现为介于政府与市场之间，协助政府实现经济调节功能；介于政府与社会之间，实现政府与民众之间的协调沟通，实现社会稳定与民主管理职能；通过各种方式带动社会自律，在某些方面能够替代政府独立地进行公共管理功能；以其特有的优势，在许多领域承担着提供公共服务的功能。这些功能也有效地体现在对社会矛盾的防范和调节之中。作为社会自我管理的一种自组织机制，非营利组织是一种必要的社会稳定和社会参与渠道，是国家和政府实施社会管理的有力工具。

此外，非营利组织在人权、环保、国民素质能力培养以及转型期社会成员的权益维护方面做了很多工作，这些工作可以在一定程度上缓解市场化或全球化进程中的弊病。非营利组织中还有一部分团体是由海外组织发起创办的，它们成为全球非营利组织网络中的一部分，扩展了我国对外交流与合作，有利于我国经济和社会的开放与发展。

二、改革开放以来中国非营利组织的培育和发展

（一）我国非营利组织的迅猛发展

非营利组织的出现和发展是社会经济进一步发展的结果，也是市场化改革、建立社会主义市场经济体制的客观要求。改革开放以来，中国非营利组织的产生与发展，大体经历了三个发展阶段：1984 年以前，是非营利组织的起步阶段。其主要特征是，伴随改革开放事业的展开，特别是农村以家庭联产承包为代表的生产经营形式出现以后，一些服务于农业和农村经济发展需要的非营利组织率先在农村出现，与此同时，城市的一些非营利组织也开始组建，并日趋活跃。从 1984 年起，中国非营利组织的发展进入高潮期。主要特点是随着中国经济体制改革的重心由农村转向城市，面向经济、科技、文化、教育、卫生等事业服务的非营利组织大量涌现。这期间虽经 1989 年后的治理整顿，非营利组织发展速度有所减缓，但到 1992 年党的十四大提出建立社会主义市场经济体制的目标后，非营利组织进入一个更大规模的发展期。这一时期非营利组织的发展，不仅目标更加明确，而且涉及的领域、范围也大大拓展了，在促进市场经济的发展、推动政府职能的转变方面，显示出强大的生命力[1]。下面我们以时间为主线，了解一下各个时期的发展状况。

1949 年新中国成立后至改革开放以前中国政府与社会关系的变迁，集中表现为政府全面控制社会，包办一切。中国国家政权通过意识形态、组织结构、干部队伍以及有效的政治动员实现对社会生活所有方面的全面渗透与组织，对经济和各种社会资源实行全面垄断。这种政府与社会高度一体化模式，它的直接目的是增强政府能力，但它压制了社会的动力和活力，不存在真正的非政府的社会团体。

从 20 世纪 70 年代末实行改革开放政策以来，中国的政府与社会关系

---

① 汪玉凯等：《中国行政体制改革 20 年》，中州古籍出版社 1998 年版。

再次发生变化。政府控制的范围开始逐步缩小，政府控制的力度开始减弱，政府控制手段的规范性也得到加强。政府管理模式的这些变化，扩大了社会的自由空间，导致政府与社会之间的结构性分化，相对独立的社会力量开始形成。1989 年国务院颁布第一部《社会团体登记管理条例》，其中规定非营利组织必须先有一个可以挂靠的主管单位，然后才能到民政部门登记注册。

改革开放冲击了原有的管理体制，带来了人民公社的解体和单位制的萎缩，这时候，无论是政府还是社会都需要有新的组织形式来填补制度上的真空，处理社会自由化背后的整合问题。于是，非营利组织应运而生，呈现出"暴发式"增长，以社团为例，20 世纪 50 年代初，全国性社团只有 44 个，60 年代全国性社团也不到 100 个，地方性社团大约在 6000 个左右。到了 1989 年，全国性社团剧增至 1600 个，相当于"文革"前的 16 倍；地方性社团达到 20 多万个，相当于"文革"以前的 33 倍。[1][2]

到 1996 年 6 月，全国性社团又增加到 1800 多个，其中学术性社团 680 个，占全国性社团总数的 33%；行业性社团 410 个，占 23%；专业性社团 520 个，占 29%；联合性社团 180 个，占 10%。这些社团吸收会员 14 多万人，各类专业技术人员、专家学者 9000 多人。地方性社团接近 20 万个，其中学术性团体近 7.6 万个；行业性团体近 4 万个；专业性团体近 5 万个；联合性团体近 2 万个[3]。

到 2002 年年底，全国共登记社会团体 13.3 万个，其中，全国性社团 1712 个，省级社团 20069 个，地级及县以上社团 52386 个；基金会 1268 个；民办非企业单位 11.1 万家。[4]

---

① 郁建兴、吴宇：《中国民间组织的兴起与国家—社会关系理论的转型》，《思想库报告》2007 年 4 月 17 日。

② 刘华安：《民间组织的崛起与执政党的政治整合》，《云南师范大学学报》2004 年第 36 卷第 4 期。

③ 刘华安：《民间组织的崛起与执政党的政治整合》，《云南师范大学学报》2004 年第 36 卷第 4 期。

④ 郁建兴、吴宇：《中国民间组织的兴起与国家—社会关系理论的转型》，《思想库报告》2007 年 4 月 17 日。

到 2004 年年底，我国已登记注册非营利组织近 29 万个，其中社团 15.3 万多个，民办非企业单位 13.5 万多个，基金会 936 个。①

到 2006 年年底，中国登记注册的各类非营利组织约 35.4 万个，其中社会团体为 19.2 万个，民办非企业单位为 16.1 万个。② 并且仍在以每年 10%—15% 左右的速度递增。③

经过 30 年的发展，中国的国家与社会之间的关系出现了巨大的变化。与此相适应，中国的非营利组织初具规模。但是由于我国正处于转型时期，中国非营利组织的发展路径和发展方向还很不明朗，非营利组织发展的许多不确定性因素依然存在。另外，国家除了加强对非营利组织的制度化控制之外，传统的选择特定时间开展"清理整顿"仍然是控制非营利组织的一个重要手段。在 80 年代的 1984 年和 1990 年，中共中央和国务院曾两次组织对非营利组织的清查整顿。90 年代以来，在 1996 年、1998 年、1999 年、2004 年，也采取过类似的做法④。经过对社会团体进行重新登记和清理，取缔了一批非法社团，注销、合并了一批业务相同或相近的社团，使数量有所调整。总体来讲，我国非营利组织的发展表现出如下特点：

一是数量稳步发展。最近几年，全国各级民政部门平均每年新批 4 万多个非营利组织，同时被注销、撤销的每年也有 2 万左右，基本是以每年 2 万左右的速度净增。⑤ 从每年新批准的组织来看，行业协会占到近一半；民办非企业单位中，民办学校发展也很快，每年新批准的数量占所批民办非企业单位的一半。行业协会和民办学校已成为我国非营利组织发展的半个火车头。这符合我国社会发展的需要，也与国外非营利组织的组成格局

---

① 刘维涛：《中国登记注册民间组织近 29 万个　政府职能"瘦身"》，《人民日报》2005 年 9 月 23 日。

② 丁元竹：《为发育缓慢的社会组织提速》，《新京报》2008 年 4 月 21 日。

③ 国家民间组织管理局：《民间组织能力亟待加强》，《中新网》2007 年 11 月 25 日。

④ 闫东：《改革开放以来中国共产党与民间组织的关系》，《当代中国研究》2007 年第 3 期（总第 98 期）。

⑤ 刘维涛：《中国登记注册民间组织近 29 万个　政府职能"瘦身"》，《人民日报》2005 年 9 月 23 日。

相适应。

二是基层非营利组织发展较快，登记的需求量比较大。代表性组织是农村专业经济协会和社区非营利组织。农村专业经济协会是新形势下农民们的新联合，以共同应对市场经济的大风大浪。其组织形态包括养猪协会、柑橘协会、西瓜协会等，直接为农民产供销服务。据不完全统计，目前全国农民已自发成立了近13万个协会，但其中大部分还没有登记。为了帮助农村专业经济协会取得合法地位，公平而正当地参与市场活动，民政部制定了专门的政策，放宽登记条件，简化登记手续，引导扶持农村专业经济协会发展。此外，社区非营利组织发展也很快。过去我们大家大多是"单位人"，现在有不少人是"社会人"、"社区人"，大量的时间在社区里度过，对社区也很有感情，因此社区生活变得越来越丰富，产生了很多社区非营利组织，有的还有一定规模。

三是政府和非营利组织各有其责、各负其责。目前政府部门的有关职能正在逐步转移给非营利组织，非营利组织也在积极承担一部分政府交给的微观管理职能，向社会提供一部分公共服务。有些事务政府不一定要亲自所为，而有些事务非营利组织不能离开政府。

改革开放以前，国家和社会高度统合，非营利组织即使存在，其发展空间和组织资源也十分有限，大多演变为准政治组织，组织结构表现为单极化形态。改革开放以来，我国社会结构发生了深刻的变迁，组织结构也呈现出多样化的形态。多样化的非营利组织崛起和壮大，不断改变着传统的国家与社会之间的稳态结构。随着市场经济的发展，我国经济类非营利组织也不断发展。比如，深圳是全国市场经济的窗口，1982年成立了第一家会计师事务所，只有几名注册会计师。到1996年，发展到12个行业，中介机构达3300多家，从业人员达3.5万人，形成了比较发达的社会中介服务体系。截至2001年6月底，全国13个经济鉴证类社会中介行业中，有执业机构68079家。[1]

---

[1] 汪玉凯等：《中国行政体制改革20年》，中州古籍出版社1998年版。

从非营利组织的空间分布来看，城市和乡村呈现出高度的不平衡性，社团的数量和规模与所在地区的经济发展水平密切相关。一般而言，城市社团数量规模高于农村，经济发达地区高于经济落后地区，沿海地区高于内陆地区，社团的规模、活动水平与所在地区的经济发展和对外开放程度成正相关。从发展趋势上看，社团的数量和种类越来越多，规模越来越大，实力越来越强，管理水平和自治能力越来越高，作用和影响越来越深。近年来，这些非营利组织在教育、卫生、体育、社会福利、环保、扶贫、救灾、助教、社区建设、保护传统文化等方面为社会做出了贡献，起到了政府无法取代的特殊作用。

另外，由于"双重管理"的特殊体制，中国还有一些非营利组织因找不到业务主管单位，或不愿受业务主管单位的管理而采取了工商注册的形式，名义上是公司、企业，实质上是非政府组织，如果将这些"草根组织"也计算在内的话，再加上大量没有注册的组织，我国非营利组织的数量是相当庞大的。实际存在的数量远远高于民政部统计的数字，一些学者估计至少在 200 万个以上，也有的估计甚至高达 800 万。① 这对我国的相关管理体制提出了挑战。

（二）我国非营利组织的发展背景

为什么改革开放以来，我国非营利组织能够如此快速发展？这跟改革开放带来的宽松社会环境有密切的关系。任何组织都是社会环境的产物。非营利组织作为社会组织的一种也不例外。自从 20 世纪 80 年代以来，我国各种非营利组织共同面对的社会大环境，包括政治、经济、法律等诸多方面，都有了许多不同的特点。这对我国非营利组织的发展提供了良好的条件。

第一，非营利组织的崛起是我国社会利益结构发生深刻变革的必然结果。改革开放后，从国家与社会关系的角度看，"强国家—弱社会"的格局发生了重大的变化。原来的高度集中的计划经济体制逐渐淡出，与之相

---

① 俞可平：《中国特色公民社会的兴起》，《21 世纪经济报道》2007 年 1 月 17 日。

应的高度集权的政治体制也大为松动。无论是经济领域还是政治领域都在自上而下地下放权力，全能型的政府机构大幅度削减。在中央与地方的关系中，地方获得了许多的自治权。在国家放权的过程中，出现了大量政府做不好、市场又不愿做或也做不好的社会公共事务方面的问题，这为中国的非营利组织的兴起提供了广阔的空间。政治体制改革的深化和政府职能的转变，传统的国家和社会高度统合的格局已经解体，国家逐渐地从民间社会领域部分退出，也为民间组织的生成提供了体制空间，从而也促成了民间的自由流动资源组合与自主活动空间的进一步拓展。

第二，在政治环境方面，我国政治生活民主化为非营利组织的发展提供了日益宽松的氛围。改革开放前，特别是"文化大革命"中，我国社会生活一直极端政治化，被严肃的政治气氛所笼罩。而高度集中的政治体制导致当时我国政治生活一直处于高度一体化状态。于是非营利组织实际上被间接禁止了。但是改革开放后，我国政治生活发生了巨大的变化，一方面工作重心转向经济建设，政治气氛相对宽松很多；另一方面人们行使民主权利的意识观念不断增强，结社热情空前高涨。在这种情况下，从20世纪80年代开始，我国社会团体开始得到前所未有的发展。

第三，中国30年来的社会变迁则为中国非营利组织的兴起提供了社会生态背景。随着中国从计划经济向市场经济、从农业社会向工业社会的转型，传统的单一、同质性的社会结构已经被打破，一个多元、异质性的社会正在浮现。我们国家现在正处在一种结构性的变迁转型中，其中一个重要标志就是资源在整个社会中分布结构的改变，这种变化必然会对非营利组织的发展产生深刻的影响。市场经济的导入，打破了传统整体性的社会利益结构，出现了利益主体多元化、利益差异明显化的趋势。转型期由于传统体制的历史惯性以及人们的能力、机会等禀赋资源占有方面的不平衡性，也必然导致利益资源分配上的不平衡。有分化必然就有表达。因为利益是人们最敏感的神经，每个人都是自己利益的最好判断者。人们为了维护、实现自己的利益必然要设法突破个体行动的能力、智力、体力的局限性，去和那些与自己具有共同利益的人或组织结成利益的纽带，并运用集体行动的力量来进行利益的表达。

第四，在经济环境方面，由于计划经济向市场经济的转变，政府的行为发生了根本性的变化，政府从微观管理行政命令转为宏观调控政策引导，逐步退出市场。但是，这个转变也产生了另外一个问题：就是在政府与企业之间，客观地产生了一个"中间地带"。或者说，在政府和企业之间需要一个纽带来连接。而这个"中间地带"或纽带的基本作用应该是辅助政府和企业以优化资源配置。这主要表现为，处于中间地带的组织必须要考虑经济支持但同时又不能以营利为目的。这样，跟政府的公益性和企业的营利性相对应的是非营利组织的非营利性。

第五，在法制环境方面，改革开放后，中国非营利组织的发展逐渐具备良好的法律保障。这在很大程度上为我国非营利组织的发展提供了重要保障。法制的建立和完善是影响非营利组织发展的最为重要的因素之一。从 20 世纪 80 年代末期，我国加紧了非营利组织方面的法制建设，一系列的非营利组织法规相应建立起来。例如，1988 年颁布实施了《基金会管理办法》，1989 年颁布了《社会团体登记管理条例》、《外国商会管理暂行规定》。随着社会经济的发展和形势的变化，我国又相继颁布实施了新修订的《社会团体登记管理条例》（1998 年）、《民办非企业单位登记管理暂行条例》（1998 年）、《公益事业捐赠法》（1999 年）。与此同时，我国还出现了许多部门性非营利组织规章和地方性非营利组织法规。仅民政部就先后制定了社会团体管理规章 50 余个，而地方非营利组织管理法规的数量更多。这些法律法规为推动改革开放后中国非营利组织的发展起到了巨大的推动作用。

第六，非营利组织自身的生命力和活力本身给我国非营利组织的发展创造了优越的内部动力。在现实社会生活中，我国的许多非营利组织积极开展各种公益性、非营利性活动，社会生活各个层面上都十分活跃。其开展的活动所产生的良好社会效益使得人们充分认识到它们的重要性，因而也得到社会各界的支持。例如，家喻户晓的希望工程近年来在海内外的知名度和美誉度都是十分令人称道的。所以每年得到的海内外捐款以及相应的希望工程项目都大幅增加。同时，我国许多非营利组织能不断适应环境的变化，善于捕捉各种机会，适时调整自我，注意开拓新的领域，经常研究新的课题，使自身能够适应社会的发展需要。在社会需求的巨大拉动力下，它们自然得到不断发展。

第七，非营利组织的全球化也在一定程度上推动了我国非营利组织的发展。我国非营利组织起步和发展都比西方国家晚。从一开始，就非常关注西方的发展经验，特别注意跟西方非营利组织交流和合作。许多跨国性的非营利组织（如福特基金会等）也相继在我国设立分部或者办事处。它们的管理经验和发展经验都给了我们很多启示，这使得我们的非营利组织能够在较高的起点上开始。

（三）我国非营利组织的分类

改革 30 年来，全国性非营利组织无论在数量，还是在作用和影响方面，都已成为社会生活中一支不可忽视的重要力量。通常将我国的非营利组织进行如下的分类：

第一类，社会团体。是指中国公民自愿组成，为实现会员共同意愿，按照其章程开展活动的非营利性社会组织。包括经国务院民政部门和县级以上地方各级人民政府民政部门登记注册或备案，领取《社会团体法人登记证书》的各类社会团体；以及依法不需要办理法人登记的群众团体。社会团体包括：（1）学术性社团：各类学会、研究会等；（2）专业性社团：各类从事专业业务的促进会等；（3）联合性社团：各类联合会、联谊会（同学会、校友会）等；（4）其他群众团体：工会、共青团等。

第二类，行业组织。包括行业协会、专业协会、商会等。行业协会是由同一行业生产或经营的企业组成的团体，如橡胶业协会和彩电业协会等。专业协会或职称业协会，是从事同一职业的人员组成的团体，目前有律师协会、医师协会、会计师协会和足球协会等等。商会则没有具体的行业或职业划分，一般以地域为范围，包括不同规模、不同行业的企业代表或是企业家行业组织。行业协会在影响国家立法和决策；加强行业自律，协调利益关系；推进社会的民主化进程；促进信息交流；培训和咨询服务；保护国内企业，促进国际经济交往等方面都有突出表现。

第三类，民办非企业单位。指企业事业单位、社会团体和其他社会力量以及公民个人利用非国有资产举办的、从事非营利性社会服务活动的社会组织。经国务院民政部门和县级以上地方各级人民政府民政部门核准登记，领取《民办非企业单位（法人）登记证书》的民办非企业单位，包括民办学校、民办医院、民办福利院、民办社区服务中心（站）、民办职业（介绍）培训中心、民办研究所（院）、民办文化馆（所）、民办体育机构等。

（四）政府对非营利组织培育及支持

改革 30 年来，政府通过各种途径和方式实现对非营利组织的培育和支持，促进我国非营利组织的发展，使其更好地为社会稳定与和谐服务。党和政府历来十分重视非营利组织的发展和管理工作。党的十六届四中全会强调，要发挥社团、行业组织和非营利组织提供服务、反映诉求、规范行为的作用，形成社会管理和社会服务的合力。近年来，党中央、国务院从完善政策法规、健全管理体制、积极培育发展和加强监督管理等方面采取了一系列重要举措，各级民政部门、业务主管单位和有关部门，各司其责，通力协作，认真贯彻落实非营利组织的各项政策法规，推动了非营利组织的稳步发展。实践证明，重视非营利组织的发展，发挥非营利组织作用，提高非营利组织在经济社会发展中的地位，有利于发展市场经济，有利于推进民主政治，有利于弘扬先进文化，有利于构建和谐社会。

非营利组织的产生虽然是一个自发的形成过程，但是也需要政治国家的积极培育，对于后发的市场社会来说更是如此。政府要扩大公民的参政渠道，为非营利组织的发展创造条件。一方面从政府的角度来看说，要和公民保持联系，倾听他们的呼声以此制定相应的政策和采取相应的行动来缩小民众对政府的需求与政府满足民众需求的能力之间的距离。另一方面又要维护社会秩序的良性运转，非营利组织是一个理想的选择，它作为各自利益相同的人的结社而成的组织，不仅可以反映民众的呼声而且可以使民众的参与热情得到整合。

政府要扶持非营利组织的发展，要对类型众多的非营利组织实行分类指导，要为非营利组织的发展创造条件（如让非营利组织参与公共事务的管理），在适当的时候给非营利组织提供帮助（如人力、物力上的帮助），规划发展；但是，在时机成熟时政府要主动退出非营利组织的运作过程以防止非营利组织对政府的过分依赖而使非营利组织"政府化"，政府应规范非营利组织的行为，健全非营利组织的行为方式、运行机制；完善法制，加强有关非营利组织的立法，明确非营利组织的责任并规范其运行方式，使非营利组织由于其违法行为而承担相应的责任。建立非营利组织的法律法规体系，保证其依法从事管理和服务活动。

中国非营利组织的完善和发展既需要非营利组织的不断成熟，也需要市场经济的不断发展；既需要政府积极培育和引导，更需要全社会的大力支持和参与。非营利组织作为一种志愿性、自治性和非营利性极强的组织最终只能依赖于社会和个人自身，因此，非营利组织要想获得长足发展就必须在国家、市场之外建设和发展非营利组织。既然非营利组织反映了公民意愿，体现了公民的利益并为公民的参与提供了机会，那么其自身的发展自然能够得到公民衷心的支持（包括经济上的支持）。更为重要的是，非营利组织的发育提高了社会和个人的承担自我责任、发挥自我功能的能力，为非营利组织保持经济上的自主性奠定了基础。

三、非营利组织的发展对公共治理的推动作用

（一）民间力量推动着中国社会公共治理的发展

随着中国传统性权威的消失，倡导民本的和谐社会的政策出台以及来自普通公民的维权意识和公共参与愿望的提高，越来越多的人们似乎已经不再满足于只是依赖政府或者求助精英，也不再将自己的行动只是局限在对自身利益的诉求上，他们正通过一系列的集体行动和自我组织在乡村教育、环境保护、社会健康乃至农民权益等各个方面开展着广泛而丰富的志愿服务。自20世纪90年代以来社会中介力量的发展更多地与扶贫、环保、健康以及其他社会发展问题紧紧结合在一起，这给了中国社会中介力

量发展以极大的生命力，也是和谐社会战略能够和社会中介力量成长相契合的原因。

快速的经济发展固然带来了中国经济的腾飞，但是之前多年来单纯追求经济增长的现代化战略所付出的代价正在世纪之交逐步显现出来。伴随着市场经济的发展，环境恶化、城乡差距拉大、社会秩序混乱、教育资源不公、弱势群体增多等问题层出不穷。这些发展问题不但困扰着地区经济的进一步发展，也非常容易引起社会的动荡。和谐社会的国家战略正是应对这一社会危机而提出的，而社会中介力量组织在这一整体战略的转变中主要起到三种关键的作用①。

一是传递社会服务。当大量的社会服务政府无力提供、市场不愿提供的时候，社会中介力量组织可以补充政府的不足和市场的失灵，而力图为弱势群体或者特殊群体提供高品质的服务。不仅如此，参与社会服务的传递，也使得社会中介力量能够吸引更多的平民百姓作为志愿者参与进来。

二是引发对公共议题的讨论。许多社会议题的解决首先需要人们的发现和讨论，尤其是和谐社会的公共议题，特别需要一个自由、充分和理性的讨论空间。社会中介力量组织很多时候可以充当这样的角色，来推动人们关注和讨论这些公共议题，探求根源，讨论办法，并能够形成和提供公共意见给政府和相关组织。在最近的十几年间，无论是消费者权益的维护还是促进对艾滋病问题的关注，都可以看到非营利组织所产生的影响。

三是进行社会创新实验。当前出现的社会不和谐问题都不能再仅仅依赖传统的政府救火的方式来解决了，需要通过系统的社会创新方式来创造性地加以解决，非营利组织由于其自身的专业性和创新意愿，可以为整个大的社会政策变革率先开展小的社会创新实验和试点，寻求社会创新的路径，了解相关的风险以及寻求合适的可以推广的方法。例如云南绿色流域组织就是通过自身的流域治理的社区实验而使得流域治理逐步被人们和政府所关注。

---

① 朱健刚：《民间力量推动着中国社会的改革开放》，《南方都市报》2007 年 1 月 23 日。

近两年来，中国政府出台一系列有利于农民工的政策，如子女教育、收容救助、工伤保险、技能培训等。这些政策对改变农民工弱势地位，促进社会公平与社会稳定，起到了积极的作用。但是，中国有1亿多农民工，如果农村另外1.5亿富余劳动力再转移出来，农民工的数量将至少增加一倍。面对如此庞大的群体，一些人士开始意识到政府可能没有足够的能力来解决这一社会问题，因此转而去寻找政府外的资源与力量。非营利组织就是其中之一。这类组织创造了一种新的解决农民工问题的模式，也就是非政府非营利模式。是通过政府和市场解决中国农民工问题的有效的补充方案。同样，在广大的农村地区，由农民自发组织的非营利组织正在各个层面、各个领域发挥着越来越重要的作用。

（二）非营利组织在社区治理中的运作

20世纪80年代中期以来，中国的社区问题提上各级政府的议事日程。从早期的社区服务到后来的社区建设，表明了我们对中国社区问题认识的深化，对中国社会改革认识的深化。当前，和谐社区建设已成为中国社会改革的起点，也成为构建中国和谐社会的重要举措。在未来中国社会经济体制架构中，基层民众自助组织、社区组织和社会组织都将是非政府、非营利的社会体制中重要的组织形式。和谐社区建设既不是一种单纯的政府行为，也不是一种单纯的民间活动，而是各类社区主体、各种社区力量共同参与的过程。在整个和谐社区建设过程中，政府、非营利组织和居民三位一体，缺一不可。社区非营利组织，尤其是志愿性、自治性组织的发展，为扩大居民参与、推进社区管理中民主政治的发展提供了现实途径。大力培育和发展非营利组织，建立在社会主体权利基础上的社会自我管理机制，也将成为中国政府管理模式演变的重要实践取向。

社区建设是现代城市高度发展的基本特征和必然要求，社区建设已经关系到政府职能的进一步转变，关系到政府管理社会领域模式的全新重塑，成为整个社会领域改革与发展的一个重大问题。社区建设的概念，在我国只有十几年的历史，因此社区的建设和发展，确实是任重而道远的。社区治理要求权力主体的多元化，政府与非营利组织等权力主体之间存在着相互的依赖关系，必须彼此交换资源、合作互动、持续协调才能有效推动社区发展。而目前政府与非营利组织在社区治理中的关系尚未理顺，政府职能转变进程的滞缓和非营利组织自身能力的薄弱直接影响了社区治理的成效。要改变现状，政府需要逐步从社区治理中的越位领域退出来，寻找政府行政权力与非营利组织自治权力的平衡点，同时采取积极有效措施加快培育发展非营利组织，使之有能力以主体姿态参与社区治理，并与之持续互动、协调合作。

作为社区治理的多元主体之一，非营利组织由于具有民间性、公益性、自治性、志愿性、非营利性等特征，因此相比较于政府而言，在一些方面的优势是十分明显的：协调利益，化解矛盾，维持社区的安定有序；扩大公民有序参与，推进社区民主建设；满足居民多元化需求，促进社区服务向专业化发展；塑造社区文化，推动社区精神文明建设。

政府与非营利组织在社区治理中的现状是：政府在社区治理中的权力地位优势明显，而非营利组织的权力空间不足；非营利组织对政府部门存在较强的依赖关系。政府对非营利组织的管理存在两种偏向：一种认为非营利组织带有很多不稳定因素，必须保持高度警惕，提高准入门槛；另一种倾向是认为非营利组织"小鱼不起浪"，对非营利组织重视不够。相关职能部门对非营利组织管理仍停留在登记备案的被动管理层面，投入的管理力量不足，而且工作思路单一、手段缺乏，对于非营利组织的具体活动无法掌握，跟不上非营利组织的发展形势。尤其是"草根"性的非营利组织尚未纳入规范管理轨道，仅在社区内有一个备案，法律地位不明确，职能定位不清，其发展基本上取决于基层政府及其派出机构的态度，处于自生自灭的状态。

随着经济全球化的深入发展，中国与国际社会的进一步接轨，社会结构发生了变迁，中国社会的阶级、阶层利益发生了分化，在社会上形成了多元的利益格局，而且以契约关系为中介的非营利组织在不断成长，大力培育和发展非营利组织，建立在社会主体权利基础上的社会自我管理机制，将成为中国政府管理模式演变的重要实践取向。

第三节　政府社会管理改革与趋势

一、政府职能转变中的非营利组织

（一）政府机构改革与非营利组织发展互动关系

政府与社会是相互影响、相互制约的关系。政府机构改革是政府对社会变革的回应。社会变革规定了政府变革的方向和内容。政府变革规定和制约了社会变革的性质和程度。政府与社会的这种互动关系，要求我们把政府机构改革与非营利组织的发育纳入到同一个整体分析框架中。

政府转型为非营利组织发展拓展了空间，非营利组织发展将有力地推进政府转型。我国进入以政府转型为重点的改革攻坚阶段，为非营利组织的发展提供了重要机遇。伴随着政府转型的实际进程，非营利组织必将在社会性、公益性和服务性的社会职能中逐步发挥作用，扮演重要角色。主要表现在：（1）我国非营利组织发展与政府转型互为条件，相互促进。（2）形成政府与非营利组织优势互补。（3）非营利组织要保持非官方性。（4）在政府与非营利组织之间发展平等协商与合作关系。[1]

政府机构改革对非营利组织的发展提出了客观要求，催生着非营利组织的发育。表现在：（1）市场经济体制促进非营利组织的产生和发展。（2）政府职能转变促进非营利组织的产生和发展。政府机构改革，职能转变是关键。（3）行政审批制度改革促进非营利组织的产生和发展。减少行政审批事项是转变政府职能的切入点。（4）依法行政促进非营利组织的产生和发展。[2]

---

[1] 苗树彬、方栓喜、郑远强整理：《加快民间组织发展，促进和谐社会建设》，《"民间组织发展与建设和谐社会"国际论坛综述》2008年2月9日。
[2] 马国芳、马金书：《政府机构改革与社会中介组织发展互动关系研究》，《宁夏党校学报》（银川）2004年第3期。

政府职能转变是当前政治体制改革的一大目标和重点，而其转变的关键是中介组织的发展和健全。这是由二者之间的衍进关系所决定的。

第一，非营利组织是政府与社会的联结纽带。所谓政府职能转变，就是从重塑国家和社会间权力关系的角度，实现政府逐步放权于社会，强化社会权力和自治能力，从而实现管理的高效。（1）政府向社会分化职能需非营利组织做媒介。（2）政府向市场分化职能也需非营利组织作为中介，中介组织处于联结纽带的地位。（3）从理论上说，政府向市场和中介组织分化职能，本质上体现社会主权，反映社会自治和民主的程度。这可以说是社会发展的趋势。

第二，非营利组织的发展是政府职能转变的土壤或承接物。在行政体制转型时期，转变政府职能，发展非营利组织，二者呈现出一种双向互动的衍进关系，任一方面都不是单独进行的。要使行政体制改革取得成功，需要二者相互促进、共同发展。自 20 世纪 50 年代开始，我国已进行了五次机构改革，每一次改革的重点虽各不相同，但都不外乎一点：精简和裁员。但是随着改革的完成，膨胀又进入日程。对此，随之而来的是继续精简和裁员。这一恶性怪圈使我国的机构改革难以结束，从而政府职能转变一直未能真正实现。究其原因就是转变的职能没有承接的土壤，从而致使这些行为都只造成短期效应，不适应长远发展的需要。政府职能的转变必须由中介组织来作为承接物，这是由中介组织的性质决定的。它处于政府与社会之间，既不是非赢利的政府，又不是以追求利益最大化为目的的市场。如前所述，政府向社会分化职能必须由中介组织作为媒介和载体，向市场分化职能又需中介组织作为中介将二者联结起来，这两个作用缺一不可。

第三，政府职能转变是非营利组织发展壮大的推进器。政府职能的转变与中介组织的发展是相互促进、协调发展的。发展中介组织，才能提供职能转变赖以生存的土壤，同时，要想推动中介组织的发展，又需要政府职能的转变，否则中介组织的发展便失去了动力，成为无源之水，走向衰亡。非营利组织作用和功能的实现前提就是政府职能的转变。首先，中介组织的发展与政府职能的转变是同步进行、相辅相成的。其次，中介组织的发展需要政府更好地行使其职权，那么政府职能转变也可作为推进器来促进中介组织的发展。在政府职能转变过程中，必须考虑到一个政府管理范围的问题，其上限应不损害市场对资源配置的基础性作用，下限要不放任市场的副作用，充分发挥中介组织的积极性。

政府机构改革与非营利组织发育是相互依赖、相互制约、相互推动的。政府机构改革影响非营利组织的发育，非营利组织的成长则推动着政府机构的改革。非营利组织的成长及其功能的发挥对政府机构改革的作用主要有以下几个方面：（1）承担部分政府转变职能中让渡出来的微观管理和服务职能，使精简机构得以实现。（2）成为政府和"市民社会"之间的弹性因素。（3）避免新一轮的"精简——膨胀——再精简——再膨胀"的循环怪圈。（4）成为分流国家公务人员，减少人才浪费的重要渠道。因此，必须针对政府机构改革与非营利组织的发育未能形成有效良性互动关系的原因，从政府机构改革和非营利组织培育两方面配套地采取措施，促进政府机构改革与非营利组织发育的良性互动、协调发展。

反之，政府在培育非营利组织和促进其发展过程中起着重要作用。当前政府职能处于转变过程中，中介组织的发展还不完善、不健全，并且存在着一系列的问题，如管理体制不够健全；数量偏少，种类不齐全，资金来源不足；独立性差，官办色彩浓厚；自身素质较差，行为不规范等等。这些问题的解决需要一个长期的、渐进的过程，这其中最重要的一环是政府行为。从根本上说，中介组织的发展应该走自我完善、自我发展的道路，这与其自身的性质特点相连。但是政府作为国家权力的代表和秩序的维护者，在中介组织的自我发展过程中起到很大的作用。首先，政府法制部门应加快中介组织的法制建设，加快立法，建立完善的法制体系。其次，明确规范政府与中介组织之间的关系，保证中介组织的独立性。再次，政府要根据中介组织的成熟程度进行相应的配套管理，对其发展进行统一规划，使其有计划、有重点、健康地发展。最后，中介组织处于政府和市场之间，二者的协调发展是中介组织发展的推进器。

（二）推动非营利组织承接政府公共服务职能

当前我国政府职能改革的重点之一，是大力培育和扶持社会组织、承担各种社会管理和公共服务职能。应进一步推动我国社会组织结构"政社分开"的调整步伐，培育和形成非营利组织进入公共领域的渠道和机制。进一步明确和细化政府各部门的职能定位，政府行政部门负责宏观决策和部分监督职能，将执行及部分监督职能的一些中、微观职能逐步交给非营利组织。我国非营利组织发展尚处在初级阶段，非营利组织承接政府转移职能的能力先天不足。接受捐赠是社会团体的重要资金来源，《公益事业捐赠法》规定捐赠者可以享受税收优惠，但缺乏操作性。应制定可操作的实施办法。社会团体应不断探索和完善适合团体自身发展规律的体制机制和活动模式，严格自律，提高公信度，为承接政府转移职能奠定基础。

政府转型为非营利组织的发展提出了两方面的任务：一是随着政府主导型经济增长方式的转变，需要更大程度地发挥行业协会和非营利组织在市场经济中的作用；二是在强化政府公共服务职能的同时，需要支持、组织和引导非营利组织参与公共服务。从当前的实际情况看，非营利组织的发展主要偏重于第一方面。而现实的情况又越来越清楚地告诉我们，非营利组织参与公共服务，既是政府转型对非营利组织发展提出的客观需求，又是建设和谐社会的重大课题。

非营利组织参与公共服务的机遇。当前，我国面临着日益突出的两大矛盾：一是经济快速增长同发展不平衡、资源环境约束的突出矛盾；二是广大社会成员公共需求的全面快速增长同公共服务不到位、公共产品短缺的突出矛盾。面对第一个突出矛盾，应当以可持续发展为中心，进一步完善市场经济体制；面对第二个突出矛盾，应当按照以人为本的要求，加快建立公共服务体制，而缓解公共服务的供求矛盾需要非营利组织的参与。比如目前我国在就业、教育、医疗、公共安全等方面的矛盾和问题十分突出，公共服务的供给面临严重的不足和巨大压力。客观地分析，基本公共产品供给的缺失和公共服务的不到位，既比较充分地反映了政府转型的严重滞后，同时也反映了我国非营利组织的发展还不能适应公共需求的变化，还难以承担参与提供公共服务的重任。因此，在加快政府转型的同时，还需要鼓励非营利组织积极、广泛地参与公共服务。

二、政府社会管理改革实践与发展趋势

（一）和谐社会建设中的非营利组织

党的十六届六中全会通过的《中共中央关于构建社会主义和谐社会若干重大问题的决定》（以下简称《决定》），对构建社会主义和谐社会的重要性和紧迫性、指导思想和目标任务，做了深刻论述，并从各主要方面对加强和谐社会建设做了全面部署。为适应加强和谐社会建设的要求，《决定》重点对发展和规范各类非营利组织，提出了明确的要求：（1）鼓励社会力量在教育、科技、文化、卫生、体育、社会福利等领域兴办民办非企业单位。（2）发挥行业协会、学会、商会等社会团体的社会功能，为经济社会发展服务。（3）发展和规范各类基金会，促进公益事业发展。

社会主义和谐社会的内涵包括民主法治、公平正义、诚信友爱、充满活力、安定有序、人与自然和谐相处等。构建社会主义和谐社会，是以胡锦涛为总书记的党中央从全面建设小康社会、不断开创中国特色社会主义新局面的全局出发提出的重要战略目标、战略任务、战略决策和执政理念，体现了我们党对社会主义本质及社会主义现代化建设规律认识的深化。构建社会主义和谐社会是一项复杂的系统工程，需要妥善处理各种关系，而构建"强政府、强社会"的新型政府与社会关系是构建社会主义和谐社会的关键。这种新型政府与社会关系的构建途径为：以"善治"为目标取向进行政府治理创新，建设服务型政府；进一步完善社会主义市场经济体制，发展社会自主力量，培育参与型政治文化。

和谐社会提出对非营利组织的发展是个非常好的机遇，因为这个范畴提供的很多理念和非营利组织的宗旨和功能是契合的。和谐社会一定意义上是一种公民自主参与、公民为主体的社会。公民通过一些多元化的平台实现和谐，对此非营利组织就能起到很重要的作用。化解社会矛盾，协调

利益关系，沟通不同利益集团，政府可以发挥一定作用，但不能离开非营利组织。现在不同的利益集团已经在形成，如流动人口、有产者阶层、劳工、消费者和生产者，都需要一定的代言和表达机制。对于劳工、流动人口以及同性恋群体意愿表达的问题，社会和政府应当倾听他们的组织。因为单个人可能会采取极端行为，但有组织后就会比较理性了，有一种集体表达的平台和形式。对于雇主和劳动者之间的争议，政府以后可以作为中间力量参与，劳工可以组成自己的组织和资方谈判，政府从中调解，这比现在政府直接参与解决的做法要容易得多。

在建设和谐社会的大背景下，积极稳妥地发展非营利组织既有很强的客观需求，又有现实的可能性。在改革攻坚阶段，积极稳妥地发展非营利组织，既是推进改革的重要任务，也是建设和谐社会的客观要求。（1）我国经济社会矛盾凸显，加快发展非营利组织具有相当的迫切性。非营利组织在化解突出的社会矛盾、释放社会压力、构建和谐社会中有着积极的作用。（2）非营利组织在弱势群体的利益表达和利益保护中有特殊作用。（3）发展非营利组织有助于改善政府与社会之间的关系。（4）在现代多元社会中，非营利组织是与政府、企业并列的三大社会支柱之一。非营利组织对于现代社会来说，是独立于政府和企业之外的社会力量，具有不可替代的作用。随着和谐社会的建设，我国的非营利组织将在环境保护、扶贫开发、艾滋病防治、社会福利、社区服务、慈善救助等社会问题比较集中的领域里发挥不可替代的作用。（5）发展非营利组织有利于我国进一步融入全球化进程。在全球化的过程中，按照国际惯例，越来越多的国际合作与交流需要非营利组织的参与。非营利组织往往可以在国家、国际组织和跨国公司力所不及的领域发挥积极作用。

完善培育扶持和依法管理社会组织的政策。我国非营利组织虽然有了很大发展，但总体看来其作用尚未充分发挥；同时，非营利组织在发展中也存在良莠参杂、管理与自律机制不健全等问题。必须坚持培育发展和管理监督并重，完善培育扶持和依法管理社会组织的政策。要进一步提高对新形势下发展和规范非营利组织意义的认识。要健全法制，完善政策，解决制约非营利组织发展和对其管理监督工作中的突出问题。促进非营利组织发展，要进一步转变政府职能，取消对非营利组织参与公共服务和社会管理的不合理限制；积极探索非营利组织承担政府转移或委托的职能的实现方式，使非营利组织成为政府的有力助手，成为公共服务的重要承担者。要完善非营利组织管理体制，加强管理力量，重点解决管理机构不健全和执法监管力量薄弱的问题。加强非营利组织内部建设，提高自律性和诚信度，是实行培育发展和管理监督并重政策的重要内容。

（二）政府社会管理的发展趋势

随着体制改革的全面推开和深入发展，政企分开，"单位人"转变为"社会人"、"社区人"，政府与社会的关系、政府与个人的关系面临着空前的全面转型，显然，在这样的关系转型中，政府的决策行为居主导地位。

第一，政府在社会关系处理中角色定位的转型：从管理走向服务。在当代社会，政府的角色地位正在悄悄地发生变化。社会的组织和公民正在成为有主体资格和独立行为能力的服务对象，成为政府行政环绕运行的中心。这就使行政管理从以往自上而下的强制性管理逐步向服务性管理转变。在这种情况下，政府的管理过程被视为一个服务的过程。

第二，政府在社会关系处理中职能的转型：从全能走向专能。在改革进程中，政府对于自身的角色定位开始发生变化。在市场经济的大潮中，社会的纠纷和矛盾越来越多，给政府工作带来了前所未有的压力。然而另一方面，政府过度的工作有时候并不能换来社会的认同，相反却引来了各种各样的非议。对此政府不得不对自己的角色进行全面的反省。这种反省突出地体现在两个方面：一是对政府管理内容的重新认识，一是向政府行政管理的专业化方向发展。政府越来越意识到，不能简单地把满足社会的所有需要归结为政府管理的内容。政府管理的内容只能是社会需要而政府又能加以满足那一部分。另外还需要指出的是，即使是政府能够加以满足的社会需求，也不一定就成为政府管理的内容。因为政府实现其工作内容是需要投入的，而这种投入是一种社会负担。如果某种社会需求能够通过一般社会组织及其运行机制更经济有效地加以满足，人类理性将选择一般社会组织及其运行机制而不是选择政府。这不仅符合经济上的效益原则，也符合政治上的民主原则。因而，只有那些只能由强制性的权力才能满足的社会需求，才有充足的理由成为政府管理的内容。

管理内容的重新定位促进了政府专能化、专业化发展，"有所为，有所不为"越来越成为各级政府职能转变的准则。随着社会化大生产以及市场机制的发展，客观上要求政府按照经济社会发展的内在规律来管理国家和社会，政府宏观控制经济、综合管理社会、多方面地为社会提供服务的职能日益突出，政府公务的专业化要求亦不断提高。

第三，从政社合一逐步走向政社分开。即政府逐渐从社会、经济、文化等非政府活动领域中抽身退出。在这一过程中，政府的改革主要反映为审批权限下放。审批是计划经济体制下政府管理社会经济的基本手段和方式，在政社合一的体制中这种配置社会资源的方式造成重复建设、资源浪费、效率低下。改革政府审批权限，就是详细明确政府审批的范围：关系到社会稳定、国计民生、可持续发展的战略目标和战略重点等方面，项目审批坚持从严从紧；而属于企业自主权，属于市场行为范围的或应由中介组织处理的，就下放权力。应由市场决定的就要采取诸如招标、拍卖和抽签等公平竞争的方式来进行。这些改革举措有力地促进了社会的自我发展，提高了政府管理的效率和水平，使政府与社会的关系从政社合一逐步走向政社分开。

第四，清晰指明了政府对社会管理的工作方向。"各级党委、政府要加强对非营利组织工作的领导，重视、支持非营利组织开展工作。非营利组织工作要以邓小平理论和'三个代表'重要思想为指导，认真贯彻落实党中央、国务院关于非营利组织工作的一系列方针政策和相关法律法规，坚持培育发展与管理监督并重的方针，以非营利组织服务经济社会发展为核心，以提高非营利组织能力建设为重点，建立与我国经济社会发展水平相适应，布局合理、结构优化、作用明显的非营利组织发展体系以及法制健全、管理规范、分级负责的非营利组织管理体系。"

三、培育发展非营利组织的若干建议和对策

（一）我国非营利组织发展中的问题

20 世纪 80 年代以来，随着社会进入转型期，中国的社会生活发生了许多引人瞩目的变化，其中之一就是出现了众多的非政府、非营利性质的社团组织。但是由于起步较晚以及长期以来受计划经济的影响，我国非营利组织的发展至今仍面临很多困境，总结起来有以下一些方面：

第一，非营利组织监管的法律体系不健全，法制化程度低。一方面，立法工作滞后于非营利组织的发展，有关非营利组织的法规还不完善。另一方面，我国非营利组织立法的层次和质量不高，一些具有法律效力的条例其内容侧重于登记程序，不仅与其他法规衔接性差，而且在具体问题上缺乏可操作性。

第二，非营利组织独立性不足，或者因政治需要而建立，或者过多参与政治，被当成了政治组织。这说明政府和非营利组织行政关系错位，合作有余，分工不足，从属有余，自立不足。非营利组织的创建和发展很大程度上依赖政府。

第三，非营利组织的目标出现错位。非营利组织的基本目标应当是让广大公民有效参与社会事务。然而，我国现在的非营利组织在这方面的定位却十分模糊，甚至错位。这种错位主要表现为，背离了社会团体非营利性的基本特征，为个人或小集体谋取经济利益，实际上变成了经济组织。

第四，政府同非营利组织间的合作关系没有理顺。因为没有形成平等主体的服务购买与委托代理关系，只是我国非营利组织的运作资金按组织类型分化严重，要么基本上是靠政府资助，要么是绝大部分来源于民间社会，尤其是开展福利项目的资金，主要依靠社会捐献。

第五，非营利组织的自我生存与发展能力薄弱，资源动员能力有限。非营利组织的工作也有成本，只是不以营利为目的，或者不分配它的利润。就目前来讲，大多数非营利组织的经营能力较弱，有的是拿个人的钱去开展工作。尽管近年来我国非营利组织的数量保持了较快增长，但非营

利组织的注销、撤销和取缔率也很高。

第六，非营利组织的社会福利服务功能不足。在发达资本主义国家，非营利组织在社会福利服务方面做出了很大贡献，政府则主要致力于社会保障体系的完善；在我国，至今没有出现由政府委托非营利组织给需要者配送服务的情形，绝大多数社会服务仍由政府部门来完成。目前基础较好，运转正常的非营利组织，很多是基金会，而不是从事具体福利服务的组织。

第七，非营利组织的活动领域相对集中。据有关调查显示，在非营利组织活动领域中，行业协会、学会、同学会约占到 50%，调查、研究类占 33%，发达资本主义国家则主要集中在保健、教育和社会服务领域，所占比例分别为 35%、29% 和 12%。我国非营利组织在社会需求较大的保健、教育等领域发挥的作用则十分有限。

第八，非营利组织本身缺乏自治，内部管理水平极端低下，人员整体素质不高。目前，非营利组织本身的自治不够，理事会和监事会的作用没有充分发挥。一般来讲，最有效的社团决策理事人数是 5—7 人。在国务院颁布的 400 号令里，提出基金会的理事成员为 5—25 人，这是一个很大的进步。但是，我国实际社会生活中存在的非营利组织的内部管理水平极端低下，在资源并不充分的情况下，很难招募到高素质的人才，即便招到了也留不住；再加上管理不善，导致许多非营利组织举步维艰，有许多是名存实亡的。

第九，非营利组织发展的数量和规模不平衡。从绝对数量和组织规模上看，我国地方非营利组织不仅远少于发达国家，而且与一些发展中国家相比差距也较大。我国目前现有的非营利组织大多分布在东部沿海一带和大中城市中，而广大的内地和乡镇仍是社会组织的稀疏地带，非营利组织力量比较弱小，发展呈现出严重的不平衡。

第十，非营利组织之间的竞争不足。非营利组织虽然不以营利为目的，但仍然需要竞争，以激发组织的创造力，提高管理和服务水平。但在我国，政府一直以来都反对非营利组织之间的竞争。政府经常合并一些宗旨、业务范围相同或相似的非营利组织。

第十一，非营利组织的公民基础薄弱。由于在计划经济条件下，非营利组织被完全行政化为政府或半政府性质。所以导致今天对非营利组织缺乏足够的认识，公民的非营利组织意识并不是十分强烈，也就没有很强的认同感。

第十二，我国非营利组织的国际化程度不高。一方面，我国具有国际影响力的非营利组织非常少。另一方面，我们的非营利组织在响应国际社会方面也往往十分欠缺。更主要的是，我们的非营利组织基本上缺乏全球化、国际化意识，甚至把国际化、全球化仅仅看成是经济领域的对外开放，让外国产品进入国内等等。参与国际性非营利组织活动多半是响应性的参与，在国际舞台上缺乏主动性。这些限制了我国非营利组织的发展。

总而言之，尽管非营利组织已成为我国现代社会组织体系的一部分，但我国非营利组织在发展过程中还面临着许多问题。当前，我国社会正处于转型时期，市场经济体制要求政企分开，政府和企业各司其责。同时，从社会功能结构看，政社分开也是现代人类文明发展的必然。只有非营利组织发展了，民主政治本身才能进一步发展。人类政治文明才能进入新的发展时期，我们的市场经济也才会不断完善。在这种情况下，我们必须认真研究对策来解决上述存在着的问题。

（二）培育和发展非营利组织的建议和对策

2006 年公布的《中国国民经济和社会发展"十一五"规划纲要》提出了非营利组织管理政策和控制策略：规范引导非营利组织有序发展，培育发展行业协会、学会、公益慈善和基层服务性非营利组织，发挥提供服务、反映诉求、规范行为的作用。从国家的相关政策中我们可以解读出这样的信息：政府对非营利组织采取"积极培育、正确引导、合理规范、依法管理"的基本策略。而"法律规范，政府监管，组织擅治，行业自律，社会监督，公众选择，优胜劣汰"是非营利组织健康发展的整个过程。按照这一原则，政府应充分认识非营利组织在社会、经济领域里的重要作用，积极培育非营利组织，并为其发展创造有利环境。

1. 尽快建立完善与非营利组织相关的法规，为非营利组织的健康发展创造良好的法律政策保障环境

政府作为公共管理的重要主体，基于资源优势和权力优势，必然在许多方面处于主导地位，政府有责任为非政府的发展和规范创造良好的法律政策环境，为非营利组织的发展提供基本的法律规则和保障，改变当前政府职能转变无法可依和无章可循的混乱局面。彻底扭转把非营利组织当做行政机关或事业单位来管理的传统做法，变政府依靠权力管理为通过法律来规范，推进包括事业单位体制改革、社团管理体制改革在内的非营利组织管理制度改革，使非营利组织的运行和管理尽快走上法制化轨道。

（1）用法律形式明确各类非营利组织的性质、职能、宗旨、地位、权利、义务、组织形式、活动的范围、经费来源等。从法律制度上保证非营利组织领导体制、人事制度和机构设置的独立性，从机构形式和组织制度上，摆脱非营利组织与政府部门的从属关系和在人、财、物方面的利益关系，割断政府和其所属非营利组织的"脐带"，实现真正的脱钩，定位到产权清晰、权责明确、自我发展、自我约束上来，成为完全独立的社会组织。

（2）明确非营利组织成立的必备条件、登记制度及程序，资本构成。改变我国现行法规中带有的控制、限制的基调和繁琐的手续规定及其制度性框架。将多数非营利组织纳入国家法律的制度体系并对其进行有效的规范化管理。这样国外非营利组织就可进入我国的管理平台，促进其同我国非营利组织公平竞争、共同发展。

（3）根据不同类型非营利组织的性质、功能、内部结构不相同的特点，需要不同的法律来加以规范。在这个问题上，国外的非营利组织建设已有不少的实践，值得我们借鉴。

（4）明确、具体地规定各类非营利组织的监督管理制度。包括理事会制度、准入和退出制度，社会监督评估制度、财务审计公开制度、社会报告制度、竞争制度、激励制度、问责制度、法律追惩制度等。

（5）明确以上各类非营利组织的行为准则。即遵守国家法律、法规、规章的规定，遵守职业道德，遵循自愿、公平、诚实信用的竞争规则。非营利组织的生存发展，在于它的公正性与权威性，每个非营利组织都必须以公平公正、优质服务为宗旨。

（6）依法确立统一的非营利组织监管部门，明确政府在管理非营利组织中的权利和义务，划定政府部门管理失责的法律责任，制定细化的法律条款明确其行政处罚权及限度。

（7）明确规定接受非政府服务者的权利，如：除法律、法规外，任何部门不得限其选择服务权利。

2. 建立起一套有利于非营利组织发展的科学化、规范化的管理体系，为非营利组织发展构造宽松、良好发展环境

非营利组织的发展壮大关键需要政府的培育与扶持，政府对非营利组织要从控制型管理转向培育型管理。纵观世界各国政府对非营利组织的态度及其法规政策体系，一个共同的趋势，是从重视"入口"管理逐步转向重视"过程"管理，从"静态"管理逐步转向"动态"管理，从"单一"管理逐步转向"分类"管理，从直接管理转变为放开限制，在简化和放松对非营利组织登记注册时的必要手续的同时，加强对其组织运作的动态过程和各个领域活动的监督管理。

（1）统一的登记和注销管理机制。首先，要撤销严格而繁琐的审批手续，实行便捷的申请登记制度。允许非营利组织自由地成立和以合法的方式在社会中自由地活动，也就是从重视"入口"管理转向重视"过程"的监督。其次，对非营利组织注销登记管理就是非营利组织严重违反有关法律规定，政府要及时注销该非营利组织，防止产生严重的欺诈行为，保护被服务者的利益。第三，提高非营利组织登记管理机关人员的业务水平。

（2）建立信息透明机制。地方政府要公开、无歧视地及时公开发布引导非营利组织发展的信息，其中包括：随着政府机构改革，转变职能，社会上需要哪些方面的非营利组织来承担政府释放的职能，非营利组织的服务对象，企业、社会各层主体需要哪些服务项目。将政府对非营利组织的管理职能社会化与公开化。

（3）分类管理机制。对非营利组织实行分类指导、分级管理。即分门别类、区别对待，属人管辖与属地管辖相结合。从组织规模、活动范围、社会影响、制度规范程度几方面来看，非营利组织之间的差异很大，非营利组织管理部门以充分掌握的非营利组织发展状况为依据，对现有非营利组织进行分类、分级，根据组织的不同性质分别制定管理措施，进行管理。

（4）建立竞争机制，规范竞争行为，禁止各类非营利组织的不正当竞争行为，防止各种非公平、非公正因素的介入；指导非营利组织坚持正确的发展方向，搞好内部管理制度建设。督促非营利组织遵守政府的相关政策法规；在符合政策的前提下，鼓励其公平合理地开展竞争，严格查处违规违法行为。

（5）实行问责、绩效评估机制。所谓问责，就是指个人或组织对其使用的资源流向及其效用的交待。就是非营利组织要在媒体公开公布非政府的资源去向、资源使用效果的报告，并对需要者提供详细的问责资料；对非营利组织建立全方位、公正、公开的绩效评估机制，做到认真、公正、有效的评估。确定评估的主体由政府主管部门、独立的评估机构和非营利组织所涉及的各方代表、民意调查机构组成。确定评估应遵循的原则，确定评估的内容和指标等。

（6）惩戒机制。对违反法律、法规的惩戒制度如违反登记条例、竞争制度、价格制度、出现欺诈行为的惩戒，在当前非营利组织的管理中，多一点追惩，对于促进非营利组织的发展是十分必要的。详细规定惩罚的相关制度，如制定分类、分级的惩戒标准。制定包括：注销、降低资质、罚款、警告、记过、按标准限期整改等等惩戒措施。并认真执行，使违纪违规者得到应有的惩处。

（7）激励机制。①税收激励：目前急需扩大优惠税种，不仅包括所得税，更应将公益捐赠非常重要的遗产税等包括其中；扩大税收优惠对象，将存在于各个领域的非营利组织作为一个系统全部纳入法规体系。

②资金激励：财政部门应在年度预算中专门划拨"非营利组织扶持款"，实行专款专用。政府对有突出贡献的非营利组织，要给予低息贷款，差额部分由政府补贴。工商、税务部门应给予大力支持。③人才激励：鼓励人才到非营利组织工作，推进非营利组织人员的职业化。加强非营利组织工作人员编制的规范化，尤其是实现与事业编制和行政机关编制相分离，加紧制定非营利组织成员在职称、工资、福利、户口、人事机构编制、档案管理等方面的配套政策；建设非营利组织的社会保障体系，制定相应的统一的保障标准；为非营利组织的工作人员提供社会保险、医疗保险、房屋公积金、退休养老、失业保险等等方面的社会保障，以改善从业人员的工作和生活条件，使其无后顾之忧。

（8）人才引进培训教育管理机制。提高非营利组织的整体素质，比如：积极大胆地引进国内外各类专业人才，主要是长期从事有关工作的专家和技术人员、归国留学；政府有关部门要加强人员培训方面的工作力度，并鼓励非营利组织自身从事培训活动，以尽快提高从业人员素质；加快人才培养步伐。挖掘现有教育资源，依托各类社会教育机构，培养人才。

3. 建立公共服务社会化机制，为政府组织发挥公共服务职能创造发展空间

在建设"公共服务型政府"的目标指导下，政府公共服务方式的创新、公共服务社会化是必然的趋势，建立公共服务社会化机制，政府公共服务分权化，公共服务供给主体多元化，政府把越来越多的职责转移给非营利组织，非营利组织就可以大胆进入公共服务领域和开展各种服务活动，发挥职能作用，企业和公众在生活中必将越来越多地享受到非营利组织所提供的公共产品和服务，更多的市场主体将参与到非营利组织的活动中，这无疑对非营利组织增强其实力起着巨大的推动作用。政府鼓励和支持非营利组织发挥其优势提供各种公共服务，将有助于非营利组织之间竞争格局的形成，从而促使组织努力提升自己的能力，加快自身的发展。具体应当做到的是：

（1）政府向非营利组织购买服务，政府通过竞争性政府采购招标，以委托合同方式作为服务的契约和承诺。无论官办机构还是民办机构，平等竞争，择优资助。这样可以提高政府资金利用的效率，也有利于提高社会服务组织的素质，非营利组织在争取资金的竞争中优胜劣汰，将促使它们千方百计地提高自己的管理水平。

（2）政府要与非营利组织在各类社会经济发展项目中进行协作。特别是支持全国性非营利组织项目在地方的实施。利用国内外非营利组织的资金、技术、管理、智力等资源，发挥其独特优势，与之合作共处，共同致力于中国经济发展、环境保护、社会保障、文化建设。

（3）政府要在决策过程中导入民间机制，为非营利组织积极参与政府的政策和计划的制定过程，同政府展开对话，监督和评估政府行为、在国际民间对外交往中发挥最大作用创造条件。各类非营利组织代表着不同行业、不同方面的群体，可以向政府反映他们的意愿、要求和建议。

（4）对于提供社会急需的公共服务产品的非营利组织，政府要给予特殊政策倾斜和重点支持。政府要通过政策倾斜措施突出培育发展公益性、救助性、维权性、协调性的非营利组织，重点支持为社区老年人、妇女、儿童、残疾人、下岗失业人员等特殊群体服务的非营利组织。

4. 引导非营利组织建立自律机制，提高非营利组织的自治能力。自律是健全非营利组织健康发展的机制不可缺少的环节

从规范的意义上说，非政府性和自治性本来就是非营利组织的基本特点。但是，现阶段中国的非营利组织很多从政府部门脱胎而来，或与政府有着亲近的血缘关系或有直接的隶属关系，导致许多非营利组织具有明显的官方色彩，自治化的水平很低。因此，加快非营利组织的培育和发展，加快非营利组织的自治化进程，关键在于政府管理部门的引导。具体体现为：

（1）依法建立健全各项规章制度，要想提高非营利组织的机构和人员能力，非营利组织必须借鉴现代化的管理思想和方法，制定并实施行业道德规范、员工行为准则、收费标准、处罚条例、损害赔偿制度等，规范

中介组织日常行为。

（2）明确与坚持非营利组织的使命，即组织的成立是基于成员共同的信念或理想，而不是为了追求个人的名利，非营利组织应该通过合法化的努力在公民中建立起"它们所从事的活动是公益性的活动"这样的信念，从而获得公众的支持和必要的社会资源。

（3）组织建立一个完善的治理结构，通过健全理事会制度、民主机制、参与机制，从制度上确保组织的自律。还可实行会员代表大会制度，发挥好各专业委员会的作用，从体制上强化其自律意识。科学的民主管理机制，当前，重点要把发展农村中介服务组织作为深化农村改革、加快农村经济发展的重大举措，同时又要坚持按经济规律办事，充分尊重农民的意愿，坚持群众自愿和民主管理。按照"民办、民有、民受益"的原则，合作组织成员享有平等的选举权、参与决策权和监督权，实行民主决策、民主管理和民主监督。

（4）构建自我评估机制。在这方面，我国已从2002年开始，引入中国的"非营利组织机构自我评估项目"（OCA），为我国非营利组织自我评估机制的构建踏出了可贵的第一步。

（5）建立健全非营利组织独立的财务制度。政府、事业单位、企业的财务制度均不完全适用于非营利组织，建立独立的财务体制是非营利组织实现其持续良性发展的前提。

（6）健全非营利组织从业人员行业准入机制，从业人员实行执业资格制度及参加国家和省设定的资格考试。这是因为我国非营利组织机构普遍存在专职工作人员素质不高的现象。由于传统的思想观念，不少人认为非营利组织专职工作人员就是从事一些具体的事务性工作，什么人都能干。实际上，非营利组织机构不但专业性强，而且社会联系广泛。因此，要求的专职工作人员不仅应当具有较高的文化水平，熟悉业务，而且要精明强干，具有组织领导才能与人际交往和公关能力。

（7）完善非营利组织外部的监督机制。当务之急是建立和规范包括独立的评估机构、公正客观的媒体监督态度、畅通的公众监督渠道和实效性的政府监督在内的一整套外部监督体系，以便帮助非营利组织尽快树立广泛、牢固的社会公信度。同时注意发挥非营利组织间的协会作用，把分散的非营利组织联合起来。实行自我管理、自我监督，通过联合自律以防不正当竞争。

第四节　危机管理中的政府社会关系

一、危机与公共危机管理

（一）危机、危机管理和公共危机管理

美国学者罗森豪尔特认为，危机是指"对一个社会系统的基本价值和行为准则架构产生严重威胁，并且在时间压力和不确定性极高的情况下必须对其做出关键决策的事件"。危机事件具有五大特性：突发性和紧急性；高度的不确定性；严重的威胁性；较大的社会影响性；非程序化决策性等。从最广泛的意义上说，危机管理包含对危机事前、事中、事后所有方面的管理。有效的危机管理需要做到如下方面：移转或缩减危机的来源、范围和影响，提高危机初始管理的地位，改进危机冲击的反应管理，完善修复管理，以能迅速有效地减轻危机造成的损害。危机管理在今天已经不再是一个处理突发事件的临时性管理项目，而上升为事关一个组织甚至社会生死存亡的战略性管理。

对于一个国家而言，危机管理是展现一个国家综合实力和一个政府管理能力的重要方面。公共危机管理，也叫政府危机管理，是政府通过监测、预警、预控、预防、应急处理、评估、恢复等措施，防治可能发生的危机，处理已经发生的危机，达到减少损失、将危险化为机会的目的，以保护公民的人身权和财产权，维护国家安全。也就是政府组织相关力量在监测、预警、干预或控制以及消解危机性事件的生成、演进与影响的过程中所采取的一系列方法和措施。

公共危机管理包含如下几个方面的内容：（1）危机管理贯穿于危机性事件发生、发展的全过程，即危机性事件的整个生命周期；（2）在危机性事件形成、演进的不同阶段，及其生命周期的所有阶段，都要实施监测、预警、干预或控制以及消解性措施；（3）危机管理不仅具有事前的预定方案（包括规则、程序、措施、资源等），而且应备有应急的快速反应机制；（4）危机管理是政府管理的重要组成部分；（5）政府危机管理过程是组织相关社会力量共同对付危机性事件的过程。

（二）现代公共危机管理体制及其运作

由于危机事件现实的或潜在的突发性和危害性，政府必须将危机管理纳入到日常的管理和运作之中，使之成为政府日常管理的重要组成部分，而不能仅仅当做是临时性的应急任务。政府必须建立危机事件的预警机制和快速反应机制，机制的有效运行必须以一个职能明确、责权分明、组织健全、运行灵活、统一高效的危机管理体制为依托，用法制化的手段明确政府各职能部门的职责，实现危机应对时这些部门间高效的协同运作。

所谓危机管理体制就是以担负危机管理职能的国家政治机构为核心，在社会系统其他重要因素影响下，按照相应组织结构运作而对危机事态进行预警、应对和恢复的组织体系。按照政府各组织在危机管理中发挥的作用和参与危机管理过程的直接与否，可以将危机管理体制及其运作分解为五大系统：指挥决策机构、职能组织体系、信息/参谋咨询组织体系、综合协调部门和辅助部门。

发达国家中央政府应急管理大体上可分为三种模式：美国模式、俄罗斯模式和日本模式。美国模式的总特征为"行政首长领导，中央协调，地方负责"；俄罗斯模式的总特征为"国家首脑为核心，联席会议为平台，相应部门为主力"；日本模式的总特征为"行政首脑指挥，综合机构协调联络，中央会议制定对策，地方政府具体实施"。

经过多年经营，美国已经发展出一套相当完善的危机管理体系，值得我们借鉴。这套体系构筑在整体治理能力的基础上，通过法制化的手段，将完备的危机应对计划、高效的核心协调机构、全面的危机应对网络和成熟的社会应对能力包容在体系中。

当代美国危机管理机制是以总统为核心，以国家安全委员会为危机决策中枢，国务院、国防部、司法部（及其下属的联邦调查局和移民局）等有关部委分工负责，中央情报局等跨部委独立机构负责协调，临时性危机决策特别小组发挥关键作用，国会负责监督的综合性动态组织体系。其中，联邦调查局是紧急事务现场组织协调的牵头机构，"联邦紧急事务管理署"（FEMA）目前已成为美国联邦政府处置紧急事务的最高管理机构，集成了从中央到地方的救灾体系，建立了一个统合军、警、消防、医疗、民间救难组织等单位的一体化指挥、调度体系，一遇重大灾害即可迅速动员一切资源，在第一时间内进行支援工作，将灾难损失降到最低。

在利用民间社会组织的力量参与危机事件的处理方面，美国做得非常出色。美国危机管理体系建设，特别注重建立民间社区灾难联防体系，通过各种措施吸纳民间社区参与危机管理：一是制定各级救灾组织、指挥体系、作业标准流程及质量要求与奖惩规定，并善用民间组织及社区救灾力量；二是实施民间人力的调度，通过广播呼吁民间的土木技师、结构技师、建筑师、医师护士等专业人士投入第一线的救灾工作；三是动员民间慈善团体参与赈灾工作，结合民间资源力量，成立民间赈灾联盟；四是动员民间宗教系统，由基层民政系统邀集地方教堂、寺庙的领导人成立服务小组，有效调查灾民需求，并建立发放物资的渠道。"9·11"事件发生后，美国政府和民间社会组织动员人民献血、捐款、捐物，由教堂来主持各类追悼仪式，这些民间社会力量的参与，极大地缓解了社会对政府的压力。

在现代国家，危机应急组织系统通常由政府部门和各种社会主体共同组成，包括政府机构、非政府公共组织、新闻媒体、工商企业、公民等主体，其核心部门是警方、安全、消防、紧急救助、环境保护、救灾减灾和新闻等部门。德国的国家灾难管理系统由警方、消防部门、紧急医疗救助中心、军队、100多个民间志愿者组织等部门组成，所有这些组织的成员都要经过紧急救助的特殊培训。美国的城市应急组织系统包括警察、消防、911 中心、医疗救助、有关政府机构、社会服务团体、新闻媒体、工商企业等部门。在紧急事件发生后，一般由地方政府的警察、消防和公共卫生机构赶到现场进行应急处置。美国休斯敦市应急管理中心是全美现代化水平最高、规模最大的应急中心之一。该中心将警署、消防部门和紧急医疗救助中心集中安排在一起，并与公共安全局、建设局等市政府机构共同组成了应急联动机制，最大限度地利用各种组织和资源，通过收集、分析和传递应急信息，进行早期预警，中心可以直接调用警察和各方面力量，以避免浪费时间。

（三）国外公共危机管理的基本经验

在公共危机管理上，美国、俄罗斯、日本、以色列等国家的许多做法值得我们学习和借鉴。它们的基本经验主要有以下几方面[1]：

1. 培养和提高公民的危机管理意识与抗危机能力。在国外，为了提高公民的危机管理意识和对抗危机的能力，许多国家的政府都重视全民的危机管理教育、应对灾难的培训和实地演习等素质教育。

2. 建立综合性的危机管理协调部门。从国际上看，一些发达国家对建立强有力的反危机指挥协调系统都非常重视。

3. 完善政府危机管理的法律体系。完善的法律体系，是危机处理措施得以迅速和有效实施的保证，它对减少危机中人民生命和财产损失，降低国家和外交冲突风险，尽快恢复正常的社会秩序有着十分重要的意义。世界各国，尤其是西方一些发达国家，非常重视危机管理的法制化建设，许多国家都有危机管理方面的专门立法。

4. 利用民间社会组织的力量参与危机事件的处理。在危机管理领域，由于政府自身在资源禀赋、人员结构、组织体系等方面存在各种先天性的局限性，因此，在危机管理方面，不管是在危机事件发生后的灾害救助阶段，还是在前期的危机预警、监控阶段，都应当大力发挥民间社会组织和

---

[1] 刘文光：《国外政府危机管理的基本经验及其启示》，《中共云南省委党校学报》2007 年 7 月。

民众结合紧密、公益性强等特点，积极吸纳民间社会组织加入危机管理的行列。

5. 重视危机管理中决策系统的建设。决策系统是危机管理的核心，主要职能是对如何应对危机做出决策。

6. 注重危机管理的国际合作和理论研究。综观近年来各国所发生的一些重大的危机事件，凡是对危机处理得比较有效、值得称道的政府，都十分注重危机管理过程中的国际合作。

二、中国的公共危机管理

（一）中国已经进入危机频发时期

中国国家主席胡锦涛 2008 年 5 月初在日本早稻田大学的演讲中坦言中国人口多、底子薄、发展很不平衡，在发展中遇到的矛盾和问题，无论是规模还是复杂性，都是世界罕见的。中国目前多灾多难，其实也是个社会发展过程中的一个自然现象。

当一个国家人均 GDP 达到 1000 美元至 3000 美元之间，由于经济开始起步，基于社会资源、体制等方面的制约，会进入一个矛盾凸显的事故频发阶段。这正如一个发育中的少年，由于身体发育过快，身体养分一时跟不上，会出现"成长痛"一样。在这个阶段往往对应着人口、资源、环境、效率、公平等社会矛盾的瓶颈约束最严重的时期，也是极易出现社会经济容易失调、社会容易失序、国民心理容易失衡、社会伦理容易失范等社会"成长痛"现象的关键时期。

中国目前人均 GDP 不及 2000 美元，正处于这个矛盾凸显阶段。所以各类危机事件的发生几率日渐增大。而面对这些危机事件时，是手足无措还是镇定自若，最能考验中国政府的执政能力和信心。英国当年大致用了 70 年度过这个事故频发阶段，美国用了 60 年，日本用了 26 年。而根据前任中国国家安全监督局局长李毅中的预测，中国政府将用 10 年到 15 年走过这个阶段。

我国的改革已进入社会结构的全面分化时期，社会制度系统都存在一定程度上的制度变迁。在这样的变革过程中，利益和权力将在不同的主体之间进行重新分配、转移，形成诸多不稳定因素，也就存在形成不同危机的可能。

从现实情况看，近几年来我国水灾、干旱、地震等自然灾害频发，人为引致的火灾、海难、矿难等重大安全事故不断发生。随着科技的发展和社会公开化的推进，个体及极端组织对社会造成的危害明显加大等等。我们应当清醒地意识到，我国已经进入一个危机频发时期，而且危机的高频发生将是常态。

（二）中国公共危机管理体制的发展状况

我国是世界上自然灾害最为严重的国家之一，灾害种类多、频度大、分布广、损失严重，关系到整个国家的经济发展和长治久安。新中国成立以来，我国初步形成了政府危机管理的格局。比如，国家防汛抗旱总指挥部负责全国性的防汛抗旱领导工作；中央森林防火总指挥部领导全国森林火灾防御与救援工作；国务院安全生产委员会领导全国生产安全工作；公安部消防局负责全国消防管理工作；全国疾病防治中心负责传染疾病的预防与控制；全国抗震救灾总指挥部负责地震等自然灾害的防御与救援工作等等。

由于长期受分门别类的灾害应急管理体制的限制，我国形成了单灾种、分部门、分地区的单一灾害管理模式。然而，突发自然灾害往往突如其来，猝不及防，从而使得任何一个部门，有时甚至是一级政府，即使水平再高，能力再强，也难以单独应对大规模的突发自然灾害。2003 年"非典"暴发之初，我们社会体制中危机管理意识缺失、信息披露"报喜不报忧"等问题暴露无遗，管理体制中条块分割、部门封锁的毛病充分呈现。

显而易见，我国的政府危机管理带有浓厚的部门色彩，缺少统一的国家级紧急事务管理机构，在应对大规模公众危机上，缺少一个专业的危机预警和处理机制，危机管理远没有形成制度化和法治化。与西方发达国家相比，我国政府危机管理还存在较大差距，概括起来主要存在以下几方面的问题：缺乏统一指挥部，偏重于直接救灾；单兵作战，对社会资源整合不足；政府对经济的监管不到位；政府危机管理预警体系不健全；政府官员和社会民众缺乏危机意识，应对危机的能力较差等。

在与自然灾害的长期斗争中，我国也积累了许多应急管理的经验，制定了"预防为主，防治结合"、"防救结合"等一系列政策方针，颁布了《破坏性地震应急条例》、《防震减灾法》等一系列自然灾害应急管理法律法规，初步建立起自然灾害应急管理的工作体系。但是相比而言，我国自然灾害的应急管理基本上还处于起步阶段。

我国现有的公共危机管理体系，不仅缺乏专门机构和完善体系，而且由于现有绩效考核体系的影响，各级政府的理性行为是尽量"捂盖子"，像在山东烟台"11·24"海难、广西南丹县的矿井事故中体现得十分清楚。为提高政府在重大突发危机事件中的管理能力，加强政府对危机事件的预见和救治能力，有必要建立政府危机管理的预警和救治体系。

自然灾害通常都会经历从酝酿、爆发、蔓延、减弱到最终消亡的生命周期。围绕自然灾害的生命周期，政府自然灾害的应急管理应该贯穿自然灾害的事前、事中和事后整个过程。尽管各国国情不同，面对的自然灾害种类不同，但政府的应急机制通常都包括预防机制、预警机制、反应机制、控制机制、恢复机制等五个主要部分。

公共危机管理是一项系统工程，要解决当前危机管理中的问题，必须统筹全局，从基础抓起。因此，要尽快进行灾害管理资源的整合，政府始终要发挥主导作用，构建全社会统一的灾害管理、指挥、协调机制，实现由单一减灾向综合减灾的转变，形成灾害应急管理的合力。

在我国，虽然多年来在应对诸如地震、台风、洪涝、干旱、泥石流、火灾、沙尘暴、"非典"等危机事件的过程中，我国政府也逐渐形成了一些应对灾害危机的制度，但是，正式提出建立政府危机管理体制还是2003 年抗击"非典"取得阶段性胜利以后的事。从 2003 年面对"非典"的《突发公共卫生事件应急条例》到 2005 年的《国务院关于预防煤矿生产安全事故的特别规定》，从 2007 年的《国务院关于加强食品等产品安全监督管理的特别规定》到 2008 年的《汶川地震灾后恢复重建条例》，屡次快速立法的推进，标志着中国政府的公共危机管理体制建设的步伐在加快，水平在逐渐提高。

（三）加强政府危机管理体制建设

当前，我国应从现阶段政府应对危机的实际水平出发，针对存在的问题，在借鉴国外基本经验的基础上，找到相应的措施，努力建立、健全我国政府危机管理体制。

1. 把危机管理意识灌输到全社会，要把危机管理上升到一个国家战略的高度来认识，把这作为政府的使命和责任之一，增强各级政府及其整个社会的危机管理意识。

2. 组建国家及各省市县政府危机管理专门机构。这个机构担负以下职责：危机信息的收集；反危机战略的规划并将其纳入政府日程；判断各种危机发生的可能性并评估其损害和风险；危机防范；监督危机管理日程的实施；进行危机管理教育和训练；危机发生时，协调各级政府、各个部门进行反危机行动。

3. 建立统一应对突发性紧急状态的法律。从宪法上授权政府具有危机管理的权力，并限定其职责；同时，制定一部《紧急状态法》，把各种危机的管理都纳入到统一的程序和制度中，而不再是分散管理，各个政府部门各行其道。以法律手段来处理与突发性紧急状态有关的公共紧急事件，是世界各国普遍采取的措施和对策。

4. 积极培育和发展非营利组织，充分发挥其在危机管理中的重要作用。非营利组织是指各种非国家和非政府所属的公民组织，主要有非政府组织、公民的志愿性社团、协会、社会组织、利益团体和公民自发组织起来的运动等等。平时它们可以成为及时、积极疏导社会不良情绪的"减压阀"和提示突发事件到来的"预警器"，而当突发事件真正到来的时候，又可以协助政府进行社会管理和紧急救助。

5. 建立危机管理信息系统和知识系统，为反危机提供知识储备和信息预警，提高危机管理中决策系统的创新能力。

6. 建立危机管理的资源和财政保障体系。其一，危机管理经费纳入国家预算体系；其二，建立国家反危机基金；其三，社会保险、社会救助等要同危机管理相结合。

7. 加强应对各种危机的国际合作，大力推进危机管理研究。

三、"5·12" 抗震救灾与公共危机管理

2008 年 5 月 12 日 14 点 28 分，四川汶川县发生 8 级特大地震，强烈的地震波波及广泛，全国多个省市均有明显震感。据民政部报告，截至 2008 年 9 月 8 日 12 时，四川汶川地震已造成 69226 人遇难，374643 人受伤，失踪 17923 人。

这场突如其来的四川大地震，让中国政府经受了新中国成立以来空前的一场危机，考验着中国政府的危机管理能力。但也可以说是中国政府成立以来最成功的一次危机管理。与以往唐山大地震、"非典"等重大危机管理相比，在展现政府抗击危机方面的信心，占领资讯主导权，争取百姓的信任，以及赢得国际信誉方面，中国政府此次的表现可说是令人"耳目一新"。对四川大地震所实施的危机管理重点体现出了以下的特点：

（一）说明国家在突发事件管理的机制和体制建设方面走向了一个新的阶段

汶川地震发生后，党中央、国务院立即投入应急处理，下面的一系列数字就是最好的证明：地震发生后，胡锦涛主席在地震发生后召开中央政治局常委会，做出"全力开展救援行动"的指示。国务院总理温家宝即于当天 16 时 40 分搭乘专机赶赴四川震区，20 时 30 分左右抵达都江堰市，成立了国务院抗震救灾指挥部，设立 8 个抗震救灾工作组；19 时 50 分左右，国家地震灾害紧急救援队和国家地震灾害现场工作队从北京飞赴汶川灾区；24 时左右，近 2 万名解放军和武警官兵到达灾区开展救援工作。在黄金救援 72 小时中，温家宝总理辗转重灾区视察灾情；涉及海军陆战队、空降兵等 20 余个兵种的 14 余万人投入抗震救灾……国家领导、武警和消防官兵、公安干警、各兵种部队、各救援队、医疗队等，均在第一时

间到达地震灾区，快速及时的行动使无数受灾群众得以脱险，也使中国赢得了国际社会的高度评价。

地震发生后，新华社、中央电视台、中央人民广播电台、国家地震局均在第一时间通报了地震消息，各大媒体更以全天直播形式报道灾情和救灾举措，其迅捷、权威的发布时效与发布方式，缓解了不安定因素，得到了公众的理解与支持，更显示了政府应对危机的能力和水平。

2008 年 5 月 19 日—21 日，按照国家的规定，全国为汶川地震受难的人民举行哀悼，全国及驻外机构降半旗，停止一切娱乐活动，奥运火炬传递暂停，19 日 14 时 28 分起三分钟全国鸣笛、人民默哀、汽车停驶，等等。这是国家首次为受难人民举行国家哀悼。过去这一礼遇只是由国家最高领导人去世时独享。正如中外媒体评价，这是中国共产党和中国政府政治上的一大突破，体现了以人为本、执政为民的中国党和政府的新的价值观。

谣言止于真相。知情才能理解，理解才能万众一心、共渡难关。此次大地震虽然波及面甚广，损失极为惨重，但引人注目的是社会上基本没有多少谣言传播，民心相对稳定，社会秩序安定。没出现连超级大国美国当年新奥尔良暴风袭击期间也曾有过的抢劫商店等社会动乱现象。与"非典"暴发期间，中国民间谣言四飞，百姓惊慌恐乱的局面更是形成鲜明对比。

政府领导人的信心、资讯的公开透明，不仅大大加强了老百姓对政府的信任，也为中国政府赢得了良好国际声誉。中国政府的表现让其在2008 年年初大雪灾和西藏事件的阴影里走了出来。新加坡外长杨荣文认为中国政府地震资讯处理手法，"令人赞叹"。连习惯于对中国政府挑刺的西方媒体，也不得不佩服中国政府此次的突出表现，做出了一些正面的报道。这些前所未有的现象，都体现了中国政府执政能力的进步，有利于中国政府树立国际形象。

汶川抗震救灾中，政府的主导地位、信息的沟通交流、广泛的社会动员，构成了应急管理机制的核心，发挥了整体应急效能，最大限度地降低了灾害所造成的损失，对恢复社会秩序、维护社会稳定、保持社会和谐起到了积极作用。政府迅速有效的反应和充满人文情怀的应对措施，展示了一个负责任、强有力的政府形象，标志着我们国家在突发事件管理的机制和体制建设方面，走向了一个新的阶段。

（二）实现了国家与社会关系改革的重大突破

非营利组织的原有发育与大地震所激发的道义力量相结合，导致了社会力的爆发式增长，从而出人意料地实现了国家与社会关系改革的重大突破。在这次大灾难中，政府、社会的积极互动使得很多人都对国家的前途更加充满信心，这种巨大合力能够决定性地推动我国全面改革实现新的历史性突破，因而它也就给我们带来了巨大的历史机遇。

诚如一位社会学家所指出的，国家和社会共享着同样的基础结构，一个国家的力量最终取决于其国土之内社会集体的力量。而思考如何把这种力量更充分地组织起来，在制度空间之内将更广阔的社会空间开放给它，使它在对公共生活的塑造中得到提升、整合、壮大和释放，并始终与增进对个体生命的尊重这一终极价值相关联。

在中国，民众对政府存在一种高度的惯性依赖心理，当灾难突降，这种依赖心理更是无以复加。说民众过于依赖政府，在灾难或各种突发事件面前惰性地等待政府，其实从根源上讲，并非民众自己的责任。因为这种心理很大程度上源自政府的作为，源自政府一步步让民众养成了这样一种习性。原因有两个：其一，除了政府，民众别无求助对象，尽管对政府特别是地方政府还有些不信任；其二，民众的自组织能力严重不足，他们在平日也没有机会训练这种能力，因为政府对这种社会的自组织限制颇严。所以当灾难来临时，民众只有把眼睛盯着政府。

改革开放，是一个政府不断重新定位的历程。从前，从个人私生活到经济活动与政治参与，皆在政府的领导规划之下。然后，政府开始逐步让出了市场这块领域，经济自由化、市场化的结果导致国家的权力萎缩，个人从国家的权力网络和意识形态中挣脱，成了相对自由的存在，中国迈入前所未见的繁荣阶段。社会开始呈现出勃勃生气，不断地推动进步。不过，政府又退得太远太快，像教育、医疗和社会服务这些重要的民生范畴一下子陷入不是政府负责就是市场竞争的处境。在国家权力退缩之后，社会相应的力量却没有适时地填补上去。原因在于，政府对社会自组织始终持一种不信任态度乃至怀有一种恐惧心理。担心社会自组织大量涌现，会导致社会失序，会对既有的权力结构构成巨大挑战，教唆甚至主动对抗政府权力，与党和国家形成严重对立。于是政府出台了大量法规，对社会自组织严加约束。

由于我国长期形成的"大政府、小社会"的格局，使得我国非营利组织还不够壮大，因此，危机管理中的社会自我动员能力仍然十分薄弱，非营利组织在危机管理中所起的作用还是微乎其微，从而也就加重了政府的负担。这就需要在政府指导下，积极培育和发展非营利组织，形成政府和社会共同管理危机的治理结构。

政府应在国家权力和社会权力间寻求平衡，应改变对社会自组织的过度警惕心理。特别对救灾当中出现的一些公益性组织，政府更应适当放松政策并加以扶植，让他们充分发挥机动灵活、反应快速、贴近人心的优势，成为政府今后应对自然灾害、社会问题的重要力量。

在此次救灾当中涌现的自愿者组织表现非常亮眼。地震之后，他们及时自发组织赶赴灾区，捐款、捐物、救援、救助、心理疏导，做了大量工作，对积极的政府行为形成了有益补充。由南至北自发起来赈灾的民间力量令人鼓舞，在政府和市场之间，中国也要开始培育"第三部门"的土壤，这应该是改革开放历程的转折点，让人民变成自信自主的公民，让国家进入一个"强政府，大社会"的双赢时代。

（三）地震引发和诠释了中国公民意识的觉醒

所谓公民意识就是公民对自己在国家中的地位的自我认识。公民意识的内核，是责任意识、道德意识和博爱意识。在这次抗震救灾中，公民在慈善捐助、志愿服务、义务献血等义举中表现出来的空前热情和踊跃行动，充分展示了存在于中国社会中的真善美，中国人的无私无畏、忘我奉献精神以及内在于人们情感中的纯朴、宽容、大度、感恩等等。

汶川大地震虽然让几万鲜活的生命在瞬间消失，也使得几百万人失去了他们赖以生存的家园，但是，从震后废墟中显露出的人性的温情和美丽，从迅速展开的全民大救援来看，一个我们呼唤已久的、对国家长治久安和蓬勃发展极为可贵的非营利组织却也在这次地震中得以成长。中国的非营利组织在此次地震中，得到了充分的展示。

首先，从政府来看，在如此重大的突发灾难面前，中国政府不仅反应迅速，而且灾害之后的信息透明度以及对外部援助的开放态度，都是前所未有的，这充分显示了中国政府保障民众知情权、尊重生命、对人民负责的责任政府形象。像地震这样的重大突发灾难，公民首先需要的是对灾害的知情权。地震发生后，政府第一时间通报灾情，告之真相，并开放中外媒体到震区采访，央视多个频道 24 小时连续直播，等等，满足了民众对灾情信息的及时需求。灾难发生后，十几万大军从全国各地赶赴灾区，以和时间赛跑的速度从废墟下抢救人员，即使在 72 小时黄金救援期过去后，仍把救人作为首要任务，开放多支国外搜救队伍入川救援，这些都最大程度地体现了中国政府对灾区人民生命的尊重。

其次，本次地震也让我们看到了企业公民的成长。合格的企业公民是非营利组织的重要组成部分。这次包括国企、民企、外企在内的各种所有制企业，不论规模大小，利润厚薄，都纷纷行动起来，积极参与抗震救灾的各项捐赠的慈善活动。一些企业不单捐钱捐物，还成立基金，将这种慈善延续下去。还有一些企业家组成民间志愿队，直接参与抢险救灾。掌握着雄厚财力的企业尤其是民营企业的发展，是非营利组织产生的一个基本条件，这次抗震救灾中企业公民意识和责任感的不断增强，充分说明在中国，一个有强烈社会责任感的企业和企业家团体正在形成。

比起政府和企业来，尤其值得称道的是广大民众和民间组织的表现。民间的捐款捐物自不必说，成都街头市民的争相献血，奥运火炬传递时的集体默哀，网络和手机短信中充满关爱的无数留言，明星歌手的筹款募捐，等等。特别是在灾难发生后，民间组织和志愿者的身影活跃在各个灾区，他们在废墟中寻找生命，将民众捐献的衣物在第一时间分发给灾民，将食物和饮用水送到灾民手里，扮演了协助灾民改善灾后生活的重要角色。可以说，普通民众和民间组织这次对汶川救灾的积极参与，真正实践了公民的责任精神。而一个独立于政府的民间力量在社会的发展中所起的积极的建设性作用，正是非营利组织崛起的重要标志。

如今，大规模的抗震救灾即将过去，之后是一个漫长的重建家园的过程。在这一过程中，更需要政府与市场、非营利组织通力合作，发挥每一个人的公民责任。我们有理由认为，经过这次灾难的严峻考验，伴随着市场经济与民主、法治的成长进步，中国非营利组织的发展趋势是不可更易的。

（四）充分发挥了公共危机管理中的非营利组织的作用

与过去 30 年的赈灾相比，不仅这次社会对汶川特大震灾的关注范围之广、程度之深远超以往，而且社会捐赠的数量和速度也前所未有。随着灾情的深入披露，募集的资金每天数以亿计、数以十亿计地增长，许多普通人反复多次多渠道地做出捐助。另一个显著的不同是，以往的中国式赈灾往往表现为通过政府基层组织捐款捐物，而从 2008 年年初的雪灾开始，人们逐渐不愿意在家中等待、通过电视和报纸旁观，而更多地开始在现场投入直接的行动，以这种方式与受灾者共同分担。在雪灾中，我们先后看到自发的同城互助、在亲友团体中组织施工队伍跨省救援，以及通过网络组织运输团队跨地运送物资和慰问人员，等等。在"5·12"赈灾中，虽然捐款仍是最普遍、最便捷、最重要的方式，但希望亲临现场、采取行动的意愿体现得更为强烈和明显。在灾区的医院、临时聚居区、通往灾区的运输线路乃至救援的一线，志愿者的身影随处可见。在各大网站的首页，灾区缺乏的物资清单赫然醒目，人们或购买捐赠或不远万里携带物资赶赴灾区。同样可视为直接行动的还有捐血、认领孤儿、通过媒体提供救助知识，等等。[1]

在地震震撼了国土之后，社会公众的表现同样令人震撼。钱和物归根

---

① 杨利敏：《2008 年，铸造新国民国家的新起点》，《法制日报》2008 年 5 月 23 日。

到底是一种中介，它们虽然在大多数情况下也能够解决问题，但毕竟抽空了人际的直接纽带，而在直接行动中所展现、增强的人与人之间的关系是任何钱、物难以企及和无法替代的。与人际关系越来越冷漠、功利、算计的看法相反，灾害如同一种无声的动员，让公众中间久已蕴藏的参与一种有意义的公共生活的巨大热情充分释放和表达出来。

以民间团体为代表的非营利组织最擅长的，还不是第一时间的救灾，而是灾后的重建。根据以往的国际经验，在灾区重建的过程里，大型的跨国非政府组织又不一定比地方上小型的草根团体有效。因为所谓的重建不只是房屋校舍等硬件上的建设，还是经济活动、心理健康与社会纽带的恢复，这一切都有赖于熟悉地方环境的民间力量。他们要重建的不是物质环境，更是包括物质环境在内的社群。

无疑，军队和政府承担着绝大部分的任务，是抗震救灾的主导力量。不过也要看到，随着灾害进程的演变，抗震减灾的目标愈发细化和具体化，灾后重建不只是面对自然灾害，还有心理创伤等长效的艰巨任务，而在这些领域，志愿者、NGO、企业乃至一般民众都可以自发承担细致的使命，填补并充实救灾工作的琐碎环节。事实表明，无论公民个人还是已经活跃的环保、助学等民间团体组织，他们有意愿也有能力为灾民做事，完全可以和政府达成良好协作，与国家力量一道抚慰震撼。

相较于抗震救人，灾后重建具有更大的挑战性。它要在 10 万平方公里的地域恢复基本的社会面貌和治理秩序，要让 500 万人口重新回归家庭生活，为他们整理出对故乡、城镇、社区、工作等诸多头绪的方向感。重建涉及人和社会"再造"的所有方面，社区重建将持续时间起码长达数年甚至超过十年。毫无例外，国家在重建中具有任何力量都无法替代的作用。然而考虑到灾区重建的复杂性，完全可以将各类民间团体吸纳进来，发挥公民与社会团体在公共服务、专业技术等领域的优势，促进震区"新生"，也是培植非营利组织健康成长的良好机会。

无数的公民和公民团体就是一个非营利组织活跃的毛细血管，借助他们的力量，重建工作能够倾听到最大多数灾民的意见诉求，促使重建的决策更民主、更有效，从而提高重建的效率和它的透明度、责任心。尤其是在震区这样的环境中，一个发育健全的非营利组织可以提供具体细微的社区服务，弥补公共部门职能受到削弱后的空间。毋庸置疑，政府在此前救人救灾的阶段已肯定了民间力量的上述功能，还应当及时总结经验，为在重建中容纳一个非营利组织的运作提供机制保障，这也是"多难兴邦"应有的涵义。

（五）以人为本的人道主义精神切实成为我国的时代精神和主旋律，志愿服务和公益捐款深入人心

汶川特大地震巨大破坏力量使得整个中国为之颤抖、全球华人为之震动，带来了国人精神世界领域里的一场大革命。这场大革命的实质就在于，以人为本的人道主义精神终于切实地成为了我国的时代精神和主旋律。面对灾难，中华民族万众一心、众志抗灾，从政府迅速到达现场，到企业民众争先慷慨解囊；从数万志愿者爱心行动，再到数百家社会组织空前协调。在这场天灾面前，中国非营利组织的伟力也获得前所未有的释放。短短几天，已经上百个社会组织到达灾区前线，活跃在各个灾区，寻找生命，分发救灾物资，在抗震救灾中发挥了重要作用。此外，此次民间捐助创下历史之先河，到 2008 年 6 月 25 日 12 时，全国共接收国内外社会各界捐赠款物 538.95 亿元，实际到账款物 534.01 亿元，已向灾区拨付捐赠款物 191.46 亿元。在本次抗震救灾活动中，中国公民的自我管理和组织能力，也得以体现。在前方，众多的志愿者、社会组织，虽然队伍庞大，人员众多，但活动秩序井然；在后方，各种募捐活动、悼念活动、志愿者召集活动，也表现出高度的组织性。

1995 年阪神大地震是日本 NGO 成长的一个里程碑——在最初的两个月内有 100 万人，在 12 个月内累计有 135 万多志愿者参加救援，在日本救灾史上被称为"志愿者元年"。而在 1999 年之前，中国台湾没多少人关注志愿者和 NGO，在"9·21"之后，台湾被称为"志工岛"。伴随着一次 8.0 级大地震到来的，是一场前所未有的慈善总动员，全国的慈善基金、民间组织、普通公众史无前例地积极行动起来，必将产生深远影响。

此次抗震救灾，同时在两条"战线"展开，主线是由党中央、国务院统一部署指挥，以军队和各级政府为主体的政府序列；附线则是民间自发投入，以普通民众、志愿者、各种民间组织为主体的民间序列。地震后除了当地的救援力量之外，几十万人迅速集结到四川，形成了一股强大的力量。这是公民志愿服务意识在灾难面前的空前高涨。

《中国青年报》的报道说，大约有 20 万志愿者从中国各地赶往地震灾区，提供食品、帐篷和医疗，他们的车队有时在四川省狭窄的山道上造成拥堵。私人的援助形式很多——从内蒙古运来的牛肉、从深圳运来的睡袋、从重庆运来的建筑材料，还有几百万瓶矿泉水和大量方便面。志愿者在政府救援工作没有到达的地方展开。

文明是一种自觉行为的集合。以年轻人为主体的义工、志愿者和其他民间组织的出现，是高度自由意志下的个体选择，与以往的道德标杆不同，他们非官方激励的结果，亦无官方的约束。从这点看，他们比以前时代的人更能体现"文明"二字，也来得更为真实恳切。而此次汶川大地震，更有众多的民间组织、义工积极参与其中，其反应速度和应急能力令人刮目相看，同时也在很大程度上弥补了政府行为的不足。一直不太被重视的民间组织，以一种"非常态"方式登台亮相，并显现其能量。

在我国，慈善事业、志愿服务等都正处于发展的起步阶段，在抗震救灾的特殊背景下，启动了对它们的大量需求。如果由此继续得到不断的推动，那么，将促进慈善事业、志愿服务等进入新的发展阶段。

四、"5·12"抗震救灾经验初步总结

在这么短的时间内、在救援条件如此艰难的情况下，中国抗震救灾工作成效显著。在第五届亚欧议会伙伴会议开幕式上，吴邦国就本次汶川大地震抗震救灾工作做出总结。最重要的有三个方面原因[1]：

---

[1] 孙宇挺：《中国高层首次总结抗震救灾经验》，《中国新闻网》2008 年 6 月 19 日。

（一）依靠中国特色社会主义的制度优势

中国是中国共产党领导的社会主义国家，人民代表大会制度是中国的根本政治制度。中国的国家制度，确保了人民当家作主，人民利益高于一切，以人为本、执政为民是我们崇高的执政理念；确保了各族人民的大团结，具有把13亿中国人凝聚起来的巨大力量，最大限度地调动人民群众的积极性、主动性和创造性；确保了全国一盘棋，能够集中力量办大事，提高工作效率。之所以能够取得抗击这场特大地震灾害的显著成效，很重要一条就是靠中国特色社会主义的制度优势。在抗震救灾斗争中，以对人民高度负责的精神，不惜一切代价，只要有一线希望，就尽最大努力抢救人的生命，最大限度减少了人员伤亡。

举全国之力，从中央到地方政令畅通、步调一致，动员和组织各方力量，形成强大合力。用最短时间调集解放军、武警部队13.9万多人，公安民警、消防官兵和特警2.8万多人，民兵预备役人员7.56万人，医疗卫生人员9.68万人，国内外地震专业救援队5200多人，奔赴灾区，争分夺秒，展开史无前例的生死大营救，还有20多万志愿者从四面八方赶赴灾区参加抗震救灾。我们的胡锦涛主席、温家宝总理等国家领导人亲临灾区，与受灾群众并肩战斗。我们灾区的各级领导干部，特别是基层干部身先士卒，在危急关头豁得出、冲得上去，赢得了人民的信赖，成为群众的主心骨。

（二）依靠改革开放30年的发展积累

我们之所以能够取得抗击这场特大地震灾害的显著成效，很重要一条就是靠改革开放30年的发展积累。

到2008年6月17日，各级政府已投入抗震救灾资金539亿元，其中中央财政投入490多亿元，调运救灾帐篷140多万顶、活动板房36万多套；调运棉被480多万床、衣物1400多万件，还有大量粮食、食品、药品等救援物资源源不断地运到灾区。全国人大常委会按照特事特办原则，决定及时调整2008年中央预算，建立灾后恢复重建基金，以保证抗震救灾和灾后重建的资金需要。

（三）依靠中华儿女自强不息的民族精神

中华民族是有巨大民族凝聚力的国家。千百年来，中华民族历经磨难而信念愈坚，饱尝艰辛而斗志愈强，形成了以爱国主义为核心的伟大民族精神。在这场惊心动魄的抗震救灾斗争中，中华民族万众一心、众志成城、不畏艰险、百折不挠，再次经受住严峻考验，伟大的民族精神得到发扬光大。受灾群众临危不惧，奋起自救和互救，共克时艰。"一方有难、八方支援"，13 亿中国人拧成一股绳，有钱出钱，有力出力。海外华人华侨心系祖国、情系灾区，踊跃捐款。在经济比较发达省份的请缨下，我们已建立 19 个省份分别帮助四川等重灾区县市灾后恢复重建的对口支援机制。

中国这次抗震救灾得到了包括亚欧国家在内的世界各国政府和人民的大力支持和援助，一些国家的救援队和医疗队还与中国人民一起抗震救灾，充分体现了世界各国人民对中国人民的深情厚谊。

经历这场抗震救灾斗争的洗礼，中国人民进一步增强了民族凝聚力，进一步提高了坚持改革开放、推动科学发展的自觉性，进一步坚定了走中国特色社会主义道路的信念。尽管前进的道路上还会遇到这样或那样的困难和挑战，但我们有信心、有决心、有能力战胜一切艰难险阻，不断夺取全面建设小康社会新胜利，实现中华民族伟大复兴。

第六章
中国行政法制改革

改革开放 30 年，我国行政法制建设取得了显著的成就，回顾历史，总结经验，分析今后一段时期行政法制建设的趋势，对于大力推进我国行政法制建设，乃至于全面加强政治文明建设，全面建设小康社会，都具有重大意义。

第一节　行政法制改革的基础和构成

一、行政法制改革的经济基础

中国 30 年改革发展的进程，基本上是围绕对经济体制问题的认识这条主线展开的。而这个问题的核心，是正确认识和处理计划与市场的关系。现代市场经济体制与法治有极为密切的关系，法治是建立现代社会经济体制的制度基础。[①] 中国加入世界贸易组织，贸易领域的规则绝大部分内容是针对政府而言的，是以政府的管理为对象的，是对政府行为的要求。这些都同"从马克思主义观点来看，行政法制在根本上决定于经济

---

① 钱颖一：《市场与法治》，《经济社会体制比较》2000 年第 3 期，第 1—13 页。

基础"① 的认识相一致。

我国经济体制改革确定什么样的目标模式，是关系整个社会主义现代化建设全局的一个重大问题。传统的观念认为，市场经济是资本主义特有的东西，计划经济才是社会主义经济的基本特征。党的十一届三中全会以来，随着改革的深入，我们逐步摆脱这种观念，形成新的认识，对推动改革和发展起了重要作用。党的十二大提出计划经济为主，市场调节为辅；党的十二届三中全会指出商品经济是社会经济发展不可逾越的阶段，我国社会主义经济是公有制基础上的有计划商品经济；党的十三大提出社会主义有计划商品经济的体制应该是计划与市场内在统一的体制；党的十三届四中全会后，提出建立适应有计划商品经济发展的计划经济与市场调节相结合的经济体制和运行机制。特别是邓小平同志南方谈话进一步指出，"计划经济不等于社会主义，资本主义也有计划；市场经济不等于资本主义，社会主义也有市场。计划和市场都是经济手段。计划多一点还是市场多一点，不是社会主义与资本主义的本质区别"。这个精辟论断，从根本上解除了把计划经济和市场经济看做属于社会基本制度范畴的思想束缚，使我们在计划与市场关系问题上的认识有了新的重大突破。随着实践的发展和认识的深化，党的十四大提出我国经济体制改革的目标是建立社会主义市场经济体制。党的十五大又进一步提出了"非公有制经济是社会主义市场经济的重要组成部分"和"依法治国"。

现代市场经济作为一种有效运作的体制的条件是法治，而法治则是通过其两个经济作用来为市场经济提供制度保障的②：一是约束政府，约束的是政府对经济活动的任意干预；二是约束经济人行为，其中包括产权界定和保护、合同和法律的执行、公平裁判、维护市场竞争。这通常要靠政府在不直接干预经济的前提下以经济交易中第三方的角色来操作，起到其支持和增进市场的作用。如果没有法治的这两个经济作用为制度保障，产

---

① 罗豪才：《现代行政法制的发展趋势》，法律出版社 2003 年版，第 97 页。
② 钱颖一：《市场与法治》，《经济社会体制比较》2000 年第 3 期，第 1—13 页。

权从根本上说是不安全的，企业不可能真正独立自主，市场不可能形成竞争环境并高效率运作，经济的发展也不会是可持续的。

二、行政法制建设的构成

（一）党代会有关法制的论述

中国法制建设的内涵，可以从中国共产党历次党代会报告的有关论述中得到。

党的十一届三中全会指出，为了保障人民民主，必须加强社会主义法制，使民主制度化、法律化，使这种制度和法律具有稳定性、连续性和极大的权威，做到有法可依，有法必依，执法必严，违法必究。要把立法工作摆到全国人民代表大会及其常务委员会的重要议程上来。检察机关和司法机关要保持应有的独立性。宪法规定的公民权利，必须坚决保障，任何人不得侵犯。要保证人民在自己的法律面前人人平等，不允许任何人有超于法律之上的特权。

党的十三大强调社会主义民主和社会主义法制不可分割。没有全社会的安定团结，经济建设搞不成，经济体制改革和政治体制改革也搞不成。国家的政治生活、经济生活和社会生活的各个方面，民主和专政的各个环节，都应做到有法可依，有法必依，执法必严，违法必究。我们必须一手抓建设和改革，一手抓法制。法制建设必须贯穿于改革的全过程。一方面，应当加强立法工作，改善执法活动，保障司法机关依法独立行使职权，提高公民的法律意识；另一方面，法制建设又必须保障建设和改革的秩序，使改革的成果得以巩固。无论是立法还是改革的事情，要尽可能用法律或制度的形式加以明确。这样才能形成政治、经济和社会生活的新规范，逐步做到：党、政权组织同其他社会组织的关系制度化，国家政权组织内部活动制度化，中央、地方、基层之间的关系制度化，人员的培养、选拔、使用和淘汰制度化，基层民主生活制度化，社会协商对话制度化。总之，应当通过改革，使我国社会主义民主政治一步一步走向制度化、法律化。这是防止"文化大革命"重演，实现国家长治久安的根本保证。

党的十四大将民主和法制归于政治体制改革的叙述框架内，提出积极推进政治体制改革，使社会主义民主和法制建设有一个较大的发展，并要高度重视法制建设。一要加强立法工作，特别是抓紧制定与完善保障改革开放、加强宏观经济管理、规范微观经济行为的法律和法规，这是建立社会主义市场经济体制的迫切要求。二要严格执行宪法和法律，加强执法监督，坚决纠正以言代法、以罚代刑等现象，保障人民法院和检察院依法独立进行审判和检察。三要加强政法部门自身建设，提高人员素质和执法水平。四要把民主法制实践和民主法制教育结合起来，不断增强广大干部群众的民主意识和法制观念。

党的十五大提出"发展民主必须同健全法制紧密结合，实行依法治国"。依法治国，就是广大人民群众在党的领导下，依照宪法和法律规定，通过各种途径和形式管理国家事务，管理经济文化事业，管理社会事务，保证国家各项工作都依法进行，逐步实现社会主义民主的制度化、法律化，使这种制度和法律不因领导人的改变而改变，不因领导人看法和注意力的改变而改变。依法治国，是党领导人民治理国家的基本方略，是发展社会主义市场经济的客观需要，是社会文明进步的重要标志，是国家长治久安的重要保障。党领导人民制定宪法和法律，并在宪法和法律范围内活动。依法治国把坚持党的领导、发扬人民民主和严格依法办事统一起来，从制度和法律上保证党的基本路线和基本方针的贯彻实施，保证党始终发挥总揽全局、协调各方的领导核心作用。加强法制建设的具体内容有：第一，坚持有法可依、有法必依、执法必严、违法必究是党和国家事业顺利发展的必然要求。第二，加强立法工作，提高立法质量，到 2010年形成有中国特色社会主义法律体系。第三，维护宪法和法律的尊严，坚持法律面前人人平等，任何人、任何组织都没有超越法律的特权。第四，一切政府机关都必须依法行政，切实保障公民权利，实行执法责任制和评议考核制。第五，推进司法改革，从制度上保证司法机关依法独立公正地行使审判权和检察权，建立冤案、错案责任追究制度。第六，加强执法和司法队伍建设。第七，深入开展普法教育，增强全民的法律意识，着重提高领导干部的法制观念和依法办事能力。第八，法制建设同精神文明建设必须紧密结合，同步推进。第九，深化行政体制改革，实现国家机构组织、职能、编制、工作程序的法定化，严格控制机构膨胀，坚决裁减冗员。

党的十六大强调加强社会主义法制建设。一要坚持有法可依、有法必依、执法必严、违法必究。二要适应社会主义市场经济发展、社会全面进步和加入世贸组织的新形势，加强立法工作，提高立法质量，到2010年形成中国特色社会主义法律体系。三要坚持法律面前人人平等。四要加强对执法活动的监督，推进依法行政，维护司法公正，提高执法水平，确保法律的严格实施。五要维护法制的统一和尊严，防止和克服地方和部门的保护主义。六要拓展和规范法律服务，积极开展法律援助。七要加强法制宣传教育，提高全民法律素质，尤其要增强公职人员的法制观念和依法办事能力。党员和干部特别是领导干部要成为遵守宪法和法律的模范。八要深化行政管理体制改革，要实现机构和编制的法定化。

党的十七大提出全面落实依法治国基本方略，树立社会主义法治理念，实现国家各项工作法治化，保障公民合法权益，尊重和保障人权，依法保证全体社会成员平等参与、平等发展的权利，加快建设社会主义法治国家。一要坚持科学立法、民主立法，完善中国特色社会主义法律体系。二要加强宪法和法律实施，坚持公民在法律面前一律平等，维护社会公平正义，维护社会主义法制的统一、尊严、权威。三要推进依法行政。四要深化司法体制改革，优化司法职权配置，规范司法行为，建设公正高效权威的社会主义司法制度，保证审判机关、检察机关依法独立公正地行使审判权、检察权。五要加强政法队伍建设，做到严格、公正、文明执法。六要深入开展法制宣传教育，弘扬法治精神，形成自觉学法、守法、用法的社会氛围。七要尊重和保障人权，依法保证全体社会成员平等参与、平等发展的权利。八要各级党组织和全体党员自觉在宪法和法律范围内活动，带头维护宪法和法律的权威。

（二）行政法制建设的内容构成

从上文可以归纳出法制建设的内容大体应该包括以下七个方面：

1. 加强宪法和法律实施，维护宪法和法律的尊严，维护社会公平正义。坚持法律面前人人平等，任何人、任何组织都没有超越法律的特权。宪法规定的公民权利，必须坚决保障，任何人不得侵犯。

2. 加强立法工作。坚持科学立法、民主立法，提高立法质量，形成中国特色社会主义法律体系。

3. 深化司法体制改革。优化司法职权配置，规范司法行为，建设公正高效权威的社会主义司法制度，保证审判机关、检察机关依法独立公正地行使审判权、检察权。加强司法队伍建设，提高人员素质和执法水平。

4. 推进依法行政。一切政府机关都必须依法行政，提高公职人员的法制观念和依法办事能力，切实保障公民权利；加强执法队伍建设，提高执法水平，做到严格、公正、文明执法。加强执法监督；实行行政执法责任制，坚决克服多头执法、执法不公的现象；强化行政问责制，对行政过错要依法追究。

5. 深化行政管理体制改革，实现国家机构组织、职能、编制、工作程序的法定化。

6. 深入开展法制宣传教育，弘扬法治精神，形成自觉学法、守法、用法的社会氛围。增强全民的法律意识，提高全民法律素质，不断增强广大干部群众的民主意识和法制观念。

7. 拓展和规范法律服务，积极开展法律援助。

突出重点，可以说行政法制的内容主要由贯彻宪法精神、加强行政法律制度建设、推进依法行政构成。

第二节　行政法制改革的主要内容及其成果

一、宪法

宪法是国家的根本大法，是一切法律的母法，具有最高的法律效力。在中国，各族人民、一切国家机关和武装力量、各政党和各社会团体、各企业事业组织，都必须以宪法为根本的活动准则，并负有维护宪法尊严、保证宪法实施的职责。

人大五届五次会议通过宪法修改，1982 年宪法进一步健全了国家权力机构；以第六条、第七条、第十一条、第十五条对所有制结构、经济制度进行了规定①。1982 年宪法是新中国成立以来制定得最好的一部宪法，这部宪法开辟了我国法制发展的新时期，对我国现代行政法制发展有指导性的影响。② 宪法规定了：

（一）作为行政法制基础的人民主权和民主管理原则，以宪法权威、法律至上、反对特权为核心的行政法制原则。

（二）国务院和地方各级人民政府的性质、地位以及基本职权。

（三）行政机关和权力机关、审判机关、检察机关的关系，实行权力分工和监督制约的原则。

（四）国家机关工作责任制和行政效率原则，反对官僚主义。

现行宪法通过后，为与中国社会发生的变革相适应，全国人民代表大会又先后四次对宪法的部分内容和条款做了修改：

（一）1988 年确立了土地使用权和私营经济的宪法地位；

（二）1993 年八届全国人大一次会议通过宪法修正案，将"国家实行

---

① 《中华人民共和国宪法》（1982 年）。
② 罗豪才：《现代行政法制的发展趋势》，法律出版社 2003 年版，第 35—49 页。

社会主义市场经济"载入现行宪法。此次修宪还增加了"坚持改革开放",并将建设"高度文明、高度民主的社会主义国家"修改成建设"富强、民主、文明的社会主义国家",民主的位置提前;

(三) 1999 年,将"中华人民共和国实行依法治国,建设社会主义法治国家"载入宪法;

(四) 2004 年,将"国家尊重和保障人权"载入宪法。明确规定了公民的私有财产权和社会保障权。

改革开放使我国社会进步日新月异,各种社会关系也在发展变化。由于改革是从经济领域起步,上层建筑领域改革相对滞后,因此,把改革开放实践中成功的经验,适时写进宪法,既是以宪法修正的方式确认其合宪性,同时也是对宪法的发展。尤其"人权"① 入宪,是我国政治民主建设的又一里程碑,"人权"由政治概念提升为法律概念,"尊重和保障人权"上升为国家意志,使公民应当享有的诸如社会保障、私有财产、征地补偿等具体权利更加可靠、可行。

二、行政法制体系

从规范政府组成、约束政府权力运行的角度来分析,不考虑部门、行业、领域的行政法制度,行政法制体系主要包括立法制度、行政组织制度、行政许可制度、行政征收征用制度、行政处罚制度、行政复议制度、行政诉讼制度、行政赔偿制度、行政监察和审计制度、公务员制度、政府采购制度、政府信息公开制度等。

(一) 立法制度

2000 年 3 月 15 日九届人大三次会议通过了《立法法》,规定了我国

---

① 中国加入"人权两公约"的情况说明:联合国于 1966 年通过了国际"人权两公约":《经济、社会及文化权利国际公约》、《公民权利和政治权利国际公约》。1997 年中国政府正式签署《经济、社会及文化权利国际公约》,2001 年第九届人大常委会第二十次会议做出批准《经济、社会及文化权利国际公约》的决定。1998 年中国政府签署《公民权利和政治权利国际公约》。

的授权立法制度。《立法法》的制定在行政法上的意义是清理了我国的行政立法体制，在行政诉讼中为司法审查直接提供了审查的各种法律依据的效力等级之分的问题。《立法法》规定其适用范围是行政法制的制定、修改和废止。国务院部门规章和地方政府规章的制定、修改和废止，依照《立法法》的有关规定执行。

（二）行政组织制度

1.《国务院组织法》。1982 年 12 月 10 日第五届全国人民代表大会第五次会议通过。按照现行《宪法》的规定，国务院统一领导全国地方各级国家行政机关的工作。

2.《中华人民共和国地方各级人民代表大会和地方各级人民政府组织法》。1979 年 7 月 1 日第五届全国人民代表大会第二次会议通过、1980 年 1 月 1 日起施行，在 1982 年 12 月 10 日五届人大五次会议、1986 年 12 月 2 日六届人大十八次会议、1995 年 2 月 28 日八届人大十二次会议进行修正。规定省、自治区、直辖市、自治州、县、自治县、市、市辖区、乡、民族乡、镇设立人民代表大会和人民政府。

3.《行政机构设置和编制管理条例》。1997 年 8 月 3 日国务院发布。

4.《地方各级人民政府机构设置和编制管理条例》。为适应深化行政管理体制改革和加强地方机构编制管理的需要，国务院颁布了《地方各级人民政府机构设置和编制管理条例》，自 2007 年 5 月 1 日起实施，在机构编制管理法制化建设方面迈出了重要一步。作为新中国第一部规范地方机构编制管理的行政法规，《条例》填补了地方机构编制管理工作的法制空白。

在国务院出台《地方各级人民政府机构设置和编制管理条例》的同时，中办、国办下发了《关于加强和完善机构编制管理严格控制机构编制的通知》，中央编办、监察部联合制定了《机构编制监督检查暂行规定》。这些法规和文件，明确了机构编制管理的基本要求和工作重点。

（三）行政许可制度

《行政许可法》（2003 年）对行政许可设定的事项和程序等做了严格限制和规定：凡是公民、法人或者其他组织能够自主决定的，市场竞争机制能够有效调节的，行业组织或者中介机构能够自律管理的，行政机关采用事后监督等其他行政管理方式能够解决的事项，一般不设定行政许可。《行政许可法》还规定，行政机关实施行政许可必须合法、公开、公正、便民，遵循不得擅自改变已经生效的行政许可的信赖保护原则。

从《行政许可法》颁布以来，政府在方便人民群众方面做了很多努力。比如地方政府建立一站式服务大厅、政务超市，很多部门也建立了类似的一个窗口对外、一次性告知制度、限时办结许可事项等等。

（四）行政征收、征用制度

物权法的制定涉及我国基本经济制度，关系广大人民群众切身利益，备受社会关注，从研究起草到颁布实施历时 13 年。第十届全国人民代表大会第五次会议审议通过《物权法》。

物权法是在市场经济条件下规范民事财产关系的基本法律。《物权法》（2007 年）规定，国家、集体、私人的物权和其他权利人的物权受法律保护，任何单位和个人不得侵犯。

按照《宪法》和《物权法》的规定，国家为了公共利益的需要，依照法律规定的权限和程序，可以征收集体所有的土地和单位、个人的房屋及其他不动产。征收集体所有的土地，应当依法足额支付土地补偿费、安置补助费、地上附着物和青苗的补偿费等费用，安排被征地农民的社会保障费用，保障被征地农民的生活，维护被征地农民的合法权益。征收单位、个人的房屋及其他不动产，应当依法给予拆迁补偿，维护被征收人的合法权益；征收个人住宅的，还应当保障被征收人的居住条件。

保护物权是行政机关的法定职责。物权人对行政机关不履行保护物权的法定职责不服或者对行政机关保护物权的效果不满意时，可以申请行政复议或者提起行政诉讼，要求行政机关履行保护物权的法定职责或者赔偿损失①。

---

① 应松年：《行政权与物权之关系研究——主要以〈物权法〉文本为分析对象》，《中国法学》2007 年第 5 期。

（五）行政处罚制度

1996 年 3 月 17 日八届人大四次会议通过了《行政处罚法》。《行政处罚法》规定了我国行政处罚的六个种类：警告；罚款；没收违法所得、没收非法财物；责令停产停业；暂扣或者吊销许可证、暂扣或者吊销执照；行政拘留等。设计了三套行政程序：简易程序、一般程序、听政程序。简易程序是指对违法事实确凿并有法定依据、处罚较轻的行为，由执法人员当场做出处罚决定。一般程序是指不可以当场做出处罚决定的，必须经过调查取证，而后才能做出处罚决定。听政程序是指在行政机关做出责令停产停业、吊销许可证或者执照、较大数额罚款的决定之前，行政当事人依法要求行政机关组织听证会，进行申辩和质证。听证程序是一般程序的调查之后、审查之前插进去的一个特殊程序，它旨在促使行政机关做出更加谨慎的行政处罚，保护公民合法正当的权益。并且将行政处罚权做了设定：法律和行政法规可以设定各种行政处罚，但限制人身自由的行政处罚，只能由法律设定。地方性法规可以设定除限制人身自由、吊销企业营业执照以外的行政处罚。行政处罚法规定了各项行政程序制度，如行政执法时出示身份证件表明身份制度，做出行政处罚决定时说明制度，做出行政决定前的调查和收集证据制度，决定中听取当事陈述和申辩制度；决定后的送达处罚决定书，告知当事人救济权利和救济途径制度，以及听证制度等。《行政处罚法》规定，行政处罚决定做出后，当事人有权申请行政复议、提起行政诉讼或者依法提出赔偿要求。

《行政处罚法》是一部规范行政机关的行政处罚行为的法律。它的制定和实施，对解决实际存在的乱设处罚、滥施处罚、随意处罚等问题有直接作用；对于保护公民、法人及其他组织的合法权益，监督保障行政机关依法行使职权、有效地完成行政管理任务，对于配合行政诉讼法实施，完善对行政行为的事先监督机制，健全民主法制，乃至转变政府职能，完善社会主义市场经济体制，都具有重要意义。

（六）行政诉讼制度

行政诉讼制度是以司法权来限制行政权，是一种司法审查制度。1989

年 4 月 4 日七届人大二次会议制定了《行政诉讼法》，在我国正式确立了以行政相对人为原告、行政机关为被告的行政诉讼制度。反映了我国行政立法在指导思想和价值取向上的一个重大转变，开始通过行政诉讼来促进政府机关依法行政。

《行政诉讼法》将行政机关的行政行为分为具体行政行为和抽象行政行为，并且，在现代宪法的体制下，行政权的自由裁量因素大为增加，其行使除了是否合法问题，还有个是否合理行使的问题，因此我国行政诉讼法将具体行政行为分为合法与合理的问题。

法院审理行政案件，只对具体行政行为是否合法进行审查。《行政诉讼法》规定，公民、法人或者其他组织对行政机关和行政工作人员做出的八类具体行政行为不服的，有权依法向人民法院提起诉讼。这八类是：对拘留、罚款、吊销许可证和执照、责令停产停业、没收财物等行政处罚不服的；对限制人身自由或者对财产的查封、扣押、冻结等行政强制措施不服的；认为行政机关侵犯法律规定的经营自主权的；认为符合法定条件申请行政机关颁发许可证和执照，行政机关拒绝颁发或者不予答复的；申请行政机关履行保护人身权、财产权的法定职责，行政机关拒绝履行或者不予答复的；认为行政机关没有依法发给抚恤金的；认为行政机关违法要求履行义务的；认为行政机关侵犯其人身权、财产权的。人民法院经过审理，对具体行政行为存在主要证据不足、适用法律法规错误、违反法定程序、超越职权、滥用职权等情形的，可以判决撤销或者部分撤销，并可以判决被告重新做出具体行政行为。至于具体行政行为是否合理之问题，由上级行政机关加以监督。抽象行政行为则主要由同级权力机关加以监督。

《行政诉讼法》对行政的管理和监督，不是从行政权内部寻找力量，而是从外部引进审判权，以审判权来监督行政权。由于这首先必须以宪法上的审判权和行政权相互分立作为前提，所以，我国现代意义上的行政法制开始形成。行政诉讼法规定公民可以以行政相对方身份起诉政府，政府必须依法行政，政府的行政行为如果缺乏法律上的依据，就要承担败诉责任，所以，行政诉讼法进一步扩展我国宪法中的平等观念，将法律面前人人平等扩展到官与民之间，在法律面前，行政权力和公民权利则是平等的，若有争议，则通过法治的途径来解决。

更深入的理解，1990 年开始实施的《中华人民共和国行政诉讼法》有着丰富的制度内涵和道德基础。第一，它确立了司法审查制度，结束了"内无分权制衡机制，外无人民对政府控制"的局面，从而打破了万能政府和国家的神话。它排除了传统政治文化中把官员视做具有集体身份的个人（即代表人民的抽象实体），承认由人组成的政府也存在种种局限性，由此重新勘定了政府权力以不侵犯公民人身权利、财产权利等基本人权为合法限度。对政府官员来说，司法审查制度有助于培养他们守法的意向、自我克制和负责的美德及对合法的反对者的宽容，因此，它有效地促进了政府道德基础的重建。第二，通过"民告官"这种具体的诉讼形式确认了行政权与公民权、公共利益和个人利益的界分及与此相关的政治国家与市民社会的分离，承认以个人的基本人权抗衡政府权力的合法性和正当性，独立平衡的法律人格意识和自由主义的人权保障观念由此得以彰显，传统的国家主义与公共利益至上观念让位于对社会多元利益和价值取向的尊重和自身的合理节制。①

（七）行政复议制度

1990 年国务院制定了《行政复议条例》，行政复议作为一项法律制度在我国开始确立起来。1994 年对《行政复议条例》做了修改。1999 年 4 月 29 日九届全国人大常委会九次会议在此基础上，制定了《行政复议法》。

《行政复议法》规定行政当事人认为具体行政行为违法或不当，侵犯其合法权益的，可以向行政机关提出行政复议申请。行政当事人认为具体行政行为所依的国务院部门规定、县级以上地方各级人民政府及其工作部门的规定、乡镇人民政府的规定不合法的，可以在对具体行政行为申请行政复议时，一并提出对该抽象行政行为审查申请。行政复议机关经过审

---

① 包万超：《儒教与新教：百年宪政建设的本土情结与文化抵抗》，《北大法律评论》1998 年第 1 卷第 2 辑，第 505—575 页。

理，可以依法决定撤销、变更或者确认该具体行政行为违法，可以责令行政机关在一定期限内履行法定职责或者重新做出具体行政行为。

《行政复议法》虽然属于传统的内部行政法的范畴，但与《行政诉讼法》相互配套，是对《行政诉讼法》的一个补充。《行政诉讼法》确立了法院对行政机关的具体行政行为是否合法进行审查，至于具体行政行为是否合理，则由行政机关自行来决定，《行政复议法》与《行政诉讼法》体现了行政权与审判权在人民代表大会制度下的相互分工合作的宪法精神。

在行政复议制度之前，我国一直实行一种叫做信访的制度。1995 年国务院颁布《信访条例》。2005 年 1 月 5 日国务院第七十六次常务会议通过新《信访条例》，条例所称信访，是指公民、法人或者其他组织采用书信、电子邮件、传真、电话、走访等形式，向各级人民政府、县级以上人民政府工作部门反映情况，提出建议、意见或者投诉请求，依法由有关行政机关处理的活动。

（八）行政赔偿制度

1994 年 5 月 12 日八届全国人大常委会第七次会议通过了《国家赔偿法》。《国家赔偿法》规定行政机关及其工作人员违法行使行政职权侵犯人身权和财产权的，受害人有获得赔偿的权利。在行政诉讼法有关行政赔偿的规定的基础上，对行政赔偿请求人和行政赔偿义务机关、行政赔偿范围、赔偿程序、赔偿方式和赔偿标准等做了具体规定，并且增加刑事赔偿的内容，从而以法律的形式确立相对完备的国家赔偿制度。不依法行政，就得承担国家赔偿责任，国家赔偿法对我国的行政法是一个有力的促进。

制定国家赔偿法是使行政当事人被行政侵犯的合法权益得到补救，是建立行政诉讼制度的目的之一。国家赔偿法使得国家和公民个人同处于平等地位，国家对自己行为也要承担法律上的赔偿责任，国家赔偿法使得国家走下神坛。

（九）行政监察和审计制度

1. 早在 1990 年，国务院就发布了《行政监察条例》，但这是国务院制定了一个由自己来监督自己的条例。1997 年全国人大常委会第 25 次会议将条例上升为法律，制定了《行政监察法》。其立法目的是"加强监督工作，保证政令畅通，维护行政法律，促进廉政建设，改善行政管理，提高行政效能"。《行政监察法》规定，由监察机关对行政机关在遵守和执行法律、法规和人民政府的决定、命令中的问题进行监察，包括：

对行政权的监督，可以分为两种，一种是对行使行政权的内容即行政行为进行监督，是对事的监督；另一种是对行使行政权的主体即公务员进行监督，是对人的监督。

对行政行为的监督，宪法确立了同级人大及其常委会、上级行政机关对抽象行政行为的监督体制，行政诉讼法确立了法院对具体行政行为的监督体制。

对公务员的监督，首先是对公务员的管理问题，这属于《公务员法》所调整的范围，其次是行政监察问题。

《行政监察法》属于传统的内部行政法范畴，基本上是行政权的内部自我监督，由于监察机关了解行政系统内部的规章制度和政策，熟悉和掌握监察对象的情况，所以比起其他的监督体制来，在一定程度上具有较高的监督效率。

2.《审计法》规定，由审计机关对国务院各部门和地方各级政府的财政收支、国有金融机构和企业事业组织的财务收支等进行审计监督。

（十）公务员制度

我国历史上长期以来实行吏治制度，新中国成立以来叫做干部人事制度。这种制度带有强烈的人治色彩，在中国传统文化运作的背景下，使得一个人能否进入行政机关任职，以及是否晋升，完全取决于组织甚至个别领导人的意志，从而形成无制约机制和激励机制的人事管理。

1993 年《国家公务员暂行条例》颁布，2005 年《公务员法》通过。公务员是行政行为的主要实施者，建立和推行国家公务员制度，是行政法制改革的重要步骤。

《公务员法》和《行政机关公务员处分条例》（2007 年），规定了公务员的任职条件、义务与权利、职务与级别、录用、考核、职务任免与升降、奖惩、培训、交流与回避、工资福利保障、辞职与辞退、退休、申诉控告、职位聘任以及法律责任等，确立了公务员分类管理制度和职位聘用制度，并确定了行政机关公务员处分制度。"凡进必考"成为公务员录用的主要途径。竞争上岗、年度考核，对于保证政府机关的依法行政和效率的提高起到了一定的促进作用。

行政机关行使行政职权存在行政裁量空间，公务员手中具体掌握裁量权，掌控着行政行为的合理性问题。《行政机关公务员处分条例》建立行政责任与利益挂钩的机制，用制度的办法克服行政不作为现象。

（十一）政府采购制度

2002 年 6 月 29 日第九届全国人民代表大会常务委员会第二十八次会议通过《政府采购法》，自 2003 年 1 月 1 日起施行。政府采购，指各级国家机关、事业单位和团体组织，使用财政性资金采购依法制定的集中采购目录以内的或者采购限额标准以上的货物、工程和服务的行为。立法目的是规范政府采购行为，提高政府采购资金的使用效益，维护国家利益和社会公共利益，保护政府采购当事人的合法权益，促进廉政建设。

（十二）政府信息公开制度

从 20 世纪中叶开始，知情权、政府信息公开、责任政府等成为各国政治建设和法制建设的一个重要组成部分。尤其是近十年以来世界上掀起的促进政府运作透明化的浪潮里，政府信息公开是其中的热点内容。政府信息公开立法是现代民主政治发展的产物。公开化不仅使监督主体了解监督对象的日常行为，而且它还对监督对象产生一种无形的压力，促使其遵纪守法、勤恳工作，从而有利于监督、遏制腐败。

1996 年中央纪委明确提出，要实行政务公开制度。此后，政务公开逐步进入推广阶段。中办、国办分别于 1998 年、2000 年联合下发了《关于在农村普遍实行村务公开和民主管理制度的通知》和《关于在全国乡镇政权机关全面推行政务公开制度的通知》，要求各级行政机关从人民群众普遍关心和涉及群众切身利益的实际问题入手，将群众反映强烈的问题和容易出现不公平、不公正甚至产生腐败的环节以及本地方经济和社会发

展的重大问题，通过多种方式予以公开。2002 年，党的十六大明确提出
"认真推行政务公开制度"。各级政府和政府部门按照国务院的部署和要
求，结合实际，积极探索，把人民群众普遍关心、涉及人民群众切身利益
的问题作为政务公开的重点，广泛利用政务公开栏、政府公报、政务公开
指南、公开听证、新闻发布会、专家咨询等各种形式，积极推进政务公开
工作，取得了明显成效。为了从技术上为政务公开提供便利条件，国务院
于 1999 年 1 月全面启动了政府上网工程，目前各级政府和政府部门普遍
建立了自己的网站。

　　2004 年 3 月，国务院印发《全面推进依法行政实施纲要》，进一步明
确了推进政府信息公开是"转变政府职能，深化行政管理体制改革"的
一项重要措施。为了进一步保障公民的民主权利，提高依法行政水平，加
强对行政权力的监督，中办、国办又于 2005 年 3 月联合下发了《关于进
一步推行政务公开的意见》，对政务公开工作的指导思想、基本原则、工
作目标、主要任务、重点内容、形式载体、制度建设和组织领导措施做出
了明确规定。

　　为了落实中央关于推行政务公开和政府信息公开的要求，《中华人民
共和国立法法》、《中华人民共和国行政许可法》、《中华人民共和国安全
生产法》、《突发公共卫生事件应急条例》等多部法律、行政法规都对有
关政府信息的公开做出了规定，一些地方人民政府和国务院部门还结合本
地方、本部门的实际，制定出台了政府信息公开的专门规定。

　　2007 年 4 月 5 日，国务院公布了《中华人民共和国政府信息公开条
例》，自 2008 年 5 月 1 日起施行。所谓政府信息，是指行政机关在履行职
责过程中制作或者获取的，以一定形式记录、保存的信息。政府信息公
开，是指行政机关依照法定程序、以法定形式公开与社会成员利益相关的
信息，允许社会成员通过查询、查阅、复制、摘录、下载等方式予以充分
利用。① 该条例的目的是为了保障公民、法人和其他组织依法获取政府信

① 曹康泰：《中华人民共和国政府信息公开条例读本》，人民出版社 2007 年版，序第 1 页。

息，实现人民群众对政府工作的知情权、参与权和监督权，有效发挥政府信息对人民群众生产、生活和经济社会活动的服务作用。

三、依法行政和建设法治政府

依法行政，建设法治政府，是全面落实依法治国基本方略的重要内容，成为我国政府施政的基本准则。多年来，我国政府采取一系列措施切实推进依法行政，建设法治政府。继 1999 年颁布《关于全面推进依法行政的决定》（国发［1999］23 号）后，2004 年 3 月国务院制定《全面推进依法行政实施纲要》，确立了建设法治政府的目标，明确规定此后十年全面推进依法行政的指导思想和具体目标、基本原则和要求、主要任务和措施。其中，明确了六条依法行政的指导原则：

一是合法行政。行政机关实施行政管理，应当依照法律、法规、规章的规定进行；没有法律、法规、规章的规定，行政机关不得做出影响公民、法人和其他组织合法权益或者增加公民、法人和其他组织义务的决定。

二是合理行政。行政机关实施行政管理，应当遵循公平、公正的原则。要平等对待行政管理相对人，不偏私、不歧视。行使自由裁量权应当符合法律目的，排除不相关因素的干扰；所采取的措施和手段应当必要、适当；行政机关实施行政管理可以采用多种方式实现行政目的的，应当避免采用损害当事人权益的方式。

三是程序正当。行政机关实施行政管理，除涉及国家秘密和依法受到保护的商业秘密、个人隐私以外，应当公开，注意听取公民、法人和其他组织的意见；要严格遵循法律程序，依法保障行政管理相对人、利害关系人的知情权、参与权和救济权。行政机关工作人员履行职责，与行政管理相对人存在利害关系时，应当回避。

四是高效便民。行政机关实施行政管理，应当遵守法定时限，积极履行法定职责，提高办事效率，提高优质服务，方便公民、法人和其他组织。

五是诚实守信。行政机关公布的信息应当全面、准确、真实。非因法定事由并经法定程序，行政机关不得撤销、变更已经生效的行政决定；因国家利益、公共利益或者其他法定事由需要撤回或者变更行政决定的，应当依照法定权限和程序进行，并对行政管理相对人因此而受到的财产损失依法予以补偿。

六是权责统一。行政机关依法履行经济、社会和文化事务管理职责，要由法律、法规赋予其相应的执法手段。行政机关违法或者不当行使职权，应当依法承担法律责任，实现权力和责任的统一。依法做到执法有保障、有权必有责、用权受监督、违法受追究、侵权须赔偿。

目前，中国各级人民政府的行政权力已逐步纳入法治化轨道，规范政府权力取得和运行的法律制度基本形成，政府在不断完善行政法制体系建设的同时，还加强自身建设、强化行政监督，依法行政取得了重要进展：

（一）中国政府通过切实加强自身建设，进一步转变职能，加快建设法治政府步伐

一是加快建立突发事件应急机制，提高政府应对公共危机的能力，努力建设服务政府。全国人民代表大会常务委员会制定了《突发事件应对法》，国务院发布了《国家突发公共事件总体应急预案》。国家有关部门制定了25件专项预案、80件部门预案，31个省、自治区、直辖市制定了本地区的总体预案，初步形成了全国应急预案体系[①]。

二是进一步做好政府信息公开工作，努力建设"阳光"政府。国务院公布了《政府信息公开条例》。中央政府门户网站于2006年正式开通，目前全国80％县级以上政府和政府部门建立了门户网站。74个国务院部门和单位，31个省、自治区、直辖市人民政府建立了新闻发布和发言人制度。[②]

三是加大行政问责力度，努力建设责任政府。各级政府及其工作部门

---

① 国务院新闻办：《中国的法治建设》白皮书（2008年2月）。
② 国务院新闻办：《中国的法治建设》白皮书（2008年2月）。

逐步推行行政问责制，按照"谁决策、谁负责"的原则，对超越权限、违反程序决策造成重大损失的，严肃追究决策者责任。推进行政执法责任制，不断提高行政执法水平，是建设法治政府的必然要求。中国政府高度重视行政执法体制改革，要求各级行政机关严格按照法定权限和程序行使职权，全面推行行政执法责任制，严格执法责任。按照国务院办公厅 2005 年 7 月印发的《关于推行行政执法责任制的若干意见》的要求，各地区、各部门围绕推行行政执法责任制，依法界定执法职责，科学设定执法岗位，规范执法程序，明确行政执法主体和行政执法职权，清理不合法的行政执法主体。据不完全统计，自推行行政执法责任制以来，全国各级行政机关共追究行政执法责任 28 万多人次。①

（二）在建设法治政府进程中，中国政府不断加强行政监督责任，积极解决行政争议

加强对制定法规、规章和规范性文件等抽象行政行为的监督。2008 年 1 月 15 日，国务院总理签署第 516 号国务院令，公布《国务院关于废止部分行政法规的决定》，对截至 2006 年年底现行行政法规共 655 件进行了全面清理，对主要内容被新的法律或者行政法规所代替的 49 件行政法规予以废止；对适用期已过或者调整对象已经消失，实际上已经失效的 43 件行政法规，宣布失效。国务院在加强法规、规章备案审查的基础上，进一步健全省、市、县、乡"四级政府、三级备案"的规章、规范性文件备案体制，促进地方各级政府依法行政。2003 年 3 月至 2007 年年底，国务院对有立法权的地方和国务院部门报送备案的 8402 件地方性法规、自治条例和单行条例、地方政府规章和国务院部门规章进行了审查，对存在问题的 323 件法规、规章依法进行了处理。国务院制定了《行政复议法实施条例》，并积极探索行政复议体制改革，加强各级行政复议工作人员能力建设。自 1999 年行政复议法实施以来，全国平均每年通过行政复议

---

① 国务院新闻办：《中国的法治建设》白皮书（2008 年 2 月）。

解决 8 万多起行政争议。①

第三节　行政法制改革的发展趋势

一、行政机关需要强化五种意识

在推进依法行政的过程中，行政机关首先需要从思想上重点强化五种意识②：

一是民主意识。党的十七大报告把人民民主看做是社会主义的生命，提到很高的位置，重点提出政治体制改革要与人民政治参与积极性不断提高相适应，从各个层次、各个领域扩大公民有序政治参与。随着互联网逐步发展，信息交流的扩展，公民的民主意识、参与意识越来越强，特别是对政府的监督和诉求越来越多。行政机关及公务员人员的民主意识也相应提高，否则不能适应形势。

二是合法意识。行政机关行使权力要有合法的意识，不能随意做出行政决定，实施行政行为。

三是合理意识。行政机关行使行政权力要公平公正，符合理性，特别是当行政机关有重要的自由裁量权时更应该合理。

四是证据意识。一直以来，行政机关缺乏在具体案件中的证据意识，一旦出现诉讼会非常被动。所以，在做出具体行政行为时必须查清事实。

五是程序意识。行政机关做出行政行为的时候必须履行相应的程序，包括时限、方式、方法、步骤、顺序等要求。程序是最容易被行政疏忽的，没有程序意识，就等于没有法律意识。

---

① 国务院新闻办：《中国的法治建设》白皮书（2008 年 2 月）。
② 马怀德：《法治政府特征及建设途径》，《国家行政学院学报》2008 年第 2 期，第 36—39 页。

二、用法制手段保障机构改革成果

党的全国代表大会把机构编制法制建设作为行政管理体制改革的重要内容，反复强调，多次提出要求。党的十三大指出，要完善行政机关组织法，制定行政机关编制法，用法律手段和预算手段控制机构设置和人员编制。党的十五大提出，要实现国家机构组织、职能、编制和工作程序的法定化。党的十六大进一步强调要科学规范部门职能，合理设置机构，优化人员结构，实现机构和编制的法定化。党的十七大从发展社会主义民主政治的高度，要求健全组织法制和程序规则，保证国家机关依法行使权力、履行职责。党的十七届二中全会通过了《关于深化行政管理体制改革的意见》，把"实现政府组织机构及人员编制向科学化、规范化、法制化的根本转变"作为行政管理体制改革总体目标中的一项重要内容，明确提出要"加快推进机构编制管理的法制化进程"。这些精神和要求，对于机构编制管理的法制化建设具有重要的指导意义。

一个国家的法制化程序提高之后，政府的职权要法制化，不仅要体现在部门法中，更多是要体现在组织法中。但是现在我国的组织法并不健全，各部门缺少组织法。目前，在我国，国务院各部门的职能分工及权力分配由国务院"三定"方案决定，"三定"方案仅系国务院的决定，而且是自下而上产生的，缺乏对行政事务的全面分解、归责，因而各部门之间的职能、权限冲突比较严重。为协调各部门的关系，各种临时机构应运而生。因此，需要加快依法治编的步伐，实现国家机构编制法定化。

（一）应该提高机构编制的立法层次，增加其权威性，使它与机构编制的实际地位相符合

通过立法赋予编制管理监督机构一定的执法权，使其拥有对全国的机构编制行为的审查监督权。强化编制管理的法律责任，明确相关法律责任的追究方式。

（二）进一步健全国家机构的组织法制和程序规则

研究《国务院组织法》、《地方各级人民代表大会和地方各级人民政

府组织法》、《国务院行政机构设置和编制管理条例》、《地方各级人民政府机构设置和编制管理条例》和《事业单位登记管理条例》等法律法规的贯彻实施情况，进一步完善相应的工作规则和配套办法。

（三）进一步完善机构编制实体性法规

结合行政管理体制改革的进程，统筹考虑、有序推进部门组织立法，逐步出台部门组织行政法规，条件成熟时上升为法律。在进一步完善"三定"规定的同时，逐步以立法形式对各部门的性质、法律地位、职责权限、内设机构、人员编制以及领导职数等做出明确规定和具体规范。在制定和实施部门组织单行法的基础上，适时研究制定部门组织基本法。

（四）进一步加强机构编制的依法规范管理

严格执行机构编制有关法律法规，切实做到有法可依、有法必依、执法必严、违法必究。建立健全机构编制管理与财政预算、组织人事管理的配合机制。加强对机构编制执行情况的监督检查，强化对机构编制违法违规行为的追究力度。进一步健全机构编制管理的社会监督机制和群众举报制度，推行机构编制管理的政务公开，提高工作透明度，接受群众监督。加大机构编制法律法规的宣传力度，提高各方面的机构编制法制意识，营造机构编制管理法制化的良好氛围。

三、加快制定行政程序制度

人民群众对行政权的态度是矛盾的。一方面，行政权的有效行使给社会带来秩序和安宁，增加人民群众福祉，人民群众需要行政权；另一方面，行政权扩张至社会生活的方方面面，其被滥用的客观存在（孟德斯鸠指出"一切有权力的人都容易滥用权力"）损害和威胁着公民权。从现有的诸项行政法律制度看，行政程序制度有助于很好地解决这个难题。从这个角度看，行政程序制度是行政法制的核心。

行政程序是行政机构行使行政权力的操作规则。因此，结合我国的实际情况，制定一部适合我国国情的行政程序法，是保证我国行政机关依法行政、提高行政管理工作效率的有效途径，同时也是我国政府机构改革取得成果的重要保障。现在颁布施行了《行政许可法》、《行政处罚法》，《行政收费法》、《行政强制法》还在酝酿制定中，但这都是各个部门单独的一个程序，还缺乏一个基本的程序，最低标准的程序规则①，行政程序法的出台仍在期待之中。

2008 年 4 月 18 日，《湖南省行政程序规定》公布，并于 10 月 1 日正式实施。该规定明确，在行政决定做出之前，重大决定要集体研究，涉及对经济社会发展影响重大，特别是影响公共重大利益的专业性、技术性强的重大执法事项，需经过专家评审和论证，作为政府决策的参考依据。政府管理的依据、过程、结果，都要及时向社会公开，扩大人民群众对政府的监督力度，保证各项管理活动都在人民群众的监督之下进行。有行政法专家评论道，"过去许多法规都是给政府授权，老百姓遵守。而该规定则是一部专门规范政府自身行为的规章，是给行政权力的运行定规矩。这部规定在规范政府行为方面，公开、参与、效率、问责是最核心的内容。它通过建立一套程序规则对行政权力进行约束，防止政府办事的随意性，保障政府办事公开、公正、合法、高效"。②《湖南省行政程序规定》出台开全国之先河，为其他省市和全国的行政程序立法提供经验，将对从法制上推动我国行政管理改革起到重大作用。

---

① 马怀德：《法治政府特征及建设途径》，《国家行政学院学报》2008 年第 2 期，第 36—39 页。
② 应松年：《铺设权力运行的"轨道"》，湖南在线 2008 年 4 月 22 日。

第七章

中国人事制度改革与
公务员制度的建立

　　人事制度改革是我国行政体制改革和公共管理的重要组成部分，是上层建筑同经济基础协调向前发展的组织保证。我国政府在改革开放和现代化建设过程中，十分重视人事制度改革，初步形成了与社会主义市场经济体制相配套的人事制度，提高了人事管理水平，有力地推动了经济和社会的发展。

第一节　中国人事制度改革综述

　　改革开放前，我国对国家机关、国有企业、国有事业单位工作人员的管理，实行的是与计划经济体制相适应的管理制度。国家将这些部门和单位中的工作人员分为两大类，即"干部"和"工人"，并根据两者身份的不同实行不同的管理办法。

　　随着社会主义事业特别是改革开放的发展，这种管理就显得很不适应了，主要表现在：

　　首先，干部队伍庞大，干部范畴广泛。据统计，我国原有干部人数近

4000 万, 平均每 25 人供养一个干部, 这种情形与国家机构设置过多有关, 也与干部范畴过泛有关。我国的干部范畴覆盖了国家机关人员、医生、教师、运动员、演员、军官、企业管理人员等, 每年都有大批人员以各种方式取得干部身份。庞大的干部队伍不仅造成经费紧张, 滋生官僚主义, 而且给管理带来了极大的困难。

其次, 管理方式单一, 缺乏科学分类。我国干部范畴广泛, 但在管理上却没有分门别类, 而是用单一的管理国家机关人员的标准或办法管理一切具有干部身份的人员, 影响了不同职业特点人员工作积极性的发挥。因此, 我国虽有庞大的干部队伍和相应的管理制度, 却没有真正意义上的人事行政。

最后, 人事制度不科学。表现在: 单一委任制, 即单纯依靠行政手段任命干部, 且一经任命, 只要不犯错误, 便终身享有这种身份, "能上却不能下"; 封闭式的干部选拔体制, 干部的选拔任用由少数领导和组织部门负责, 导致主观性、随意性大, 论资排辈现象严重; 干部考核以定性为主, 缺乏科学的定量分析, 注重政治条件, 忽视业务水平; 培养干部偏重实践经验, 忽略专业基础知识; 干部人事管理没有基本法规可循, 造成管理的无序和缺乏活力。

因此, 在我国确立改革开放政策, 正式开始经济改革的同时, 我国的人事制度改革也随之展开。

一、中国人事制度改革历程

回顾 30 年来中国的人事制度改革历程, 如果以"十年"作为时间段, 可以划分为三个阶段:

(一) 第一个阶段是 1979 年到 1988 年, 这是我国人事制度改革的初始阶段, 也是各项制度、目标的革创时期

1979 年党的十一届三中全会后, 随着全党工作重心的转移, 传统人事制度中那种缺乏正常的录用、奖惩、退休、淘汰办法的问题日渐突出。对此, 邓小平同志多次强调, 要改革权力过分集中的管理体制, 大力精简各级经济行政机构，实行分级分工分人负责，解决年轻人的接班问题，还要解决机构臃肿和退休制度的问题，加快实现干部队伍的"革命化、年轻化、知识化、专业化"，遂有了第一次人事制度改革。1982 年，在邓小平同志领导下的国务院机构改革实际上是一次深刻的管理体制和干部人事制度改革。在这次机构改革中，一是改革领导体制，二是废除干部终身制，三是精简机构人员。这次国务院机构改革，首开了从上到下大规模的组织、人事制度改革之风。

1983 年，在中央组织提出《关于干部制度改革的意见》等文件的基础上，党中央决定改变权力过于集中的现象，具体做法是：下放干部管理权限，实行下管一级、分层管理、层层负责的管理体制；调整和改进干部管理办法，改变条块分工不合理、层次头绪过多、任免手续繁琐、职责不清、互相扯皮现象，提高干部管理效率；开始进行干部分类管理探索；开始建立后备干部制度，进一步促进新老干部交替和干部队伍"四化"建设；加强和改善对干部工作的宏观管理，确保改革的顺利进行。

1987 年，党的十三大会议总结前一段干部人事制度改革经验，进一步确立了全面改革干部人事制度的指导思想、具体内容和当前重点，即"三个改变"和"三个建立"。具体说就是"改变集中统一管理的现状，建立科学分类管理体制；改变用党政干部的单一模式管理所有人员的现状，建立各具特点的人事管理制度；改变缺乏民主法制的现状，建立干部人事的依法管理和公开监督"，并强调"当前干部人事制度改革的重点是建立国家公务员制度"。

（二）第二个阶段是从 1989 年到 1998 年，以国家公务员制度的确立为标志，我国人事制度改革取得了突破性进展

1993 年，历经多年研究、论证、修改的《国家公务员暂行条例》正式颁布，并于当年 10 月 1 日起正式施行。同时，在党群系统以及人大、政协机关等分别实行或参照实行《党的机关工作人员条例》或《国家公务员暂行条例》。《条例》的施行，宣布了我国政府机关正式实行国家公务员制度，它使徘徊多年的干部分类制度改革迈出了重大步伐。这项制度

的实施是政府机关人事管理走向科学化、法制化的重要标志，是我国干部人事制度改革取得的一项重大突破性成果。它在强化政府指挥系统、提高机关工作人员素质、提高政府行政效率、克服官僚主义、防止腐败等诸多方面发挥了积极作用。

党的十四大召开以后，我国干部人事制度改革具体目标在逐步明晰，分类改革和实现两个调整成为此后很长一段时期干部人事制度改革的主要目标和任务。十四大报告提出："加快人事劳动制度改革，逐步建立健全符合机关、企业和事业单位不同特点的科学的分类管理体制和有效的激励机制。"

1994 年，党的十四届四中全会和全国组织工作会议的召开，对人事制度改革提出了新的要求：一是确立了人事制度改革的目标任务，即建立与社会主义市场经济体制相配套的人事管理制度，创造一个公开、平等、竞争、择优的用人环境，建立一套能上能下、能进能出、充满活力的管理机制，形成一套法制完备、纪律严明的监督体系，实现人事管理科学化、法制化；搞好人才资源整体性开发，开创人才辈出、人尽其才的局面，培养和造就大批适应现代化建设需要的各类高素质人才，为国民经济和社会发展提供人才保障。二是明确了人事制度改革的原则，即党管干部的原则；德才兼备、任人唯贤的原则；群众公认、注重实绩的原则；公开、平等、竞争、择优的原则；民主集中制的原则；依法办事的原则。三是提出了人事制度改革应注意的事项，即态度要坚决、安排要缜密、步伐要加快、工作要稳妥，在改革中始终处理好改革、发展、稳定的关系和继承、借鉴、创新的关系。

党的十四届五中全会以后，我国干部人事制度开始着手进行两个重大调整，即把适应计划经济体制的人事管理体制，调整为与社会主义市场经济体制相配套的人事管理体制；把传统人事管理体制调整到整体性人才资源开发上来。

干部人事制度的全面改革，还体现在企事业单位人事制度改革的全面展开。企业结合完善公司法人治理结构，深化企业内部人事制度改革，完善选人用人机制，加快职业经营管理人才队伍建设，逐步建立符合企业特点的现代企业人事制度。事业单位结合管理体制改革，广泛持久地开展干部人事制度改革。各类事业单位开始普遍推行聘用制度，建立岗位管理制度，完善人员退出机制，各方面的改革全面推进，取得了显著成效。

（三）第三个阶段是从1999年至今，我国的人事制度改革已进入了一个全面、系统、深层次发展的阶段

进入新世纪以后，我国经济体制改革取得重大进展，同时2001年中国正式加入WTO，经济管理各方面开始与世界接轨，这些都对干部人事制度改革提出了更高的要求。

2000年，党中央颁布了《深化干部人事制度改革纲要》，提出要建立起一套与建设中国特色社会主义经济、政治、文化相适应的干部人事制度。

在2002年党的十六大上，中央提出要"以建立健全选拔任用和管理监督机制为重点，以科学化、民主化、制度化为目标，改革和完善干部人事制度，健全公务员制度。"这一基本思路，将改革的重点集中到"选拔任用和管理监督机制"上，将改革的方向明确为"以科学化、民主化、制度化为目标"，这样，就使得改革的重点内容更加突出，目标更加清晰。

2004年4月，中央分别制定了《公开选拔党政领导干部工作暂行规定》、《党政机关竞争上岗工作暂行规定》、《党的地方委员会全体会议对下一级党委、政府领导班子正职拟任人选和推荐人选表决办法》、《党政领导干部辞职暂行规定》和《关于党政领导干部辞职从事经营活动有关问题的意见》等干部人事制度改革文件。这5个文件，加上此前经中央同意、中央纪委和中央组织部联合下发的《关于对党政领导干部在企业兼职进行清理的通知》，通称"5＋1"文件。这6个文件的颁布，是中央从整体上不断推进干部人事制度改革的重要举措，有效地引进竞争激励机制，规范党政领导的正常流动，推进领导干部能上能下、能进能出，扩大了党员和群众对干部选拔任用的知情权、参与权、选择权和监督权。

2005 年 4 月，十届全国人大常委会第十五次会议审议通过了《中华人民共和国公务员法》。《公务员法》是我国第一部干部人事工作的重要法律，填补了历史空白，在干部人事工作法制化进程中具有重要里程碑意义，标志着我国干部人事制度改革进入了一个全面深化改革的新阶段。

为保证科学发展观等重大战略思想的落实，中组部于 2006 年制定并下发了《体现科学发展观要求的地方党政领导班子和领导干部综合考核评价试行办法》，规定了新的考核评价主体、考核标准和考核方式，从中体现了扩大民主、突出实绩、科学考核等原则。这一办法在地方领导班子换届考察中普遍运用后，实现了考核评价制度的重要突破，既进一步扩大了民主，又体现了正确的用人导向，发现和选拔了一大批善于领导科学发展的优秀干部。同时，党政工作部门领导班子和领导干部综合考核评价办法也在抓紧试点。各地还普遍加强了对干部的平时考核和定期考核。

2006 年 8 月，中央出台了《党政领导干部职务任期暂行规定》、《党政领导干部交流工作规定》、《党政领导干部任职回避暂行规定》三个法规文件，分别对党政领导干部的职务任期、连任限制、最高任职年限、任期内保持相对稳定等问题做了规定，对交流的对象、范围、方式、组织实施、工作纪律、保障措施等做了规定，对领导干部任职回避的适用情形、操作程序等做了规定。

二、人事制度改革的主要内容

经过 30 年的努力，中国人事制度改革在各方面都取得了重大进展，除国家公务员制度将在下节中做专门讨论外，其他领域的主要内容有：

（一）领导干部任期制

领导职务任期制是对选任制、委任制领导干部担任某一职务规定期限和在规定期限内对履行职责的要求进行明确规范的一种制度。任期制的建立可以看做是党的十一届三中全会以来我国人事制度改革所取得的一项重大突破。

1980 年 8 月 18 日，在中央政治局扩大会议上，邓小平就中共和国家的领导制度改革问题发表了题为《党和国家领导制度的改革》的重要讲话。他指出，改革党和国家的领导制度及其他制度的目的，是为了充分发挥社会主义制度的优越性，加速现代化建设事业的发展。他分析了党和国家现行的领导制度、干部制度中存在的官僚主义、权力过分集中、家长制、干部领导终身制等形形色色的特权现象，以及产生这些弊端的社会历史原因。

1982 年修改通过的《宪法》明确规定了国家领导人的任期，即：全国人民代表大会常务委员会委员长、副委员长，中华人民共和国主席、副主席，国务院总理、副总理、国务委员，最高人民法院院长，最高人民检察院检察长每届任期 5 年，连续任职不得超过两届。

进入新世纪，领导干部任期制仍在不断地完善。2006 年中央组织部颁布了《党政领导干部职务任期暂行规定》等 5 个法规文件，这是对领导干部任期制的进一步制度优化，有助于促进领导岗位资源不断优化，解决干部能上能下问题，促进干部队伍的健康成长。

（二）分类管理的人事改革思路

分类管理的人事制度要求事业单位建立起适应事业单位特点的人事管理机制，管理人员实行职员制，专业技术人员实行专业技术职务聘任制；企业建立起适应企业特点的人事管理机制，管理人员和专业技术人员实行聘用制；国家机关则建立和推行国家公务员制度。有关事业单位改革的内容，我们将在下一章中做重点讨论。

（三）工资制度改革

从 1949 年至今，我国共进行过四次较大的工资改革：

第一次是 1956 年的等级工资制。

第二次是 1985 年的结构工资制。

第三次是 1993 年的职级工资制（事业单位采取了不同的办法）。这次改革首次改变了过去国家机关、事业单位单一的工资制度，根据国家机关、事业单位的不同性质进行分类管理。新工资制度下，国家机关根据职务高低、责任轻重、工作难易、级别高低等因素，适当拉开工资档次。与前两次改革明显不同的是，这次改革还建立了正常的增资机制。

第四次是 2006 年，党中央、国务院决定从同年 7 月起改革公务员工资制度，规范公务员收入分配秩序；同时，改革和完善事业单位工作人员收入分配制度，合理调整机关事业单位离退休人员待遇。根据 2006 年 1 月起施行的《公务员法》，公务员实行国家统一的职务与级别相结合的工资制度。事业单位工作人员收入分配制度的改革，旨在建立符合事业单位特点、体现岗位绩效和分级分类管理的收入分配制度，完善工资正常调整机制，逐步实现事业单位收入分配的科学化和规范化。

（四）机关事业单位保险制度

我国机关事业单位工作人员养老保险制度改革，是社会保险制度改革的重要组成部分，是解决机关事业单位人员"后顾之忧"，推行公务员制度和深化事业单位管理体制改革的重要配套措施。

我国现行的机关事业单位工作人员退休制度，对保障工作人员的基本生活，促进各项事业的发展，维护社会稳定，曾发挥了重要作用。但这一制度由于是在计划经济体制下建立起来的，已经难以适应建立社会主义市场经济体制的要求，特别难以适应社会保险制度改革大环境的发展需要。

在 2008 年人事部与劳动和社会保障部合并之前，我国机关事业单位的社会保险是由人事部而不是负责企业社会保险的劳动部管辖的。由人事部负责的机关事业单位社会保险分为三种，即养老保险、工伤保险、失业保险。其发展方向是按照党中央、国务院建立多层次社会保险体制的总要求，逐步建立健全与市场经济体制相配套，与社会生产力发展水平相适应，与各项人事制度改革相衔接，既体现机关事业单位的特点和规律，又与企业、农村同类制度相协调的社会保险制度。但是从实际情况来看，这种管理上的分立导致了机关事业单位的社会保险难以同社会范围内的保险相协调：企业职工调到机关或事业单位，已缴纳的养老保险费无法衔接。机关事业单位工作人员调到企业，欠缴的费用没有来源。

因此，形势的发展，需要对现行的机关事业单位保险制度进行改革，使之纳入社会统一的框架内，研究出与企业职工基本养老保险制度相衔接的办法，实现社会保险的统一管理。

2008 年 3 月我国"大部制"行政体制改革试点中，将原有"人事部"与"劳动和社会保障部"合并，这一变化有助于我国劳动力资源的统一规划、统一管理，也有助于我国机关事业单位保险制度的进一步完善。

（五）人事管理体系

改革开放以来，我国各级人事部门在建立健全宏观人事管理体系方面进行了多方探索，并达成了以下共识：各级人事部门要转变职能，强化拟定法规、制定规划、综合管理、协调指导、检查监督等方面的职能，弱化直接管理微观事务工作方面的职能，下放人事管理工作的部分权限，改变单纯的人头管理方式，加强人才资源的开发。要改变方法，由过去以行政命令、指令性计划方法为主的直接管理改变为以法律、经济方法为主的间接管理；从以微观具体事务的管理为主改变为以培养、使用管理并举的综合管理为主；从大量短期临时性工作为主改变为以预测、制定长远规划，着眼于人才结构的调整，加强信息服务为主等。要加强宏观指导，包括思想理论指导、宏观思路指导、方针政策指导、制度措施指导、总量结构指导、典型经验指导等。要拓宽服务领域，人事工作既要为机关服务，又要为企业服务，既要为国有企业服务，又要为集体、合资、民办等企业服务。人事工作要增加与市场经济的接触点，加大为经济建设服务的力度。

近几年来，我国人事工作为经济建设服务的力度不断加大。通过实施"新世纪百千万人才工程"，选拔国家级人选 1910 人，人选总数已达 3307 人。享受特贴人员总数已达 15.4 万人。设立博士后科研流动站和工作站 1533 个，两站总数已达 3105 个；累计培养博士后 5.06 万名。2003 年至 2006 年，共吸引 12.22 万名留学人员回国工作，回国工作的留学人员总数已达 27.5 万人。2003 年至 2006 年，人事部与地方政府共建留学人员创业园 19 家，全国已建成各级各类留学人员创业园 110 多家。共资助 1388 个留学回国人员科技活动项目，资助 60 多名高层次留学人才回国工作。组织了 22 个专家和留学人员服务团到中西部、东北地区服务。大力开展专业技术人员继续教育，在现代农业、现代制造等五大领域重点培训 100

多万人次，全国参加继续教育的专业技术人员约 7000 万人次。开展了第三批新疆少数民族科技骨干特殊培养工作，实施了青海三江源人才工程。①

（六）人才市场体系

党的十四大以来，我国的人才市场建设获得了长足的发展。党的十四大以来，通过各级人事部门的共同努力，我国人才市场已初步形成了以政府人事部门所属人才交流服务机构为龙头、以行业人才交流机构和民办人才中介组织为两翼的人才市场总体格局。

由于我国的人才市场脱胎于计划调配的人才管理体制，因此在发展初期带有浓厚的人才部门所有、单位所有、地区封锁、行政分割等行政色彩。为了打破人才管理上的地区封锁和单位所有制，在更大范围内合理配置人才资源，国家人事部于 1994 年做出了与地方政府合建区域性人才市场的决定，中国沈阳、天津、上海、广州、武汉、成都、西安 7 大国家级区域性人才市场相继形成，在短短 3 年时间内便完成了我国区域性人才市场的总体布局。

据统计，全国目前共建立各类人才服务机构 6600 多家，固定人才交流场所 2700 多个，人才服务网站 3100 多个。2003 年至 2006 年，共登记求职人员 6137 万人次，帮助 2548 万人找到工作或转换工作岗位，人才市场正在成为人才流动和择业的主渠道。②

人才市场体系的完备，使得人才择业进市场、单位用人找市场成为一种时尚，也大大丰富了我国的人才队伍。据 2006 年统计，全国各类人才总量达到 7390.3 万人，人才占就业人口总数达 9.8%。其中公务员、企事业经营管理人才、专业技术人才 5975.8 万人，与改革前 1977 年年底的 1658 万人同口径相比，增加 3 倍多，人才数量明显提高。全国公务员、企事业单位经营管理人才和专业技术人才中，1977 年，大学及以上学历

---

① 董炜：《中国人事工作五年成效显著》，《中国人事报》2007 年 12 月 24 日。
② 董炜：《中国人事工作五年成效显著》，《中国人事报》2007 年 12 月 24 日。

占干部总数的18%，目前这一比例已达到35.4%，提高了17个百分点，人才素质也明显提高。①

我国在抓紧人才市场建设的同时，也加快了人才市场法规建设的步伐，立法层次也从部门规章、政府规章到人大立法逐步提高。大连、西安等市在人才流动、社会化服务、人才市场运行、市场管理等方面都做出了专门规定；北京、天津、河南、广州等省、市由地方政府发布了加强人才市场建设的政府规章；江苏、上海、重庆、云南、山东、长春、哈尔滨等省、市由同级人大通过了人才市场建设的地方性法规，加大了立法力度；四川、广东、福建、北京等省、市还建立了人才市场中介组织管理制度和举办人才交流活动的审批制度，规范了人才市场行为。

（七）人事法规体系

市场经济要有健全的法制来引导、规范、保障和约束，因此，与市场经济体制相配套的人事管理体制也必须有完备的人事法规体系。这一体系主要由五个部分构成：一是公务员管理法规；二是人才市场、人员调配法规；三是专业技术人员管理法规；四是企事业单位人事管理法规；五是机关事业单位人员工资福利保险法规。

近年来，我国人事管理法规体系已初步形成。我国在公务员管理、专业技术人员管理、人才市场管理及企业人事管理等方面，已经出台了一批亟须的法规和规章，初步形成了与社会主义市场经济体制相配套的人事法规体系框架，在人事管理的各个方面做到了有法可依。尤其是2005年4月27日十届全国人大常委会第十五次会议通过的《中华人民共和国公务员法》，在继承《国家公务员暂行条例》的基础上，以法律的形式对公务员管理的各项制度，如任职前公示制度、任职试用期制度、公开选拔制度、竞争上岗制度、领导干部引咎辞职和责令辞职制度、部分职位的聘任制度等做了明确说明，大大完善了我国人事管理的法律法规环境，使我国

___
① 徐颂陶、王晶、陈二伟：《中国干部人事制度改革30年》，《中国人才》2007年第12期，第24页。

的公务员制度更具有连续性和稳定性。

三、改革的原则与方法

人事制度改革是一项复杂的社会系统工程，需要进行思想观念的变革、制度机制的创新、利益格局的调整、相关措施的配套等。我国是一个发展中国家，地区差别大，各地经济发展不平衡，改革过程中面临的问题和矛盾极其复杂。能否采用正确的改革原则和科学的改革方法，的确关系到改革的成败。为了保证改革的顺利进行，我国在过去 30 年的人事制度改革中注意坚持了以下几点：

（一）在保持工作连续性和稳定性的前提下，积极推进改革

我国在人事制度改革中注意把勇于改革的精神与科学求实的态度结合起来，先从单项改革做起，逐步总结探索，形成改革的总体目标和思路，再根据改革内容的难易程度和客观条件，审时度势，统筹规划，循序渐进，逐步完善。在改革初始阶段，鼓励各地各部门结合实际大胆探索。政府及其主管部门则及时地总结各地、各部门经验，研究提出改革方案或法规草案。方案或法规出台前，先选择条件不同的单位进行试点，以验证方案的可行性，然后再进一步总结实施经验，加以修改完善。待改革方案或法规出台后，注意加强宣传教育，提高人们对改革的认识，积极做好全面推行工作。在全面推行中，注意针对公众关心的问题，抓住重点，进行突破。在突破重点的同时，又注意搞好配套改革，使改革有计划、有节奏地协调进行。这样，既能使人事制度改革保持较快的推进速度，又能避免或减轻社会震动。

例如我国在推进医疗保险改革时，最早是 1994 年在江苏镇江、江西九江两地进行试点，1996 年在取得初步经验后将试点范围扩大到 40 多个城市，1998 年国务院颁布《关于建立城镇职工基本医疗保险制度的决定》，要求在全国范围内建立社会统筹和个人账户相结合的基本医疗保险制度。

（二）在改革原有制度弊端的同时，继承和发扬我国优秀历史文化传统

我国是一个具有悠久历史的文明古国，人事管理的制度典章是其优秀历史文化传统的重要组成部分，例如最早在隋唐时期形成的"科举制"就可以看做是"公务员"制度的雏形。1949 年后，我国在总结、继承优秀历史文化传统的基础上，逐步形成了一套具有自己特色的人事管理传统，例如坚持任人唯贤原则、坚持德才兼备标准、坚持为人民服务宗旨等。在进行人事制度改革过程中，我国各级人事部门保持并发扬了这些优良传统，并在新形势下有所创新。例如在国家机关工作人员录用和晋升中，要求这些人员不仅要有过硬的专业知识和能力，而且还要有高尚的道德情操和品质，并注意以法律制度保证德才兼备标准的贯彻落实。因此，新制度既有时代精神，又继承了优良传统，容易得到公众的接受和支持。

（三）在立足国情的基础上，广泛借鉴世界各国的经验

人事管理制度作为行政管理制度之一，具有二重性。一方面，它是人类文明的成果，各国在很多方面可以互相借鉴；另一方面，它与一定政治制度和历史文化相联系，各国之间不能够照搬照抄。在近 30 年人事制度改革中，我国人事部门十分注意借鉴和吸取世界各国的经验，积极开展与世界各国在人事行政领域的交往与合作，召开过多次国际学术研讨会，请各国或国际组织人事管理方面的专家、学者介绍国外人事管理的科学方法和经验，与我国从事具体工作的同志一起研究中国人事制度改革问题，对形成中国特色的人事管理制度起到了重要作用。

（四）在保持全国统一政策的同时，注意各地特点

我国是个多民族国家，各地区经济发展不平衡，人事制度改革的客观条件、基础情况不同。有资料显示，1998 年，我国西部从业人口中大专毕业以上人口占 3.1%、高中占 8.8%、初中占 27.2%、小学占 36%，分别比全国低 0.4、3.1、1.7 和 1.8 个百分点。2000 年，西部专业技术人员数量仅约为全国的 1/5、东部的 1/2；1998 年，西部国有企事业单位科研

人员数量不足全国的 1/14、东部的 1/2。①

因此，我国在推进人事制度改革中，一方面要求改革的目标、原则和基本制度全国统一；一方面允许各地结合实际制定出适合自己特点的方法和措施，在改革的步骤上允许有先有后，不搞"一刀切"。例如，在建立健全人才市场体系方面，其总体要求是通过市场机制实现用人单位与个人双向选择，达到人才资源的优化配置，但允许各地根据实际情况采取不同的政策措施。东部地区主要是积极采取措施，使人才流动起来，并在流动中实现合理配置；西部地区主要是积极创造条件，使人才稳定下来。这样，全国各地都在改革的大目标下行动，结合实际创造性地开展工作，保证了改革生机勃勃、协调发展的局面。

第二节　国家公务员制度的建立与完善

英国 1855 年 5 月 21 日公布的《关于录用王国政府文官的枢密院令》被看做是现代意义上的公务员制度确立的标志。经历 100 多年发展，世界大多数国家普遍建立了公务员制度，并在实践中发展、创造出许多管理方法、管理制度，法律法规等等。

我国国家公务员制度是在我国人事制度改革的大背景下产生的，1988年 3 月，为进一步加强政府人事工作，更好地推行公务员制度，中央决定成立国家人事部，标志着国家公务员制度开始向实施阶段过渡。国家人事部从 1989 年起开始组织公务员制度的试点工作，首先在国务院的六个部门进行试点，1990 年又在哈尔滨市和深圳市进行了地区性试点。在此期间，《国家公务员暂行条例》草案中的一些单项制度，如考试录用制度、亲属回避制度、人事考核制度、人员培训制度等也在全国范围内试行并取

① 薛雯：《对西部地区人力资源开发的探讨》，《特区经济》2007 年第 2 期，第 201 页。

得了明显的效果。1992 年 10 月，江泽民同志在党的十四大报告中郑重提出："尽快推行国家公务员制度"。1993 年 8 月 14 日，时任国务院总理李鹏正式签署颁发了《国家公务员暂行条例》，标志着一个符合中国国情、具有中国特色的社会主义国家的公务员制度正式诞生。

2005 年 4 月 27 日，十届全国人大第十五次会议通过了《中华人民共和国公务员法》，这部法律于 2006 年 1 月 1 日起施行，是中国第一部干部人事管理的综合法律，也是我国公务员制度发展史上具有里程碑意义的重大事件。

一、公务员制度的主要内容

根据《国家公务员暂行条例》及《公务员法》，我国公务员制度的主要内容包括：

在"进口"环节通过录用制度严格把关，贯彻公开、平等、竞争、择优的原则，采取考试考核相结合的方法，保证进入公务员队伍的人员具有良好素质；

在管理上，对公务员坚持严格管理和严格要求，通过实施考核制度，检查公务员履行职责的情况，并将考核结果同公务员的奖惩、职务升降结合起来，形成激励竞争机制，鼓励公务员尽职尽责，勤奋工作。

在"出口"环节，通过聘任制、年龄梯度结构以及实行辞职、辞退、退休等制度，疏通出口渠道，以利于公务员队伍的新陈代谢，增强机关的生机与活力。

下面，着重介绍几个主要环节。

（一）考试录取，择优录用

建立公务员考试录用制度，是人事部确定的公务员制度实施工作的第一个重要突破点。因为，解决公务员队伍素质的首要问题是把好"入口"关。自 1994 年《公务员考试录用暂行条例》颁布实施以来，这项制度已经在各级行政机关普遍建立起来，它的重要特征就是充分体现公开、平等、竞争、择优原则。根据考录制度的规定，凡政府机关主任科员以下的公务员，一律要经过公开的考试、考核才能予以录用。考录制度对以往人事制度的突破主要有三：一是面向社会公布职位空缺和所需资格条件，允许符合条件者自愿报名，参加竞争考试；二是逐步打破地域界限，不再坚持只有本地户口的人才能报考本区域内的政府机关；三是逐步打破身份界限，先是允许工人身份以及集体身份的人员报考公务员，近几年发展到允许农民身份的人员报考公务员。

推行公务员考试录用制度的显著成效是：在最大范围内为广大青年提供了公开竞争的机会，能够广揽有志于从事国家行政管理事业的贤才，能够有效地遏制人事录用方面的腐败现象和不正之风。这些重大突破和取得的实际成效，成为近年来最令人瞩目的改革成果。据统计，从 1994 年到 2003 年 10 年间，中央国家机关及其垂直管理系统共录用公务员 2.1 万人。全国 31 个省、自治区、直辖市的省级机关共录用公务员 43.9 万人。[①] 一大批学历高、年龄轻、素质好的优秀人才进入公务员队伍，优化了队伍结构，维护了社会公平。

（二）日常考核，科学管理

针对以往行政机关工作人员中存在的"干与不干一个样，干好干坏一个样"的问题，我国的公务员制度特别强调了日常考核的重要性。

《中华人民共和国公务员法》规定："对公务员的考核，按照管理权限，全面考核公务员的德、能、勤、绩、廉，重点考核工作实绩"，"公务员的考核分为平时考核和定期考核。定期考核以平时考核为基础"，"定期考核的结果作为调整公务员职务、级别、工资以及公务员奖励、培训、辞退的依据。"

根据《公务员法》的规定，各地区、各部门着重抓了公务员考核制度的实施工作，建立起日常考核和年终考核制度。年终考核后，分别定出优秀、称职和不称职三个等次，作为增资晋级、表彰奖励、晋升职务、学

---

① 李庆钧：《公务员考试录用制度存在的问题及对策》，《人事人才》2006 年第 4 期，第 15 页。

习培训、交流轮岗、降职辞退等的依据。例如，河北、四川等省对定为不称职的人员，按规定给予了降职使用，对连续两年不称职人员，按辞职规定给予了处理。

2007年1月，中组部、人事部印发了《公务员考核规定（试行）》，以《公务员法》为依据，对公务员考核的基本原则、内容和标准、程序、结果的使用以及相关事宜做了进一步的全面规定。例如《规定》在原来的考核"实行领导与群众相结合，平时与定期相合的方法"的基础上增加了"定性与定量相结合"的方法，重点在于肯定了定量考核。

（三）奖优罚劣，鼓励先进

我国的公务员制度对工作表现突出，有显著成绩和贡献，或者有其他突出事迹的公务员或者公务员集体给予奖励，对犯有违法违纪行为的公务员则给予处分。

奖励坚持精神奖励与物质奖励相结合、以精神奖励为主的原则，种类有"嘉奖、记三等功、记二等功、记一等功、授予荣誉称号"。《公务员法》对公务员应该遵守的纪律做了严格的规定，明确了不应有的十六类行为，一旦违反这些行为则要给予处分，处分分为"警告、记过、记大过、降级、撤职、开除"。

2007年4月29日，国务院总理温家宝签署第495号国务院令，公布了《行政机关公务员处分条例》，对我国行政机关公务员的管理进行了进一步细化。例如《条例》规定，"公务员有包养情人等行为，给予警告、记过或者记大过处分；情节较重的，给予降级或者撤职处分；情节严重的，给予开除处分。"

明确的奖惩措施收到了鼓励先进、鞭策后进的效果，有助于激发广大公务员的责任心，增强一些人的危机感，出现了人人奋发进取、扎实工作、勤政廉政、多做贡献、争做公众满意的公务员的良好局面。

（四）轮岗回避，防止腐败

人在一个岗位上工作久了，不但视野受到限制，产生惰性，也容易形成本位主义，工作扯皮，影响效率。在一些管理人、财、物的窗口职位，还容易因关系网的形成而滋生腐败。

1996 年，人事部根据《国家公务员暂行条例》制定了《国家公务员职位轮换（轮岗）暂行办法》，为促进政府机关廉政建设提供了制度保障。据统计，仅 1996 年至 1998 年年底，北京、湖南等 27 个省区市已有近 40 万名公务员进行了轮岗，其中担任领导职务的公务员 7 万多人，特殊岗位非领导职务公务员 4 万多人。1999 年全国共有 14.5 万名公务员进行了轮岗，中央国家机关轮岗人数达到 3.5 万人。① 随着轮岗制度在全国的广泛推行，行政机关"管人、管钱、管物"的重点岗位得到了有力监督。轮岗后，新的任务和环境使人有了新的压力和动力，开发了人的潜能，激发了人的积极性与创造力，调整了人员结构，增强了机关队伍的活力，也促进了廉政建设。

实施公务员任职回避和公务回避制度，对于破除亲情关系对工作的干扰、为公务员创造一个廉政的工作环境，也是一个强有力的制度保障。1996 年人事部印发了《国家公务员任职回避和公务回避暂行办法》，首次对公务员管理的"回避"制度做了明确说明。在《公务员法》中，也对回避措施做了明文规定，包括亲情回避、地域回避、利害关系回避等。目前，回避制度也已得到社会的认同，很多人在报考公务员前都主动去咨询回避政策。回避制度的推行为机关带来了新气象，改善了机关的人际环境和工作作风。哈尔滨人事局规定：各部门在调配、军转干部安置、大中专毕业生分配、领导班子调整中，要建立回避监察制度，不得人为造成新的回避问题。北京市税务系统利用国税、地税分家的机会，将原有应回避的860 多名公务员全部调整。海关系统有 150 多名领导干部按照总署的统一部署，将其亲属调离报关岗位。

（五）辞职辞退，能进能出

辞职辞退制度的建立意在打破行政机关原有的"人能进不能出"状

---

① 瞿伟、李术峰：《消除人情关，打破关系网，我国公务员轮岗有效促进廉政建设》，新华社北京 2000 年 8 月 16 日电。

况，促进公务员队伍的人员流动。对于不愿意和不适合在机关工作的人，允许他们辞职另谋职业；对于思想和工作与公务员身份不相适应、不称职的人，通过辞退渠道清理出机关队伍。1995 年 7 月，人事部制定下发了《国家公务员辞职辞退暂行规定》，明确了辞职辞退的程序、条件及相关要求。1996 年 7 月，人事部又出台《国家公务员被辞退后有关问题的暂行办法》，完善辞退制度，保障被辞退公务员合法权益。

据人事部提供的数据，从 1996 年到 2002 年，全国共有 28626 名公务员辞职，国家机关共辞退公务员 17857 名。[①] 虽然被辞退的人占整个公务员队伍的比例很少，但这个制度体现出的威慑力，使广大公务员普遍有了约束感和危机感，有助于完善竞争激励机制、建立优胜劣汰机制，推动公务员新陈代谢，实现良性循环。

二、我国公务员制度的特色

各国公务员制度无不与其政治、经济、历史文化和风俗习惯相联系。在西方国家，公务员制度是随着市场经济的发展和资产阶级的民主政治，特别是多党政治的发展而逐渐形成和发展起来的。因而西方国家的公务员制度，既反映了市场经济和现代行政管理的科学方法，又带有资产阶级政治制度的烙印。我国的公务员制度是根据改革开放和现代化建设的需要，按照社会主义民主政治和市场经济体制的要求建立的，既汲取了各国人事管理的科学方法，又带有鲜明的中国特色。

（一）公务员的范围更加宽泛

西方国家"公务员"的范围一般只包括国家政府系统中非选举产生和非政治任命的公职人员，即常务次官以下通过公开考试择优录用并实行常任制的政府工作人员。

而我国基于现阶段干部管理实际和政治体制特点，公务员的范围要比西方国家更宽泛。《公务员法》将公务员定义为"依法履行公职、纳入国

---

① 孙自法：《铁饭碗能砸破全国四万多名公务员辞职辞退》，中新社北京 2003 年 8 月 11 日电。

家行政编制、由国家财政负担工资福利的工作人员"。因此，我国公务员的范围包括中国共产党机关、人大机关、行政机关、政协机关、审判机关、检察机关和民主党派机关这七大机关的工作人员。

（二）坚持"党管干部"，不搞"政治中立"

西方国家实行多党制，为了避免公务员卷入政党竞争，影响政府工作的公正性，要求公务员在政治上保持中立。

中国实行的是共产党领导的多党合作和政治协商制度。中国共产党和各民主党派长期共存、互相监督、肝胆相照、荣辱与共，各民主党派都是参政党，在国家重大事务上，共产党与各民主党派平等协商，共议大政，不存在相互斗争，因而公务员没有必要搞"政治中立"。我国公务员制度根据党的组织人事路线、方针、政策制定，坚持党对人事工作的领导。各级公务员在公务活动中，要认真执行党的路线方针政策，在政治上、思想上与党中央保持一致。公务员不仅可以参加政党及政治活动，而且应该积极关心和参与国家的政治生活。

（三）没有"政务官"和"事务官"的划分

西方国家为了克服"政党分赃"弊端，避免因执政党的更替造成政府工作人员"大换班"的混乱，在公务员管理上，将政务类与事务类分开，建立事务类公务员独立的管理体系，不受政党干预，以保持政府工作的连续性和稳定性。

我国不存在多党竞争、轮流执政的问题。因此在公务员管理上没有"政务官"和"事务官"的划分。公务员与其他公职人员，包括国家权力机关、审判机关和检察机关的工作人员，党派和社团组织的工作人员，国有企业、事业单位工作人员，均可交流。

没有政务官与事务官之分，西方那种政务官随选举而有机更替的更新机制在我国是不存在的。作为解决这一问题的对策，《公务员法》明确规定："领导成员职务按照国家规定实行任期制"。作为干部退休制度的一个延伸，任期制有效地解决了党政领导干部的更新机制问题。

（四）坚持"服务于民"、"德才兼备"的标准

西方有些国家视公务员为一种职业群体，在思想道德要求方面，没有做出与其他职业群体明显不同的特殊规定。政府与公务员是雇主与雇员的关系，公务员作为公共部门的雇员，有自己的工会组织，常常就自身利益与"雇主方"政府进行谈判。

而中国的公务员制度将公务员的良好思想道德品质作为录用、考核、晋升的重要条件之一。做人民公仆，为人民办事，对人民负责，受人民监督，这是中国公务员最根本的行为准则。中国公务员没有自己集团的特殊利益，也不存在任何形式的特权。

三、我国公务员制度的完善

从 1993 年 8 月国务院发布《国家公务员暂行条例》，到 1997 年 3 月 26 日人事部出台《关于建立国家公务员申诉案件备案制度的通知》，我国逐渐形成了一套以《国家公务员暂行条例》为核心，以 36 个单项法规、规章和实施细则相配套的公务员管理法规体系，涉及公务员的工资、职位分类、非领导职务设置、录用、考核、职务任免与升降、奖励、纪律与惩戒、培训、轮换、回避、辞职与辞退以及申诉控告等各个方面，现代公务员制度基本建立。

2004 年 4 月，中央分别制定了《公开选拔党政领导干部工作暂行规定》、《党政机关竞争上岗工作暂行规定》的单项条例，这一新的选任方式由此有章可循、有规可依。

2005 年 4 月 27 日，十届全国人大第十五次会议通过的《中华人民共和国公务员法》是我国公务员制度建设方面又一次重大事件。《公务员法》以《公务员暂行条例》为基础，对于《暂行条例》中经过实践证明是可行的部分都给予了保留，以保持制度的连续性和稳定性，同时又在《暂行条例》的基础上有所创新。例如《公务员法》确认了竞争上岗作为晋升方式的法律地位，对党政机关部分职务实行聘任制，对党政机关的领导成员实行引咎辞职和责令辞职制。另外，在干部监督方面《公务员法》

也进行了制度强化，规定"领导成员在 3 年内，其他公务员在 2 年内，不得从事与自己原来掌管的权利、分管的业务有直接关系的营利活动"。

2006 年 8 月，中央出台了《党政领导干部职务任期暂行规定》、《党政领导干部交流工作规定》、《党政领导干部任职回避暂行规定》三个法规文件。从制度上对领导干部的绩效评估、人员交流、选贤任能做了细致规定，使我国的公务员制度得到进一步完善。

在短短 15 年左右的时间里，我国的现代公务员制度从无到有，从试点到普及，从大体框架到逐步完善，成为我国行政体制改革和人事制度改革的重大成果，对于提高政府效能、促进政治民主、保障社会公平起到了非常关键的作用。但是也应该看到，跟西方国家 100 多年公务员制度不同，我国公务员制度从建立至今也只有十几年的时间，还有许多地方有待于进一步完善：

首先，我国的公务员体制还存在着一些制度空白亟须弥补。

例如，在国外，公务员通常分为政务类公务员和事务类公务员，公务员法通常只调整事务类公务员。而我国公务员法对公务员的界定为：依法履行公职、纳入国家行政编制、由国家财政负担工资福利的工作人员。即将党、人大、司法机关的工作人员均纳入公务员的范围，由一个法律统一调整，这显然不符合规范管理、科学管理的原则。① 另外，国家公职人员财产申报制度对于监督国家公职人员廉洁奉公不可或缺，在西方国家已经普遍建立，而我国的这项制度至今仍未建立，《公务员法》也没对此做出结论。这些制度性空白有必要在今后的改革中尽快给予明确说明。

其次，现有的某些制度需要修改、完善。

现有的一些公务员管理制度存在执行效率差、社会成本高的弊病，有必要通过改革给予修改、完善。例如，目前我国的公务员录用考试制度缺乏统一性。中央和国家机关与各地方各自为政，不仅考试时间不统一，考

---

① 刘莹、杜晓丽：《我国公务员制度的发展与展望》，《沿海企业与科技》2006 年第 2 期，第 184 页。

试成绩也不互相承认，导致许多考生在各地不停奔波，费时费力费财，不利于选拔优秀人才。从录用的程序来看，用人单位提出录用计划到新录用的公务员正式上岗，一般要三四个月时间，甚至长达半年，影响到政府工作的正常开展，也影响了考生正常工作、生活。

又如目前的制度对选任制干部的任期有明确规定，但对委任制干部的任期则无明确规定，对领导班子成员有任期规定，而内设机构的领导职务则无任期规定。有关任期制的一些制度表述也不严谨，"一般"、"应当"等模糊性规定比较多，给制度和法规的贯彻执行留下较大的弹性和漏洞。① 从制度建设的角度来看，这些都亟须进一步完善。

再次，一些成文的制度在实际中得不到有效的执行。

有些制度虽然在文件上已经有了明文的规定，但在实际中却得不到有效的执行，或者在执行手段上缺乏科学性。例如，前不久辽宁省本溪市在选拔团委领导干部时，就被曝出个别候选人"不具备规定的任职资格，讨论决定环节也存在违反干部选拔任用回避制度的问题"②，其实在这些环节上我国早已有明确的法规规定，但还是出现问题，反映出一些制度在现实中缺乏有效的监督、执行。

因此，如何强化对现有制度的监督、执行，杜绝有法不依、执法不严现象和违反组织原则的行为的发生，成为完善我国公务员体制的一个亟待破解的课题。

第三节　中国人事制度改革的发展思路

进入新世纪，特别是本届政府上台以后，以胡锦涛为总书记的党中央

---

① 沈小平：《完善领导干部职务任期制的思考》，《中国党政干部论坛》2005 年第 9 期，第 32 页。
② 谭人玮：《领导的子女当领导？》，《南方都市报》2008 年 5 月 1 日。

科学总结干部人事制度改革实践经验，强调要以科学人才观为指导，加快人才队伍建设，建设人力资源强国，进一步丰富和发展了中国特色人才理论，成为新时期我国干部人事制度改革的根本指导思想和理论指南。

党的十七大报告指出，要不断深化干部人事制度改革，着力造就高素质干部队伍和人才队伍。坚持党管干部原则，坚持民主、公开、竞争、择优，形成干部选拔任用科学机制。规范干部任用提名制度，完善体现科学发展观和正确政绩观要求的干部考核评价体系，完善公开选拔、竞争上岗、差额选举办法。扩大干部工作民主，增强民主推荐、民主测评的科学性和真实性。加强干部选拔任用工作全过程监督。健全领导干部职务任期、回避、交流制度，完善公务员制度。健全干部双重管理体制。推进国有企业和事业单位人事制度改革，完善适合国有企业特点的领导人员管理办法。

回顾 30 年来中国人事制度改革的成绩主要有：

第一，公务员管理进入科学化、民主化、法制化的新阶段。《公务员法》颁布后，入轨阶段的实施工作基本完成。全国有 22 个省、市区先后出台了事业单位人员聘用办法，13 个省市区全面推行聘用制度改革，全国已有 45 万个事业单位（占总数的 36%）和 1300 多万名工作人员（占总数的 43%）实行聘用制。[①] 公务员的能力和素质明显提高。一支政治坚定、业务精湛、作风过硬、人民满意的公务员队伍正在形成。

第二，机关事业单位工资收入分配制度改革取得重大突破。确保机关事业单位工资收入分配制度改革方案的顺利出台和平稳实施。

第三，事业单位人事制度改革和职称制度改革取得重要进展。分类推进事业单位人事制度改革，大力推行人员聘用制度，实行公开招聘制度，全面启动岗位设置工作，积极推进事业单位人事管理立法，初步研究形成了深化职称制度改革的总体思路。

---

① 徐颂陶、王鼎、陈二伟：《中国干部人事制度改革 30 年》，《中国人才》2007 年第 12 期，第 24 页。

第四，人才队伍建设再上新台阶。以"人才高地"为代表的各类人才工程蓬勃发展，人才总量不断壮大，队伍结构不断优化，整体素质逐步提高，有力地支撑了经济社会发展。以高层次创新型人才为重点的专业技术人才队伍建设成效显著。

第五，市场配置人才资源的基础性作用进一步增强。人才市场正在成为人才流动和择业的主渠道，人才开发合作一体化进程加快，人才服务业方兴未艾。

一、干部人事制度改革必须同经济、政治体制改革相适应

干部人事制度的改革，最先是由于我国启动了经济体制改革而引发的——经济、社会、文化的改革发展，要求对原有计划经济体制下形成的传统干部人事制度进行变革。从某种意义上说，干部人事制度改革是经济、政治体制改革的重要组成部分，也是经济、政治体制改革进一步向前发展的前提。因此，干部人事制度改革必须同经济、政治体制改革三方呼应，相互促进、相得益彰，任何一方的提前和滞后都不利于改革的整体推进。

在目前我国的实践中，干部人事制度改革与经济体制改革既有相适应的一面也存在着不相协调、不够配套的地方。例如，国有大中型企业高中级管理人员的配置还带有浓厚的行政色彩和明显的长官意志，一些国有大中型企业的高层直接从政府部门调派或者由政府官员兼任，政企不分的情况仍然存在。

干部人事制度与政治体制也有一些不适应、不同步的地方，例如目前各级政府的行政首长名义上是由同级人民代表大会选举产生的，实际上是自上而下任命的。而越来越多的业务类公务员则实行竞争上岗。这种本末倒置的"竞争上岗"，既不符合政治体制改革的精神，也不符合行政首长负责制的要求。

二、进一步贯彻公平竞争的原则

公平竞争是干部人事制度的一个重要原则，也是适应政治体制改革即

实现政治民主化的要求。我国的公务员管理制度目前已经基本实现了
"入口"环节的竞争上岗、择优录用。但这种"竞争"只是针对各级基层
公务员。在现代民主政治下，"公平竞争"原则应该贯穿于干部人事制度
改革的全过程和制度的各个环节。不仅基层公务员需要竞争上岗，各级政
府的行政首长更需要竞争上岗。我国在这方面的改革发展较为滞后。今后
有必要把"公平竞争、民主法制"的原则进一步深化，逐步改革和完善
选举制，使各级政府行政首长逐步由选民选举产生。

在我国人事改革过程中，各地在贯彻公平竞争方面进行了大量的探
索。如吉林、辽宁、山东、河北等省，省级政府部门和地、市约有 2 万个
处、科级职位实行了竞争上岗。吉林省、市（州）、县（市、区）、乡
（镇）4 级政府机关拿出 1.2 万多个职位实行竞争上岗，参加竞争人数达
1.9 万多人，其中省级机关拿出 4650 多个局、处、科级职位实行竞争上
岗，参加竞争人数为 8150 人，原任处（局）、科长职务通过竞争落选而
改任下一级职务的有 2049 人。竞争上岗使优秀人才得以崭露头角，上岗
者珍惜来之不易的职位，发奋做出成绩；落选者服气顺气，努力充实提高
自己，为下一次竞争积蓄实力。

党的十六大以后，全国一些地方开始试行基层党政主要领导干部
"公推直选"或"两推一选"的试点。如四川、湖北、江苏等省，开展了
乡镇党委书记、镇长"公推直选"、"两推一选"的试点，个别地方试行
了县长竞争性选举。2008 年 3 月，南京市甚至首次用电视直播的形式竞
选政府官员，开创了我国竞争性选举的先河。有资料显示，从 2003 年到
2006 年年底，全国共公开选拔党政领导干部 1.5 万余人，其中厅局级 390
余人，县处级 3800 余人；通过竞争上岗走上领导岗位的干部共 20 余万
人，其中厅局级 500 多人，县处级 2.8 万人。[①]

---

① 魏武、李亚杰：《十六大以来我国干部人事制度改革稳步推进》，《解放日报》2007 年 9 月
15 日，第 3 版。

三、正确处理继承与创新、改革和稳定的关系

我们今天的干部人事制度改革，不是把过去的制度推倒了重搞一套，而是要在继承的基础上，勇于进行创新。

2002 年，吉林省在全国率先试点的"政府雇员制"，为我国的人事制度改革进一步打开了思路。2002 年 6 月，为了"适应我国加入世界贸易组织后政府工作对某些人才的特殊需要"，吉林省以省政府文件的形式下发了《吉林省人民政府雇员管理试行办法》，对"政府雇员制"做了明确地说明和规范。2003 年 6 月 10 日，吉林省人事厅举行"聘用首批政府雇员新闻发布会"，宣布该省首批政府雇员的招聘工作将于近日正式启动。"政府雇员制"与在全国已实行了几十年的"政府公务员制"最大的区别在于其明确的雇用性——即雇员不占用政府行政编制，双方按《雇用合同书》进行合作，对于解除雇用关系的雇员，政府不负责其安排工作。[①]

从吉林省试点的几个岗位来看，政府雇员制特别适合政府部门内部的"高层次服务性工作需要的特殊高级专门人才"。因为这部分岗位技术要求较高，特别是对一些刚刚出现的高新技术对应人才，政府部门一般较难从内部培养，即使培养出来由于政府所给的待遇与社会平均水平有较大差距而难以留住，因此比较适合从社会短期招聘。

温州市等地试行的"公务员"聘任制也可以视做为一种打破"铁饭碗"、加强人事管理流动性的有益尝试。2008 年 3 月，温州市人事工作会议传出消息，温州市从 2008 年起将在市直有关部门，对部分高学历、紧缺的公务员岗位进行聘任制试点工作。[②] 聘任制公务员可以采用较为灵活的薪酬方式，某些紧缺岗位的竞聘者除了享有公务员的各项基本保障外，还可能获得高于一般委任制公务员数倍的薪酬。温州人事主管部门认为，这种做法有助于打破单一的用人方式，拓宽选人的渠道，最终有利于整个

---

① 吴倚天：《吉林政府雇员制促进政务信息化建设》，《信息化建设》2003 年第 7 期，第 20 页。

② 费常泰：《温州试点直聘公务员》，《21 世纪经济报道》2008 年 4 月 2 日。

公务员队伍的结构优化。

除此以外，重庆、浙江等地近两年还在试行公务员的全员聘用制，从根本上打破公务员铁饭碗，加强人才在全社会范围内的流动性，这是我国人事管理制度的又一次重大探索。

但是在改革过程中我们也应该看到，干部人事制度的改革创新往往涉及人们的思想，涉及很多人的利益。因此，干部人事制度改革要处理好继承与创新、改革和稳定的关系，必须做到总体目标设置与分步实施相结合、阶段性与连续性相结合，把改革的力度控制在国家负担、社会舆论和群众心理承受的范围之内。

30 年来中国的人事制度改革取得了辉煌的成就，成绩有目共睹。但是也应该看到，人事制度改革是一项复杂的系统工程，牵涉面广，社会影响大，不可能一蹴而就。随着我国改革开放的深入和经济体制改革、行政体制改革的不断深化，我国的人事制度改革也必将与时俱进，持续进行，为我国的和谐社会建设、全面小康社会建设发挥出更大的作用。

第八章

中国事业单位改革

事业单位是一个具有中国特色的组织概念，是我国经济和社会发展的一支不可缺少的力量。事业单位广泛地分布在政治、经济、人民生活和社会发展等各个领域，集中了大量的专业技术人才，拥有着大量的先进设备设施，是我国社会管理和公共服务职能的主要载体，肩负着社会主义精神文明和物质文明建设的双重职责。

事业单位是在传统的计划经济体制下逐步形成和发展起来的，党的十一届三中全会后，随着我国经济体制和行政体制改革的不断深入，事业单位的改革也在探索中不断前进，一直延续至今。

第一节　事业单位改革的背景

1998 年 4 月国务院发布的《事业单位登记管理暂行条例》，对事业单位做了如下界定："是指国家为了社会公益目的，由国家机关举办或者其他组织利用国有资产举办的，从事教育、科研、文化、卫生等活动的社会服务组织。"

一、事业单位的主要特征

作为社会三大系统之一，事业单位与党政机关、企业相比，具有一些明显的特征。这些特征主要体现在以下三个方面：

（一）从事社会专业服务是事业单位的主要职能

在中国，党政机关、事业单位、各类企业构成社会三大系统。政府机关是国家行政管理的主体，通过行使行政权，实施对社会的各项管理；企业则是以赢利为目的的社会经济细胞，通过企业的生产经营活动，为社会创造物质财富；而事业单位则不同，一方面它与政府机关相区别，绝大多数事业单位不具备行使行政权的权力；另一方面它也与企业相区别，不以赢利为目的。事业单位的这种特质决定，它的存在主要以专业的社会服务为目的，并通过履行社会服务职能，为社会提供各种服务。从这个意义上说，事业单位主要不是一个行政实体，而是一个社会实体。

事业单位承担的社会服务职能是全方位、多功能的，它涉及社会经济生活的各个领域，有着广泛的社会内涵。从事业单位从事服务的社会属性看，既有属于上层建筑领域、精神文明建设方面的，如新闻出版、广播电视、文化艺术以及社会科学研究等；也有属于经济基础、物质文明建设方面的，如技术开发、工程设计、自然科学研究等。有些事业单位则是二者皆有，如从事教育、体育、卫生等事业，既有上层建筑的属性，也有经济基础的属性。总的来说，事业单位从事的社会服务职能，其形态大致可以分为三大类：即为社会服务、为企业服务、为党政机关服务。其中为社会服务的事业单位占全部事业单位的比重最大，为企业服务的次之，为党政机关服务的相对较少。

（二）绝大多数事业单位都是以脑力劳动为主的知识密集型组织，而且数量大、门类齐全、种类繁多

事业单位的工作性质，是以生产知识和精神产品为主要劳动成果的，因此，知识密集、以脑力劳动为主就成为它的一个显著的特征。据统计，我国有 70% 以上的科研人员、95% 以上的教师和医生都集中在各类事业

单位。① 在有些事业单位，专业技术人员高达80%—90%。作为工人阶级重要组成部分的脑力劳动者——知识分子，尤其是高级知识分子，主要集中在以教育、科技、文化、卫生为主体的事业单位中，并为我国的教育、科技、文化事业的发展，做出了重大贡献。

事业单位不仅是知识密集型的社会组织，而且数量大、门类齐全、种类繁多。目前，中国将事业单位按照不同的工作性质、服务对象，划分为教育事业、科研事业、文化艺术事业、新闻出版事业、广播电视事业、卫生事业、社会福利事业等13大类，100多个种类。在这一庞大的事业单位体系中，其隶属关系、所有制形式、服务对象、资金来源等，都不尽相同，从而使这一体系从整体上呈现出一定的复杂性。比如，按照事业单位的不同隶属关系，可分为中央及其所属部门的事业单位，地方及其所属部门的事业单位；按照所有制形式的差异，可分为全民所有制事业单位和集体、个体以及多种形式联办的事业单位；按照事业单位社会功能的差别，可将其划分为公益型、福利型、开发型和生产经营型事业单位；按照事业单位资金来源的不同，可划分为国家财政全额拨款的事业单位和差额补贴、自收自支的事业单位等。

（三）在管理体制上，绝大多数事业单位依附党政机关，实行条条管理

中国的事业单位，多数是在计划经济体制下兴办与发展起来的。国家办事业、政府办事业又成为其一个基本特色。正因为如此，由国家出资兴办的各类事业单位，都隶属于各级政府或政府业务部门，形成了以行业管理、条条管理为主的管理体制。各类事业单位的人、财、物相对独立，成为从事某项专门业务的工作实体，并直接接受主管行政机关的领导。各事业单位之间没有领导与被领导的关系，其纵向与横向的联系，也仅限于业务上的协作与指导。

---

① 林楚方、法伊莎：《事业单位改革：一场涉及2900万人变革拉开大幕》，《南方周末》2004年4月15日。

二、改革的动因

新中国成立以后，中国的事业单位之所以能得到大规模发展，一方面是社会发展的需要，另一方面也是中国共产党和政府对发展各项事业高度重视的结果。从历史上看，中国长期处在封建专制主义统治之下，即使到了近代，由于列强的入侵，战乱不断，使社会经济长期处于极端落后的状态，而与社会经济发展关系极为紧密的教育、科技、卫生等事业，也同样处于落后状态。正因为如此，大力发展教育、科技、文化、卫生以及各项社会福利事业，就成为新中国建立后的一项十分迫切而重要的任务。

基于以上认识，新中国成立后，党和政府把大力发展以教育、科技、文化、卫生为中心的各项事业，始终放在十分重要的地位，并投入了大量的资金，扶持社会事业的发展。在当时计划经济体制下，制度上抑制甚至禁止了私人以及其他社会团体兴办这些"事业"的可能性，从而造就了国家包办一切事业的局面。经过数十年的努力，不仅事业单位的整体规模有了巨大发展，而且在类别上也形成了比较完备、门类齐全的社会服务体系。

应该说，事业单位在我国的政治、经济和社会发展等各个领域曾发挥了重大作用，极大地促进了社会主义物质文明建设和精神文明建设的进步。

但是在充分肯定事业单位在我国现代化建设中所发挥的重要作用的同时，我们也要看到事业单位发展中存在的一些问题。这些问题从某种意义上说，是促使中国事业单位在新的历史条件下必须改革的内在动因。

（一）计划经济体制下国家办事业、国家管事业、国家养事业的格局，以及条块分割、重复建设等，已不能适应市场经济发展的要求

几十年来，由于我们坚持的基本方针是，事业单位主要由国家兴办，国家直接管理，经费主要靠国家财政负担，致使国家兴办的事业单位规模过大，增长过快。据有关资料显示，截至 2005 年年初，中国全部事业单位约 130 多万个，其中独立核算事业单位约 95.2 万个，纳入政府事业单

位编制的人员近 3000 万，拥有近 3000 亿国有资产，各项事业经费支出占国家财政支出的 30% 以上。[①] 2000 年至 2002 年，国家事业单位的预算拨款由 3620 亿元增加到 6590 亿元，增长了 82%，投入事业单位的预算支出，从占 GDP 的 4.1% 提高到 6.4%。[②]

　　除了事业单位主要由国家兴办、财政主要由国家提供外，国家对事业单位的直接管理，也带来了许多问题。比如，所谓国家对事业单位的直接管理，实际上都是通过各级政府或政府各个部门具体管理的，这就势必会造成条块分割、条条矛盾以及重复建设等弊端。其结果不仅对事业单位的总体布局、结构调整带来一定困难，而且还会造成大量资金的浪费。上述问题，显然与市场经济发展的客观要求，与建立社会主义市场经济体制的目标都相距甚远。

　　（二）政事不分，导致在实际运行中职能混乱

　　事业单位发展、管理中的另一个突出问题就是政事不分。所谓政事不分，是指事业单位承担的社会服务功能与拥有的某些行政权力合二为一，导致事业单位在实际运行中职能的混同。具体来说，政事不分表现在管理方式上，国家对事业单位的管理，基本采取了对行政机关管理的办法，在劳动、人事、工资、财务以及机构规格、名称等方面，都做出了与行政机关相同的规定，从而形成了国家对事业单位管得过死，统得过多，事业单位内部机制不完善，缺乏活力和效益的局面，在一定程度上影响了事业单位的自主性和积极性。据国家科委的一项抽样调查显示，在我国 1033 万专业技术人员（不含中小学教师）中，能够在工作中发挥全部能力的人员只占 14.6%，估计有 344 万专业人员处于闲置状态，有 30% 的人基本不能发挥作用。[③]

---

① 范恒山：《关于事业单位改革的思考》，《学习月刊》2005 年第 1 期，第 17 页。
② 任晓林、郭延飞：《利益、功能与事业单位改革的路径选择》，《延安大学学报（社会科学版）》2006 年第 4 期，第 47 页。
③ 成思危：《中国事业单位改革——模式选择与分类引导》，民主与建设出版社 2000 年版，第 94 页。

表现在职能配置上，则是行政性事业单位职能的混淆。一方面行政性事业单位行使的行政权力，代表着政府，发挥着"准行政机关"的作用；另一方面，按照事业单位的属性，它又承担着某种社会服务职能，这使国家对事业单位的管理发生了种种困难。因此，适应市场经济发展的需要，认真解决事业单位政事不分的问题，分离事业单位的两种性质不同的职能，就成为事业单位改革的关键所在，也是促进事业单位走向社会化的根本途径。

（三）事业单位建设与发展中与经济建设脱节的现象仍较突出，相当一部分事业单位的经济效益、社会效益不好

在现代化建设中，国家、社会对事业单位的要求不断提高，特别是科研性事业单位，在促进科技进步、提高社会生产率方面有着举足轻重的作用。然而在现实中，有些事业单位长期游离于经济建设主战场之外，使科研成果难以转化为生产力，再加上科研与生产的脱节，以及传统科研管理体制的束缚，直接影响着企业的技术进步和技术构成的提高，也不利于产业结构向技术密集型转化。据《中国科技国情调查报告之四》统计：1993 年，全国 4875 家科研机构中只有 2697 家科研机构发表了论文，这意味着 44.6% 的研究开发机构一年中竟然没有发表一篇论文；我国研究开发机构平均一年只获得 0.09 项发明专利；99.25% 的研究开发机构平均一年拥有的发明专利不超过 2 项。[①]

与此相联系，在中国的众多事业单位中，还有相当一部分是社会效益不高、经济效益也不好的。为了改变这种状态，国家虽采取了种种措施，但至今仍收效不大。比如，从 1988 年至 1992 年间，国家通过一系列政策调整，试图扩大自收自支事业单位的比例，经过 5 年的努力，只从"吃财政"的事业单位中分离出 160 万人，绝大多数事业单位仍然靠财政拨款维持。由于经费不足，有些事业单位的事业发展缓慢，经济效益、社会效益

---

① 成思危：《中国事业单位改革——模式选择与分类引导》，民主与建设出版社 2000 年版，第 95 页。

都难以提高。

以上情况说明，在新的形势下，随着形势的发展，事业单位改革已势在必行，并成为我国行政体制改革中一个不容忽视的重要课题。

第二节　事业单位改革的主要内容

我国的事业单位改革已经走过了将近 30 年的探索之路，大体可以分为以下几个阶段：

第一阶段，从党的十一届三中全会到 1987 年党的十三大。改革开放以来，中国历次机构改革中，都对事业单位的改革提出过一些具体要求。但在 1987 年以前，事业单位的改革大都与党政机关的机构改革同步进行，在内容上也没有突出事业单位的特点。在这期间，高等院校和科研机构调整了设置，机关后勤社会化开始试点，职称评审工作恢复，推行专业技术职务聘任制，适当下放事业单位组织人事管理权限等，这可以视做为事业单位机构和人事制度改革的初步探索。

第二阶段，从党的十三大到 1992 年党的十四大，是事业单位改革面上拓宽、深入发展的阶段。这一阶段改革的主要内容是下放权力，扩大事业单位管理自主权，同时对国家机关所属事业单位进行了整理、整顿。建立了政府特殊津贴制度；对各类人员实行分类管理，进行工资分配制度重大改革；人才市场作为新生事物开始自下而上地涌现；进行了管理人员和专业技术人员辞职辞退制的试点；进一步推行专业技术职务聘任制。

第三阶段，党的十四大至今，事业单位改革开始进步到探索建立与社会主义市场经济体制相配套的事业单位机构和人事管理体制的新阶段。第一次提出事业单位改革是行政体制改革和机构改革的重要组成部分。多方面的试点工作已取得一些突破性的进展。如聘用制作为事业单位的一项基本用人制度，打破人才单位所有，逐步使人才社会化，推行人事代理制度，在一些省、市普遍实行，收到显著效果。2006 年 7 月，中央编制办经国务院批准，制定了《关于事业单位分类及相关改革的试点方案（征求意见稿）》，从此"分类改革"正式成为中国事业单位改革的思路。① 这一阶段在分配、社会保障、考核等方面也进行了综合配套改革方面的试点，为深化事业单位改革铺平了道路。

一、事业单位改革的基本政策

经过这么多年的努力，中央关于事业单位改革的总体政策框架基本成熟，主要集中在以下方面：

（一）明确了事业单位改革的指导思想和方向

事业单位改革的指导思想和改革的方向，关系到事业单位改革的成败，有着重要的指导意义。为此，中共中央办公厅和国务院办公厅在 1996 年发布的《中央机构编制委员会关于事业单位机构改革若干问题的意见》中，对事业单位机构改革的指导思想和改革的方向再一次做了明确规定：要"按照党中央的统一部署，遵循政事分开、推进事业单位社会化的方向，建立起适应社会主义市场经济体制需要和符合事业单位自身发展规律、充满生机与活力的管理体制、运行机制和自我约束机制"。改革的基本思路是："确立科学化的总体布局，坚持社会化的发展方向，推进多样化的分类管理，实行制度化的总量管理"。

在政事分开方面，中央又做出了四方面具体规定：一是合理划分党政机关与事业单位的职责。事业单位承担的行政管理职责原则上要交归行政机关。对一时难以划分的职责，可以作为过渡，按审批权限通过授权方式交由事业单位承担。党政机关分离出来的一些辅助性、技术性工作，事业单位要积极承担，但不能因编制数额有限，将行政机构转为事业单位。二是现在属于行政机构序列、但以事业性工作为主的政事合一机构，应根据

---

① 成思危：《中国事业单位改革——模式选择与分类引导》，民主与建设出版社 2000 年版，第 96 页。

具体情况分别进行调整。政事职责分开的、且已将行政职责交归行政机关的，可成建制地转为事业单位；目前分开确有困难的，创造条件逐步调整到位；政事职责难以划分的，可改为授权承担行政职责，不再挂行政机关牌子。三是建立符合事业单位自身特点的等级规格，逐步取消事业单位的行政级别，对事业单位的等级规格实行动态管理。四是规范事业单位名称。事业单位的名称要体现事业单位的特点，一般称院、校、所、台、社、团、中心等，不再称厅、局、公司、学会等。

（二）对推进事业单位社会化提出了具体的改革要求

为了加快推进事业单位社会化的步伐，中央根据事业单位当前的实际状况，提出了一系列具体要求。其中主要包括：一是改革主管部门对事业单位的管理方式。要求主管部门对事业单位的管理，主要是政策引导，实施监督，管好领导班子或只管法人代表，监管国有资产。事业单位在符合党和国家政策法律的前提下，享有内部管理自主权，真正成为面向社会服务的独立法人。二是逐步打破事业单位管理体制方面的条块分割。一方面要从增强事业单位社会效益和减轻国家财政负担的大局出发，加强协调，采取措施，改变事业单位在设置和服务方面存在的条块分割现象；另一方面要按照"区域覆盖"和就近服务的原则，以及区域经济和社会公益事业发展的要求，对事业单位的设置进行统筹规划。对于主要为所在地服务的中央和省、市所属事业单位，一般应下放给所在地管理；不应或不能下放的，也要积极面向社会，为所在地经济和社会公益事业服务，并注重优势互补，发挥整体效益。三是加强对民办事业单位的管理。通过制定法规、政策，有步骤地发展适宜民办的事业单位。民办事业单位必须由县以上党委、政府部门或授权单位为挂靠单位，并坚持依法设立、依法活动、依法管理。四是建立事业单位登记管理制度。通过实施登记管理制度，确立事业单位的法人地位，推进事业单位的社会化进程，规范事业单位的行为，保护事业单位的合法权益，强化对事业单位的监管。

（三）提出了加强事业单位机构编制宏观管理的具体对策

一是建立和实行事业单位机构编制宏观管理制度。对事业单位机构编制实行总量控制,并制定出实行总量控制的目标、任务及配套实施办法。二是加强事业单位机构编制法制建设。如先后出台的《事业单位登记管理暂行条例》、《事业单位登记管理暂行条例实施细则》等。各省、市机构编制管理部门还可以拟定符合本地实际的事业单位机构编制管理规章或办法,按规定程序审批和实施。三是加快事业单位机构编制标准的制定工作。通过制定和实施科学、合理的事业单位机构编制标准,规范事业单位的设立行为,优化事业单位组织结构,控制事业单位机构编制总量。四是严格事业单位机构编制审批制度。科研、教育、文化、卫生、新闻出版等各类事业单位的机构设置、人员编制事宜,按照分级管理的原则和权限,由各级机构编制部门统一审批;省、自治区、直辖市所属厅局级事业单位机构设置、变更,由省、自治区、直辖市审核后,报中央机构编制委员会审批。

(四)对事业单位改革的步骤等也做出了明确规定

按照中央的部署,事业单位的改革,因涉及政治、经济、科教、文卫等各个领域,关系到近 3000 万职工的切身利益,再加上事业单位机构改革难度很大,又缺乏经验,因此,要在深入调查研究、摸清情况和统筹规划的基础上,搞好试点,总结经验;要根据事业单位的不同情况,在经济体制、行政体制以及科研、教育、文化、卫生等各项体制改革进程中逐步推行,并分类实施。

其具体方针,一是积极发展既为社会主义市场经济所急需,又在经费上实行自收自支或企业化管理的事业单位。此类事业单位在财务上要与党政机关脱钩,其工作人员不能由国家公务员或党的机关工作者兼任。按有关政策靠行政性收费的事业单位,要实行收支两条线,其编制要从严控制。二是撤并压缩不适应国民经济和社会发展需要的事业单位。对因部门所有、条块分割而人为重复设置的事业单位,要根据不同情况,分别予以合并或撤销;对规模较小、服务对象单一的事业单位要适当合并,提高规模效益;对长期不出成果,社会效益差的事业单位,要在规模、建制方面压缩或撤销。三是严格控制财政拨款事业单位的机构和人员编制,使其与国家的经济发展水平相适应。要推进有条件的全额拨款事业单位按照有关规定开展有偿服务，逐步向差额补贴过渡；差额补贴的事业单位，要进一步创造条件，向自收自支或企业化管理过渡。四是对那些主要从事生产经营活动的事业单位，应改为企业。对一些现在实行企业化管理，可以主要由市场引导资源配置的应用技术开发单位等，也可以并入企业或改办为科技先导型企业。

2006 年 7 月，中央编制办经国务院批准，制定了《关于事业单位分类及相关改革的试点方案（征求意见稿)》（以下简称《方案》），对事业单位分类改革提出了初步的思路。《方案》根据现有事业单位的社会功能，将其划分为承担行政职能的、从事公益服务的和从事生产经营活动的三个大类。对完全行使行政职能的事业单位，将根据具体情况，转为行政机构或进行其他调整，对承担部分行政职能的事业单位，将其行政职能和公益服务职能与其他单位分拆整合，今后我国原则上将不再批准设立承担行政职能的事业单位；对现有从事生产经营活动的事业单位，下一步的改革方向是逐步转为企业，进行企业注册，并注销事业单位，核销事业编制，今后不再批准设立从事生产经营活动的事业单位；至于从事公益服务的事业单位，则再划分为三个类别：不能或不宜由市场配置资源的，所需经费由同级财政予以保障，不得开展经营活动，不得收取服务费用；可部分实现由市场配置资源的，所需经费由财政按照不同方式给予不同程度的投入，鼓励社会力量投入；可实现由市场配置资源的，实行经费自理，财政通过政府购买服务方式给予相应的经费补助，具备条件的，应逐步转为企业，今后这类单位主要由社会力量举办。

（五）事业单位人事管理制度的逐步完善

2006 年 2 月 9 日，人事部发布实施了《事业单位公开招聘人员暂行规定》（以下简称《暂行规定》），这是我国首次就事业单位进人问题做出的专门规定。根据《暂行规定》的要求，从 2006 年起，所有事业单位的新进人员，除国家政策性安置、按干部人事管理权限由上级任命及涉密岗位等确需使用其他方法选拔任用人员外，都要实行公开招聘。

2006 年 11 月 17 日，人事部又正式公布了《事业单位岗位设置管理试行办法》（以下简称《试行办法》），对事业单位岗位设置管理的范围做出了明确规定。《试行办法》明确事业单位岗位设置实行核准制度，严格按照规定的程序和管理权限进行审核，经核准的岗位设置方案作为聘用人员、确定岗位等级、调整岗位以及核定工资的依据。凡不按规定进行岗位设置和岗位聘用的事业单位，政府人事行政部门及有关部门不予确认岗位等级、不予兑现工资、不予核拨经费。情节严重的，对相关领导和责任人予以通报批评，按照人事管理权限给予相应的纪律处分。《试行办法》的颁布，对于转换事业单位用人机制，促进各类人员的积极性、创造性，促进社会公益事业的发展和事业单位改革制度环境的完善，都具有十分重要的意义。

《暂行规定》和《试行办法》的出台，使我国事业单位运行管理的法律环境得到完善，一定程度上遏制了事业单位在选人用人上存在的"入口乱"和"出口窄"问题，大大提高了其运作的规范化、透明化，也为今后进一步的改革铺平了道路。

应当说，中央在长期的实践中逐步形成的上述政策，对事业单位的改革，起到了重要的指导作用，也保证了事业单位改革的顺利进行。

二、行业改革

从行业来看，中国事业单位改革涉及教育、科研、卫生、文化、新闻出版、城市公共服务等各个领域，下面介绍几个主要领域的改革状况：

（一）教育事业单位改革

教育是一个国家经济社会发展的基础。科技的进步、经济的振兴、社会的全面发展，都离不开劳动者素质的提高和大量合格人才的培养。改革开放以后，党和国家高度重视教育的发展，采取了很多措施推动教育事业：1985 年，中共中央做出了关于教育体制改革的决定；1986 年 4 月，全国人民代表大会常务委员会通过了《义务教育法》；1993 年，党中央、国务院又颁布了《中国教育改革和发展纲要》；1998 年 3 月，全国人大九届一次会议通过了《关于国务院机构改革方案的决定》，国家教委升格为教育部。

中国现行的学校教育分为基础教育、职业技术教育、高等教育和成人教育四大类，另外还有民族教育和特殊教育。基础教育的主要任务是为国家培养合格的劳动者，并为接受高等教育打好基础。

中国的教育事业虽然有了巨大的发展，也取得了显著成就，但与世界发达国家相比还有很大差距，基本上没有摆脱落后的局面。从目前的实际状况看，存在的问题主要集中在四个方面：

第一，基础教育薄弱。基础教育对国家的整个教育事业有着举足轻重的影响。基础教育落后，不仅会直接影响到全民族文化素质的提高，也会制约其他教育的发展。新中国成立后，国家虽然投入了大量的人力、资金兴办基础教育，但基础教育落后的状况，并没有从根本上改变。据统计，截至2003年年底，我国还有381个县没有"普九"。与此同时，占全国人口50%左右的已经"普九"的中西部农村地区，"普九"程度是低水平的、不稳定的。[①]

第二，我国教育管理体制是在计划经济体制下形成的，主要弊端是权力过于集中，条块分割严重，办学活力不足。以高等教育为例，国家兴办的各类正规高校大部分属不同的部门和地方政府管理，专业设置重复、规模小是普遍存在的问题。国家对高校包得过多，统得过死，致使学校缺乏活力，也没有多少自主权。这与一些发达国家注重规模效益形成很大反差。

第三，在教育与经济和科技的结合方面，也存在严重的脱节现象。中国由于受传统教育思想的影响，重理论，轻实践，重研究，轻开发，造成在专业设置、学科建设乃至培养学生的知识结构等方面，都不能适应经济发展和科技进步的需要。

---

① 沈路涛、邹声文：《我国农村初中辍学率反弹问题突出》，《北京青年报》2004年10月27日。

第四，教育结构失调，各类教育的比例不合理。如本科教育与专科教育不合理，实用型的专科毕业生少，本科毕业生多；职业中学与普通中学结构不合理，职业中学相对较少；高等院校的教师与学生之间的比例不合理。

改革开放以来，随着各项事业的发展，国家教育事业通过改革，已发生了历史性变化。

第一，党和国家把发展教育放在了重要的战略地位，不断加大对教育的投入。特别是改革开放的总设计师邓小平，对发展教育提出了一系列重要论述。他指出，教育是一个民族最根本的事业，民族的存亡、盛衰都与教育有着密切的联系。"政策上的失误是很容易纠正过来的，而知识不是立即就能得到的，人才也不是一两天就能培养出来的，这就要抓教育，要从娃娃抓起"。1995 年 5 月 6 日颁布的《中共中央国务院关于加速科学技术进步的决定》，首次提出在全国实施"科教兴国"的战略，这就为改革开放以来中国教育事业的蓬勃发展，指明了方向。

第二，以经济建设为中心，建立与社会主义市场经济体制相适应的教育管理体制，给学校以更多的自主权。通过改革，在基础教育方面，中国已初步形成了以地方负责、分级管理的教育管理模式，把基础教育的责任落实到省、市、县、乡镇等各级政府。在高等教育方面，已逐步打破条块分割的管理体制，建立起以中央统一领导、省市两级政府办学为主的管理体制，同时大力提倡中央部委与地方、企业联合办学，共同管理，共同受益。在职业教育方面，由于注重与经济建设紧密结合，因此各类职业教育都得到了迅速发展。在教育经费的筹集方面，逐步形成了以政府拨款为主，以征收教育税费、收取非义务教育阶段学生学杂费、校办产业收入以及以"希望工程"为代表的社会捐赠为辅的多渠道格局。2006 年起我国开始在西部地区农村免除义务教育阶段学生的学杂费，2007 年起这一政策在全国农村普遍实行。

第三，社会力量办学，有了极大发展。改革开放以来，中国教育事业发展的另一个重大变化，就是社会力量办学的异军突起。社会力量办学主要集中于学前教育、基础教育、职业技术教育和继续教育等领域。改革开放以来，由于我们逐步打破了过去政府包办教育的做法，制定了一系列鼓励民间办学的政策，从而极大地调动了社会力量办学的积极性，使这一办学形式成为中国教育事业健康发展的重要补充，并取得了一定成就。目前，对社会力量办学虽存在一个如何进一步规范和加强管理的问题，但总的看，其发展方向是应充分肯定的。

（二）科技事业单位改革

科技事业单位是中国除教育事业单位以外的另一个事业单位主体构成之一。科技事业单位按其所从事的工作性质，大致可分为基础型、技术开发型、工程设计型、勘探型、社会公益型及混合型等。

改革开放前，中国科技事业发展中主要存在着以下问题：

1. 在科技机构的管理方面，计划体制下形成的条块分割现象十分严重，整体优势难以发挥，研究开发工作中存在大量的低水平重复劳动。

2. 科研与经济建设结合不紧密，科技成果难以转化为实际生产力。

3. 企业吸纳科技成果的内在动力不足，智力产品的价值与价格背离。

4. 科技人才资源配置不合理，生产第一线、特别是经济相对落后地区的科技人才奇缺。

改革开放以来，中国科技事业在邓小平关于"科学技术是第一生产力"的科学论断指引下，对传统的科技管理体制进行了一系列改革，并制定了相应的政策和措施，从而极大地推动了科技事业的发展，主要包括以下两方面：

第一，提出了科技机构改革的基本思路。

1985年以来，中央陆续发布了一系列文件，对科技体制和科技机构改革的思路做了规定。具体表现在：进一步放活科技机构，促进多层次、多形式的科研生产横向联合，推动科技与经济的紧密结合；适应社会主义市场经济的发展需要，遵循科技发展规律，运用法律、经济、行政、政策等手段，实行科学管理；支持基础性研究和基础性技术工作，放开搞活技术开发机构、社会公益机构、科技服务机构、民办科技机构、优化科技组织结构，推动科技机构走上市场并自主地向开放、分流、联合、竞争、壮大方面发展，建立科技机构结合体系及运行机制。

第二，制定了科技事业单位改革的原则和措施。

科技机构改革的主要原则有：按照科技机构发展的客观规律进行改革；正确处理科研与市场之间的关系，按市场导向确立科研项目；正确处理国有科技机构与民办科技机构之间的关系，大力发展非国有科技机构；建立责、权、利高度统一的工作责任制；正确处理眼前利益与长远利益之间的关系，使二者有机地结合等。

制定的改革措施主要有：一是鼓励科技机构成为新型的科研生产经营实体，向科技产业化方向发展。二是积极改善政府对科技机构的宏观管理，全面落实和扩大科技机构的自主权。三是改革科技机构的领导体制，实行所长负责制和聘任制。四是加强民主管理，充分发挥科技人员的主人翁作用。五是积极推行各种形式的承包经营责任制。六是合理安排科技机构的收入分配，打破分配中的平均主义。七是完善科技机构的资产管理制度，积极探索入股、参股、分股的改革新路子。八是改革科技机构的人事管理制度，加强科技队伍建设。九是改革计划和经费拨款制度，实行分类管理，如有偿合同制、科学基金制、经费包干制等。

科技事业单位"稳住一头，放开一片"的改革，不仅促进了中国科技与经济的结合，增强了科技事业单位的活力和实力，而且通过组织科技攻关，加速科技成果转化，使科技作为第一生产力的重要地位充分显示出来。据统计，截至 2006 年年底，全国科技经费支出额 5790 亿元，研发经费占国内生产总值的比例由 1999 年时的 0.83% 上升到 1.4%，全国拥有专业技术人员 2209 万人，全年受理专利申请 57.3 万件，取得科研成果 32683 项。[①]

（三）文化事业单位改革

文化事业是社会主义各项建设事业中的重要组成部分，在社会主义精神文明建设中有着特别重要的作用。文化事业单位主要包括新闻出版、广

---

① 科技部网站：《2007 科技统计资料汇编》，http://www.sts.org.cn/zlhb/zlhb2007.htm，2008 年 3 月 27 日。

播电视、文学艺术等。新中国建立后，中国的文化事业虽然有了很大发展，但也存在一些问题。主要有：

1. 国家包揽过多、统得过死，造成队伍臃肿，人浮于事，缺乏活力。

2. 文化事业单位内部缺乏竞争激励机制，组织管理松散，影响了个人积极性的发挥。

3. 改革开放以来，在文化事业发展中也出现了一些无序现象，给社会主义精神文明建设带来严重危害。

在新的历史条件下，针对文化事业发展中存在的种种问题，党和政府采取了一系列改革举措，对文化事业单位进行改革，以促进文化事业的健康发展。

1. 把竞争机制引入文化事业单位，对各类文化事业单位实行分层次、分类管理

改革开放以来，中国文化事业管理中的一个重要变化，就是适应社会主义市场经济发展的要求，把激励竞争机制引入文化事业单位，使文化建设出现了多层次、多样化的格局，从而改变了计划体制下文化事业行政化、垄断性的局面。与此相联系，国家对各类文化事业单位的管理，依据其不同的特点，通过政策导向等，实行分层管理，调动各类文化事业单位的积极性、创造性，推动了文化事业的繁荣与发展。例如，对出版事业，主要采取放宽限制，增加出版机构的自主权，在经济方面实行企业化管理等，为出版事业注入了活力，从而为出版事业的繁荣与发展提供了保障；对于各类演出团体，国家改变了过去高度一体化的管理模式，而是将演出团体分为不同的类型，采取不同的方式进行管理。国家除集中力量抓好少数骨干演出团体外，其余的可以按照市场经济的要求，实行更灵活的管理。

2. 积极培育和发展文化市场，注重文化产业经济效益与社会效益的统一

随着市场经济的发展，文化事业已逐步改变了在计划体制下单一追求社会效益的属性状况，不断向既注重社会效益又注重经济效益的文化产业方向发展。因此，培育发展文化市场，加强对作为特殊商品的文化事业的引导、管理，就成为一个十分重要的问题。为了加强对文化市场的引导和管理，国家制定了一系列法规和政策，采取种种有效措施，促使其健康发展。例如，国家一方面鼓励文化事业单位进入市场，参与市场竞争，另一方面又对进入市场的各种文化产品提出严格的要求，防止只注重经济效益而忽视社会效益的不良倾向。这些举措，对促进文化市场的健康发展，起到了重要的保证作用。

3. 弘扬时代主旋律，扶持高雅文化艺术的繁荣与发展

在市场经济条件下，随着人们文化消费观念的改变、社会需求多元化格局的形成，长期被冷落的大众文化、通俗文化如鱼得水，发展势头迅猛，而代表一个民族文明程度的高雅文化艺术，却遇到了前所未有的挑战，陷入举步维艰的困境。为了改变这种局面，国家除了在舆论导向方面加强主流文化的宣传外，还制定了一系列扶持高雅文化艺术的政策，鼓励各类文化事业单位创造更多的、能代表时代水平的民族文化精品，并从政策上、资金上予以倾斜，使其在社会主义精神文明建设中发挥更重要的作用。

（四）卫生事业单位改革

医疗卫生事业是衡量一个国家发展水平的重要标志，关系到人民的健康和人口的质量，在各项事业中占有十分重要的地位。在中国，卫生事业单位主要包括各类医疗机构、卫生保健机构和计划生育服务机构。新中国成立以来，国家的卫生事业得到了极大的发展，人民的医疗保健水平也有了很大提高。但与社会的需要，与人民群众对医疗保健的要求还有很大差距。特别在改革开放以前，中国的卫生事业，基本上由国家所垄断、包揽，所有制形式单一。据统计，新中国初期全国卫生从业人员共 61.3 万人，其中私人开业者达 48 万人，占总数的 78.3%。1990 年，卫生从业人员共 490.6 万人，私人开业人员只有 16.3 万人，占总数的 3.3%。[1] 另

---

① 罗干主编：《重大战略决策——加快发展第三产业》（上），中国政法大学出版社 1992 年版，第 352 页。

外，各类医疗保健机构缺乏活力，没有多少自主权。卫生行业本身结构不合理，广大农村缺医少药的问题较为突出，与城市相对较发达的卫生事业形成反差。例如，全国工业及其他部门拥有全国 1/3 的卫生人力，1/4 的床位，3/5 的卫生保健机构，而服务覆盖面仅占人口的 1/10。预防保健水平整体较低，满足不了社会需要。如全国个体食品商贩近 2000 万人，街头食品卫生合格率不到 20%①，对人民群众的健康带来严重威胁。

为了促进卫生事业的发展，国家采取了一系列重要改革举措，这些措施主要包括：一是扩大医疗机构的经营自主权，鼓励工矿企业、机关等的医疗机构向社会开放，并对绝大多数医疗机构实行差额补贴的资金供给政策。二是大力倡导社会力量办医，以满足城乡居民对医疗事业的多层次需求。与此同时，通过制定法律规范，加强对各类医疗机构的监管。三是加强预防保健事业和卫生服务体系建设，提高预防保健事业的水平。对从事预防保健的机构，国家继续实行全额拨款的资金供给制度。四是实行严格的计划生育政策，控制人口增长，提高人口质量，健全计划生育技术服务体系。五是加强农村基层卫生设施和卫生服务网络建设，提高农村医疗保健水平，并组织持久的城市送医下乡活动。六是有计划、有步骤地改革我国的医疗保障体制，本着基本公共服务均等化的原则，建立起覆盖城乡，体现社会公平原则的基本医疗服务体制。这些改革措施，极大地推动了我国卫生事业的发展，据中国第一次经济普查数据显示，2004 年年末，中国卫生行业的法人单位共计 155773 个，与 1949 年相比，增长了 71 倍；与 1977 年相比，增长了 1.4 倍。特别是进入 21 世纪以来，卫生单位数量更是以超过 50% 的年增长速度增长，其中 2002 年与 2003 年的年增长速度已分别达到 84.54% 与 74.57%。②

---

① 罗干主编：《重大战略决策——加快发展第三产业》（上），中国政法大学出版社 1992 年版，第 353 页。
② 第一次全国经济普查项目研究课题组：《中国卫生行业发展的现状与特点》，《统计研究》2007 年第 3 期，第 58 页。

三、地方改革

在我国事业单位改革过程中，各级地方政府是改革的具体实施者，同时他们又是改革的探索者——地方政府的一些改革措施、改革探索有时会反过来促进中央改革政策的制定。

现介绍几个较有典型性的地方政府事业单位改革状况：

（一）深圳市

做为我国第一个经济特区、改革开放的尖兵，深圳市的事业单位改革一直走在全国的前列。

2005 年 10 月，深圳市事业单位改革领导小组正式成立，市委市政府主要领导出任组长和副组长，成员单位包括市委组织部、编办、改革办、财政局、人事局、国资委、社保局、法制办等多个部门。领导小组下设办公室，市编办、改革办为日常办事机构。

按照工作部署，改革分为两步：第一步是事业单位的分类改革；第二步是事业单位管理体制和内部运行机制的改革与创新。改革前期，事改办组织力量进行了深入的调查，在广泛征求意见和研究对策的基础上，形成了《深圳市深化事业单位改革指导意见》及《深圳市市属事业单位分类改革实施方案》、《深圳市事业单位改革人员分流安置办法》和《深圳市事业单位转企社会保险有关问题实施办法》等配套文件。2006 年 7 月 7日，深圳市召开了全市事业单位改革动员大会，事业单位改革进入全面实施阶段。

深圳市对市、区两级 1900 多家事业单位按其职能进行了梳理，把不具备"公益性"的事业单位交给市场，把具备"公益性"的事业单位还原本色，由政府财政提供保障。实现政府职能归位，不应由政府提供的服务从现有事业单位剥离，交给社会去做。改革政府提供公共服务的方式，凡是可以通过采购提供的公共服务，在不影响该项服务稳定供给的前提下，采取政府"花钱买服务"、"养事不养人"的办法，用市场化的方式组织生产和供应，降低公共服务的单位成本，提高公共服务的效能和水平。

准确划分现有事业单位类型是分类改革的基础和突破口。按照政事分开、事企分开的原则，立足现状、着眼规范，参考中编办的分类方法，深圳市将事业单位划分为监督管理类、经营服务类和公共服务类三大类。同时，根据事业单位在社会经济生活中的实际功能和特点，深圳市又将经营服务类事业单位分为经营开发类和中介服务类，将公共服务类事业单位分为纯公共类和准公共类。对不同类型的事业单位，确定不同的改革方向，按各自的目标分别推进。

截至 2006 年年底，深圳市第一阶段的事业单位改革——分类改革已基本告一段落。该项改革将深圳市 518 家市属事业单位转为企业 124 家，撤销 27 家，纳入行政管理序列 28 家，保留 339 家。此外还将行政事业单位所办的 270 家企业划转国资系统。①

2007 年 10 月 26 日，深圳市又宣布将进行"新一轮事业单位改革"，这一轮改革涉及的内容包括：

1. 取消行政级别，转为按岗位级别和绩效管理。

2. 市属事业单位财政经费供给取消"按人头"下拨的方式，实行"以事定费"的方式。

3. 建立和完善事业单位法人治理结构，在事业单位中推行以理事会（或管委会）为核心，决策权利机构、管理执行机构与监督约束机构相互分离制衡的现代运作模式。

4. 仿照西方国家先进管理模式，推行法定机构试点。

5. 深化市政公园管养体制改革，撤销现有 17 家市政公园和林场的单位建制，在全市设立深圳市公园管理中心，统一履行公园管理职能。

6. 整合全市政府检测机构，撤销现有区、街道级设立的检测机构。

7. 调整事业单位人事制度改革有关政策，确定事业单位按照管理岗

① 深圳市人民政府：《全面推进事业单位改革、创新社会事业管理体制机制》，《四川改革》2007 年第 5 期，第 42 页。

位、专业技术岗位、工勤技能岗位分类分级进行聘用。

本次改革计划在两年内完成，具体时间为从启动到 2009 年上半年，力争用两年的时间完成。深圳市的本次改革在继承事业单位分类改革思路基础之上，进一步触及到资金管理、岗位人事、机构调整等深层次领域，使事业单位改革有了实质性进展，也将对其他地区的同类改革产生积极的示范作用。

（二）江苏省

江苏省的事业单位改革，大体经历了三个阶段：

一是结合科技、教育、卫生、文化等行业的管理体制改革，进行社会事业单位改革。主要包括：经济鉴证类中介机构脱钩改制；应用性科研机构转企改制；高校、中专学校布局结构调整和后勤服务社会化；农村中小学布局调整；文化广电新闻出版等行业的资源整合等。

二是结合农村税费改革和乡镇区划调整，进行乡镇事业单位改革。主要是调整管理体制，精简办事机构，压缩人员编制。

三是结合政府行政体制改革，进行事业单位分类改革。主要是对行政管理类、社会公益类、生产经营类等不同类型的事业单位，实施有计划、有步骤、有重点的改革。

截至目前，江苏省事业单位改革取得了较为明显的效果，主要体现在以下几个方面：

第一，行政管理类事业单位改革试点成效明显。南通、盐城两市作为中编办事业单位改革试点，率先进行了事业单位改革。2004 年以来，苏州等市也分别出台了《关于深化市属行政管理类事业单位改革的实施意见》，加大对行政管理类事业单位改革探索力度。

第二，生产经营类事业单位改革全面展开。江苏省 13 个省辖市生产经营类事业单位改革均有实质性进展，南京、苏州、无锡、常州、南通 5 市基本完成了市属生产经营类事业单位改革。

第三，社会公益型事业单位改革迈出步伐。科技、教育、卫生、文化等社会公益类事业单位改革也都取得了重要进展。省属 26 家应用型科研机构 2002 年基本完成了改制任务。全省 187 家市属科研机构改革也取得突破。苏州、无锡、常州、南通、连云港 5 市的 60 家开发类科研机构已基本完成改制工作，形成了事业和产业相互支撑、相互保障、共同发展的良性互动机制。[1]

第三节　事业单位改革发展的对策建议

中国事业单位改革虽然取得了显著成效，但总的看，还落后于经济体制改革，特别是与市场经济发展的要求还有很大差距。从过去的改革实践看，事业单位改革大多是与党政机构改革同步进行，始终未能走出适合于自身特点和发展规律的新路子。近两年来，中央为了加快事业单位改革的步伐，又相继出台了一些新的政策和措施，应该说，目前中国事业单位改革的大政方针已定，关键在于如何把中央制定的一些改革政策落到实处，付诸实施。

十一届人大第一次全体会议后，伴随着以"大部制"为代表的新一轮国务院机构改革的正式启动，我国的行政体制改革正进入一个全新的历史时期。在这样的形势下，进一步推进事业单位改革，加大事业单位改革的力度，实际上就成为新一轮党政机构改革工作的一个重要组成部分。

综合这几年我国事业单位改革的经验和教训，我们对今后的改革发展有以下建议：

一、正确认识事业单位改革的意义，找到事业单位新的角色定位

目前很多地方的事业单位改革，仍然是一种消极应对的姿态。一些地

---

[1] 邓琛琛、陈良华：《深化事业单位改革问题之我见》，《价值工程》2007 年第 12 期，第 138 页。

方把事业单位作为行政单位人员分流的蓄水池，政府改革中解决不了的问题都推到了事业单位这边，行政编制不够就搞事业编制，导致事业单位改革迟迟没有实质性进展，最后搞成了数字游戏。因此，正确认识事业单位改革的意义非常有必要。推动事业单位改革，绝不是为了简单的人员分流，而是为了给整个行政体制改革提供必要支持，提高公共服务的有效性，同时推动社会事业发展，促进社会和谐。

事业单位是计划经济下的产物，随着我国改革开放以来市场经济体制的确立，事业单位将如何找到自己新的角色定位，这是决定改革成功与否的关键。目前学术界关于事业单位改革方向并不一致，主要观点可以归纳为四类："国家社会组织论"、"非营利组织论"、"现代事业制度论"以及"公务法人论"。① 国家社会组织论认为"事业单位管理体制改革和机构改革的基本方向，即政事分开，推进社会化进程"；非营利组织论提出了事业单位改革目标模式包括六个内容：提供公共产品、组合社会资源、享受优惠政策、吸收志愿人员、构筑法律支持、实行科学管理；现代事业制度论认为事业单位改革的目标为建立现代事业组织与现代事业制度；公务法人论认为我国事业单位与大陆法系国家的公务法人在功能上有很多相似之处，都是由国家依法设立、具有特定的行政目的、提供专门服务的公益组织，应当将学校等事业法人定性为公法人的组成部分之一即公务法人，将事业法人与其利用者的关系界定为具有行政法律关系性质的特别权力关系。也有学者认为，可以参考国际上非营利组织的发展思路改革我国事业单位。

我们认为，上述意见都值得参考。但关键是不能把事业单位作为一个孤立的个体来考虑，在设计今后事业单位角色定位的同时相关的制度建设必须跟上。国外的非营利组织之所以蓬勃发展，与其健全的外部制度环境与严格的内部制度规定是密不可分的，它在财政制度、用人制度、分配制

---

① 邓琛琛、陈良华：《非营利组织视角下的事业单位改革问题的思考》，《中国高新技术企业》2007 年第 15 期，第 124 页。

度、福利保障制度、监管制度等方面对中国事业单位改革均具有较强的现实指导意义。

二、以分类改革为主导，积极进行改革探索

2006 年事业单位分类试点改革取得了很大的成功，无论从目前的中央文件精神还是各地的实践来看，这种改革都将作为今后我国事业单位改革的主流模式延续下去。各地应该参照国家发改委和中编办划分标准，把事业单位划分为三大类型——社会公益类、经营服务类和行政支持类，对事业单位进行重新定位、甄别排查，确定各自的改革方向。

2005 年 7 月 18 日，北京市海淀区成立了"公共服务委员会"，统一把公益性和半公益性事业单位纳入其旗下，管理人、财、物。公共服务委员会既不是行政机关，也不是事业单位，而是一种政府特设机构。尽管其实际效果还有待于时间的检验，但这种做法不失为探索事业单位改革的有益尝试。在坚持"分类对待"的大原则下，应当鼓励各地根据当地情况积极探索改革的具体方式、途径。

三、创新机制，强化事业单位内部管理

事业单位改革，一方面要通过分类改革优化事业单位的整体构成，另一方面，保留事业单位性质的单位也要从自身入手，通过深化内部管理体制改革提高自身活力。

加强事业单位的内部管理，具体来说需做好三方面工作：一是建立新型的法人治理结构，即借鉴企业的治理模式。原则上，对财政全额拨款的事业单位，实行理事会领导下的执行人日常负责制度。理事会可由行使所有者权利或行使政策制定者职能的政府部门任命，也可包括消费者和其他利益相关方的代表。管理者的任命和解职由理事会决定。二是建立竞争性的劳动人事制度，主要是取消行政级别和管理者的干部身份，实行人员聘用制度。三是建立有效的激励和约束制度。一方面要改革分配制度，具体事业单位的工资水平及福利待遇，由事业单位根据发展需要和实力来确

定，不再由国家规定。另一方面要加强约束机制。事业单位的约束机制可以通过两种途径建立：第一种途径是事业单位和公众在市场上的互动。公众通过在相互竞争的服务提供者中进行选择以及通过参与服务提供的管理，可以在很大程度上促使事业单位提高服务质量和降低成本。第二种途径是政府对事业单位实行监管。政府和事业单位之间建立并有效实施绩效管理制度，可以达到良好的约束效果。

四、做好保障工作，为改革的深入扫清障碍

事业单位改革涉及众多社会事业机构和个人的利益。在改革过程中，应妥善解决新老制度的衔接和待遇的平稳过渡，不能造成新的不稳定因素。必须审慎协调各种复杂的利益关系。

其中养老保险由于涉及人多，基金筹集和支付量大，更是重点需要解决的问题。改革既要充分考虑老制度下退休人员的既得利益，又要合理确定新制度下退休人员的待遇水平。2006 年深圳市在改革过程中就专门制定了一系列保障措施，如：工作年限满 30 年或距法定退休年龄不足 7 年的可以提前退休，退休待遇按原标准计发，确保退休员工待遇不因单位变化而受影响；不愿意提前退休的，可选择 5 年过渡期内退休的办法，其退休待遇的差额部分按原经费渠道和一定比例给予补贴；转企后效益好的单位可以通过参加企业年金的方式，提高未来退休待遇；对自愿辞职自谋职业的给予经济补偿等。

另外，未聘人员的就业、补偿和安置问题，人员流动特别是流向企业后社会保障制度的连续与衔接问题、事业单位的资产处置和产权安排等问题也都必须妥善解决。总之，要推进社会保障制度改革，健全社会保障体系，为全面推进事业单位改革创造良好的外部条件。

五、处理好事业单位与市场职能、政府责任的关系

在事业单位改革过程中，要防止两种错误的倾向：一是政府职能越位，二是市场化过度。从总体上看，目前仍有大量直接从事生产经营活

动、其产品和服务可以通过市场交易行为换取收入、不具有社会公益性的机构也列为事业单位进行管理。大量该市场化的领域没市场化，政府机构充斥其中。另外，也要防止另一个极端——市场化过度的倾向，有些带有公益性的机构在实施了企业化转制或企业化运行后，放弃了本身应当具有的公益目标，而将赢利作为唯一目标。有些机构甚至以损害社会公益目标为手段获取自身经济利益。

因此，我们要处理好事业单位与市场职能、政府责任的关系。市场和政府的缺陷，需要事业单位来弥补，但有时事业单位在发展过程也会出现志愿失灵，这就需要政府通过制定相关的制度环境对事业单位活动进行政策指导。

作为管理者的政府，一方面要放开，鼓励社会资本、民间资本的积极介入；另一方面政府也要明确自己的责任所在，类似教育、医疗、社会保障等带有公益性、公共性的事业必须由政府来承担。政府不能借改革为由"卸包袱"，把它们全部推给市场。应该借事业单位改革之机，建立一种以事业单位为载体的公共服务体系，使政府、企业、事业单位相互之间互动交流，相互监督，弥补各自缺陷，进入良性循环发展过程。

过去5年中，中国事业单位人事制度改革加快推进。截至2006年9月底，全国已推行聘用制度的单位占事业单位总数的51%，签订聘用合同的人员占事业单位人员总数的59%。通过改革，逐步改变了按照管理党政机关工作人员的办法管理事业单位人员的做法，在事业单位人事管理中逐步淡化了身份，强化了岗位，转换了机制，增强了活力，调动了事业单位各类人才的积极性和创造性。

但是也要看到，中国事业单位数量庞大，涉及面广，改革可谓是"牵一发而动全身"：改革过程中遇到的很多问题，如"落聘人员如何安置？如何保证改革过程中的公平公正？在改革过程中如何处理好政府和社会的关系？"都不仅关系着事业单位改革自身，更关系着整个社会的和谐与稳定。可以预见，在今后一段时间内，事业单位改革仍将是我国社会经济发展过程中一项重要而艰巨的任务。

第九章

中国改革示范区的
行政体制改革

中国经济特区、经济开发区和综合配套改革试验区是中国改革开放以来出现的新生事物，也是中国改革开放取得巨大成就的重要象征。无论是改革开放初期设立的经济特区，还是后来崛起的经济开发区和新设立的综合配套改革试验区，它们在行政体制的探索与实践方面，都取得了一定的进展，并在全国起到了重要的示范效应。

第一节　综合示范区行政体制改革综述

一、中国经济特区、经济开发区和综合配套改革试验区的设立

党的十一届三中全会后，中国进入一个新的历史发展阶段。随后不久，中共广东省委于 1979 年 1 月首次提出在广东创办经济特区的设想。同年 4 月，在北京召开的中央工作会议上，邓小平在听取广东的汇报后明确指出："可以划出一块地方，叫做特区。陕甘宁就是特区嘛。中央没有钱，要你们自己搞，杀出一条血路来。"① 之后，党中央和国务院在调查

---

① 中共深圳市委宣传部编：《一九九二年春，邓小平与深圳》，海天出版社 1992 年版，第 18 页。

研究的基础上，于1979年7月15日发出通知，同意在广东的深圳、珠海、汕头和福建的厦门四市，试办出口特区。后来邓小平提议将"出口特区"改为"经济特区"。1980年8月，全国人民代表大会常务委员会通过并颁布了《广东省经济特区条例》，宣告了深圳、珠海、汕头经济特区的设立。随后，厦门经济特区也宣告设立。

　　1984年1月，邓小平先后视察了深圳、珠海、厦门经济特区。在目睹了经济特区取得的巨大成就后，邓小平感到由衷的高兴，并指出，深圳的发展和经验证明，我们建立经济特区的政策是正确的。回京后，他在同中央几位领导同志谈话时进一步指出：特区是一个窗口，是技术的窗口，管理的窗口，知识的窗口，也是对外政策的窗口。从特区可以引进技术，获得知识，学到管理，管理也是知识。特区成为开放的基地，不仅在经济方面、培养人才方面使我们得到好处，而且会扩大我国的对外影响。提出要增加对外开放城市的问题。1984年5月，中共中央书记处和国务院召开部分沿海城市座谈会，决定进一步开放天津、上海、大连、秦皇岛、烟台、青岛、连云港、南通、宁波、温州、福州、广州、湛江、北海14个沿海港口城市。与此同时，中央还先后决定厦门经济特区、珠海经济特区和汕头经济特区扩大特区面积：厦门由2.5平方公里扩大到厦门全岛；珠海由6.81平方公里扩大到121平方公里；汕头由1.6平方公里扩大到52.6平方公里。

　　1985年年初，中央又决定开放长江三角洲、珠江三角洲和闽南厦、漳、泉三角地区。这是扩大对外开放、加速沿海经济发展的又一重大举措，从而使"经济特区——沿海开放城市——沿海经济开放区——内地"逐步推进的开放格局基本形成。

　　为了进一步扩大开放，1988年4月，经第七届全国人民代表大会第一次会议批准，海南建省，并同时成为经济特区。早在1987年6月12日，邓小平会见南斯拉夫客人时就指出，我们正在搞一个更大的特区，这就是海南岛经济特区。海南岛和台湾的面积差不多，那里有许多资源，有富铁矿，有石油、天然气，还有橡胶和别的热带和亚热带作物。海南岛发展起来是很了不起的。

中国经济开发区的建立与发展，是从 1984 年中央决定开放沿海 14 个城市起步的。在当年 5 月党中央、国务院批转的《沿海部分城市座谈会纪要》中，对沿海开放城市设立经济技术开发区的性质、方向、发展战略等都做了详细表述。指出："经济技术开发区要大力引进我国急需的先进技术，集中地举办中外合资、合作、外商独资企业和中外合作科研机构，发展合作生产、合作研究设计，开发新技术，研制高档产品，增加出口创汇，向内地提供新型材料和关键零部件，传播新工艺、新技术和科学的管理经验。有的开发区还可以发展成国际转口贸易的基地。"按照《纪要》的要求，各开放城市积极筹措，到 1985 年年初，国务院批准了在大连、秦皇岛、宁波、青岛、烟台、湛江、广州、天津、南通、连云港、福州开办 11 个经济技术开发区。1986 年，国务院又批准上海建立虹桥、闵行两个经济技术开发区。

党的十三大后，中国的改革开放和现代化建设掀起新的高潮。再加上国家"863 计划"和"星火计划"的实施，经济开发区也由原来单一的经济技术开发区扩展到高新技术产业开发区、保税区、台商投资区等多层次、多类型，从而丰富了经济开发区的形式和内容，促进了与国际经济技术的交流与合作。1988 年，国家先后批准建立了北京新技术产业开发试验区和上海漕河泾新兴技术开发区。1989 年，国务院又批准福建省建立了第一个专门为台商投资的经济开发区，为台商来大陆投资创造良好的条件。与此同时，一些经济开发区为了积极推动外向型经济的发展，开始试办保税区。继天津保税仓库、深圳沙头角保税工业区创建之后，1990 年 6 月，中共中央和国务院在批准上海市浦东新区开发开放规划的同时，批准了上海外高桥保税区的建立。

进入 20 世纪 90 年代初期，中国的经济开发区建设进入全面快速发展的阶段。其主要特点是：各类经济开发区的数量有了大幅度增加，开发区的分布由沿海向沿边、内地扩展；一些省市也相继批准建立了一批经济开发区。具体发展过程是：1991 年国务院批准在一些沿海城市和内地大、中城市又设置了 27 个高新技术产业开发区并颁布了 48 条高新技术产业开发区政策；正式批准建立天津港保税区、深圳福田保税区和沙头角保税区；1992 年国务院批准温州、昆明、营口、威海以及福建的融桥、东山等 6 个经济技术开发区，以及大连、广州、张家港、海口、厦门、福州、宁波、青岛、汕头 9 个保税区；1992 年 3 月、6 月、7 月，国务院分三批宣布开放黑龙江、吉林、内蒙古、新疆、广西、云南等省区的 13 个边境口岸城市，并决定在黑河、绥芬河、珲春、丹东、满洲里、伊宁、塔城、博乐、凭祥、东兴、瑞丽、畹町、河口等 13 个边境口岸城市设立边境经济合作区，在满洲里中俄边境开设边民互市贸易区；1993 年，国务院又批准了沈阳、哈尔滨、长春、武汉、重庆、杭州、芜湖 7 个经济技术开发区和 25 个高新技术产业开发区。到"十五"期末，全国累计批准设立了49 个国家级经济技术开发区和 5 个享受国家级经济技术开发区政策的其他国家级工业园区。截至 2008 年 4 月，全国共有 55 个国家高新技术开发区。

2005 年以来，国务院先后批准上海浦东新区、天津滨海新区开展以行政体制改革、完善基本经济制度、资源要素市场化、社会领域改革和统筹城乡协调发展等为主要内容的综合配套改革试点。深圳经济特区也开展了综合配套改革试点工作。

2005 年 6 月，国务院常务会议批准上海浦东新区进行完善社会主义市场经济体制综合配套改革试点，要求着力转变政府职能，着力转变经济运行方式，着力改变二元经济与社会结构。要把改革和发展有机结合起来，把解决本地实际问题与攻克面上共性难题结合起来，把实现重点突破与整体创新结合起来，把经济体制改革与其他方面改革结合起来，率先建立起完善的社会主义市场经济体制，为推动全国改革起示范作用。

天津滨海新区是继深圳经济特区、浦东新区之后，又一带动区域发展的新的经济增长极。2006 年 3 月《中共中央关于制定国民经济和社会发展第十一个五年规划的建议》中明确提出"继续发挥经济特区、上海浦东新区的作用，推进天津滨海新区等条件较好地区的开发开放，带动区域经济发展"。天津滨海新区包括塘沽区、汉沽区、大港区三个行政区和天津经济技术开发区、天津港保税区、天津港区以及东丽区、津南区的部分区域。

2007 年 6 月，重庆市、成都市被批准为"全国统筹城乡综合配套改革试验区"。自此，中国的东、南、西、北四个地区，就各自拥有了一块综合改革的试验田。成渝两地改革重点为城乡统筹，就是要求城乡的经济和社会发展作为整体统一规划，通盘考虑，统筹加以解决，共同繁荣。

2007 年 12 月，批准武汉城市圈（以武汉为圆心，包括黄石、鄂州、黄冈、孝感、咸宁等周边 8 个城市）和长沙、株洲、湘潭（简称长株潭）城市群为全国资源节约型和环境友好型社会建设综合配套改革试验区。

二、经济特区、经济开发区和综合配套改革试验区的主要成就

从 20 世纪 80 年代初中国开始创办经济特区和经济开发区以来，经济特区、经济开发区和综合配套改革试验区在促进改革开放的深入、推动现代化进程方面都发挥了重要作用，取得了举世瞩目的成就。

（一）经济特区的主要成就

1. 实现了超常规发展的目标

改革开放之初，党中央之所以果断决定建立经济特区，其中一个重要意图就是要通过创办特区找到一条高速发展经济的路子。经过近 30 年的实践，无论是创办较早的深圳、珠海、汕头、厦门经济特区，还是后来的海南经济特区，都实现了经济的超常规发展。以深圳为例，设立经济特区前，深圳不过是一个边陲小镇，国内生产总值仅为 1.9 亿元。经过近 30 年发展，深圳不仅变为一个拥有 300 多万人口的国际大都市，而且各项社会经济指标均处于全国特大城市前列，综合经济实力已跃居全国大中城市第五位。据资料显示，2007 年深圳国内生产总值将达 6738 亿元，增长 14.5%，深圳每平方公里土地产出 GDP 3.45 亿元，继续实现了超常规发展。①

---

① 深圳 2007 年 GDP 预计达 6738 亿元，《南方日报》2008 年 1 月 11 日。

深圳的超常规发展，不仅表现在经济发展速度方面，而且还表现在现代化的城市建设、现代化经济体系的建立以及科技、教育、文化等各项社会事业的发展方面。深圳特区的超速发展，引起了世界的广泛关注，一些外国友人把深圳称为"一夜城"，把深圳的发展称为"中国的奇迹"。

如果说深圳的超常规发展创造了中国经济发展的奇迹，那么，8年之后创立的海南大经济特区在短短几年后发生的巨大变化，也足以称得上是超常规发展了。1988年海南建立特区时，各方面基础较弱。建特区的头一年，就签订外资合同项目463个，是上一年的17.5倍；协议利用外资3.82亿美元，是上一年的27.1倍。[①] 与1987年相比，2007年海南省生产总值增长了20.5倍，地方财政收入增长了50.5倍，城镇居民人均可支配收入增长了10.6倍，农民人均纯收入增长了6.6倍，城镇化率从16.6%提高到47.2%。[②] 海南经过20年的发展，不仅基础设施建设取得重大成就，投资环境得到改善，而且一些重要社会经济指标，也呈几何级上升态势。

2. 构建了经济特区的开放型经济

开放型经济是现代经济的重要特征之一，它既是经济发展的内在规律，也是社会经济发展的客观要求。经济特区建立后，各特区都把构建开放型经济，作为特区发展的一个重要目标。

构建开放型经济，对中国的经济特区来说，重点是发展外向型经济方面。这种外向型经济的主要特点是：通过吸引外资，建立"三资企业"，逐步形成出口创汇的主导产业和拳头产品；从国外引进的资金、设备、技术、信息和管理手段等，在经济发展所需的生产要素和发展资源中占有重要地位；创办保税区和保税生产资料市场；形成全方位开放的口岸体系以及营造良好的外向型经济运作的社会经济环境；搭建中小企业海外发展平台，培育本土跨国公司，加强对企业境外投资的指导协调，重点支持一批

---

① 汪玉凯：《中国行政体制改革20年》，中州古籍出版社1998年版，第177页。

② 《中南海情系海南岛——党中央关怀海南经济特区建设纪实》，《人民日报》2008年4月26日。

优势企业对外直接投资、开拓重点市场、开发稀缺资源和获取先进技术，鼓励以集团军方式"走出去"等。深圳经济特区从建立特区到现在，已有 130 多个国际财团、跨国公司在深圳落户，由外资注入资金开办的企业达 1 万多家。[①] 中国经济特区不仅实现了超常规的发展，而且开放型经济的格局也基本形成。

3. 建立起统一、开放、竞争、有序的现代市场体系

在经济特区创办之初，中央就明确提出经济特区主要实行市场调节，充分发挥价值规律的作用。中央的这一政策导向，对经济特区推进市场取向的改革，大力发展商品经济，起到了重要的作用。随着改革的深入，建立社会主义市场经济体制目标的确立，以深圳为代表的经济特区在建立统一、开放、竞争、有序的现代市场体系方面，取得了突破性进展。

在培育市场体系中，各经济特区首先从建立新的经济运行机制入手，围绕转换企业经营机制，搞活企业，实现所有权与经营权的分离，探索国有资产管理模式，实行新的企业登记制度，以及建立社会保障制度等方面，进行了一系列重大改革。其次，充分发挥市场机制在资源配置中的基础性作用，不断推动商品市场和要素市场的发展。比如深圳经济特区，当全国还在激烈争论生产资料市场该不该放开，土地和劳动力是不是商品的时候，他们就果断地放开了生产资料市场，通过公开拍卖的方式出让了第一块国有土地，从而为全国的生产资料市场的开放，起到了开路先锋的作用。

随着培育市场体系步伐的加快，深圳又率先通过设置人才智力市场的办法，使其逐步发展为劳动力市场和人才市场；通过产权转让，使企业产权也进入市场；通过发行股票、债券并上市交易，为企业筹集长期发展资金提供了资本市场；通过培育发展社会中介组织，促进市场功能的完善。

在培育发展市场体系方面，正是由于经济特区的积极探索，使包括金融市场、房地产市场、劳动力市场、技术市场、生产资料市场在内的要素

---

① 汪玉凯：《中国行政体制改革 20 年》，中州古籍出版社 1998 年版，第 177 页。

市场和商品市场，得到了长足的发展，初步形成了经济特区统一、开放、竞争、有序的社会主义市场体系，为特区的经济发展注入了强大活力。

（二）经济开发区的主要成就

1. **创建了比较好的投资环境，为吸引投资，发展外向型经济发挥了重要的"窗口"作用**

通过十几年的建设与开发，中国的经济技术开发区，无论在能源、交通、通讯等基础设施和配套产业建设方面，还是在健全法律、法规体系以及培养造就人才方面，都取得了重大进展，成为中国吸纳国外生产要素比较活跃和密集的地区。国家级经济技术开发区已成为我国引进外资的重点区域，国家级经济技术开发区累计实际使用外资超过 999.32 亿美元。其中，2005 年实际使用外资 130.23 亿美元，占全国的 21.59%。国家级经济技术开发区现已成为跨国公司的投资热点，截至 2005 年年底，国家级经济技术开发区内兴办的世界 500 强公司投资项目超过 1000 个。国家级经济技术开发区成为我国对外贸易的重要基地，2005 年进出口总额达 2252.35 亿美元，十五期间年均增长 47.92%，其中出口 1138 亿美元，年均增长 47.50%，占全国出口总额的 14.93%。[1] 开发区的这种发展态势，不仅增强了所在城市参与国际经济技术合作的能力，同时也为促进内陆地区参与国际分工与交换，发挥了桥梁和"窗口"作用。

2. **形成了一定的经济规模，成为中国新的经济增长点**

创办经济技术开发区的一个重要目的，就是要在一定的区域内集中力量建设一批基础设施完善、服务功能齐全、并能尽早形成规模效应的工业园区，以便更好地吸引外商投资，推动科技进步，扩大出口创汇，形成新的经济增长点。经过十几年的努力，经济技术开发区在这方面的优势已明显地显现出来，并取得了巨大成就。

据统计，沿海 14 个经济技术开发区在 1986 年创办时，产值只有 3 亿元，到 1995 年，工业产值已突破 700 亿元，是开创初期的 230 倍。出口

---

① 《中国国家级经济技术开发区"十五"期间成绩显著》，《华声报》2006 年 1 月 24 日。

超过 30 亿美元，税收也达 40 亿元。① "十五"期间，国家级经济技术开发区地区生产总值年均增长 34.51％，对全国国内生产总值增长的贡献率达到 6.2％以上。"十五"期末，54 个国家级经济技术开发区共实现地区生产总值 8195 亿元，占全国国内生产总值总量的 4.49％；工业总产值达到 23377 亿元，"十五"期间年均增长 37.77％；工业增加值达到 5981 亿元，"十五"期间年均增长 35.24％；税收总收入达到 1219 亿元，十五期间年均增长 32.77％。国家级经济技术开发区对所在城市经济增长的贡献日益突出，地区生产总值占所在城市的比例达到 10％—30％，成为区域经济发展的重要增长极。②

3. 经济技术开发区的创办，也为所在城市产业结构调整、老企业改造创造了有利条件，极大地增强了城市的辐射、带动功能

创办经济技术开发区的城市，多是经济较为发达、工业基础较好的地方。这些城市，通过"外引内联"、"产品扩散"、"加工合作"、"示范媒介"等方式，使国外的先进技术、管理经验、资金、设备等直接为我所用，带动了一批工厂、企业，从而为开发区所在城市的发展，增强了后劲。

国家级经济技术开发区不断优化产业结构，逐步延伸产业链条，产业聚集效应日益明显，现已成为国际产业分工和国际市场循环的重要环节。国家级经济技术开发区已形成电子信息、交通运输设备、电气机械及器材、生物医药、化学原料及制品、航空航天和食品饮料等产业集群。

（三）高新技术产业开发区的主要成就

与经济技术开发区不同，中国的高新技术开发区，主要是在以火炬计划为代表的高新技术产业化计划引导下创办起来的。其主要宗旨是，促进高新技术成果商品化、产业化、国际化，并主要依靠国内的技术实力和工业基础，利用一切外部条件，面向国内外市场，推动经济与科技一体化的

---

① 汪玉凯：《中国行政体制改革 20 年》，中州古籍出版社 1998 年版，第 180 页。
② 《54 个国家级经济技术开发区去年生产总值 6601 亿元》，新华网 2005 年 3 月 8 日。

发展。

经过近 30 年的艰苦努力，中国的高新区已开始步入全面发展的壮大时期。

第一，高新技术开发区成为带动区域经济快速发展的重要支撑，对整个国民经济产生了积极影响。"十五"期间，53 家国家高新区的主要经济指标都保持了年均 30% 以上的增长速度。^①北京中关村科技园和上海高新区营业总收入已超过 1000 亿元，南京、深圳等 11 个国家高新区营业总收入超过 400 亿元。北京、苏州、武汉、长春、西安、南京、吉林、长沙、合肥等 31 个国家高新区工业增加值占所在城市工业增加值的比重已超过 20%。^②

第二，高新技术开发区的工业产值、创汇能力、全员劳动生产率等，都大幅度提高，起到了重要的示范作用。2005 年，国家高新区内企业创造的工业增加值达 6820.6 亿元，占全国的 9.0%；出口总额达 1116.5 亿美元，占全国的 14.7%；工业增加值、出口创汇占全国的比重，分别比 2000 年提高 4.6 和 7.2 个百分点。

第三，通过高新区技术、产品人才和机制的输出，生产要素的优化组合，开始了对传统产业的辐射、渗透和带动，促进产业结构不断优化，增强企业技术创新能力。特别是一些高新区在实践中创造的经验和管理模式，对改造传统产业、振兴大中型企业、推动区域经济的发展，正发挥着越来越重要的作用。2005 年，国家高新区内企业研发（R&D）经费达到 806.2 亿元，占全国研发（R&D）经费总额的 30.7%；国家高新区内科技企业孵化器的孵化场地面积、在孵企业数等主要指标均占全国的近 40%。

第四，国家高新区在行政体制、运行机制等方面积极进行探索，建立了"小机构、大服务"的管理和服务体系。据统计，国家高新区管理机构规模只相当于一般行政区的 1/4—1/5，工作人员只有行政的 1/8—

① 参见国家高新技术产业开发区"十一五"发展规划纲要。以下 2005 年高新区的数据均来源于此。
② 各个高新区的经济数据来源于高新区门户网站。

1/10。

（四）综合配套改革试验区的主要成就

我国改革开放 30 年，起步于农村，后转向城市，整个过程是摸着石头过河的渐进式改革，是围绕经济体制，从单项改革入手，由易入难的改革。改革现已进入深水区，处于攻坚阶段，越是向前推进，触及的矛盾就越深，涉及的利益就越复杂，遇到的阻力就越大。推动某个方面的改革不可避免涉及行政体制、经济发展、社会进步、生态环境等其他领域，也就是说现阶段的改革需要进行综合配套改革。综合配套改革是我国改革进程的必然阶段，是全方位的改革，是由点及面的渐进式改革。综合配套改革试验区就是在国内具备一定开发条件的区域先行试验，取得成功经验后再向国内其他区域推广。

综合配套改革试验区发端于 2005 年，这种模式在促进我国东中西部互动、为全国各地的经济社会和改革提供示范和带动作用等方面，已取得显著成效。

第二节　综合示范区行政体制改革的主要内容

中国经济特区、经济开发区和综合配套改革试验区在机构设置和管理方式方面的探索与实践，是中国行政体制改革中最有生机与活力的部分。早在创建经济特区时起，中央就按照"特区特办"的原则，给了经济特区较大的自主权，至于后来崛起的经济开发区，由于其地域面积小，多数属于城市中的一个工业园区，故在管理体制、机构设置方面有了更多的灵活性。正因为如此，中国经济特区、经济开发区和综合配套改革试验区在行政体制改革方面，进行了一系列有益的探索和实践，起到了重要的示范作用。如海南省建特区时提出的"小政府、大社会"思路，以及后来一些经济开发区提出的"小政府、大服务"模式，都在全国产生了广泛的影响。

一、经济特区行政体制改革的探索与实践

早在经济特区建立之初，按照邓小平要"跳出现行体制之外"的指示精神，我国就开始探索适合经济特区自身发展要求的行政体制新模式，并始终不渝地为之实践、探索。

经济特区建立之初，深圳、珠海、汕头、厦门以及后来设立的海南大特区，其具体行政管理模式也不完全一致。大体可以归纳为三种模式：即深圳模式，珠海、汕头、厦门模式和海南模式。

深圳模式的最主要特点是，把国家现行行政体制与特区管理体制合一，由市人民政府直接领导特区事务。行政上，深圳市人民政府归广东省管辖，除拥有按特区政策办事的权限外，还拥有副省级市的行政权。而珠海、汕头、厦门模式则与深圳有所不同。在这三个经济特区，开始时都通过设立专门管理特区各项事务的管理委员会，实施管理，原来存在的市政府并不直接管理特区事务。特区管理委员会由不享受任何特区政策待遇的市政府管辖，厦门经济特区还同时接受省的领导。随着经济特区面积的扩大，这三个经济特区也对原来的体制做了调整，把特区管理体制与国家现行的市级行政体制统一起来，保留特区管理委员会的牌子，把特区管理事务并归到市政府统一领导。

海南模式是特区管理与区域行政管理完全合一的模式，行政上直接隶属中央管辖。海南模式是与中央决定在海南建省、并同时创办大特区的决策紧密相连的。这就是说，由于海南特区从一开始就从全省范围投入特区建设，所以很自然地就以原有行政体制为基础，实行特区管理与行政区划管理合一的体制。

经济特区建立后，各个经济特区根据本地的实际，按照改革开放和现代化建设的需要，不断地调整、改革行政体制，并取得了一系列突破性进展。综合起来，这种探索和实践，主要集中在以下三个方面。

（一）通过机构改革，确立"小政府、大社会"的管理新模式

在计划经济体制下，中国政府管理的一个突出特征就是机构庞大，部门林立。改革开放前，虽进行过多次机构改革，但收效不大，甚至长期跳不出"精简——膨胀——再精简——再膨胀"的怪圈。为了避免这种现象的重演，各经济特区在创建之初，就把建立精干、高效的行政体制作为重要目标之一。

1988 年，海南大经济特区建立时，便把建立"小政府、大社会"作为构建大经济特区的一个响亮口号提了出来。按照他们的理解，所谓"小政府、大社会"体制，是指适应海南市场经济和外向型经济发展的需要，政府要改变高度集中的行政管理方式，转变政府职能，精简机构和人员，提高行政效率；使政府由微观管理转向宏观管理；由行使人、财、物的分配权转变为服务、监督、指导和协调；将政府原来包揽的大量社会事务、经济事务交给社会及其中介组织，实现自主、自治、自我管理的大社会。在上述思想指导下，他们首先明确了"小政府、大社会"的政府职能定位，即政治保障职能、社会经济发展和组织职能、社会经济管理和监督职能、社会公共服务职能和行政内部事务管理职能。

在此基础上，精简机构和人员。为了做到精干、高效，海南在全国率先实行省直接领导市、县的地方行政体制，在省直机构中取消了具有管理厅、局职能的"委"、"办"等机构。1993 年后，逐步将省政府原有的 18 个政企合一的专业经济管理部门改为经济实体。

为了更好地发挥"小政府、大社会"的管理功能，海南省还一方面改革行政管理方式，逐步实现行政管理的法制化、规范化、公开化，注重培育市场体系，建立"小政府"强有力的宏观调控体系，加大立法力度，改革税收征管办法，改革企业法人登记制度等；另一方面又充分发挥"大社会"的自主、自治和自我管理功能。如确认和保证企业的自主权；群众团体由原来的政府兴办改为由社会兴办，将省总工会、团省委等 7 个群众团体推向社会；将政府行业经济主管部门和事业行政公司转为经济实体；实行事业单位自我管理；大力培育发展社会中介组织，为个人、企事

业单位及政府机构提供服务；建立和完善社会保障制度，等等。这些政策的制定和实施，对发挥大社会的自我管理功能，起到了积极的作用。

如果说海南经济特区在构建"小政府、大社会"的行政体制方面取得了突破性进展，那么作为中国经济特区"领头羊"的深圳经济特区，在探索新的行政管理模式方面，更是引人注目。

深圳从 1981 年以来，已先后进行过 5 次大的机构改革。1982 年第一次机构改革，主要围绕简政放权、简化政务、减少环节、提高办事效率等，进行了大刀阔斧的改革，撤并了 10 多个专业主管局和 20 多个行政单位，市级行政管理机构由原来的 65 个减少为 18 个，人员由 2200 多人，缩减为 800 多人，减少 60% 多。1984 年，为适应外向型经济发展的需要，他们在第二次机构改革中，通过加强综合经济管理部门，设立"四委五办"，提高了政府运转的效率。1986 年，为了减少行政层次，他们在第三次机构改革中，将原来的市、委办、局三级管理体制，改为市、委办局二级，大大提高了行政效率。1988 年，为了促进政府职能的转变，理顺关系，他们在第四次机构改革中，撤销了市委部门中与政府职能重复的机构，强化了政府管理的功能。[①] 1992 年，为了加强宏观调控，他们在第五次机构改革中，通过定职能、定内设机构、定编制和转变政府职能，减少了政府对企业的微观经济活动的干预，使行政行为朝着规范化、制度化和廉洁高效的方向发展。党的十五大后，深圳特区进一步解放思想，遵循"小政府、大社会，少审批、多服务，高效率，法制化"的改革思路，以及精简、效能、统一的原则，准备对政府机构进一步改革，加快建立符合国际惯例要求的功能齐全、办事高效、运转协调、行为规范的行政管理体系的步伐。

如果说深圳的 5 次机构改革为探索特区"小政府、大服务"的管理模式奠定了坚实的基础，那么，海南经济特区在建省伊始就确定的"小

[①] 汪玉凯：《中国行政体制改革 20 年》，中州古籍出版社 1998 年版，第 183—185 页。"四委五办"是：经济发展委员会、工业委员会、城市规划委员会、进出口委员会和基建、财贸、交通、农牧、文教办公室。这些办公室不作为政府权力机构，只协助市长工作。

政府、大社会"的行政体制，则为后来的不断完善提供了一个重要的前提。在机构改革中，海南进一步拓宽了"小政府、大社会"的内涵。他们提出，"小政府、大社会"体制，"小政府"要"小"，必须转变职能，下放权力；"大社会"要"大"，必须是市场要大，企业要大。按照这样的思路，海南在 1993 年机构改革中，紧紧从海南的实际出发，把属于企业的各项权力坚决下放给企业，减少中间环节和具体审批事务，充分发挥市场在资源配置中的基础性作用。经过改革，海南省政府撤销了纺织工业局、电子工业局等 9 个专业经济部门，还改组了一批政府管理部门，从而建立起只包括 32 个工作机构的富有经济特区管理特色的行政体制。①

在探索新管理模式的实践中，汕头经济特区也颇具特色。在机构改革中，汕头经济特区按照"特区特办，新事新办，立场不变，方法全新"的原则，围绕创造一个良好的投资环境，建设一个为投资者提供方便服务的、高效率的办事机构，以保证党和国家有关特区的法例、规章的有效实施和特区经济活动的健康开展。按照上述指导思想，他们大胆跳出原有行政体制的旧框框，进行改革，走出了一条新路子。其具体做法是：首先，将职能相近、业务交叉的部门合并，简化办事环节和审批程序。例如设置特区经济发展局，统管特区的内经、外贸、内贸工作以及引进、审批管理等职能；设置特区规划建设局，统管特区的规划、设计、城建、环卫等工作。做到凡涉及这方面的有关事务，进一个门就可以解决问题。其次，对那些与对外关系不密切的机构，尽可能加以精简，少设立门户。例如管委会办公室，除承担正常的公务管理外，还承担外事办、侨务办、口岸办等机构的职能。最后，精干人员编制。如配备行政机构领导班子时，一般只设一正一副，绝不设置挂名不干实事的副职；严格控制机构和人员编制，绝不因人设事等。

经济特区追求"小政府、大社会"的管理模式，说到底是一种建立和完善大系统管理体系的探索，它强调的是政府管理的系统性和整体性。

---

① 汪玉凯：《中国行政体制改革 20 年》，中州古籍出版社 1998 年版，第 184 页。

比如，深圳特区经过 5 次机构改革，最终形成了 8 大管理系统：承担公路、城市公共交通、水运、铁路、民航和邮电通讯管理行政职能的运输管理系统（运输局）；承担城市规划、土地开发、房地产市场管理的城市建设系统（城建局）；承担市政道路、环卫、排水、园林、绿化等一体化管理的城市管理系统（城管局）；承担文化艺术、新闻出版、广播电视电影等四位一体的大文化管理系统（文化局）；承担轻工、纺织、化工、机械、电子、能源等多项专业职能管理的大工业发展系统（经济发展局），以及全市大商贸、大农业等管理系统。通过建立和完善大系统管理体系，不仅机构精简了，结构优化了，而且使政府对经济、社会、文化等事务的管理步入协调发展的良性循环，使行政体制实现了低效率向高效率的转变，运行机制实现了由"外牵制"向"内协调"的转变。

（二）按照市场经济规律的要求，建立政府宏观调控体系

在特区，政府究竟应该扮演什么角色，这是直接关系到特区经济社会健康发展的一个关键问题。在创建经济特区之初，特区政府就明确提出，政府的最主要职责就是对市场进行引导，从而使特区企业在政策导向下，拓展海内外业务，实现市场国际化，使特区建设协调、稳步地发展。为此，他们在确定特区政府的职能时，普遍把制定社会经济发展战略、制定相应的政策法规、实施有效的监督、强化综合管理、提供良好的服务等，作为政府最主要的职责。

随着市场的发育和发展，特别是社会主义市场经济体制目标的确立，按照市场经济的规律，建立特区政府的宏观调控功能，成为各经济特区探索的重点，并在政企分开、转变政府职能等方面，进行了一系列有益的尝试。这方面的内容异常丰富，各特区的做法也不尽相同，综合起来看，主要表现在以下四个方面。

1. 制定经济社会中、长期发展计划和战略，使计划的综合管理功能向宏观调控职能转变

这些中、长期发展规划主要包括：经济社会发展总体战略、生产力布局、产业发展和经济结构调整、城市规划、国土开发和利用、人口发展以

及科教文卫事业发展等。通过这些中、长期规划的制定和实施，一方面可以使特区的发展沿着总体规划的目标运行，保持合理的利益格局，另一方面还可以对经济社会的发展进行有效的调节，从而达到宏观控制的目的。比如深圳特区，从 20 世纪 80 年代以来，先后制定了《深圳市城市建设总体规划》、《深圳社会经济规划大纲》、《深圳经济特区总体规划》等，从而对特区的建设与发展起到了重要的引导作用。

2. 制定政策和法规，尽量用经济手段、法律手段管理各项事务，减少直接干预

主要用经济手段、法律手段管理特区的建设与发展，是特区在行政体制改革方面的一项重要举措，也是特区行政管理跳出旧体制的一个重要标志。十几年来，各特区为适应特区建设的需要，不仅加强了制定政府自身管理行为的法规和政策，而且还高度重视管理社会经济事务的各项法规和政策。如产业政策、投资政策、社会行为规范的法规和政策等。深圳特区自 1992 年获得立法权以来，所制定的法规不仅直接规定了部分政府部门的机构、职能、工作程序以及行政监督、廉政建设方面的内容。而且涵盖经济法、社会法、商法、民法范畴，从而使政府在对市场进行宏观管理中有法可依，初步形成了规范政府以及规范社会经济生活的法规、规章体系。这些立法，为加强政府的宏观调控功能提供了法律保障。

3. 培育市场主体，转变政府职能，实现政企分开

作为宏观调控的主体，政府宏观调控体系的确立，必须建立在市场的基础之上。而市场的成熟与否，又是与作为市场主体的企业的状况直接相联系的。因此，塑造合格的市场主体，实现政企分开，转变政府职能，就成为建立新的宏观调控体系的一个最基本的问题。

为了培育合格的市场主体，转变政府职能，实现政企分开，各经济特区把政府撤出微观经济活动，减少对企业经营活动的干预，作为一个重要目标。尽管各经济特区的具体做法不完全相同，但都进行了一系列大胆的探索。比如，海南经济特区建立后，按照市场规律的要求，逐步取消了国有企业原来的行政级别，建立了企业无主管部门的制度；1992 年，又率先改革了传统的企业注册办法，大大简化了新建企业申请登记的程序。这些举措，不仅对培育市场主体，促进企业的自我发展极为有利，而且对转变政府职能，实现政企分开也具有重要意义。而深圳经济特区为了使政府退出微观经济活动，第一步是削减政府部门管理微观事务的权限，随后又取消了企业的行政级别，弱化审批权限，最后又推行了企业无行政主管的改革。通过先易后难、步步深入的改革，一方面促使政府退出微观经济活动，为其实现对全行业、全社会的宏观、间接管理创造了条件；另一方面又可以使政府抽出更多的精力和时间，维护市场的公共秩序，从而实现政府职能的转变和政企职责分开的目的。

4. 建立和完善国有资产管理体系

在市场经济条件下，政府如何管理好国有资产，这几乎是一个世界性难题。特别对国有企业比重大、数量多、又长期实行计划经济体制的中国，探索国有资产有效管理、保值增值的新途径，就显得尤为必要。在这方面，深圳经济特区整整用了 10 年时间，取得了重大突破，并在全国产生了很大影响。

早在 1987 年，深圳特区围绕解决政企分开和加强国有资产管理两个关键问题，成立了全国第一家独立的国家资产管理机构，即深圳市投资管理公司，较好地解决了政府既是社会管理者，又是产权所有者双重身份带来的矛盾。1992 年至 1993 年，深圳特区又先后成立了市国有资产管理委员会以及作为其办事机构的市属企业国有资产管理办公室，逐步将市投资管理公司的行政管理职能转移到市国资办，从而初步实现了国有资产行政管理与资本经营运行职能的分离。至此，深圳已形成了"市国有资产管理委员会——市级资产经营公司——企业"三层架构的国有资产管理体系。

三个层次的具体分工是：市国有资产管理委员会是政府授权的、专司国有资产管理职能的决策和领导机构，对全市国有企业的资产进行全面的宏观管理和监督，直接行使对市资产经营公司的管理；市资产经营公司是代表国家直接行使"出资者"权利的特殊企业法人。通过投资、控股、参股、资产重组等资本经营产权运作，管理、监督、组建国有企业，确保国有资产的保值和增值；市属各类国有企业与资产经营公司不是行政上下级关系，而是企业法人与国家出资者的关系。资产经营公司通过股东会、董事会与下属企业签订《资产经营责任书》，授权国有企业自主经营、自负盈亏，并承担国有资产保值增值的责任。与国有资产三个层次管理方式相配套，深圳特区还大刀阔斧地改变了对国有资产的监督方式，除前面提到的取消企业的行政级别外，还按照国际通用的市场化指标重新划分企业。具体做法是，按照资产、利税、销售三大指标体系，将企业分为三类九等，并实行类别等级的浮动制，与企业经营者和员工的待遇直接挂钩，从而极大地调动了企业的积极性。

（三）改革干部人事制度，建立和完善国家公务员制度

社会经济的良性发展，取决于政府的有效管理；而政府的有效管理，如果离开政府管理人员良好的素质，以及为实现管理队伍整体优化所提供的制度保证，都是不可想象的。

各经济特区的干部人事制度改革，主要集中在两方面：

1. 推行公务员制度以前的干部人事制度改革

早在 1980 年，深圳经济特区在中国第一家中外合资企业中推行了董事会领导下的厂长负责制。随后又率先在国营企业中推行厂长（经理）聘任制和选聘制，并将之推广到事业单位和行政机关部门。从 1983 年起，蛇口工业区领导班子成员全部由全体干部无记名投票选举产生。1986 年，深圳市政府先后在社会上公开招聘了一批局级领导干部，并同时开始试行各级干部的聘任制。

与此同时，各经济特区还对干部的调配、考核等进行了改革。深圳在中央和各省市的大力支持下，从 1982 年起曾连续 4 年派出工作组，到一些大城市招聘干部。4 年共吸收 2.7 万多人到特区工作，相当于建特区前深圳干部总数的 4 倍多，形成了以公开招聘、招考为主，自荐、推荐为辅的多样化调配制度。① 在此期间，厦门、珠海、汕头，以及后来建省的海

---

① 汪玉凯：《中国行政体制改革 20 年》，中州古籍出版社 1998 年版，第 190 页。

南，也对干部的调配、考核制度等进行了一系列改革，建立起一套新的规章制度，从而保证了特区建设中对人才的需求。

在改革传统的干部人事制度方面，各经济特区还在干部管理体制、培训等方面进行了大胆探索。在干部管理体制方面，各特区按照党政职能分开、政企分开和管人与管事紧密结合的原则，由党委和政府的组织人事部门统一管理，并建立起党、政、企、事业、群团等不同的分类管理制度，下放干部管理权限，建立相应的规章制度。在培训方面，主要是适应外向型经济及参与国际市场竞争的需要，通过各种渠道和形式，对干部开展大规模培训。仅深圳在建特区的前 10 年间，各类培训机构共开办培训班多达 3000 多次，培训各类人员 20 多万人，其中培训外向型经济人才达 6000 多人。

2. 建立和完善国家公务员制度

作为改革的试验场，特区在实现中央战略决策方面承担着特殊的使命，建立国家公务员制度，就是一例。1987 年，党的十三大做出建立国家公务员制度的决定后，各经济特区、特别是深圳特区闻风而动，迅速着手这方面的工作。他们在深入调查研究的基础上，结合过去特区干部人事制度改革的实践，于 1988 年 6 月，正式出台了《深圳经济特区建立公务员制度改革方案》。1990 年 10 月，深圳被正式确定为全国推行公务员制度的试点城市。1993 年 4 月，市政府通过了《深圳市国家公务员管理办法》，开始了公务员制度的全面实施。到 1996 年年底，市、区、镇 1 万多名机关工作人员平稳过渡为国家公务员。

深圳在建立和完善国家公务员制度中，主要是构筑了三大机制：即素质优化机制、纪律约束机制和物质保障机制。为了构筑这三大机制，他们用了整整 6 年时间，制定出台了包括考核制度（1989）、培训制度（1990）、考录制度（1991）、辞退制度（1992）以及工资福利制度（1995）等在内的 14 项单项制度，从而保证了这一制度的顺利实施。

所谓素质优化机制，就是通过公务员管理中的"进"、"管"、"出"三大环节的严格把关，发展公务员的培训体系，逐步提高公务员的政治、业务和文化素质。为了把好"入口关",实现从"伯乐相马"到"公开赛马"的转变。深圳规定,凡属需补充公务员的单位,必须由市里统一招考,笔试成绩按 3∶1 比例从高至低择优进入面试;如果参考人员全不合格,宁缺毋滥,下次再公开招考;招考要做到职位、名额、条件、成绩、结果五公开,提倡在"阳光下竞争"。从 1991 年以来,经过 20 多次公开招考,有 6000 多人被录用到数百个工作岗位,90% 以上有本科学历,保证了公务员的质量。

为了加强管理,敞开"出口",深圳在称职与不称职之间,又增加了一个"基本称职"的考核档次,并实施离岗培训。此一举措在公务员中引起强烈反响,被人们称之为"黄牌警告"。1996 年、1997 年两年共有 196 名公务员进入离岗培训班,成效显著。对于不称职者,坚决辞退。迄今为止,已有 55 人被辞退,66 人被开除。那些经过"黄牌警告"后上升为称职的人,再也不敢当"混混"了。

所谓纪律约束机制,就是通过明确公务员的权利和义务,坚决贯彻交流、回避、辞职、辞退等各项制度,严格要求公务员达到廉政勤政的要求,保持政府公职人员的良好形象。

所谓物质保障机制,就是通过规范公务员的工资福利制度、住房制度、保险制度,不断提高公务员的工资福利待遇,使其无后顾之忧,吸引优秀人才,稳定公务员队伍。

在推行国家公务员制度中,由于深圳经济特区紧密结合本地的实际,大胆地探索,大胆地实践,创造性地贯彻实施国家的政策,从而保持了政府管理队伍的生机和活力。目前,他们正以新的姿态,按照党的十五大提出的建设一支高素质、专业化的行政管理干部队伍的要求,酝酿新的改革对策。

二、经济开发区行政体制改革的探索与实践

中国经济开发区分为经济技术开发区与高新技术产业开发区两类。前者是 1984 年中央决定开放沿海 14 个城市后陆续建立的;后者是 1988 年

后，内陆一些大城市实行开放政策后开始建立的。

对于经济开发区的行政体制，国家从一开始，就没有明确具体的规定，主要靠各地根据本地的实际情况进行探索。因此，对建立较早的经济技术开发区，其管理模式大都经历了一个不断完善、改进的过程，到目前为止，包括高新技术产业区在内的各开发区，大体形成三种不同的管理模式。

（一）市政府直接管理的"纵向协调型"体制

这种管理体制，主要在一些比较大的开发区使用，其组织结构是：由所在城市的政府全面领导开发区的建设和管理。在这类开发区，虽然设有管理委员会或办公室，但管理委员会或办公室不设常设机构。管委会成员由原政府行业或主管部门的主要负责人组成。开发区各类企业的行政管理和日常管理仍由原行业主管部门负责，开发区管理委员会主要承担协调方面的职责，不直接参与开发区的日常建设管理和经营管理。直接参与管理的部门主要有市计划、经贸、科技、城市规划、土地管理、环境保护、财政税务、海关、商检等部门。另外，开发区所在的区、县政府，负责开发区的工商行政管理、公安、消防、文化、教育、环境卫生、计划生育、商业网点管理等工作。

哈尔滨高新技术产业开发区的管理体制，就是较典型的"纵向协调型"模式。该区 1988 年 9 月正式设立，由省、市政府共建共用，以市为主。当时设立的管委会委员由 40 多个部门的负责人组成，由市长任管委会主任，管委会下设办公室，为副局级事业单位。

管委会代表市政府对高新区实行统一领导和管理。1993 年 6 月，高新区管理办公室更名为管理委员会，为正局级单位，下设办公室、政策研究室、人事劳动局、计划财务局、招商局、企业发展局、外资企业管理局和基建规划局等 8 个职能部门。1995 年，市委在高新区又设立了党的工作委员会，作为市委派出的代表机构。从开发区建立之后，市直有关部门就在开发区相继设立了工商、财政、国税、地税、规划、土地、房产和劳动保险分局等派出机构；金融、保险等部门也在开发区设立分支机构，形成了较为完善的管理、服务体系。

由政府直接管理的"纵向协调型"模式,其主要优点是,能够确保所在城市政府的政策意图准确、完整地实施,开发建设也可以从本地的资源和实际需要出发,不脱离原城市的总体规划。但其缺点是,开发区的管理基本还是沿用原体制的条块管理模式,开发区自身缺乏相对独立性。在这种情况下,一方面部门之间扯皮、推诿的现象有可能带入开发区的管理工作之中;另一方面也不利于开发区的试验和创新。哈尔滨高新技术产业开发区后来的改革,也主要是针对原管理体制中存在的某些缺陷,逐步向加强开发区的统一管理方向发展的。

(二)"集中管理型"管理体制

"集中管理型"管理体制,是一种"封闭型"的管理模式。其组织结构和运行方式是,由所在城市政府授权组建开发区管理委员会,管委会自行设置规划、土地、项目审批、财政、税务、劳动人事、工商行政等部门,享受所在城市的各级管理部门的权限,全面实施对开发区的管理。"集中管理型"模式又分为全封闭型和半封闭型两种。前者主要在保税区中使用,保税区中的经济运行和管理与所在城市完全隔绝,按国际惯例运行和管理;后者主要在经济开发区、高新技术产业开发、旅游度假区、边境经济合作区等采用。其经济运行和管理,接受原城市各主管部门的制约和指导,不能脱离原城市片面发展。"集中管理型"模式的主要特点是,开发区在所在城市中形成一个与其他区域相对隔绝、经济和行政管理相对独立的特殊区域。

天津经济技术开发区属典型的"集中管理型"模式。

该区从 1984 年 12 月设立以来,其管理体制也经历了一个不断改革、完善的过程。1986 年前,主要采取党政领导机构对开发区各级工作实行高度集中统一领导的方式。1986 年,为了适应开发区发展引资的需要,按照党政分设原则,对原管委会机构进行较大调整,增设了文教局、工商局、规划局、财政局等职能部门,并形成了开发区党的工作委员会、管理委员会、开发区总公司目标一致、统一领导、协调工作、集团开发的组织领导体系。1987 年后，按照政企分开的原则，对所属公司采取"放飞"政策，理顺政企关系。1994 年后，又将开发区的行政、事业单位进行了改组合并，将事业单位分为具有行政职能的事业单位和具有社会服务职能的事业单位，使一些事业单位实施企业化管理，与财政脱钩。

目前，天津经济技术开发区管理委员会的组织机构除党的工作委员会外，主要包括三个部分：一是管委会的职能部门，主要包括办公室、经济发展局、建设发展局、财政局、规划局、工商局、文教局、劳动人事局等；二是具有行政职能的事业单位，主要包括城管监察中队、社会保险公司、职业介绍所、卫生防疫站、市场管理所、国债服务部、建设施工管理站、工程招标站、工程质量监管站等；三是不具备行政职能的事业单位，主要包括商会、医院、信息中心、审计事务所、律师事务所等。上述三部分机构，共同担负经济开发区的管理与服务。

同属于"集中管理型"模式，青岛高科技工业园的管理方式则另具特色。

青岛高科技工业园管理委员会也属于青岛市政府的派出机构。但在探索具体的管理方面，他们进行了一系列改革，其主要特色是建立起"四位一体"的管理体制，即将高科园、崂山区、度假区、风景区四体合一，实行一套机构、四块牌子，工委、区委领导班子成员互兼，管委、区政府领导班子成员互兼，党政领导实行交叉兼职。为了做到精简、统一、效能，在机构设置方面，坚持"小政府，大服务"，不搞大而全，不简单地搞党政分开，也不搞上下对口，从而大大精简了机构，提高了效率。在工委、区委部门只设置办公室、组织部（人事局）、宣传部（文化局）、统战部（台办）、政法委（司法局、综合办）等 5 个机构；政府（与管委合一）设办公室、经济发展局、财政税务局、规划建设局、农村发展局、旅游局、对外联络局、社教局、城市管理局、交通局、海洋与水产局、劳动局（民政局、社会保障局）、工商行政管理局、审计局、计划生育与卫生局、安全分局等 16 个部门。另外，各部门领导职数除少数局外，大都是一正一副，充分体现了高度精简、高度综合、职能极少交叉的特点。在此基础上，他们还将政府部门中的一部分事务性、技术性、服务性的职能分离出去，改由社会中介组织或企业实体承担，将商、粮、供、公用事业等局转为企业，成立相应的实体公司；将机关后勤服务推向社会，实现后勤服务社会化。成立礼宾实业公司，负责机关用车及接待服务。成立通产企业总公司，负责机关通讯、打字、复印、膳食、保卫、物业管理等工作。[1] 这些举措，不仅提高了专业化分工的水平，而且也有效地促进了政府职能的转变。

如果说青岛高科技工业园区的管理实践与探索，给我们一种新的感受，那么，厦门海沧投资区的管理，则更使人耳目一新。作为国家批准的台商投资区，厦门海沧投资区的管理体制虽经历了一个实践摸索过程，但到 1993 年其管理模式已基本确立。投资区管理委员会是厦门市政府的派出机构，在投资区内行使市一级经济管理职能。管委会的内设机构为"一办五局"，全面行使投资区的各项管理职责。具体是办公室、人事劳工局、经济发展局、建设局财税局、公安局。这些职能部门主要担负管理、协调、服务的职能。而由管委会建立的海沧投资总公司，则是具有独立法人资格的国有公司，同时承担投资区的投资开发任务。管委会对投资总公司的管理以价值形态为主，不干涉公司的具体经营活动。他们认为，海沧投资区的管理模式体现了"小机构、大服务、高效率"的特征。

总的来看，中国经济开发区创造的上述"集中管理型"管理体制，其优点是显而易见的。主要表现在开发区管理委员会拥有较大的经济管理权和部分社会事务管理权，也拥有合理安排区内各种经济体制和社会管理体制方面的新运行体制、运行机制的试验权。这不仅为开发区的大胆试验提供了条件，而且可以根据本区的实际和长远发展的目标，安排区内经济发展和社会发展的具体活动，及时处理开发区发展中遇到的种种问题，使办事效率、工作效率大大提高，从而有利于开发区的建设与发展。其不足之处是，由于开发区的管理活动处于相对独立和封闭的状态，因而使政府

---

① 汪玉凯：《中国行政体制改革 20 年》，中州古籍出版社 1998 年版，第 196 页。

各主管部门容易失去对它的必要控制，甚至出现开发区的发展偏离所在地城市总体发展规划的情况。但只要所在地城市加强规划、协调，这些不足是可以避免的。

（三）经济贸易总公司管理模式

经济贸易总公司管理模式，是完全用经济组织方法管理开发区的一种方式，主要在一些县及县以下的开发区采用。这种管理模式的组织结构是，县、乡政府划出一片区域设立开发区，并授权成立一个带有部分行政职能的经济贸易开发总公司，由总公司负责开发区的基础设施建设、项目招商、企业管理、土地使用权出让、环保管理等事务。在这类规模较小的开发区，县、乡政府不设作为派出机构的管理委员会，总公司直接对县、乡、镇政府负责，实行承包经营。经济贸易总公司的内设机构虽然各地不一，但大体包括6种功能，即土地开发、项目招标、建设管理、企业管理、行业管理和规划管理。开发区的其他管理如劳动人事、财政税务、工商行政、公共安全等，则仍然依赖县、乡、镇政府负责。可见，这种管理模式实际上是一种以经济效益最大化为管理目标，以经济组织方法管理开发区的管理方式。

经济贸易总公司管理模式的最大优点是，目的明确，经济管理权限相对集中，有利于提高开发区建设的速度和经济效益，发展方向也相对较容易控制。但由于该组织毕竟是经济组织而非政府部门，因此管理的权威性以及管理效力等都会受到一定影响。这正是这种管理模式只适用于小区划片开发或县、乡、镇小开发区管理的原因，在规模较大的开发区，这种模式是难以推行的。

三、国家综合配套改革试验区行政体制改革的探索与实践

我国综合配套改革试点在经济体制改革方面需要面对由行政主导型转为市场主导型、由政策优惠型转为公平竞争型的现状。政府行政行为正在逐步由主抓经济建设转向创造良好的经济社会发展环境和提供公共服务上来。综合配套改革试验区的行政体制改革也是遵循这一原则逐步推进，主

要表现在四个方面。

（一）职能配置改革

上海浦东政府在政府职能转变上，全面推进政企、政资、政事、政府与社会中介组织分开，推进第四轮行政审批制度改革，进一步减少审批事项，简化审批流程，完善"一门式"服务，提高服务效率。浦东新区综合配套改革试点方案第一条就是行政体制改革，并且把以转变政府职能作为改革的着力点。浦东先后实施取消、合并审批环节等，对投资项目实行"一门式"审批服务（即"一门受理、并联审批、两次办结、一口收费"），使新区的基本建设项目审批时限从原来的 281 个工作日减少到目前的不到 10 个工作日，而对于控制性详细规划已批准的区域范围内的新项目，则试行 60 个工作日的简易审批程序。统计数字显示，先后经过四轮改革，浦东行政审批事项从几年前的 724 项，减少到 244 项，改革率达到 66%。一般直接处理的投诉，2 天内给予回音。在市场主体准入制度上，浦东实施前置审批告知承诺制度，并完善外商投资企业的设立和变更的直接登记方式，把工商登记的审批时限压缩在 7 个工作日以内。

天津提出在综合配套改革中要深化推进行政体制改革，转变政府职能，建立能够充分发挥新区整体优势的行政体制。

（二）综合配套改革

综合配套改革试验区在改革试点的过程都是实行综合配套，全面推进。

天津滨海新区坚持经济改革与其他方面改革相结合，积极推进社会领域改革，创新公共服务管理体制。滨海新区综合配套改革试点，重点推进企业改革、科技体制改革、涉外经济体制改革、金融改革创新、土地管理制度改革、城乡规划管理体制改革、农村体制改革、社会领域改革、资源节约与环境保护等管理制度改革、行政体制改革。2007 年以来，天津滨海新区在金融改革创新方面进行一系列试点工作，在产业投资基金、股权投资基金等领域取得了突破，并在金融业综合经营等创新领域走在国内前列。

上海浦东在成为第一个综合配套改革试点之后，中央各部委对此都非常重视，全面推进改革进程。人民银行上海总部现已挂牌，国家外汇管理局批复在浦东实行跨国公司外汇管理方式 9 条试点措施，人事部在浦东实行公务员聘任制和推进政府绩效考评制度，监察部在浦东开展依法监察试点并实施行政效能问责制、评估制、投诉制、监察制等。

浦东新区自身在综合配套改革中推出多项行政体制改革措施。浦东已经建立了市民中心和社区事务受理中心；重新调整新区政府部门、开发区、街镇之间的利益格局，将行政区划与经济区域相协调，重新组建覆盖全区的六大功能区域，实施"职能互补、条块整合"、公共服务为主体的行政体制，对区域发展进行统一规划、统筹管理。在改变城乡二元结构上，浦东新区推出"区镇合一、镇管社区、社区共治"等管理体制，开展街道管理体制改革试点，实行全额财政拨付制度。浦东在金融市场体系建设、科技体制改革、涉外经济体制改革等方面成绩显著。

（三）机构设置改革

浦东新区的机构设置改革在综合配套改革试验区具有典型的借鉴意义。

浦东新区其行政区域包括原川沙县全境，原上海县的三林乡以及杨浦、黄浦、南市 3 区的浦东部分。

浦东新区管委会是市政府的派出机构。在计划管理、项目审批、建设管理、财政金融、外经外事、劳动人事等方面，浦东新区管委会拥有国家计划单列市的各类权限，包括中央批准扩权的部分。

浦东新区采取"小政府、大社会、大服务"的新管理体制。浦东新区党工委和浦东新区管委会下设党政合署办公的若干个职能机构。浦东新区在机构设置方面，按照"精简、统一、高效"的原则，实行大系统综合管理，按照政企分开的原则，一律不设企业主管局，将政府不该管、管不了的职能交还给企业和社会，形成了一套相对精干的"小政府"管理模式。此外，浦东新区设立了一批公务与中介机构，它们接受新区政府部门授权（委托），承担部分行政事务、社会管理、市场中介服务和社会事业发展工作，为事业编制单位。公务机构分为两类：一类主要履行监督检查职能，另一类主要承担执行性行政事务。中介机构分为三类：一是咨询媒介类；二是公证仲裁类；三是公益、行业协会类。

浦东新区管理体制的变迁大体经历了以下三个阶段。

第一阶段：从1990年到1992年，其特点是宏观协调、分散管理。即由上海市政府成立浦东开发办进行宏观管理协调，浦东的开发建设和管理，则由杨浦区、黄浦区、南市区、上海县和川沙县等"三区两县"具体负责。

第二阶段：1993年1月到2000年6月，其特点是高度集权，统一管理。分散管理的体制导致各区县过分注重局部的利益，使浦东的开发和建设难以形成统一整体的规划。针对此情况，上海市委、市政府于1993年年初，撤销了上海县和川沙县的行政建制，调整杨浦区、黄浦区和南市区的行政区划，三个区原有涉及浦东的区域，不再归其管辖，成立浦东新区党工委和浦东新区管委会，作为市委、市政府的派出机构，直接负责浦东管理和开发建设事宜。浦东新区党工委和管委会享有市级管理权限，主要领导由市政府一名副市长担任。浦东的开发建设均由党工委和管委会统一规划、统一政策、统一组织、统一实施。

第三阶段：2000年6月开始，其特点是健全四套机构，行使政府职权。上海市委调整浦东新区的管理体制，建立浦东新区的四套班子，即区党委、区人大、区政府和区政协，全面处理社会事务，加强政权建设，强化监督机制。

（四）社会建设改革

国家综合配套改革试验区在社会建设改革方面还处于初步探索阶段。

选择重庆市和成都市开展综合配套改革试点，重在探索统筹城乡发展为主要内容的改革。

重庆把改革农民工制度作为统筹城乡的结合点，正在逐步推进户籍、社会保障、土地使用以及财政、金融、行政管理等制度改革。重庆市在城乡统筹方面的探索主要包括：一是积极调整国民收入分配格局和优化财政支出结构，初步建立起了覆盖城乡的公共财政框架；二是大力实施"百万农村劳动力转移工程"，初步建立起了统筹城乡就业的工作体系；三是加快农村社会事业发展和社会保障体系建设，努力缩小城乡基本公共服务差距；四是加快农村交通通信等基础设施建设，按照城乡基础设施的一体化、网络化的要求，建设重心逐步由城市转向农村。到2012年，重庆市统筹城乡改革试验将从三大领域推动改革分路突围：一是大力创造非农就业岗位，就业是统筹城乡的基础和前提；二是推动农民工向城镇居民转化，农民工利益诉求最强烈、对农民工转化制约最大的是"壮有业、老有养、少有教、居有房"四大关键问题；三是加快新农村建设。从统筹城乡发展的全局出发，还将配套推进城乡规划、土地管理、公共财政、金融支撑、行政管理、社会管理六项相关改革。

成都将在统筹城乡规划、建立城乡统一的行政体制、建立覆盖城乡的基础设施建设及管理体制、建立城乡均等化的公共服务保障体制、建立覆盖城乡的社会保障体系、建立城乡统一的户籍制度等重点领域和关键环节率先突破，加快经济社会快速健康协调发展。

第三节　综合示范区行政体制改革的主要经验

一、局部试点，有序推进综合配套改革

（一）整体布局，全面带动

我国地域辽阔，且东中南西地区发展基础不同，在这种国情下，建设综合示范区必须考虑区域经济的协调发展，从全国的角度进行整体布局，而且要求改革试点对全国有示范借鉴作用。

就国家综合配套改革试点而言，在东部选择上海浦东新区和天津滨海新区、西部选择重庆和成都、中部选择武汉城市圈和长株潭城市群等开展综合配套改革试点，实现了综合配套改革的整体布局，而且兼顾了处于不

同发展阶段的不同地区的改革需求，是国家在新的历史时期加快东中西部发展、推动区域协调发展的重大战略部署。

整体布局，全面带动，要求在推进东中西部协调发展的同时，继续推进东部的开发开放，使其在我国区域经济发展中发挥带动作用，这也是选择天津滨海新区作为综合配套改革试点的主要理由之一。东部沿海三大经济区包括长三角、珠三角、京津冀和环渤海地区。由于历史等多方面因素，京津冀和环渤海地区在许多方面发展较为滞后。在滨海新区建设国家综合配套改革试验区，进行行政体制改革，可以加快以滨海新区为增长极的京津冀都市圈及环渤海地区的发展，探索有效的区域管理创新模式，有效地整合珠三角、长三角、环渤海地区的内部资源，避免恶性竞争，促进国家整体的区域协调发展。

（二）单项切入，稳步推进

综合示范区行政体制改革，分别选择不同地区当前和今后一段时期改革发展亟须解决的不同类型的重点难点体制问题，逐项切入，各有侧重，在取得成功的试点经验以后再稳步推进。

上海浦东新区主要选择行政体制改革、金融体制改革、科技体制改革等来推动综合配套改革；天津滨海新区通过试点金融改革创新和土地管理改革来推进综合配套改革；西部的重庆、成都主要是围绕统筹城乡发展这个主题来推进综合改革。武汉城市圈和长株潭城市群主要是为了探索建设资源节约型、环境友好型社会来推进配套改革。

在行政体制改革中，上海浦东新区选择转变政府职能作为具体切入点，加快行政审批制度改革，加强政府公共服务职能。经过四轮行政审批制度改革，上海浦东新区保留的审批事项将从最初的 724 项缩减为 244 项，减少 66%。

二、创新为先，积极稳妥推进政府、社会和市场的对接

（一）持续创新，勇当改革排头兵

我国社会主义市场经济体制目标的确立和世界贸易组织成员的地位，

推动全方位开放格局的形成，迫使经济特区唯有不断创新，方可保持竞争优势。

经济特区要想继续保持竞争优势，就不能再停留在传统的特殊优惠政策和开放窗口的角色定位上，必须继续创新，增创新的优势。经济特区成立之初，其功能和作用主要定位在改革开放的试验区和窗口上，在全国范围内先行进行对外开放和市场取向的改革。国家给予经济特区的优惠政策侧重于减免税和放权让利。20 世纪 90 年代以后，社会主义市场经济体制改革在全国铺开，我国全方位的开放格局逐步形成，经济特区不再是唯一对外开放的地区，开放窗口的作用逐步失去原有的特殊价值，传统的优惠政策逐渐普惠化。加入世贸组织以后，特区的税收减免特殊政策逐步取消。21 世纪以后，特区的产业发展条件也在不断变化，面临着由劳动密集型加工业向现代制造业、服务业和高新技术产业的转变。有鉴于此，深圳特区提出二次创业的战略，通过发展高新技术实现产业升级，确立了创新型城市战略。

（二）法制化管理，减少改革波动

综合示范区的改革进程，一直以法制化建设作为保证，这样规范了改革行为，巩固了改革成果，保护了改革创新，也减少了改革过程中有可能出现的各种波动。

2002 年 10 月，天津市人大通过了《天津滨海新区条例》，以地方法规的形式对滨海新区的职能做了规定，明确了滨海新区内各区人民政府、各功能经济区管理机构和滨海新区管委会法律关系。

2006 年 3 月，深圳市人大审议通过了全国首部鼓励改革创新的地方性法规——《深圳经济特区改革创新促进条例》，为经济体制、行政体制、文化体制、社会管理体制、司法工作以及国家机关、公立非营利机构和人民团体管理、服务等方面的改革创新提供法律保障，明确"宽容失败"和"公众参与"等改革原则。

为了加快长株潭城市群"两型社会"综合配套改革试验区建设，2007 年 9 月，湖南省制定了《湖南省长株潭城市群区域规划条例》，明确规范长株潭城市群的空间布局、环境保护、基础设施建设等。湖南省还制定了《湖南省农村可再生能源条例》、《湖南省湿地保护条例》、《湖南省植物保护条例》等法规,统筹人与自然和谐发展,保护和改善生态环境。

第十章

电子政务促进
政府管理创新

第一节　电子政务的兴起和发展

一、电子政务在全球的兴起

随着信息技术日益广泛的应用，电子政务已经成为许多国家推进政府管理创新的重要手段。就世界范围而言，政府信息化可以追溯到20世纪50年代计算机在政府部门的初步应用。70年代，随着计算机日益普及，许多国家开始推行行政事务的计算机化。到90年代初，随着互联网的飞速发展和政府改革运动的兴起，一股建设电子政府的热潮在以美国为代表的西方发达国家率先展开，并在20世纪末期在全球迅速普及开来。

克林顿政府在1992年"政府重塑计划"中把推行"电子政务"作为重要战略工具提出，在全球率先倡导发展"电子政务"。克林顿政府于1993年发表的《运用信息技术改造政府》指出，美国政府应借助信息技术建设电子政务，并通过政府业务流程重组，使政府运作更加顺畅，节约政府管理成本。克林顿执政期间，电子政务建设确立了"以公众为中心"的思想。1996年开始实施的"政府重塑"计划，提出联邦政府部门最迟应在 2003 年全部上网，使美国公众能够充分获取联邦政府所掌握的各种信息。2000 年 9 月，美国"第一政府"门户网站正式开通，使公众有机会通过政府门户网站享受"一站式"电子化服务。布什总统上台后，继续对电子政务给予高度重视，提出"电子政务扩展计划"，并将其列为政府五大重点工作之一，要求电子政务建设应遵循"以公众为中心、以结果为导向、以市场为基础"的基本原则。2002 年 12 月，《电子政务法》颁布，依据该法，在管理和预算办公室（OMB）内成立了电子政务和信息技术办公室，具体负责联邦政府电子政务的推进工作，并设立了促进跨部门应用的"电子政务专项资金"。此外，布什政府还先后于 2002 年和 2003 年出台了指导电子政务建设有效推进的战略计划。《2002 年电子政务战略》的核心内容是确定并实施电子政务行动计划，将电子政务的目标确定为：使公众方便地获取政府信息和服务，并能及时与政府部门进行交流；提高政府的工作效率和服务质量；改善政府对公众需求的响应能力。《2003 年电子政务战略》将电子政务建设的重点调整为"信息系统的整合"，确定了电子政务的优先项目，推动电子政务向纵深发展。2004 年以来，美国将电子政务建设的重点放在提高政府效率、加强信息安全、控制信息技术应用成本、加强人才培养以及完成《电子政务法》中规定的任务上。总体上看，美国电子政务建设的突出特点是注重完善基础设施、统一发展规划和坚持"以公众为中心"的发展理念，可以说美国的电子政务建设已经成为世界各国发展电子政务的标杆。

在美国的影响下，加拿大、英国、日本、新加坡、澳大利亚等国家都提出了各自的电子政务发展战略和政府服务上网计划，电子政务在世界范围内迅速普及。1999 年加拿大政府启动"政府在线"项目，希望通过发展电子政务提高公众对政府的满意度。英国政府于 1996 年发表政府直通车（government, direct）绿皮书，提出了通过电子手段提供政府服务的计划。1999 年，英国政府发表政府现代化（modernizing government）白皮书，制定了到 2008 年所有政府服务都可以经由网上提供的目标。2000 年，新加坡政府制定了"电子政府行动计划"，启动了"政府在线"工程。日本于 1999 年由小渊首相直属的政府产业竞争力会议提议，确立了通过官民合作的方式，在 2003 年构筑世界最高水平的电子政府的目标。[①]这些国家在推进电子政务过程中都提出了以用户为中心、以服务为导向的发展理念，特别是通过不断提高政府在线服务质量，公众对政府满意度都有了不同幅度的提高，电子政务在促进政府改革方面的成效十分明显。此外，斯堪的纳维亚半岛的一些国家、大洋洲的澳大利亚等一些国家也都相继在 20 世纪 90 年代初期或中期启动了电子政府计划。实施电子政务，以信息化的手段来提高政府的行政管理水平、行政效能和科学决策的水平，从而更加有效地为企业和公众服务，越来越成为各国政府管理创新的重要内容。

总体上看，电子政务是经济全球化时代和网络时代政府管理的一种新方式，它是以信息技术为依托，在优化政府管理职能过程中，逐步为广大人民群众提供网络化公共服务。电子政务包含三要素：一是网络（物理层次），这是电子政务建设的手段；二是促进政府管理职能优化（逻辑层次），管理重心由注重程序转变为注重绩效，政府组织结构由垂直网络转变为水平网络，从而提高行政能力，适应全球竞争需要；三是服务企业和公众（概念层次），这是电子政务建设的目标，企业和公众的需求拉动电子政务建设，促进政府管理发生实质性转变。基于互联网和以服务为出发点是电子政务的基本特征。同时由于电子政务是通过信息技术的新型生产方式进行的政务结构变革的演化过程，因此还具有创新性、全局性和渐进性特征。

二、全球电子政务发展的基本趋势

（一）"以公众为中心"的发展理念不断得以强化

很多国家已经在电子政务建设中引入"客户关系管理"的概念，通

---

① 白井均、城野敬子、石井恭子和永田祐一著：《电子政府》，陈云、蒋昌建译，上海人民出版社 2004 年版，第 28 页。

过客户关系管理，政府能够更好地了解用户需求并根据用户意愿对服务进行重组，从而更好地改善政府与公众之间的关系。随着电子政务建设的不断深入，"以公众为中心"的建设理念将得到进一步体现和提升。一是，服务项目多样化、个性化。以电子化和网络化的方式向公众和企业提供服务，这是许多国家电子政务建设的基本目标。欧盟 2001 年在"电子欧洲2002"会议中提出，将"政府向公众提供的基本公共服务在网上实现的百分比"和"政府提供的网上公共服务被公众使用的比例"作为评价电子政务发展的两大重要指标。随着基本服务项目的日益完善，许多国家开始将越来越多的项目实现在线服务。新加坡、加拿大和英国等国家都在为实现"将可以通过网络化提供的服务项目全部实现网上服务"的目标而努力。在服务项目日益多样化的同时，个性化的在线服务日益受到各国关注。2005 年，加拿大在电子政务建设规划中率先提出"下一代公共服务"的思想，个性化服务是其主要特点之一。新加坡政府致力于推动个性化的政府电子化服务，即"电子公民中心"，可根据用户需求设计个性化的网站首页，政府网站可以根据个人情况，通过短信或电子邮件提醒个人关心的事项，如归还图书馆借书、缴纳道路税、新职位搜索、护照更新等等。二是，服务更加普遍、快捷、"一体化"。使所有人方便快捷地获取政府电子化服务，是电子政务建设的另一目标。在拓宽服务对象方面，重点在于如何为老年人、残疾人、边缘地区公众等弱势群体服务，很多国家已经开始采取措施，如加拿大专门建立了为残疾人提供接入在线服务的渠道。在日益扩大服务范围的同时，如何消除时间和空间的限制和束缚，使公众在任何地点、任何时间都能方便地获取信息和服务，也是许多国家政府关注的重点。例如，加拿大在《政府在线战略》中提出的目标是，所有加拿大公众和企业能够根据需求随时随地获取政府在线提供的信息和服务。日本于 2004 年年底推出的《u-Japan 政策》的核心就是通过技术发展引导和带动基础设施建设，并以无处不在的基础设施环境连接所有的人和物，构筑任何时候、任何地点、任何事务、任何人都能够方便地上网的环境。与此同时，跨部门的综合性服务逐步发展起来，即根据用户的需求，将多个部门的功能和服务集成起来，通过多种渠道提供给公众。目前，对许多国家来说，达到这一要求难度还相当大，但却是未来发展的一种趋势。加拿大政府已经启动了"服务加拿大"计划，目标就是建立真正的"以公众为中心"的政府，整合办公室、呼叫中心和互联网等渠道，为公众提供无缝的集成服务，提高公众满意度和政府行政效率。

（二）促进政务流程优化正成为电子政务建设的重要内容

电子政务的发展不仅可以使大量常规性、例行性的事务实现电子化，改善信息流通，降低获取信息的难度和成本，而且电子政务促进业务流程优化的作用不断显现。成立于 2002 年的美国联邦组织架构项目管理办公室的主要目的就是制定一套标准的政府部门通用的参考模型，以评估和确定能够提高政府工作效率和效益的业务流程和系统整合的新机会，从而从一个较高的层次开展规范和优化业务流程的工作。联邦组织架构项目管理办公室先后发布了《业务参考模型》、《绩效参考模型》、《服务参考模型》、《数据参考模型》和《技术参考模型》等五个参考模型，通过与运用预算规划程序相结合的办法，梳理联邦政府业务，指导联邦政府的信息技术投资决策，整合现有和预期的电子政务项目，加强政府部门在信息技术投资方面的横向和纵向合作与交流。其中《业务参考模型》将联邦政府的业务范围界定为公众服务、提供模式、服务提供支持和政府资源管理四个业务领域，共细分为 39 条业务线和 153 个功能模块。日本在 2003 年 7 月出台的《电子政务构筑计划》中明确指出，今后日本电子政务建设的重点之一就是利用现代信息技术优化政府业务和系统。该计划附录了《内部管理业务改革方针》，指出应改革以纸为载体的业务运转过程，利用信息技术提高效率；改革审批程序，消除关卡过多的现象；各部门单独处理的业务，如果集中到一处效率更高，则实施一元化管理方式；按照是否需要工作人员进行判断将政府业务分为"需政府工作人员判断"的业务和"不需政府工作人员判断"的业务两类，"不需政府工作人员判断"的业务应尽量委托给外部机构；对于各政府机关之间或内部的申请申报业务，不必要的应予废除，必要的业务也应通过降低申请频率、省略附录文件、合并记录事项类似的申请书等方式进行简化。当然，业务整合和流程优化并不是简单地对原有流程进行简单的调整，而是要对传统的以行政职能为中心的流程进行重组，转变成以企业和社会公众需求为中心。

（三）促进缩小"数字鸿沟"日益成为各国电子政务建设的重要目标

尽管多数国家电子政务建设都取得了一定成效，但由于受服务符合需求的程度、服务的质量以及公众应用信息技术的能力和水平等多方面因素的影响，电子政务服务的利用率并不很高。而国外有关调查表明，"数字鸿沟"问题是影响电子政务服务利用率的重要因素。如在英国，占人口总数 12% 的低收入家庭无法上网的几率比高收入家庭大 7 倍，年龄在 65 岁以上的人群上网的比率只占 16%，在未上网人群中有 53% 的人对互联网不感兴趣，有 35% 的人缺乏相应的技能和信心。如何推进信息技术在全社会的广泛应用，努力缩小数字鸿沟，越来越成为许多国家推进电子政务建设的重要任务。英国于 2005 年 3 月出台了《连接英国：数字战略》，提出采取八项措施促进信息技术在全社会的广泛应用，使英国成为世界上第一个成功缩小数字鸿沟的国家。这些措施包括：利用信息技术改变学习方式；设立"数字挑战"奖，奖励地方政府在推动实现"2008 年各地方普遍接入电子化服务"这一目标方面的成就；成立跨部门的国家互联网安全中心，使英国成为使用互联网最安全的国家；为宽带内容的研究与创造营造良好的环境；完善宽带市场的竞争机制，提高宽带使用率；扩大包容性，方便残障人士的使用；在 2008 年对缩小数字鸿沟的进展情况进行评估以更好地明确下一步工作。尽管许多国家在电子政务建设过程中非常关注数字鸿沟问题，并通过诸如提高宽带接入率、建立社区接入中心、设立公共信息亭等多种方式拓宽服务对象，但有研究表明，未来几年内，地区之间和城乡之间的数字鸿沟仍然可能成为阻碍国家电子政务发展的瓶颈之一。

（四）电子政务建设过程中的安全问题越来越受到高度关注

电子政务发展中面临的安全问题主要包括两个方面：一是网络与信息

安全。电子政务的各个层面都有相应的安全威胁存在，这些威胁主要来源于外部入侵、内部管理过失或破坏以及软硬件自身缺陷等方面，外部入侵主要有病毒破坏、黑客攻击、信息间谍、信息恐怖活动及信息战争等，内部管理过失或破坏主要有内部人员恶意破坏、管理人员滥用职权、执行人员操作不当、安全意识不强等。虽然各国在技术和管理两方面都在积极采取措施，但由于信息系统本身存在的缺陷和脆弱性、外部入侵水平的不断升级以及电子政务发展对网络与信息安全提出的保密性、完整性、可控性和不可否认性等要求，如何确保各种电子政务活动的安全，将越来越成为各国关注的重点。二是隐私保护，虽然部分国家已经完成了有关隐私保护的立法，如美国、英国、德国等，但很多公众还是担心个人隐私无法得到有效保护。

（五）电子政务建设更加注重发挥市场作用和引入新的管理方式

发达国家在电子政务建设过程中十分注重政企合作，美国在其电子政务发展战略中还提出"以市场为基础"指导思想。比如，美国亚利桑那州政府将汽车驾照信息管理系统的投资、建设和日常经营外包给 IBM 公司就是一个典型案例，通过建立良好的政企合作关系，既节省了政府投资，又大大提高了工作效率。通过业务外包，政府可以从大量的日常事务中解脱出来，从而把大量精力投入到优化业务流程、了解业务需求、创新业务方式等更加有效益的方面。企业通过与政府合作，可以开拓新的市场领域，获得稳定的业务来源，提高企业的市场价值。在与企业的合作过程中，企业不断把新的管理理念和方法引入到电子政务建设中，比如客户关系管理（CRM）、企业资源规划（ERP）、业务流程再造（BRP）等理念和方式不断应用于电子政务项目，使电子政务建设更加贴近公众需求、更加人性化。与此同时，政府通过大力发展电子化采购有利于带动电子商务发展，提高采购效率，促进政府和企业之间形成良性互动。

第二节　电子政务在我国政府管理中的应用

信息技术在我国政府中的应用，从早期的数据处理到应用于经济管理的实践（以"三金"工程为代表），发展到目前以电子政务为手段全面提高政府行政效率，促进建设服务型政府，电子政务的应用范围不断扩大。尤其是进入新世纪，我国电子政务建设取得了重要进展，总体发展水平迈上了新台阶。电子政务在增强政府经济调节、市场监管、社会管理和公共服务能力方面发挥越来越重要的作用，正在成为提升治国理政能力的重要手段。

一、信息技术在政府部门的初步应用（1978—2000 年）

现代信息技术在我国政府中的应用可以追溯到 20 世纪 70 年代，为适应经济快速发展的要求，经济信息系统建设被置于优先位置。1973 年 3 月，国家计委向国务院提交了筹建为计划、统计服务的电子计算中心的报告。同年 4 月 1 日，经国务院领导批示同意，我国政府综合经济管理部门应用计算机的序幕就此拉开。1979 年，国务院决定开展第三次人口普查，国务院人口普查领导小组决定由国家计委电子计算中心负责，采用现代化的方法进行人口普查的数据处理。

"七五"期间，国务院确定重点建设国家经济信息主系统，由中央、省、中心城市和县级四级信息中心构成，作为中央和地方各级人民政府及主要综合经济部门进行宏观经济分析、预测、决策服务的主干系统。1987年，经国务院批准，国家信息中心和国家经济信息系统正式成立。此后，各级计划部门相继建立了信息中心。到 1990 年，除西藏、海南以外，其他省市都组建了信息中心。在重点建设国家经济信息主系统的同时，从1984 年至 1990 年，国务院先后批准了经济、金融、铁路、电力、民航、统计、财税、海关、气象、灾害防御等 12 个国家级信息系统的建设，在此期间，有 43 个部委成立了信息机构，开发了各类经济信息数据库 174 个、各类经济信息管理信息系统 250 多个。从 1985 年开始，政府开始大范围推进办公自动化建设。1986 年年底，国务院办公厅率先使用计算机进行国务院公文流转管理。1992 年 5 月，在全国办公厅系统办公自动化工作指导协调小组的领导下，编写了《全国办公厅系统办公自动化规划纲要（草稿）》，其政策与管理部分以《关于进一步加强全国行政首脑机关办公决策服务系统建设的通知》的形式下发全国各地区和国务院各部门。

在办公自动化建设和各部门信息系统建设的基础上，为满足跨部门、跨地区信息交换和对外经济发展的需要，1993 年 3 月，国务院副总理朱镕基主持国务院会议，提出了建设"金桥"、"金关"和"金卡"工程。1993 年年底，国务院正式部署了以"金桥"、"金关"、"金卡"工程（简称"三金"工程）等"金"字头系列的重大系统工程，并列入国家中长期规划。"三金"工程的启动是我国政府信息化建设真正意义上的开端。到 1999 年，"金关"工程实现了银行、外汇管理局和海关的计算机联网，有效地防止了利用假报关单骗汇、逃汇和套汇等违法事件的发生。"金卡"工程推动了银行卡跨行业务的联营工作，同时，非银行智能卡也在公安、保险、劳动工资、交通管理、医疗卫生等领域广泛应用。"金税"工程建立了增值税专用发票计算机稽核系统，在查处利用假发票违法违纪、追缴税款方面发挥了重要作用。1994 年中共中央办公厅、国务院办公厅实施了金海工程。至 2000 年，全国基本建成了以国务院办公厅为枢纽，连接各省、自治区、直辖市政府和国务院各部委、各直属机构的全国政府系统办公自动化网络；各级党委、人大等系统也建起了相当规模和水平的办公自动化系统。

1997 年 4 月召开的全国信息化工作会议提出了信息化建设"统筹规划，国家主导；统一标准，联合建设；互联互通，资源共享"的二十四字指导方针，有力地推动了我国各级政府信息化建设的发展。1999 年 1

月，我国四十多家部委（办、局）的信息主管部门共同倡议发起了"政府上网工程"，在全国引发了一场规模较大的政府信息化普及活动，大大提高了各级政府部门的信息化意识，为电子政务的全面展开和纵深发展打下了良好的基础。

二、新世纪我国电子政务建设迈上新台阶（2001 年至今）

进入新世纪，我国电子政务建设全面快速发展，电子政务的战略地位明显提升，政府网站、网络平台、重点业务系统、基础信息资源库、业务信息资源开发利用和各项基础性工作稳步推进，效益更加明显，电子政务建设总体水平迈上了新台阶。

（一）电子政务在政府改革中的战略地位明显提升，政策支持力度不断加强

为推进国家信息化建设，2001 年重新组建了国家信息化领导小组，成立了国务院信息化工作办公室（以下简称国信办）。国家信息化工作领导小组第一次会议强调，中央各部门和各级政府都要高度重视电子政务建设工作，充分利用信息化手段加强政府有效管理，促进政府职能转变。2002 年，国家信息化领导小组第二次会议通过了《关于我国电子政务建设的指导意见》（即十七号文件），明确了"十五"期间我国电子政务建设的思路、目标、任务和措施，确定了包括中央政府门户网站、统一网络平台、基础信息资源库和重要业务系统在内的系列重点工程。指导意见发布以来，经过全面部署和协调督促，我国电子政务建设的各项重点任务逐步落实，重点工程陆续启动、电子政务建设全面推进的新局面已经形成。为适应电子政务发展的新形势，"十五"期末，国家有关部门组织制定了《国家电子政务总体框架》，提出了"服务导向"的主体思路。2005 年国家信息化领导小组第五次会议审议通过了《2006—2020 年国家信息化发展战略》，明确了未来较长时期内我国信息化发展的指导思想和七个方面的主要任务，指出要"紧紧围绕提高治国理政能力，推行电子政务"。2007 年 10 月召开的党的十七大进一步明确了电子政务的发展方向，十七

大报告在行政体制改革部分提出要"完善公共服务体系，推行电子政务，强化社会管理和公共服务"，"电子政务"作为加快推进我国行政体制改革、促进建设服务型政府的重要途径，在党的文件中进一步得到明确，对新时期电子政务建设提出了新要求。从总体上看，我国电子政务建设的战略地位日益突出，政策支持和导向力度逐步加强。

（二）网络基础设施发展较快，基本能够满足业务应用系统运行的需要

2007 年，电子政务外网平台投入运行，开始具备承载中央和地方政务部门业务应用的能力。在工程建设的同时，外网建设单位国家信息中心着手开展网上业务应用，国家监察部、国家审计署等部门开始利用政务外网开展相关业务工作。同时，中央级传输骨干网已经开通，具备了为中央国家机关单位提供北京地区横向传输网络服务、连接中央到地方的纵向传输网络服务的能力，为进一步实现国家电子政务网络的互连互通和业务系统的协同互动创造了条件。中央国家机关各单位都建成了满足内部办公需要的局域网，多数单位建设了本系统专用网络。这些网络基础设施的建设，已经基本能够满足业务应用的需要。

地方政务网络建设也取得了较大进展。已经有十多个地方建立了省级政务外网，北京、上海、黑龙江、江西、安徽、广东、福建等地已经率先建成了电子政务省域网、城域网，覆盖范围较为全面。部分中西部省市利用 IT 产品价格大幅下降和采取统一管理体制，快速实现了省内网络平台统一建设、统一运维和统一管理，发达地区则通过资源整合和业务互动，逐步提高网络资源的整合和综合利用水平。

（三）政府网站体系初步形成，网上服务质量逐步提高

政府网站普及水平大幅提高，服务能力显著增强。目前，我国部委、省级、地级和县级政府网站的拥有率分别为 96%、100%、98.5% 和83%，各级政府网站普及水平较 2000 年都有较大提高。2006 年 1 月 1 日，中华人民共和国中央人民政府门户网站正式开通，树立了信息时代政府的新形象，标志着政府网站体系的初步形成。越来越多的政府门户网站

能够按照用户对象设置频道，按照用户对象的生命周期组织栏目的政府网站比例由 2003 年不足 1% 上升到 2006 年的 30% 左右。① 北京、上海、青岛、武汉、杭州等政府网站率先探索"以用户为中心"的建设思路，从用户的实际需求和使用习惯出发，面向公民提供从出生到死亡、面向企业提供从登记注册到破产注销的全生命周期服务。农业部、国土资源部等部委大力整合服务资源，服务深度已从单纯提供办事指南等信息服务和下载表格，扩展到在线行政审批和办理状态查询等综合性服务。公众通过政务网站参政议政、反映社情民意的渠道更加畅通，全国人大实现了立法工作的网上全民征求意见，《物权法》等重要法律公开向社会征求意见，开辟了科学立法、民主立法、开门立法的新途径。商务部、北京市等政府网站紧密围绕工作重点和热点，调动业务部门积极性，推出访谈和民意征集栏目②，密切了政府与广大群众的关系，开辟了畅通民意的新渠道。

（四）重点业务系统建设有序展开，电子政务支撑核心政务业务的能力显著提升

自 2002 年以来，中央各部门先后启动建设了金关、金审、金盾、金税（二期）、金水、金农、金质等重点业务系统建设，其中部分业务系统建成后已经开始发挥重要作用，经济社会效益十分明显。另外，农村党员远程教育系统整合各部门网络和信息资源，使农村党员受到教育，农民得到实惠，带动了农村信息化建设。国家有关部门组织开展文化信息资源共享和企业信息共享等工程，探索跨部门信息共享和业务协同，电子政务的综合监管水平和服务水平得到提升。在中央全面推进业务系统建设的同时，各省市也按照中央的统一部署，结合本地区的发展实际，积极推进自身业务系统建设，核心业务信息化比例大幅提高，电子政务支撑政务业务的能力显著提高。

① 数据来源：《2006 年中国政府网站绩效评估报告》，赛迪顾问股份有限公司。
② 王长胜主编：《电子政务蓝皮书：中国电子政务发展报告 No.4》，社会科学文献出版社 2003 年版，第 52—54 页。

（五）政务信息资源开发利用取得积极进展，信息共享试点工作稳步推进

基础性和各类业务信息资源开发利用取得新的进展。各级政府不断加强业务信息资源的开发利用，持续加强农业、人口、就业、国土资源、社会保障、法规，以及科教文卫等政务信息资源建设，基于各政务业务应用的信息服务的范围和质量都有不同程度的提高。政务信息资源的基础性工作取得一定进展，在基础信息库建设方面，除自然资源和空间地理基础信息库建设已经启动外，宏观经济数据库、法人数据库和自然人数据库正在加紧规划之中。

为促进实现政务信息共享，政务信息资源目录体系和交换体系建设试点工作开始起步。2005 年 9 月，国信办和国家标准化管理委员会组织天津市、上海市相关单位分别开展了"政务信息资源目录体系原型试点"和"基于政务信息资源交换体系的地区电子政务原型试点"，此后，又选择了北京、内蒙古作为第二批试点。各级政府在政务信息资源整合的机制方面积极探索，在行政协调机制、绩效考核、成本补偿、标准制定等方面进行了有益尝试。

（六）法规和标准规范建设取得阶段性成果，电子政务发展环境不断改善

电子政务法规和相关制度建设方法取得了实质性进展。《电子签名法》正式实施，《政府信息公开条例》出台，并将于 2008 年 5 月 1 日正式实施。浙江、湖南、云南和深圳等省市颁布了信息化或者电子政务方面的条例、办法。为加强中央政府门户网站建设，国务院颁布了《国务院办公厅关于进一步做好中央政府门户网站的内容保障工作的意见》。为加强电子政务工程项目管理，有关部门出台了《电子政务工程建设项目管理办法（暂行）》、《政府网站建设和管理指导意见》、《政府信息共享管理办法》等规章制度，发布了网络信任体系、信息安全等级保护和信息安全风险评估等指导性文件。同时，与电子政务法、个人信息保护法等相关的研究、起草工作也已启动。

国家电子政务标准体系初步形成。国家标准化管理委员会和国信办加强了统一电子政务标准化工作的领导，并于 2001 年批准成立"国家电子政务标准化总体组"，标志着电子政务标准化工作正式全面启动。目前，国家标准委已批准发布了主题词表、政务信息资源目录体系与交换体系、中文办公软件文档格式、业务流程设计等 18 项基础性国家标准，完成了 15 个国家标准草案，编制了《电子政务标准化指南》。这些标准为政务信息系统间的业务协同、信息共享、网络与信息安全提供了基础性技术支撑。许多地方政府从自身需要和实际情况出发，积极探索和制定本地区标准。例如，河北省率先在电子政务应用系统的功能模型、数据标准以及体系结构等方面进行了积极探索，有关标准规范已在河北省网上审批、农业信息发布及服务、公共卫生等三个应用系统中试点。海南省编制了《海南省政府网站建设指南》。上海市为了推动政府信息公开，制定了全市统一的政府信息公开目录编制规范和指南。

（七）电子政务信息安全保障体系建设得到加强，安全保障能力有所提高

有关部门在信息安全保障能力建设方面重点推进四个方面的工作：一是加强法制建设，制定了《信息安全等级保护管理办法》、《信息安全等级保护实施指南》和《信息安全等级保护评估指南》，积极推动信息安全等级保护管理与技术标准的制定和完善；二是加强应急管理，国家网络与信息安全协调小组发布了《关于建立健全基础信息网络和重要信息系统应急协调机制的意见》，各基础信息网络和重要信息系统主管部门根据自身特点，制定了本系统的应急预案；三是加快推进等级防护体系和安全评估体系等基础性工作，加强安全风险评估工作，加大了试点示范工程推进的力度；四是部分条件较好的部门和省市开始加强数据灾备系统建设，努力提高信息系统的抗毁和容灾能力。通过这些措施，各级政府电子政务建设的信息安全工作得到加强，国家电子政务信息安全保障水平得到提高。

（八）电子政务宣传培训等基础性工作扎实推进，电子政务应用技能明显提高

2004年，国家行政学院举办了省部级领导干部电子政务培训班，温家宝总理为培训班做了总结讲话，领导干部对电子政务认识水平明显提高。2005年4月，中组部、人事部、国信办联合印发《关于开展信息化与电子政务培训的通知》，要求各部门和各级政府规范信息化与电子政务培训内容，提高培训质量。国信办印发了《信息化与电子政务基本知识及操作技能培训参考大纲（试行）》。在中央的带动下，各级政府也积极依托各级教育和培训机构，对政务人员进行形式多样的培训。中央党校、国家行政学院和各级各类研究机构组织编写电子政务培训教材、读物数十种。通过各级政府的共同努力，全国党政机关公务员基本完成了一轮电子政务培训，领导干部和公务员对电子政务发展的认识水平和应用技能普遍提高。为提高电子政务的普及水平，很多机构通过论坛、评奖、知识竞赛等多种形式宣传电子政务成功经验，提高电子政务知识和技能的普及水平，全社会对电子政务的认知度有所提高。

（九）电子政务发展模式不断创新，在政企合作和自主创新方面积极探索

各级政务部门在稳步、有序推进电子政务建设的同时，积极推动电子政务建设、运维和管理模式创新。电子政务外网平台积极为中央各部门提供服务器托管服务，北京、上海、杭州等城市率先引入电子政务外包，探索多元化投入新途径。浙江、吉林、安徽、北京等省市尝试性开展电子政务绩效评价，取得了成功经验。中联部、青岛市、北京平谷区在采用全系列国产化IT产品方面大胆探索，走出了一条电子政务促进自主创新之路。广西玉林、河南济源在利用互联网发展电子政务方面为中小城市树立了典范。总之，近年来我国电子政务建设中涌现出不少创新的典型，为我国电子政务更好、更快发展积累了经验。

第三节　电子政务促进政府管理创新

推进政府管理创新，建设服务型政府是当今时代的发展潮流，是世界各国政府改革与建设的基本趋势。我国政府行政体制改革进一步深化，政府管理方式正逐步实现从管制型向服务型的转变。在这一转型的过程中，电子政务正在成为不可或缺的重要手段。

一、电子政务是促进政府管理创新的重要手段

虽然世界各国的国情不同，社会基本政治制度不同，文化价值取向不同，对政府改革的认识和实践也不尽相同，但大多数国家在推进政府改革过程中无一例外地都采用了相同的建设途径——将发展电子政务作为推进政府改革的重要手段和方法。电子政务的出现使政府管理创新进入了一个崭新的发展阶段。从我国电子政务发展的实践看，利用现代信息技术，推进政府业务网络化、数字化，有效促进信息共享和跨部门业务协同，以此提升政府管理和服务能力，已经成为政府行政改革的重要内容。总体而言，电子政务促进政府管理创新的途径主要包括以下几个方面。

（一）促进政府机构和职能优化

电子政务能够促进规范政府部门职能，合理划分管理权限，有助于解决机构重叠、职责不清、互相推诿扯皮等问题，从而形成科学、规范、协调的政府行政过程。电子政务的实施以网络平台、业务系统、数据库为重点，推动业务的整合和跨部门的互联互通，促进信息资源共享，达到减少政府管制范围、提高服务能力的目的。通过对政府管理范围的调整，政府集中精力搞好社会公共事务的管理，从事公共产品的生产和供给，政府机构将社会和市场可以自行解决的事务从政府职能范围分离出去，把政府从一些管不了、管不好的领域中解脱出来，集中精力管好自己该管的事，缩

减政府管制领域，减少政府审批范围，把更多的审批、管理事项让位于服务于市场经济体制及与其管理体制相适应的行业协会、中介组织等，实现政务资源的优化配置，无疑将大大提高政府的综合服务能力，促进政府职能转变。

（二）有助于政务流程优化再造

部门外部对政府改革的需求以及部门内部对办公效率提高的要求是政府合理优化和再造政务流程的动力源泉，"以服务为本、以结果为导向"是政务流程再造的根本，通过优化和再造政务流程，可以改变政府的工作模式，淡化部门意识，提升政府的社会服务能力，提高行政效率。电子政务为促进政务流程优化和再造提供了有效的信息化手段。先进的信息技术手段可以帮助政府在业务系统的开发和建设过程中，充分体现以人为本，从实际工作出发，以方便、实用为原则，帮助公务人员减轻工作强度、提高工作效率；电子政务实现了业务流程管理的标准化，这种标准化以软件的形式内嵌于日常政务处理过程，从而使得传统的业务流程更加清晰和具有条理，办事人员的职责更加分明、权限更加明确，从而有效提升政府的管理和服务效率。

（三）提高全社会信息资源利用水平

政府是社会信息最大的拥有者，对政府信息利用的程度，将在很大程度上影响整个社会信息资源的使用效率，电子政务应用系统以先进的信息化手段和方法，收集、加工、传递和存储政务信息，通过网络把相关领域的行政机构和公众连接在一起，使信息、知识、人力以及创新的方法、管理制度、管理方式、管理理念等各种资源真正实现共享、融合，有效拉近公众和政府之间的距离，使得互联网能更好地为公众服务，使得信息能真正在全球范围内得到充分利用，这是成功履行政府行政职能、减少政府信息资源浪费、提高政府行政效率的重要保障。

（四）有效提高政府行政效率

电子政务能够有效提高政府运行效率。电子政务使传统的部门组织朝着扁平化网络组织方向发展，网上业务审批，打破了地域、层级、部门的限制，促使政府组织和职能的整合，从而简化和加速了政府行政审批。电子政务加强了政府与公众的互动，减少了信息沟通成本。政府在网上即时发布信息，并提供全天候的网上反馈和监督渠道，通过网络接受和处理行政信息，很大程度上减少了政府的行政支出，提高了效率。政府通过电子采购，将采购需求在网上公布，发出邀约，进行公开招标，这样方便、简单的交易方式，与传统的采购方式相比，可以提高采购效率，为政府节省许多人力和财力。

（五）引入外部激励约束机制

电子政务的网络化、开放性特征使政府行政过程中不可避免地要面对来自社会和市场的竞争压力，对加强政府管理和服务的效率提出了前所未有的高要求，需要政府在加强信息公开和社会合作的同时，不断强化政府的工作责任，增强政府的服务效率。通过相应的激励约束，不仅可以迫使政府想尽办法减少投入，增加产出，提高办公效率，而且还可以迫使政府对企业和公众的需求做出快速反应，提高政府服务供给的质量和效率，更重要的是，可以通过电子政务促进实现高官问责、机构问责，强化政府责任，有助于建立责任政府。

二、电子政务促进政府管理创新的成效逐步显现

（一）电子政务有效提升政府科学决策水平

很多政府部门在办公业务系统中加强了数据挖掘、分析等功能，国家发展和改革委员会、财政部、中国人民银行等八部委联合建设"金宏工程"，以此促进实现宏观调控的跨部门信息共享和业务协同。中国储备粮管理信息化系统、中国储备棉管理信息化系统等关系国民经济稳定的重要资源储备管理信息系统陆续建设和投入使用。宏观经济数据库建设得到进一步加强，数据的社会公开水平有所提高，数据服务质量有所提升。中联部的共性办公业务平台在实现基于权限管理的信息和知识共享的基础上，开发了有自主知识产权的管理信息系统，为提高外交辅助决策水平提供了必要的基础环境。国家发改委积极推进全国价格监测系统建设，为及时收

集价格信息、为党中央国务院提供决策参考发挥了重要作用。农业部在全国率先启动了农产品市场监测预警系统，对小麦、玉米、稻谷、大豆、棉花、糖料、油料等主要农产品进出口、价格、供求形势及世界农产品市场态势跟踪监测分析，提出相应对策，有力地支持了政府的宏观调控和微观决策，在调控农产品市场中发挥了积极作用。

（二）电子政务服务经济社会管理的能力稳步提高

经过二十多年的建设，国家主要经济社会系统的信息化水平都不同程度得到了提高，经济社会管理越来越离不开电子政务的支撑。20世纪90年代，国家在海关、税务、银行、工商、交通等经济社会发展重要领域启动政府信息化建设，近年来，又重点建设了审计、公安、社会保障等一批重大电子政务业务系统，这些业务系统建成后开始发挥作用，经济和社会效益都十分明显。金税工程全面提高了税收征收率，增值税征收率由2000年的61%提高到2006年的86%以上，国税系统税收成本大幅下降，每年节约税收成本上百亿元。金关工程大幅提高进出口业务的办理效率，各级海关及其所有监管现场实现24小时联网运行。在金关工程的带动下，海关总署于2001年年初步形成了电子海关、电子口岸、电子总署的基本格局，2003年开始，海关对上述系统进行全面升级，实现海关系统跨部门、跨地区联网应用以及全国海关通关作业网络化、物流监控智能化，海关通关能力大幅提升。金盾工程已经覆盖了90%的公安基层所队，全国有4.1万个派出所实现了人口信息管理前台办公，纳入计算机管理的人口总数超过12.8亿，2006年网上抓逃超过28万人，全国利用金盾工程联网信息破案已占全部破案总数的20%左右，大大提高了罪犯抓捕率，实际应用效果明显。社保系统实现了在全国范围内提供"五险合一"服务，惠及全国参保人员近1.4亿①。

在推进业务系统建设的同时，各部门十分重视跨部门业务协同。海关

---

① 高新民、于施洋：《我国电子政务建设的进展与问题》，《2008高技术发展报告》，科学出版社2008年版，第145页。

总署与商务部、国家税务总局等部门密切合作，紧紧围绕大通关流程，共同开发和推广了一批应用项目。中国人民银行与国家税务总局联手推进"税—库—银"联网协作，通过联网协作，大大减少了税款在途中的沉淀，减轻了税务部门缴款书销号的工作量，使税务机关无须直接面对多家商业银行，降低了协调难度和征管信息系统的复杂性与互联成本。国务院信息化工作办公室、国家税务总局、国家工商行政管理总局、国家质量监督检验检疫总局四部门联合在北京、青岛等 10 多个省市分两批开展了企业基础信息共享试点工作。各试点省市通过工商、税务企业登记信息的实时交换，发现了大量在工商机关登记但未做税务登记或已注销工商登记仍然营业的行为，堵塞了监管漏洞，促进了财税增收，较好地解决了有关部门交叉稽核的问题，提高了监管工作效率。

（三）电子政务在促进提高政务信息公开方面作用明显

促进政务信息公开是电子政务建设的重要内容和突出亮点。2003 年年初，广州市政府正式实施《广州市政务信息公开条例》，并以此为契机大力推进政府门户网站建设，在全国起到了良好的示范带头作用。此后，商务部、国家环保总局、国土资源部等多家中央部委以及陕西、河北、湖北、北京等省市先后颁布施行了政府信息公开方面的规章，全国政府信息公开工作水平得到普遍提高。在总结实践的基础上，国家有关部门组织起草了《政府信息公开条例》，并于 2007 年 1 月经国务院常务会议审议通过，并于 2008 年 5 月 1 日开始正式实施。《条例》的出台为以政府网站促进政务信息公开提供了坚实的法律依据。目前，我国部委、省级、地级和县级政府网站的拥有率都已经超过 90%，政务信息公开是这些网站的主要功能，大多数政府网站能够建立信息公开目录，落实信息公开责任制，并按照工作计划、工作过程、工作结果来梳理和公布信息，大大提高了政务信息公开的质量和效率，在提高政府透明度方面取得了实效。

（四）电子政务已经成为政府与公众互动的重要渠道

绝大多数省区市都开通了领导电子信箱，很多政府网站设立了公众留言板，有些政府部门还开通了领导在线访谈，这些网站功能已经成为公众与政府部门直接沟通的重要方式。很多政府部门领导在网上与群众互动，倾听群众呼声，征集社会建议，不少领导同志还在网上开办个人博客，加强了与群众的沟通。2008年元旦，部分国务院部委、省市领导通过新华网向海内外网友恭贺新年，引起网民的热烈回应。北京市首都之窗网站1998年首先推出了"市长信箱"，2003年启动了"社情民意平台"，2005年推出"政风行风热线"，这些政府网上服务大大提高了北京市民参与政策制定、行业监督的积极性。全国人大实现了立法工作的网上全民征求意见，《物权法》等重要法律公开向社会征求意见，开辟了科学立法、民主立法、开门立法的新途径。商务部等政府网站紧密围绕工作重点和热点，调动业务部门积极性，推出访谈和民意征集栏目①，密切了政府与广大群众的关系，开辟了畅通民意的新渠道，公众通过政府网站反映社情民意、参政议政的渠道更加畅通。

（五）电子政务在提升城市和社区服务水平方面成效显著

进入新世纪，电子政务促进城市和社区发展的能力大幅提高。北京市东城区在万米网格化管理系统基础上，建设社区医疗服务信息化体系，大大提高了社区医疗服务水平，开创了社区医疗服务的新局面，成为促进和谐发展的典范，得到了中央领导的高度肯定。杭州市采取"政府引导、社区自治、社会参与、市场运作"的方式，集电子政务、电子商务和电子社区发展于一身，建立了统一社区服务门户网站，实现了全市362个社区全部上网。网上服务内容涵盖了"吃、穿、游、娱、购"等多个方面，杭州市政府通过电子政务将基层工作中涉及民生民情的有关服务与居民紧密联系在一些，大大提高了政府公共服务的质量。宁波市81890求助服务中心以电话、互联网和手机短信等信息沟通手段，面向咨询、预约预定和特殊服务三个层次，为居民提供衣食住行、生老病死等17大类一体化服务。81890服务中心极大方便了市民生活，市民对求助结果满意率超过

①王长胜主编：《电子政务蓝皮书：中国电子政务发展报告（2008）》，社会科学文献出版社2008年版，第5页。

99%。2005 年 6 月，时任浙江省委书记习近平考察后对这一新型公共服务模式给予了充分肯定。在促进提高城市社区发展的同时，电子政务在城市应急管理方面也得到了加强，很多城市开始利用信息化手段整合各类应急资源，北京、上海等城市率先建立起了城市统一应急联合指挥系统，初步实现公安、交警、消防、急救、城管等多个部门的联动，大大提高了城市应急反应能力。

（六）电子政务在服务新农村建设方面开始取得成效

为适应新农村建设的需要，全国普遍开展农村信息化建设。全国97%的地市和80%以上的县级农业部门都设立了信息化管理和服务机构，初步建立自上而下的农业信息化队伍，形成了从中央到地方的农业信息组织体系。农业部牵头建设了金农工程，组织建设了"中国新农村建设信息网"。中组部启动了农村党员远程教育系统建设，使农村党员受到教育，农民得到实惠，带动了农村信息化建设。信息产业部提出"十一五"期间实现"村村通电话，乡乡通网络"的目标，商务部开通了"新农村商网"，其他相关各部门也都积极提供服务三农的信息产品。各省市在农村信息建设方面都不断加大投入力度，在整合已有资源建设服务体系、利用多种接入终端提高服务普及率等方面都取得了成绩。比如浙江省通过"百万农民信箱工程"整合了农业、教育、科技、组织人事等部门的信息资源，建立了覆盖全省95%以上乡镇的农业信息服务站。吉林、浙江、广东、安徽等地方政府组织建设了各类涉农信息服务平台，通过语音电话、手机短信、农科 ATM、农业网吧等多种方式为农民提供服务，大大提高了涉农信息的普及率。这些涉农电子政务服务在提高农业科技水平、促进提高农民收入、丰富农村文化生活等方面都发挥了重要作用。

三、电子政务促进政府管理创新的主要经验

经过 20 多年的发展，我国政府信息化建设快速推进，特别是新世纪以来，电子政务建设取得了突出成绩，已经成为促进政府管理创新的重要手段。总结 30 年的发展经验，有利于为下一阶段我国电子政务发展提供

借鉴，促进我国电子政务继续沿着快速、有序、健康的轨道发展。

（一）坚持服务社会公众

新世纪，中央提出电子政务建设要始终坚持"寓管理于服务之中"的发展理念，把为社会公众提供更高质量服务放在优先位置，促进政府职能实现由管理型向服务型转变。各级党政部门坚决贯彻中央精神，政府有关电子政务管理部门通过投资引导、评价指标、宣传培训等多种手段加大导向力度，尤其是在政府网站建设、政务信息资源开发利用、业务系统建设等方面处处体现服务为本，切实提高电子政务的公共服务能力。从中央和地方的实践看，近几年来涌现出一大批以服务社会公众为核心业务的典型，北京、上海、大连等城市政府门户网站建设从企业和居民的生命周期入手，不断落实服务项目，提高服务品质，得到了社会公众的认可和好评。商务部、农业部等部门网站在促进企业发展对外贸易、帮助解决"三农"问题等方面发挥了重要作用。我国电子政务建设应当继续坚持服务社会公众的基本理念，把工作做得更加扎实有效，切实把电子政务为民服务提高到一个新的水平。

（二）坚持业务需求导向

坚持业务需求导向是电子政务建设取得成效的关键。那些从业务需求出发，按照小步快走原则稳步有序推进的电子政务工程项目大多取得了成功。电子政务建设坚持业务需求导向主要体现在四个方面：第一，电子政务的建设和发展只有与一定时期经济社会发展需要迫切解决的问题紧密结合，才能持续不断地发挥效益，才能更好地服务于政府的各项工作；第二，电子政务建设就要有所侧重，有所选择，要以政府核心业务为主线，而不是以部门为主线来推进电子政务建设；第三，电子政务建设要处理好不同层次业务需求之间的关系，不能笼统地讲有还是没有业务需求，对于个性与共性、近期与远期、需求迫切性与操作可行性等不同层面的问题要具体问题具体分析、具体处理；第四，电子政务不是对业务需求的简单再现和重复，而是在深入细致了解、消化业务需求的基础上，能够简化、优化原有流程，促进提高行政效率。电子政务促进业务流程优化不能一蹴而就，而是要经过多轮交流，反复比较，在促进原有业务标准化的基础上逐步推进业务改革，不断优化。

（三）坚持完善发展环境

电子政务发展的实践证明，在那些电子政务发展环境相对完善的部门、地区，电子政务建设更容易步入良性发展轨道，而领导不重视、宣传教育不到位、投入无保障的部门和地区，电子政务建设则相对落后。正确的行动来源于正确的认识，发展环境建设首先应当突出意识和认识的不断深化。我国电子政务处在起步阶段，即便是在电子政务较为发达的国家，其发展历史也就是 15 年左右。因此，不论是业务领导，还是技术领导，对电子政务发展过程中的很多问题还缺乏足够的知识储备和实践经验，很多时候是边干边学，摸着石头过河。在这种情况下，加强学习、深入研究、总结经验、强化宣教等工作就成为一项基础性工作。

（四）坚持体制机制创新

创新是事物新陈代谢、吐故纳新，从而不断发展和完善的动力，电子政务建设也要不断创新。新世纪以来，我国电子政务建设在领导和管理模式、技术研发等多个方面不断创新，涌现出一批成功典型。领导和管理模式创新的关键是处理好责任与义务、集中与分散的关系。比如，商务部在推进本部门电子政务发展过程中成立了信息化司，明确管理责任，集中管理商务部电子政务建设，做到统一思想、统一领导、统一建设，避免各司局各自为政，使电子政务建设真正做到统筹协调。在集中统一领导的同时，信息化司将大量技术性强的建设任务和日常维护工作分别外包给各个专业 IT 公司，分散了风险，节约了成本，提高了服务质量。技术创新也是电子政务建设的重要方面，从长期看，中国电子政务市场空间相当大，完全依靠外国技术和企业不能保证我国电子政务的持续健康安全发展，因此，坚持推动电子政务相关技术创新是一项重要的基础性工作，是电子政务健康发展的重要保障。

在这方面，北京市东城区构建的城市网格化管理系统，具有开创性的意义。

　　网格化城市管理，是我国城市管理自我创新的产物。随着我国城市化建设进程的快速发展，城市面貌一日千里，必然要求城市管理自我革新，自我变革，适应社会发展的需要。从我国的管理实践来看，城市管理工作经历了从管理部门自我制约，到群众监督，再到主动发现和解决问题，城市管理理念得到了三次提升，管理体制经历了三次变革，管理水平上了三个台阶。20世纪90年代中期，我国就已开始推行城市管理服务承诺制，到20世纪末又推出城市便民服务热线12319。2004年岁末，我国城市管理进入一个新的阶段，有了一个革命性的变化，它就是北京市东城区创建的网格化城市管理新模式。

　　东城区首倡的网格化城市管理新模式，带动了我国基于网格的城市管理体制和机制的变革，也引发了创新城市管理理论的需求。网格化城市管理新模式，通过创建新的城市管理体制和建立城市管理信息系统，采用"万米单元网格管理法"、"城市部件管理法"、"城市事件管理法"等新型城市管理方法而形成城市管理运行的新架构，它推动了城市管理模式、管理理念和管理思想的创新，实现了城市管理的规范化、人性化、精细化和敏捷化，迫切需要城市管理理论相应地进行创新。2004年10月，北京市东城区建成了我国第一个覆盖全部辖区的信息化城市管理系统，首创了网格化城市管理新模式。该系统对城市管理问题发现率超过90%，指挥中心任务派遣准确率达98%，问题处理平均时间仅为13.5个小时，推动了城市管理体制的变革，提高了城市管理的整体效能，被比尔·盖茨先生称为"世界级的案例"。2006年，北京市建成全市信息化城市管理系统，包括一个市级平台和八个区级平台，并接入与城市管理相关的委办局和公共服务企业信息系统。该平台一期工程实现了对全市核心城区（三环以内）的6大类92小类城市管理部件，5大类69小类城市管理事件的动态管理。

　　建设部决定在全国推广东城区网格化城市管理新模式，以此作为城市管理的典范。2005年7月，北京市朝阳区、上海市长宁区、上海市卢湾区、南京市鼓楼区、深圳市、成都市、杭州市、武汉市、扬州市、烟台市等 10 个城市（区）被建设部确定为全国首批数字化城市管理新模式试点城市（区）。2005 年 8 月，数字化城市管理的四项行业技术标准正式实施。2005 年 9 月，南京市鼓楼区数字化城管系统通过建设部验收。同年，12 月，上海市长宁区、卢湾区数字化城管系统也通过建设部验收。2006 年 3 月，北京市朝阳区数字化城管系统通过建设部验收。2006 年 3 月，天津河西区、天津大港区、重庆高新区、河北石家庄市、河北邯郸市、山西长治市、山西晋城市、山东即墨市、江苏常州市、江苏无锡市、浙江嘉兴市、浙江台州市、浙江诸暨市、河南郑州市、广西南宁市、云南昆明市、云南安宁市等 17 个城市（区）被建设部列入第二批数字化管理模式的试点城市（区）。这次试点，要求将单元网格管理法、城市部件管理法与 12319 城市管理服务热线紧密结合，促进城市管理，提高城市管理水平。2006 年 4 月，建设部组织专家编写《数字化城市管理信息系统建设技术指导》。2006 年 6 月，建设部根据试点经验，对"管理部件和事件分类与编码标准"进行修订完善。2006 年 8 月开始，杭州市、扬州市、深圳市等城市的数字化城管系统通过建设部验收。2007 年 4 月，重庆市万州区，黑龙江省哈尔滨市，沈阳市铁西区，吉林省松原市、白山市、珲春市，山东省青岛市、临沂市，江苏省昆山市、张家港市、吴江市，安徽省合肥市、黄山市、淮北市、芜湖市、铜陵市，福建省厦门市，湖南省长沙市，广东省广州市，海南省海口市，陕西省宝鸡市、兴平市，甘肃省白银市白银区，新疆维吾尔族自治区乌鲁木齐市等 24 个城市（区）被建设部列入数字化城市管理第三批试点城市（城区）。

第十一章
行政体制改革与
建设服务型政府

第一节　服务型政府的提出

随着我国工业化、城镇化、市场化和国际化进程的不断深入，社会公众的公共服务需求增长迅速，而全面建设小康社会奋斗目标确立，也为公共服务提出了更高的要求。然而，由于多种原因，我国公共服务发展明显滞后，供给短缺。特别是2003年"非典"公共危机的出现，把政府在公共服务方面的问题进一步暴露出来。在这样的大背景下，建设服务型政府的问题首先在学界被提了出来，中国（海南）改革发展研究院率先在提出了从"经济建设型"政府向"公共服务型"政府转变的主张。

一、公共服务需求的快速增长

（一）我国公共服务需求快速增长

目前，我国已经进入工业化中期阶段，正处于由劳动密集型向资本技术密集型产业转轨的阶段，从国际经验看，工业化正处于加速阶段。而我国的现实国情要求必须实行新型工业化道路，就是坚持以信息化带动工业化，以工业化促进信息化，就是科技含量高、经济效益好、资源消耗低、环境污染少、人力资源优势得到充分发挥的工业化道路。新型工业化要求我国政府必须大力实施科教兴国战略和可持续发展战略。发展教育，培养大量高素质人才，提高劳动者素质。促进科技进步，建立国家创新体系，发展高新技术产业，推进信息化，促进产业升级和调整。强调生态建设和环境保护，降低资源消耗，减少环境污染，实现可持续发展。促进扩大就业，发挥我国人力资源的比较优势。

改革开放以来，我国城市化发展迅速，我国城市化速度是同期世界平均速度的 2 倍以上，2006 年，中国城市化率虽然只有 43.9%，但 2/3 以上的 GDP 产自于城市：城市建成区面积仅占全国国土面积的 0.34%，但居住了 1/4 以上的人口，城市已经成为中国国民经济和社会发展的主体，成为促进经济、社会、人口、资源、环境协调发展的主要地域。城市化将大量农业人口转移到城市，生产和生活方式从农村型转化为城市型，由此将会产生居住、就业、交通、医疗、教育、环境、基础设施等各个方面公共服务的巨大需求，必须是所有城市居民享有基本的公共服务，重点解决迁移人口的就业、住房、教育、医疗等基本公共服务问题，这迫切需要加大公共服务的供给能力。

经过 30 年的改革开放，我国已经建立起初步完善的商品市场、要素市场和资本市场，开始告别商品短缺的时期，大多数商品和服务依赖市场提供，市场已经在资源配置中起基础性的作用。目前，我国的市场化进程已经进入纵深发展的阶段。随着市场化进一步深化，产业领域的外部性开始凸显，特别是日益严重的环境问题，这就需要政府提供环境保护等公共服务。另外，由于市场失灵，市场无法有效提供人民日益增长的公共服务，比如教育、医疗等，从而迫切要求政府提供教育、医疗和社会保障等公共服务。

改革开放以来，中国对外贸易发展迅速，进出口规模持续扩大，经济对外依存度不断上升，中国于 2001 年正式成为世界贸易组织成员，我国已经成为重要的世界制造业中心之一。国际化，政府要按照国际惯例为在华跨国公司提供公共服务，优化投资环境；政府要在遵循 WTO 规则的前提下，对国内幼稚产业进行保护和扶持；在发展具有比较优势的劳动密集型产业的同时，鼓励科技创新，培育人力资本，促进产业向高附加值的技术密集型和知识密集型产业升级。

到 20 世纪末，我们胜利实现了现代化建设"三步走"战略的第二步目标，人民生活总体上达到了小康水平。2002 年党的十六大，进一步规划未来，明确提出了"全面建设小康社会，加快推进社会主义现代化"的战略任务，要求在本世纪头二十年，集中力量，全面建设惠及十几亿人口的更高水平的小康社会。

党的十七大对实现党的十六大确立的全面建设小康社会目标，提出了新的更高要求，就是增强发展协调性，努力实现经济又好又快发展；扩大社会主义民主，更好保障人民权益和社会公平正义；加强文化建设，明显提高全民族文明素质；加快发展社会事业，全面改善人民生活；建设生态文明，基本形成节约资源能源和保护生态环境的产业结构、增长方式、消费模式。党的十七大报告提出，全面建设小康社会，必须使现代国民教育体系更加完善，终身教育体系基本形成，全民受教育程度和创新人才培养水平明显提高。社会就业更加充分。覆盖城乡居民的社会保障体系基本建立，人人享有基本生活保障。合理有序的收入分配格局基本形成，中等收入者占多数，绝对贫困现象基本消除。人人享有基本医疗卫生服务。社会管理体系更加健全。

2003 年，中国人均 GDP 超过 1000 美元。消费结构变化体现出公共需求增长的趋势。同以往相比，当前广大社会成员的消费结构发生两个重要变化：一是食品与衣着等基本消费支出的比例在不断下降，从 1990 年的 67.61% 下降到 2006 年的 46.15%；二是医疗保健、教育等消费支出比例不断上升，城镇居民在这方面的支出比例从 20 世纪 90 年代初期的 10% 左右上升到 2006 年的 30% 左右。这一结构性变化表明，公共需求全面快速增长确实已成为经济社会生活中不容忽视的重要趋势。参照发达国家的发展经验，当人均 GDP 迈进 1000 美元左右的小康门槛，向人均 GDP3000 美元左右的全面小康水平发展时，就是该国公共产品需求快速扩张的时期。中国已经由生存型社会进入发展型社会，一个突出的表现就是生存性压力明显减弱，发展性压力全面凸显。从社会层面看，这个发展性压力集中反映在人的自身发展上。广大社会成员在解决了温饱问题以后，对义务教育、基本医疗、基本社会保障等公共服务提出了新的要求。

城镇化、社会结构现代化、高等教育大众化、社会保障普及化的过程大大加快。这一规律从当今世界中等收入国家的人均 GDP 指标、城镇化指标、社会结构指标、公共教育指标、社会保障指标的相关性中可以明显看到。这也是西方发达国家政府公共支出从 20 世纪 30 年代以来不断扩大的主要原因。

2050 年中国达到中等发达国家水平，公共服务需求将出现如下增长：(1) 高等教育需求迅速增长，大学毛入学率达到 60% 以上，基本消除成人文盲。(2) 社会保障公共需求迅速增长，公共退休金支出占 GDP 比例达到 7% 以上。(3) 公共医疗卫生需求迅速增长，公共医疗卫生支出占 GDP 比例达到 6% 以上，婴儿死亡率降到 0.6‰，每千人拥有医生 3 人。(4) 环境保护需求迅速增长，森林覆盖率达到 26% 以上。(5) 科技公共需求迅速增长，政府研究与开发支出总规模达到发达国家水平，每百万人从事研究与开发的科学家与工程师数量达到 3100 人以上，高技术产品出口制成品的比重达到 30% 以上。(6) 公共事业公共需求快速增长，铺覆道路百分比达到 90% 以上。(7) 公共行政类公共需求快速增长，补贴和其他经常性转移支付占中央财政比重达到 50% 以上，资本支出占中央财政的百分比降到 5% 以下。(8) 人民对权利和自由的公共需求迅速增长，中国将由发展时代走向权利时代，中国要基本参加、签署并批准重要国际人权公约和国际劳工权利基本公约。中国要基本实现普选，实现高层领导直接选举。①

① 联合国开发计划署：《2001 年人类发展报告：让新技术为人类发展服务》，中国财政经济出版社 2001 年版，第 233 页。

（二）我国公共服务供给严重不足

我们可以以目前中等发达国家公共需求指标的平均值为基本标准，比较我国目前的公共需求指标值与中等收入国家社会公共需求指标值的差距，来确定我国目前公共供给不能满足全面建设小康社会的公共服务缺口，并且确定我国社会公共需求的未来增长规模。在社会公共需求指标中，我们选择了公共教育支出占 GDP 的比重、公共医疗卫生支出占 GDP 的比重、社会保障支出占 GDP 的比重、环境保护投资占 GDP 的比重这四个代表社会公共需求的重点指标来进行说明。

到 2020 年，中国将全面高质量地普及九年义务教育，高中阶段教育普及率达到 90%，高等教育毛入学率达到 32%，而 2002 年初中毕业生升学率仅为 52.9%，高等教育毛入学率仅为 15% 左右。中国 2002 年公共教育支出占 GDP 的比重为 3.19%，而 1997 年中等收入国家公共教育支出占 GDP 的比重为 4.8%，到 2020 年时，中国公共教育支出占 GDP 的比重至少要达到目前中等收入国家的平均水平。[1]

当前中等收入国家中城市化水平约为 62% 左右，若 21 世纪前 20 年，中国城市化率每年增长 1 个百分点左右，则到 2020 年左右，中国城市化水平为 55%—60% 左右，届时，城市人口将为 6.7 亿—7 亿左右。若按社会保障覆盖面来算，则中国社会保障支出将在现有基础上增长 3 倍。2001 年中国社会保障支出为 1857 亿元，占 GDP 的比例为 1.9%；到 2020 年时，中国社会保障支出占 GDP 的比重至少应为 5.7%。

据世界银行工作人员分析，要保证中国环境保护的需要，按照"中等投资方案"，环境保护投资占我国 GDP 的比重到 2020 年至少要达到 1.0%；而按"高水平投资方案"，这一比重可能达到 2.0%。我们假定全面小康社会环境保护按高水平投资方案计算，环境保护投资占 GDP 比重为 2%，其中政府支出占一半，政府环境保护投资占 GDP 比重为 1%。[2]

---

[1] 国家统计局：《中国统计年鉴》（2002），中国统计出版社 2002 年版，第 702 页。

[2] 世界银行：《碧水蓝天：展望 21 世纪的中国环境》，中国财政经济出版社 1997 年版，第 99 页。

　　通过以上分析可知，达到全面小康社会即中等收入水平，我国的社会公共需求指标中，公共教育支出占 GDP 的比重至少要达到 4.8%，公共医疗卫生支出占 GDP 的比重至少要达到 3.1%，社会保障支出占 GDP 的比重至少要达到 5.7%，政府环境保护投资至少要达到 1%。建成全面小康社会时，中国满足四项重点社会公共需求指标的公共支出要达到 GDP 的 14.6%。

　　首先考察中国政府公共支出占 GDP 的比例。分析中国财政支出结构可以发现，中国财政支出结构主要构成部分占 GDP 的比重，经济建设开支为 6.7%、社会文教开支为 5.4%、国防费开支为 1.5%、行政管理支出为 3.7%、其他支出为 2.45%。在假定国防费开支、行政管理支出、其他支出等刚性法定支出费用占 GDP 比重不变的情况下，即假定在 GDP 增长的情况下，国防费占 GDP 的比重、行政管理费占 GDP 的比重、其他支出占 GDP 的比重增长的幅度与 GDP 增长幅度不变的情况下，即国防费依然占 GDP 的 1.5%、行政管理费依然占 GDP 的 3.7%、其他支出依然占 GDP 的比重为 2.45%，三项相加为 7.65%。而在 1999 年财政支出结构中，经济建设支出占 38.38%、社会文教支出占 27.59%、国防支出占 8.16%、行政管理支出占 15.32%、其他支出占 10.55%。将建成全面小康社会的四项重点社会公共需求指标与上面三项刚性法定支出费用相加，七项指标占 GDP 的 22.25%，若将公共科技支出、公共体育支出、农业公共支出、公共基础设施等其他社会公共需求指标加上的话，建成小康社会时，中国政府公共支出占 GDP 的比重估计要达到 28% 以上。而中国 2001 年国家财政收入占国内生产总值的比重仅为 17.1%。

　　其次考察公共服务支出占财政支出的比例。从 1998 年到 2005 年的七年间，全国财政在教育、科学和医疗卫生领域的支出比重不升反降。数据证实了这个让人难以理解的现实：1998 年，全国财政支出中用于教育支出的比重为 13.1%、科技支出为 3.3%、医疗卫生支出为 3.8%，三项支出合计所占比重为 20.2%。而到了 2005 年，这三项数据及其合计所占比重分别降为 11.7%、2.9%、3.0% 和 17.6%，分别下降了 1.4%、0.4%、

0.8% 和 2.6%。①

2002 年 11 月初现于广州的"非典"疫情，由于相关部门的疏忽和失误，到 2003 年 3—4 月之交酿成了一场前所未有的公共卫生危机。这次危机的整个过程不仅暴露了我国政府处理危机事件的方式存在极大的缺陷，而且反映了政府公共卫生等公共服务能力极其匮乏，远远落后于现代社会的公共服务需求。

2007 年"两会"前夕，被人们称做新"三座大山"的"看病难、住房难、上学难"问题，再次成为民众关注的焦点。新华网"网民关注的'两会'热点问题"调查显示，新"三座大山"分别以 76%、65% 和 50% 的得票率位居前列。迟福林说：中国已进入经济社会转型时期，社会矛盾和社会问题日益突出。在这个特定背景下，强化各级政府的社会性公共服务职能，加大社会性公共产品的供给，已成为广大人民群众的迫切要求。

二、行政体制改革与服务型政府的提出

政府改革滞后已经成为我国改革进程的主要矛盾。相对于快速增长的公共服务需求，目前我国公共服务的供给严重不足，另外，只有通过经济增长方式的转变才可以实现可持续增长，基于这两个主要原因，我国需要加大行政体制改革的力度，实现从经济建设型政府到公共服务型政府的转变。

（一）中国政府行政体制改革进程回顾

行政改革是政府应对问题和挑战的必然选择。20 世纪 80 年代以来，世界各国政府都面临着一种无法避免的挑战：一方面社会公众期盼政府能够提供更多更好的公共服务；另一方面又希望政府避免公共开支过大，在不加重税费的前提下提供这样的服务。这就对政府服务能力提出了更高的要求，90 年代以来，西方发达国家通过行政改革，即政府再造，即对公

---

① 王长勇：《公共财政"拐点"隐现》，《财经》2006 年第 8 期总第 157 期。

共体制和公共组织进行根本性的转型，通过对政府目标、组织激励、责任机制、权力结构以及组织文化等大幅度地提高政府的效率、效能、回应性、责任、适应性以及创新能力。

政府改革的关键在于转变政府职能，加强服务型政府建设。长期以来我国政府职能中一直存在越位、缺位和错位的现象。越位是指政府在经济事务中不仅是裁判员，也是运动员；缺位是指政府的公共服务功能没有很好的发挥，把有权有利的部分抓得很紧，而服务职能却注意得不够；错位是指政府的职能主要是宏观调控，而不应去管企业的下岗分流等问题，这些问题是企业自身的问题，解决的主体不应该是政府。解决这"三位"一体的问题的根本途径就是归位，凡是市场能做的事情就还给市场，企业能做的事情就让企业自己完成，企业与政府各就其位。2003 年的"非典"危机反映出我国政府体制存在某些具体偏差，它进一步要求政府转变职能，加强服务型功能建设。过去数十年，我们一直强调以经济建设为中心，这与强调以阶级斗争为中心相比是一个很大的进步，我们今天辉煌的成就与以经济建设为中心是分不开的。但是我们又不能片面地强调以经济建设为中心，政府要将促进经济和社会协调发展作为自己的主要职能。从抗击"非典"当中，我们得出一条重要的经验就是经济和社会必须协调发展。光注意经济、注意 GDP 是不够的，要注意社会的全面进步，注意公共医疗卫生和人民的健康，要把人民的生命放在第一位，以民为本，要把人民的健康、社会的进步放在重要的位置上。①

党的十七大报告，在科学发展观执政理念的指导下，提出要抓紧制定行政体制改革总体方案，着力转变职能、理顺关系、优化结构、提高效能，形成权责一致、分工合理、决策科学、执行顺畅、监督有力的行政体制。健全政府职责体系，完善公共服务体系，推行电子政务，强化社会管理和公共服务。并提出必须在经济发展的基础上，更加注重社会建设，着

---

① 中国（海南）改革发展研究院：《建设公共服务型政府》，中国经济出版社 2004 年版，第3—5 页。

力保障和改善民生，推进社会体制改革，扩大公共服务，完善社会管理，促进社会公平正义，努力使全体人民学有所教、劳有所得、病有所医、老有所养、住有所居，推动建设和谐社会。

（二）从经济建设型政府到公共服务型政府

政府转型的目标取向是建立公共服务型政府。在 2003 年"非典"危机中，中国（海南）改革发展研究院执行院长迟福林研究员对此做了深入地研究，提出了从"经济建设型政府"转变为"公共服务型"政府这个问题。他认为，政府改革滞后已经成为我国改革进程的主要矛盾，政府改革是我国下一步改革的中心和重点，政府改革的基本目标是建立公共服务型政府。政府职能需要转变，由经济建设型政府向公共服务型政府转变。

首先，我国现在的政府是一个"经济建设型政府"，这是对政府改革起点的一个科学的判断。有些专家学者认为，现在的政府模式应该是"行政控制型"或"管制型"的，这固然反映出政府过多地控制各种经济社会资源，但事实上政府将这些资源用到了经济建设上。经济建设型政府这个概念更有包容性，不仅肯定这种政府模式在特定历史时期的必要性，而且指出这种政府模式的历史局限性和进一步改革的方向。而且，"行政控制型"政府还不能表现出我国政府的历史作用，可能抹杀了我国政府在改革过程中的巨大功绩，否定了前几次适应市场经济的行政改革的作用。相比来说，"经济建设型政府"这个判断是更加全面和辩证的看法。

其次，要以经济建设为中心并不等于经济建设型政府，还有一些学者认为，我国以经济建设为中心，是长期不能动摇的，要改变"经济建设型政府"是错误的。这其实是一个理论上的误区，"经济建设为中心"并不等于"经济建设型政府"，要"以经济建设为中心"并不见得必须要有政府本身来替代微观经济主体来进行经济建设，从经济可持续发展来说，政府这样做会破坏市场环境，形成吴敬琏教授所说的坏的市场经济。现在中国出现的经济社会失衡，造成许多不稳定因素，都会成为未来经济发展的隐患。

应该客观地分析经济建设型政府的过渡性和局限性，从总体上来说，我国的各级政府带有比较明显的经济建设型政府的特征。改革开放以来，我国以经济建设为中心，政府长期主导资源配置，实现了 GDP 的快速增长。与此同时，一是由于政府将掌握的资源主要运用在经济领域，这使政府长期作为经济发展的主体力量，起主导作用；二是解决不了政府和国有企业之间的结构性矛盾，只是政企分开长期成为改革中的一大难点；三是不恰当地把一些本该由政府提供的公共产品和公共服务推向市场和社会。应当说，这种政府模式与计划经济时期相比是一个巨大的进步，它大大地推动了我国经济的持续快速发展。目前突出的主要矛盾在于：第一，在我国初步建立社会主义市场经济框架的前提下，政府的主要职责是为市场主体服务和创造良好的发展环境。政府继续充当经济建设的主体和投资的主体，已经越来越不适应市场经济发展的要求，甚至在某些方面已经开始成为市场经济发展的桎梏。第二，经济与社会发展失衡、区域经济发展失衡、经济发展与生态环境的失衡等，都与政府的转型有直接、内在的联系。

政府转型的取向和目标是建设公共服务型政府。党的十六届三中全会确定了以人为本的科学发展观。GDP 的增长不是最终目的，它要以社会各方面的全面的协调发展为重要前提。在经济体制转轨过程中，长期靠各级政府主导或者直接进行投资和建设，不可避免地会导致如下的恶果：一是政府权力的异化，公共利益部门化，权力寻租无法避免；二是助长了地方保护主义，市场分割，政出多门；三是这种体制必然会以 GDP 为官员政绩考核的主要指标，造成许多低效率的投资，政府的社会服务功能受到抑制，在失业问题、弱势群体保护方面难以充分发挥作用；四是市场经济发挥作用的空间被压缩，行政垄断和审批事项增多；五是政府的社会公信力降低，社会信用体系被破坏，容易形成畸形的市场经济。

要走出这种路径依赖的陷阱，出路就在于建立一个公共服务型政府。所谓"公共服务型政府"，从经济层面上来说，政府存在为了纠正"市场失灵"，主要为社会提供市场不能有效提供的公共产品和公共服务，制定公平的规则，加强监管，确保市场竞争的有效性，确保市场在资源配置中的基础性作用。政府不应该直接作为微观经济主体参与市场竞争或者依靠垄断特权与民争利。从政治层面上说，政府的权力是人民赋予的，政府要确保为社会各阶层提供一个安全、平等和民主的制度环境，全心全意为人民服务，实现有效的治理而不是统治。从社会层面上来说，政府主要从社会长远发展出发，提供稳定的就业、义务教育和社会保障，调节贫富差距，打击违法犯罪等，确保社会健康发展。①

第二节　基本公共服务与政府职责

一、政府提供公共服务的职责

从发达国家的经验来看，极端的最小政府和福利国家都已被证明是不可行的，公共服务模式的选择要充分考虑我国的现实国情，兼顾效率和公平。

（一）公共产品和公共服务

为了阐明政府在公共服务中的责任，我们首先要对公共服务的内涵进行必要的讨论。莱昂·狄骥这样定义公共服务："对一项公共服务可以给出以下定义：任何引起与社会团结的实现与促进不可分割而必须由政府来加以规范和控制的活动，就是一项公共服务，只要它具有除非通过政府干预，否则便不能得到保障的特征。"② 萨缪尔森把公共产品定义为，在消费上具有非竞争性，在收益上（或所承担的代价）上具有非排他性的产品。由于存在搭便车的问题，公共产品的市场需求不是不存在，就是被严重低估。如果生产者没有办法排除那些免费获益者，那么就不可能或者很

---

① 中国（海南）改革发展研究院：《建设公共服务型政府》，中国经济出版社2004年版，第3—5页。

② ［法］莱昂·狄骥：《公法的变迁：法律与国家》，辽海出版社1999年版，第446页。

难获利。市场无法对这些产品进行有效的定价。于是，他们通常被视为市场失灵，并被用做证明政府干预具备合理性的依据。①

这种定义最近受到挑战，产品的属性并不总是与这一通用定义相符，其主要原因是，社会可以对一种产品收益的竞争性和排他性进行调整，非竞争性和非排他性会随着公共选择而发生变化。产品往往会在有意识的政策选择作用下成为私人产品或者公共产品。在许多情况下，产品不是以其最初的形式存在，而是作为一种社会建构。因此，产品的公共性和私人性是社会建构。比如：正是通过产权等这样的制度安排，使得土地、发明等这样原本的公共产品成为私人产品。由于人权保障和公共利益等社会规划，类似教育和保健等竞争性产品变成公共产品。新技术的诞生也可以使原本具有非排他性的免费电视变成收费电视而重新成为私人产品。

最新的研究表明，公共产品是处于公共领域内的产品，这些产品之所以处于公共领域，有以下可能的原因：或是因为它们具有技术上的非排他性，或是因为政治选择而被规划或留置在公共领域，或是由于人类的疏忽而进入公共领域。如果政府尚未找到一种制度安排或社会建构能够使公共产品能够转化为私人产品从而由市场提供，那么，政府就应该负责供应这些产品，这已经被视为政府存在的根本原因之一。这些产品也并不一定是由政府负责提供的产品，所有的力量都可以在其供应上发挥一定的作用。政府可以选择其他公共产品生产方式，通过各种不同的可能途径将私人生产合并到某种公共产品的社会供应之中。

如今人们所熟悉的公共产品如公共卫生，在人类社会的早期是不存在的。政府开始提供公共产品是迫于政治压力而做出的回应。20 世纪以来，尤其是 1945 年到 1975 年凯恩斯主义盛行的时期，更高的公共税收和人们对公共服务的更高期望导致了公共产品供应的变化。这些变化主要表现在以下三个方面，诸如道路和教育等产品和服务已经开始由公共部门负责供

---

① ［美］保罗·A. 萨缪尔森：《公共支出的纯理论》，《经济学与统计学评论》1954 年第 36 期，第 387—389 页。

应，其供应量更大，覆盖范围更广；公共供应已经扩展到了新的领域，如健康、住房、高等教育以及社会服务；福利、社会保障以及与消除贫困相关的各种优惠措施的实施使得福利性支付转移不断增加。

但是，20世纪70年代的通货膨胀和财政危机，迫使人们首先提出是否有必要采纳福利性支付转移，其次开始提出是否有必要由公共部门来供应公共产品，并出现在抗税活动，这些情况发生在民主的政治程序中，公众作为纳税人和选举人的偏好是通过某种复杂的途径，由政治派别的更迭表现出来。公共产品的供应是一个政治程序，受选举的影响，并有政治派别予以调和。

（二）市场失灵与政府失灵

市场与政府是社会用以协调经济活动的两种机制，其目标是配置经济中的稀缺资源用于生产产品和服务以满足社会个体的需要。市场通过价格机制，私人厂商对有市场供求水平决定的价格做出反应，并据此从事自利的经济活动；政府则通过征税、产品和服务、直接对家庭和厂商的货币转移，以及为私营部门的运行制定法规等，也进行资源配置的决策。

自从亚当·斯密时代开始，人们就已经认识到竞争性市场机制作为经济中配置资源机制的好处，所有的市场参与者被"看不见的手"所引导，都通过在竞争性市场进行资源交易而获益，而且社会资源的产出价值也获得了最大化。除某些特定的情况之外，竞争性价格机制将引致有效或帕雷托最优资源配置，资源的市场化配置将会达到经济福利最大化。更确切地说，竞争性市场的资源配置结果是有效率的。

但在某些情况下，当遇到公共产品、外部性、规模收益递增、信息问题、风险和不确定性、收入分配、代际间的效率和公平等问题时，价格机制有效配置资源的机制就会出现失灵。正是市场机制有效地、公平地配置资源的失灵最终导致了市场经济中政府干预的理论基础。但市场失灵只是政府干预的必要条件而不是充分条件，对于每个市场失灵的情形，需要特别对待，许多情况下政府干预并采取纠正措施是可行的，但在另外的一些情况下则是不可行的。①

凯恩斯主义是西方"从摇篮到坟墓"的福利国家的理论基石，凯恩斯在其《就业、利息和货币通论》（1936年）一书中，针对西方国家之前发生的周期性的经济危机，提出了有效需求不足理论以及相应的国家干预经济的思想。根据凯恩斯主义的有效需求理论，为了消除生产和消费之间的矛盾，必须通过扩大政府财政开支，甚至通过赤字财政政策，增加社会有效总需求，其中，增加社会福利开支是扩大政府开支的主要内容，采取"普遍福利"政策。然而从资源配置角度，政府干预不可避免地要存在一定的效率损失，特别是到了20世纪70年代后期，长期实施凯恩斯主义的扩张性经济政策终于给西方经济带来了恶果，西方各国相继陷入了"滞胀"危机，凯恩斯主义已经无法给出令人满意的解决方案。

新古典经济学派反对凯恩斯主义，主张市场经济能自动解决失业、不景气等问题，而政府主导的稳定政策没有任何效果，主张减少国家干预。其代表人物弗里德曼认为，市场机制的作用是最重要的。市场经济具有达到充分就业的自然趋势，只是因为价格和工资的调整相对缓慢，所以要达到充分就业的状况可能需要经过一定时间。如果政府过多干预经济，就将破坏市场机制的作用，阻碍经济发展，甚至造成或加剧经济的动荡。弗里德曼认为，在货币供给量不变的情况下，政府增加开支将导致利率上升，利率上升将引起私人投资和消费的缩减，从而产生"挤出效应"，抵消增加的政府支出，并主张货币政策才是一切经济政策的重心。

公共选择理论论证了政府政策往往不能确保资源的最佳配置，因而导致"政府失灵"。所谓政府失灵，就是政府的活动并不总是像应该的那样"有效"或像理论上所说的能够做到那样的有效。所谓公共选择，就是非市场的集体选择。公共选择理论利用经济学的分析方式（通常是博弈论和决策论），基于经济人假设，探索政治上的决策进行过程，以此揭露在

①［美］鲍德威·威迪逊：《公共部门经济学》，中国人民大学出版社2000年版，第43—100页。

政府体制下必然出现的效率低落现象。

公共选择理论指出，政府作为公共利益的保证人，其作用是弥补市场的不足，并使经济的各个参与者所做决定的效应比政府干预以前更高，否则政府的干预就无任何经济意义。但政府决策往往不符合这一目标，有些政府的作用恰恰相反，它削弱而不是改善了公共福利。政府失败的主要表现形式是政府政策不能反映社会真实偏好和政府工作机构效率低下。因此需要对政府失灵进行补救，减少政府干预的范围，约束和限制政府权力，在政府部门内引入竞争和激励。

二、西方国家公共服务模式的比较和借鉴

不同的国家甚至同一国家不同发展阶段的国情也不同，由于政治、经济、社会和行政的主导理念不同，西方各国公共服务经历了"最小政府"、"福利国家"和"有限政府"三个阶段，并且形成了迄今三种各具特色的公共服务模式，即以美国和德国为代表的自保公助模式、以英国和北欧各国为代表的福利国家模式和以新加坡和智利为代表的自我积累模式。

（一）西方各国公共服务模式的发展

如果我们把发达国家看做一个整体，就政府的职能范围和干预程度来说，由于主导思想不同，西方发达国家先后经历了"最小政府"、"福利国家"和"有限政府"阶段，相应地，其提供的公共服务也有很大的变化，在不同的历史阶段呈现出鲜明的特色。考察欧洲各国、澳大利亚、日本和美国等在教育、医疗、养老、就业四个方面的社会支出的长期变动轨迹，可以看到，政府在社会领域所肩负的责任越来越大，公民所享有的权利也越来越大。

我国正处于转型时期，考察这些政府责任及其历史变迁对于我国政府责任定位有重要的参考价值。

首先是20世纪30年代之前的最小政府阶段。现代国家建立之前的政府是统治型政府，而在现代国家建立之初，主导思想是"市场万能"和

"权力导致腐败"。19 世纪以亚当·斯密为代表的古典经济学家和政治哲学家普遍赞成国家发挥最低限度的经济职能，政府的职能应限于国防、治安和行政管理，认为市场本身能协调和处理好经济领域的一切问题，政府的存在只是为了给市场行为提供基本的法律和制度规范。在这个阶段，政府被称为"守夜人"。政府的作用一直被严格地限定在"保护产权"和"维护秩序"的公共领域，政府公共服务职能仅仅是市场交易双方契约执行的监督者、市场交易秩序的维护者的职能。

20 世纪 30 年代至 70 年代，西方国家经历了"福利国家"阶段。由于市场失灵，经济危机周期性爆发，引发了各种社会和经济问题，尤其是 1929—1933 年波及整个西方世界的经济危机，使人们普遍认识到政府职能应该加强。以"凯恩斯主义"为理论基础的"罗斯福新政"的推行，有效控制了经济危机。凯恩斯主义认为市场存在缺陷，由于有效需求不足，失业不可避免，并导致经济危机。主张放弃自由放任主义，实行政府对经济生活的全面干预，通过增加公共投入以刺激消费，克服经济危机。在这个阶段，直到 20 世纪 70 年代之前，西方各国政府职能和行政权力全面扩张，加强国家干预，自由放任的市场经济开始演变为国家干预的市场经济，"守夜人"的行政职能让位于"积极干预"的行政职能。政府干预作用表现在宏观调控、国有企业、规范管制、社会保障、环境保护和教育科技等各个方面，第二次世界大战后福利国家随之盛行。

20 世纪 70 年代至今，西方国家进入了"有限政府"阶段。凯恩斯主义理论主张与西方各国经济形成的"滞胀"先是相抵触而后陷入困境。布坎南指出，政府的扩张已经远远超出了它的合理职责，破坏了经济激励、产权和经济自由，"抵押"了未来几代人的收入。以哈耶克、布坎南和弗里德曼为代表的新自由主义坚信只有私人经济才具有内在稳定性，自由市场经济是高效配置资源的保证，可以自发实现资源的合理配置和经济的协调发展，并可以最大限度实现个人的权利和目的，而国家干预则破坏了市场经济的自我完善和自我调节。在这个阶段，面对经济滞胀和财政危机，随着玛格丽特·撒切尔夫人当选英国首相和罗纳德·里根当选美国总统；各国的改革者们重新界定政府职责，缩小政府规模，减少财政开支。

公共总支出数据的变化反映了政府规模和政府职能的变化，同时也反映了公共服务模式的历史变迁。1870 年至第一次世界大战期间，公共支出占 GDP 的平均份额缓慢提升，从 1870 年的 10.7% 上升到 1913 年的 11.9%，而到了 1937 年，公共总支出已经提高到平均 22.8% 的水平，约为 1913 年的 2 倍。1937 年到 1960 年，公共总支出占 GDP 的比例以较慢的速度增长，从 1937 年的 22.8% 上升到 1960 年的 28%。在凯恩斯主义盛行的福利国家阶段，公共总支出占 GDP 的比例从 1960 年的 28% 快速增加到 1980 年的 43%。1980 年之后，各个国家开始转向较少干预和削减公共支出，从总体上看，公共支出水平虽然持续上升，但速度明显放慢，1990 年，公共支出平均达到 GDP 的 44.8%，1996 年达到 45.6%。[①]

一个多世纪以来，提供良好的教育一直被绝大多数人视为政府的根本任务之一。人们通常认为，教育不仅对经济增长，而且对平等有促进作用，从而对社会稳定和民主价值观有促进作用。19 世纪中叶政府开始提供教育，到了 1990 年，完全普及初等教育已经成了一条规则。20 世纪初，公共教育支出已经超过了 GDP 的 1%，法国、德国和日本的公共教育支出水平最高，德国和日本的教育支出达到了政府总支出的 20%。第二次世界大战之后，许多国家经历了生育高峰，大学制度也得到发展，从而导致 1960—1980 年间公共教育支出迅速增加，1980 年以来，公共教育支出则几乎一直保持稳定。1993—1994 年，加拿大、新西兰、挪威和瑞士报告的公共教育支出水平最高，达到 GDP 的 7.3% 到 9.2%。然而德国、日本和西班牙的公共教育支出不到 GDP 的 5%。今天，中等教育基本上是免费的，即使是高等教育，也常常由政府出资。1980 年以来，公共教育支出则几乎一直保持稳定。

政府较大程度参与医疗部门是最近的事情。20 世纪，尤其是最近几十年，医疗技术迅速发展，人们也认识到公共医疗有助于提高个人福利和

---

① ［美］维托·坦奇：《20 世纪的公共支出》，商务印书馆 2005 年版，第 35 页。

经济生产率，这使得医疗部门快速发展。随之而来的是，人们要求政府参与进来，以保障人口有较高的医疗水平。如同教育部门一样，在医疗领域，外在性的观念和对平等的关注常被作为政府干预医疗服务提供的理由。在学术界和许多国家，获得免费的医疗服务是一项基本人权的观点得到强烈拥护。在一些国家，公共医疗保险是人们可以得到的第一批社会保险计划之一。自俾斯麦于 1883 年在德国最初引入医疗保险以来，到 1930 年前后，平均公共医疗支出仍只有 GDP 的 0.4%。而从 20 世纪 20 年代到 60 年代，强制性公共医疗保险已成为医疗服务融资的主要形式。到 1975 年，欧洲国家的公共医疗保险已经覆盖了劳动力总量的 71% 到 100%。政府提供越来越慷慨的医疗保险，降低甚至完全免除了对医疗服务受益者的收费。到 1960 年，公共医疗支出已增加至 GDP 的 2.4%，到 1980 年，该项支出又翻了一番多，平均达到 GDP 的 5.8%，在爱尔兰和瑞士，医疗支出则超过了 8%。1980 年以后，各国公共医疗支出增长缓慢，1994 年达到 6.4%。然而各个国家在医疗总体支出上差异较大，如在意大利和美国，私人医疗服务对许多人而言仍处于主导地位。

政府参与老年人赡养是从 19 世纪末开始的，1889 年德国开始建立养老保险，到 20 世纪 20 年代中期，大多数欧洲国家建立了基本退休保险，但覆盖面有限，收益水平很低。到 19 世纪到 60 年代，覆盖面从 1910 年占劳动力的 20% 提高到 1935 年的 56%，1975 年接近 100%，收益水平也大大提高。公共养老金支出平均占 GDP 的比例从 1920 年的 1.2% 上升到 1937 年的 2%，到 1960 年达到 4.5%。与其他社会支出一样，养老金支出也是在 60—80 年代起飞的，到 1980 年达到 GDP 的 8.4%，1993 年进一步增长达到 GDP 的 9.6%。一些国家养老金支出已经超过 10%，意大利甚至接近 15%，而澳大利亚、加拿大、爱尔兰和日本是公共养老金比例最低的国家，没有超过 GDP 的 6%。在人口比较年轻的时候，政府给予了慷慨的承诺，而随着人口的老龄化，这些承诺在许多工业化国家已经导致了难以偿付的巨额养老金债务。

在工业化国家的社会保险体系中，失业保险相对而言是一个后来者，欧洲绝大多数国家到了20世纪初才开始引入失业保险。法国和挪威是最先提供自愿性失业保险计划的两个国家，时间分别是1905年和1906年。强制性失业保险于1911年最先在英国和爱尔兰建立。到1975年，欧洲国家仍然只有2/3的劳动力被失业保险所覆盖。30年代中期，挪威、英国和美国的公共事业支出超过了GDP的2%，1996年，工业化国家的失业补偿成本已经平均达到GDP的1.6%，所有劳动力市场计划（包括再培训和公共工程）的支出平均达到2.7%。只有日本、美国的失业计划支出不到1%，因为他们的失业率较低。

（二）世界各国公共服务模式的比较

目前，受经济发展水平、社会结构、政治结构、历史沿革和主流价值观等因素的影响，政府公共服务的范围、标准与供给方式各不相同，形成了具有不同特色的公共服务模式。

德国公共服务基本原则是：（1）社会保障有利于发挥市场机制的作用。（2）社会保障要保持在收入再分配的合理范围内。（3）社会保障应由国家、企业和个人合理负担。

英国公共服务与社会保障的基本原则：（1）最低原则，即社会保障制度的目的是保证全体社会成员的生活水平不低于维持生存所需的最低限度，国家所组织的社会保险和社会救济的目的在于保证以劳动为条件获得维持生存的基本收入。（2）普遍和全面原则，即社会保障制度应顾及全体社会成员生活的各个方面，也就是"每一个人""从摇篮到坟墓"都应该受到社会保障制度的基本保护。（3）个人责任原则，强调社会保障制度不是免费的午餐，而是以个人劳动和捐款为条件，保障人们维持生活所必需的收入，以便他们可以劳动和继续保持劳动能力的计划。

法国公共服务具有三个基本原则：（1）不间断原则，当一个公法人负责承担某一种公共利益与公共服务的供给时，必须不间断地保证这种服务的提供，而不能以这一类公共服务耗费昂贵为理由而拒绝提供。（2）适应性原则，公共服务的组织并不是一成不变的，公共服务组织必须不断地与公共服务目标与手段相适应，因而，要根据公共服务的需求，不断地改进公共服务组织与技术。（3）中立性原则，公共服务必须对所有公民平等开放，公共服务不能因公民财产、阶层、出身等原因而采取任何歧视性的做法，公民平等享受各种公共服务。

总的来说，世界各国的公共服务模式大致可以分为三种类型：第一种是以美国和德国为代表的自保公助模式，又称为"最低保障与兼顾效率型"模式；第二种是以英国和北欧各国为代表的福利国家模式，又称"全面公平型"模式；第三种是以新加坡和智利为代表的自我积累模式，又称"效率主导型"模式。①

最低保障与兼顾效率型的公共服务模式是一种在社会保障与社会福利等公共服务上坚持以市场为主导，引进竞争和激励机制的制度模式。美国的公共服务模式强调通过自由竞争和经济增长、确保劳动者加入劳动市场，以劳动者对生产的贡献程度来保障其生活。美国公共服务强调的是个人的自助。以社会保障为例，其社会保障体系是由社会保险、企业养老金、商业保险共同构成的个人保障体系。在保障资金来源方面，也是强调自助的原则，社会保险等公共服务的财源只是依靠被保人及其雇主以社会保障税的形式缴纳的保险费，国家和一般税收只用于社会救助方面的支出。

全面公平型的公共服务制度把"公平"作为首要价值理念。它强调以国家为主体，实行对全民的普遍保障。国家承担着保障全体国民的义务和责任，每一个人都享有社会保障的权利。英国公共服务制度强调的是自由经济的"机会平等"，它鼓励个人的自助努力，把国家的保障仅限于"平等的最低生活"。也就是说，国家的责任是平等地保障国民的最低生活水平，超出最低生活水平的生活需要则由个人承担。以社会保障制度为例，英国公共服务制度主要由国民保险、国民医疗保健、家庭津贴和国民救助等构成。国民保险是对在离校年龄和退休年龄之间的所有人实行的强制性的保险。国民医疗保健制度是全民公费医疗制度，凡是在英国居住的

---

① 穆怀中：《社会保障国际比较》，中国劳动社会保障出版社 2002 年版。

公民，无须取得保险资格，均可享受各种医疗保健服务，所需费用主要由财政拨款支付。家庭津贴主要是发放给家长从事全日制工作、有未成年子女、收入低于官方规定标准的家庭，费用由国家财政负担。国民救助是国家对陷于贫困状态的社会成员进行的救助，全部费用来自国家财政收入。此外，还包括被称为社会服务的各种福利和各类服务。

效率主导型的公共服务模式就是通过国家立法等强制手段，以个人或家庭的储蓄来进行自我保障。这种模式国家负担轻，对经济效率产生正面影响。新加坡的中央公积金制度实际上是一种强制性储蓄，所有工人及其雇主都必须按期缴纳中央公积金；这项储蓄连同储蓄利率，分别记入每个工人的名下，在工人年老、残疾或死亡等不测事故发生时付给工人或其遗属一次性总付的全部储蓄和利息；投保人在生病、失业或购买住宅时，可以中途支取部分储款。

三、基本公共服务是政府的职责

中国的公共服务模式的选择要充分考虑中国的现实国情，既要考虑公平也要考虑效率，这样公共服务才能可持续发展。政府的职责是向全体公民提供均等化的基本公共服务，既要提供更多公众迫切需求的公共服务，又要强调效率和财政责任，同时要避免未来政府规模扩大的倾向。

（一）中国公共服务模式选择

随着社会日益复杂，政府已经提供了更多的服务，公众对政府公共服务的期望越来越高的同时也不断质疑政府的有效性。一方面政府要提供更多公共服务以促进公共利益；另一方面政府要减少干预，约束和限制政府权力并承担财政责任。目前在我国，一方面由于政府职能长期错位，我国公共服务供给相对于快速增长的需求来说严重不足；另一方面由于政府部门追求部门利益最大化，公共服务可能会出现扩大化的趋势。

公共服务模式的选择要结合我国现实国情，社会公共需求拉动公共服务的供给，必然导致政府财政支出扩张，而各国的现实国情则对政府扩张施加了限制。中国人口接近13亿，占世界总人口的22%以上，13亿人口正在进入工业化、现代化和城市化过程。这个过程必然带来巨大的环境和资源压力，进入人口老龄化社会，面临大量劳动力就业问题，城市人口激增，产生发展中的结构不平衡问题，形成巨大的社会稳定压力，并存在经济发展减缓的可能。我国人口总量和就业人口总量巨大，人口日益老龄化，城市人口激增，经济处于工业化加速时期，人均 GDP 水平尚未达到中等发达国家水平，经济发展是公共服务的物质基础，只有经济发展了，才有财力支持公共服务。既要适应我国公共服务需求的增长及时提供满足需要的公共服务，又要避免不符合现实国情的、高福利水平的公共服务模式。

我们认为，目前中国仍处在经济快速增长的阶段，我们增加公共服务的投入，不应该是以牺牲经济发展为代价，而是以调整内在的支出结构为重点。据统计研究表明，从国民经济良性运行标准上去判断，以人均 GNP 增长率、国内储蓄、国内投资、通货膨胀、失业率等指标来衡量，"全面公平型"的公共服务模式与"效率与公平并重型"的公共服务模式相比，"全面公平型"较不利于国民经济的良性运行。因而，在公共服务模式选择上，可更多地借鉴"效率与公平并重型"公共服务模式的经验。

只有"效率与公平并重型"的公共服务模式才是可持续发展的模式。参照发达国家公共服务的经验和教训，"从摇篮到坟墓"的全面公平型的公共服务模式，到 20 世纪 70 年代末时造成了严重的财政危机和经济滞胀，高福利无法持续，他们对凯恩斯主义主张的政府通过总需求管理来稳定经济的做法产生了普遍的质疑，一些研究已经得出结论，小而有效的政府更能够促进经济增长和经济发展。发达国家正在不得不重新思考国家的职能，很多发达国家已经致力于削减政府职能的改革并取得了很大成效，压缩社会保障计划、降低社会福利水平，这些改革使得公共支出占 GDP 的比例降低了 10 个甚至是 20 个百分点。这些改革对于重振经济、消除滞胀、提高经济增长速度及把社会福利保持在适当的水准上，是至关重要的。

极端的最小政府和福利国家都已被证明是不可行的。在提供可收费的私人物品性质的服务方面，私人企业在创新能力、反应能力、效率和成本方面具有政府不可比拟的优势，政府和市场各自拥有对方所不具备的比较优势。但有些必需的纯公共物品是无法通过私人部门提供的，同时政府也必须通过公共服务维护基本的社会公平。因此，政府应该致力于那些私人部门无法有效提供的公共服务，或者实现基本的社会公平所必需的公共服务。另外，我国是市场经济国家，政府在提供更多公共服务的同时，要注意公共服务与市场经济相适应，根据市场经济规律进行，将市场自由原则和社会均衡原则结合起来，政府在运用转移支付实现再分配的同时，政府应该提供必要的服务和规制框架，更多让市场力量来提高增长率和社会福利。为满足广大市民的多样化需求，提高社会公共服务水平和效率，对不同类型的社会公共服务，应采取不同的提供模式：既可以直接由政府提供，也可以在政府主导下，由非政府组织或企业等社会力量在一定的契约条件下提供。

党的十七大报告指出，发展仍是党执政兴国的第一要务。发展，对于全面建设小康社会、加快推进社会主义现代化，具有决定性意义。要牢牢抓住经济建设这个中心，坚持聚精会神搞建设、一心一意谋发展，不断解放和发展社会生产力。更好实施科教兴国战略、人才强国战略、可持续发展战略，着力把握发展规律、创新发展理念、转变发展方式，破解发展难题，提高发展质量和效益，实现又好又快发展，为发展中国特色社会主义打下坚实基础。努力实现以人为本、全面协调可持续的科学发展，实现各方面事业有机统一、社会成员团结和睦的和谐发展，实现既通过维护世界和平发展自己、又通过自身发展维护世界和平的发展。

总之，从当代发达国家政府公共服务的经验与教训来看，我们要不断适应经济社会发展的需要，强化政府公共服务职能，注重完善公共服务法律体系和公共服务制度，提高公共部门公共服务效率，主动利用非政府组织和其他社会组织参与提供公共服务，并以实际行动探索具有中国特色的公共服务模式。

（二）政府责任是提供基本公共服务

政府的职责来源于政府的目的，政府本身并不是一个天生的统治机构，而是为其公民提供服务的机构，公共利益才是政府的存在目的，公共服务才是政府的根本职责。中国早在商周时期就有浓厚的民本主义思想，提出了"抚民"、"亲民"、"恤民"、"安民"、"利民"、"惠民"等政治主张。与此同时，希腊人也认为，所有的城邦都是某种共同体，城邦的宗旨是为了提供公民过良好生活的机会，城邦为其公民的"良好生活"而存在。然而，在漫长的奴隶社会和封建社会里，政府权力被拥有强力的阶级所攫取，大大地偏离了它发端伊始的初衷，异化为实行阶级统治的工具。

直到 17 世纪启蒙运动开始，霍布斯、洛克、孟德斯鸠、卢梭等这些政治思想家进一步明确了政府的目的。约翰·洛克在其《政府论》指出，政府拥有的一切权力只是为了谋求社会的福利，绝不允许社会的权力或由他们设立的立法机关的权力扩张到超出公众福利的需要。[①] 让·雅克·卢梭在其《社会契约论》中，基于自然法和社会契约理论，只有人民作为整体来讲才是主权者，政府只不过是主权者的执行人，执政者仅仅是主权者委托和任用的官吏，以主权者的名义在行使着主权者所托付给他们的权力，一切立法体系最终目的是全体最大的幸福。[②]

需要特别说明的是，政府并不总是遵从这些美好的原则来设置自己的责任，事实上，政府更多地是从维系其合法性基础出发来定位责任。即使在近现代，德国法西斯政府曾将"国家至上主义"作为合法性基础，实行"强权政治，武力征服"，致力于"恢复古罗马的光辉业绩"。很多社会主义国家将合法性建立在"历史唯物主义"基础之上，而大多数资本主义国家的政府则把自己的合法性建立在"人民主权学说"的基础上。今天，很多发展中国家的政府把合法性建立在"经济发展绩效"基础之

---

① ［英］洛克：《政府论》，陕西人民出版社 2004 年版，第 204 页。
② ［法］卢梭：《社会契约论》，商务印书馆 1997 年版，第 76 页。

上，致力于发展经济，提高人民生活水平。亨廷顿认为民主国家的"程序合法性"优于"政绩合法性"，因为"政绩合法性"会导致"政绩困局"，因为在缺乏选举程序的权威体制下，"政绩平平既瓦解了统治者的合法性，也瓦解了这一制度的合法性"。

任何政府要想获得最大限度的合法性，都必须为了公共利益而存在，都必须致力于为全体公民提供良好生活的机会。从公众的角度来看，生活水准或生活质量的提高，是人的终极价值即幸福生活的基础，是个人发展和社会发展的终极目标。无论如何，幸福、富裕、健康、自由而又有所成就的生活是每个人的梦想，是理想的社会。唯其如此，政府才能顾全全体公民的意愿而获得支持，"因为无法设想，任何理性动物会打算使自己的状况变得更糟"①。"就公共行政而言，最重要的并且最有价值的就是我们为公民服务以增进公共利益。政府要负责改进公共卫生状况，要负责维护公共安全，要负责提高我们的环境质量等等。"② 政府的责任是为了促进公共利益，积极回应公众的需求和期望，提供公共服务。

但是，公共利益具有歧义性和易变性，共同利益对于不同的人意味着不同的东西，它也会随着时间的推移而发生变化。庇古以商品的持有和富裕的程度来衡量生活水准，在确定"国民最低实际收入水平"时，他这样刻画这种最低水平："这种最低水平包括在质和量两方面都加以限定的住房、医疗、教育、食物、休闲、卫生设备和工作安全等各种条件。"最近，阿马蒂亚·森认为生活水准的价值在于生活，而不在于商品的持有，生活水准不只是与富裕程度相关，即使两者之间存在着因果联系。这就挑战了过分强调GDP增长的观点。他使用可行能力和功能活动来评估生活水准，一种功能活动就是一种成就，而可行能力就是实现成就的能力，在某种意义上，功能活动与生活水准有着更加直接的关系，因为它们是生活状况的各个不同方面，相对而言，可行能力是指：你有哪些真正的机会去

---

① ［英］洛克：《政府论》，陕西人民出版社2004年版，第204页。
② ［美］珍妮特·V.登哈特等：《新公共服务：服务而不是掌舵》，中国人民大学出版社2002年版，第2页。

实现你可以过的生活。他指出，GDP 和 GNP 这种总计性的基于商品的量度不能包含功能活动和生活状况的一切因素，而应该关注 GNP 增长之外的各种社会成就。诸如环境污染、交通堵塞这些因素毫无疑问降低了人们的生活水准。① 近几年出现了可喜的变化，科学发展观明确地指出，生活水准不能等同于人均 GDP 或人均收入，提出努力实现以人为本、全面协调可持续的科学发展。

影响生活水准的子项很多，需要较大经费开支的项目，就有住房、教育、交通、社会保障和医疗等。由于用于这些社会服务的资源投入有限，投入到一个项目的开支越多，自然就要减少投入到其他项目的开支。无论是一个人还是整个社会，都面临如何将有限的资源在住房、交通、医疗、教育等生活条件的各个方面进行分配的问题，这些分配结果将影响他们的生活质量。公共服务要考虑当前资源和生活状况，在生活条件各个方面的均衡分配才能使得幸福最大化或最大程度地提高生活水准。

政府在各种公共服务领域具有不可推卸的责任。就业、收入水平、受教育水平对人们生活满意度的影响是深刻持久的，在这三者的关系中，教育能够提高受教育者增加终生收入的专业素质，受教育水平是促进就业和收入的决定性因素。因此，在任何情况下，教育都是应该优先发展的公共服务，否则公共服务难以可持续发展。从心理学角度来看，健康状况的目标一旦实现不了或者健康状况下降，就会对人们的主观幸福感产生持久的负面影响，因此，医疗卫生应该是最基本的公共服务。另外，"由俭入奢易"，"棘轮效应"表明，人的消费习惯形成之后具有不可逆性。因此，保持经济增长和就业率，持续提高收入水平并保障收入安全，对于生活幸福至关重要，因此，发展经济和促进就业也是政府的基本公共服务。基本需要作为良好的生活状况的基础是极其重要的，基本需要不是主观的最小满意，而是客观的最低条件，获得最低收入以实现基本商品的持有从而维系最低的生活水准对每个人都是必要的。这种最低水平包括在质和量方面

① ［印］阿马蒂亚·森：《生活水准》，上海财经大学出版社 2007 年版。

都加以限定的住房、医疗、教育、食物、休闲、卫生设备和工作安全等各种条件。因此，政府需要提供社会保障以维持基本收入以便所有公民能够持有基本维持生活的商品。

值得特别强调的是，无论我们公共服务的水平如何，公平都是很重要的。公共服务应该均等地向全体公民提供。我们想要拥有什么，很大程度上取决于其他人拥有什么，一旦脱离温饱贫困，相对收入是一个比绝对收入更多影响幸福的指标。在一个国家里，富人比穷人幸福得多，但无论多么富裕的国家或者同一国家的不同发展阶段，最低收入的5%的人们总是那么不幸。因此，适度改善这些最低收入家庭的生活状况是任何国家的基本责任。

在市场经济国家，很多产品和服务是私人企业不能或者不愿提供的，这就是由物品的公共性决定的，而这些是公众获得"生活水准"所必需的。私人企业无法满足的商品和服务需求是政府的责任所在。尤其是那些维系公众最低生活水准的基本公共服务，这些私人企业不能或者不愿提供的产品或服务，对于公民实现其合理愿望的生活水准是极其重要的，比如公共安全、环境保护、交通基础设施、公园、灾害防治等，这正是政府的责任所在。如果由于私人企业主体缺位而暂时无法提供，政府则有责任暂时替代市场提供；如果私人企业本身能够而由于无法获利不愿提供，则政府要为私人企业提供支持或补贴；如果私人企业根本不能提供，则政府要为公众直接提供这些产品或服务。

需要特别说明的是，由于"市场失灵"，即使有些基本生活水准之上的物品或服务也是私人企业无法通过市场提供的，而这些物品或服务是维系较高生活水准的必需品，如果政府不能提供，则会大大制约公众的幸福，比如出国旅行领事服务等。如果出于财政资源的制约，这些公共服务可以收费提供，但是政府在回应这些需求上仍然有不可推卸的责任。

基本公共服务应该根据不同区域的实际情况定义，并在不同阶段动态调整。比如，在北京市十一五公共服务规划中，根据社会公共服务具有的公益性和可经营程度的不同，将社会公共服务分为两大类：基本社会公共服务和非基本社会公共服务。后者又可分为准基本社会公共服务和经营性社会公共服务。通过实行社会公共服务分类管理，科学界定、划分政府和市场在提供社会公共服务中各自的职责和作用。

基本社会公共服务：政府依照法律法规，为保障社会全体成员基本社会权利、基础性的福利水平，必须向全体居民均等地提供社会公共服务。包括义务教育、公共卫生、公共文化体育、基本公共福利和社会救助、公共安全保障等服务。准基本社会公共服务：为保障社会整体福利水平所必需的、同时又可以引入市场机制提供或运营的，但由于政府定价等原因而没有营利空间或营利空间较小，尚需政府采取多种措施给予支持的社会公共服务。包括高等教育、职业教育、基本医疗服务、群众文化、全民健身等服务。经营性社会公共服务：完全可以通过市场配置资源、满足居民多样化需求的社会公共服务。政府不再直接提供这类服务，而是通过开放市场并加强监管，鼓励和引导社会力量举办和经营。包括经营性文艺演出，影视节目的制作、发行和销售，体育休闲娱乐等服务。

第三节　强化政府公共服务职能的政府改革

一、公共服务的实现路径

强化公共服务职能，首先要明确做什么、怎么做的问题，即政府应该提供哪些公共服务，并确定这些公共服务的适当的服务水平，并且确定以什么方式有效地提供这些公共服务。这是强化公共服务的前提。

（一）公共服务目标的选择

公共服务是在特定条件下，政府回应人民的共同意志和愿望，并运用有限的公共财政在公共服务项目之间取舍和分配，提供特定服务水平的服务组合，以实现公共利益最大化。作为政府的责任所在，公共利益最大化是确定公共服务及其服务水平的唯一标准，而不是通过公共产品或公共领域来规范界定，只要有利于公共利益的边际改进，政府就有必要提供或者不提供某种服务。检验一项公共服务是否应该提供和提供多少的标准是公共利益最大化。不同个体或群体对于公共服务有不同的偏好，而且大多数公共服务是满足部分公民群体的特殊需求的，公共利益不能等同于公共服务消费者或者受益者的利益，而是基于全体公民的公共利益。

基于以上对公共服务的理解，我们在规划公共服务及其服务水平的过程中，尽量遵循需求导向、使命驱动、基于市场和结果导向的原则。需求导向：从公众的需求和利益出发，积极关注大多数人的需求，兼顾少数特殊群体的强烈需求，尤其是弱势群体的需求。使命驱动：超越公众个体狭隘利益，明确基于共同价值观的更广泛的、更长远的公共利益，作为公共服务的使命并采取行动。基于市场：如果一种产品和服务可能通过某种制度安排而能够由市场有效提供，则在决定由政府提供这些服务时要采取审慎态度。结果导向：所提供的公共服务及其服务水平，应该能够最大程度地回应公众需求，提升公共利益，同时应该强调政府的财政责任。

根据以上确立的主要指导原则，确定应该提供什么公共服务及其服务水平的问题，一方面公共服务是需求导向的，公共服务必须回应公众的需求；另一方面，公共服务是使命驱动的，公共服务必须实现公共服务的使命。识别和确定关键公众需求，并通过公共服务及其服务水平回应这些需求。关键公众需求不仅要考虑多数人的需求，也要考虑少数人的强烈的或基本的需求；不仅要考虑社会一般群体的需求，更要考虑社会弱势群体的需求。明确关键公共服务使命，并通过公共服务及其服务水平实现这些使命。关键公共服务使命，是党和政府超越个体公众的短期的、狭隘的需求和利益，基于广大人民群众的根本的、长远的、广泛的利益和需求而确定的使命。

确定公共服务及其服务水平，必须依赖公民参与，共同意志和愿望由公民表达，才能确定公共利益和公共需求。对于不断动态变化的公共利益和公众需求，既不能通过简单的投票一揽子确定，也不能通过政府官僚的理性判断确定，只能依靠公民自己表达。公共利益必须通过持续的对话沟通，由公民自己表达，而政府在鼓励和促进公民参与方面负有不可推卸的责任，并满足公民的公共利益需求。公民参与要求公民具有参与精神，公民之间具有相同的价值观，并形成信任和合作的关系。政府必须要为公民提供充分的信息，提供各种参与讨论和决策的机会和权力，分享决策权力，并选择合适的公民参与方式，比如，关键公众接触、公民会议、咨询委员会、公民调查，由公民发起的接触、协商和斡旋等。①

确定公共服务及其服务水平，必须结合中国的国情并适当借鉴国外的经验，以确保公共服务的前瞻性。一般来说，公众对公共服务的需求是和一个社会的经济发展阶段、人均收入水平、人口年龄结构、地理区域环境、城市发展状况等因素相适应的，在这些外部变量相同时，公共服务及其服务水平会表现出很大程度的相似性。由于中国正处于快速发展时期，社会经济状况正经历着激烈的变化。作为一种行之有效的方法，我们考察中等收入国家的公共服务，掌握公共服务的一般规律，并结合我国的国情选择性地借鉴国外公共服务的经验。

（二）公共服务提供的方式

随着社会日益复杂，政府已经提供着更多的服务，公众对政府公共服务的期望越来越高的同时也不断质疑政府的有效性。在市场经济国家，公共服务必须是基于市场的，唯其如此，公共服务才能可持续发展。政府应该选择适当的公共服务提供方式，包括免费提供、使用者付费以及补助和凭单，选择高效的公共服务生产方式，包括政府直接生产和依靠市场生产，以确保公共服务的有效提供。

根据政府向公众提供公共服务的方式，可以分为免费提供、使用者付费以及补助和凭单。根据政府组织公共服务的生产方式，可以分为政府直接生产和依靠市场生产。

价格是市场中促进人们做决定和显示偏好的重要因素，在生产和消费

---

① ［美］约翰·克莱顿·托马斯：《公共决策中的公民参与：公共管理者的新技能与新策略》，人民出版社 2004 年版。

中能够实现最优资源配置。但 20 世纪 80 年代之前，政府在提供公共服务过程中很少使用价格机制，绝大多数公共服务是免费提供的。传统的公共服务观念认为，公民在交税时已为所有公共服务预先付账，不应在使用服务时二次付费，公共物品生产多少是依靠政治过程决定的，而不是价格机制，另外追求实现"从摇篮到坟墓"的社会保障和服务的施政目标，可以避免承受政治压力。

对公共物品实行使用者付费，不仅能够缓解政府的财政压力，同时也能大幅增加服务供给能力，而且促使政府依靠价格机制评估用户真实的需求强度和支付意愿，实现资源合理配置，同时改善效率。更重要的是它纠正了免费服务经常导致的社会不公，能通过补助和凭单使弱势群体真正得到救助。政府提供的公共服务很少是纯公共物品，它们大部分是准公共物品，甚至是私人物品，这使得收费不但可能而且易于操作。而计量和检测相关技术的发展不断增强了公共服务使用者付费的可能性。目前西方各国使用者付费已经相当普遍，涉及垃圾收集、污水处理、娱乐设施、保健服务、住宅服务和教育等各个领域。尽管有学者估计 75% 的公共服务适合使用者付费，但其适用范围仍有一定限制，在具体使用和定价时应该谨慎地分析。

为了避免由于收费将社会弱势群体排除在服务之外，在实行使用者付费的同时，可以采用补贴或者凭单的办法对相关人群进行补偿，这样既能有效地发挥价格机制的作用，又能真正照顾到弱势群体实现社会公平，因此被广泛采用。补贴分为普遍补贴和专项补贴两种，可采取资金、免税或贷款等形式发放。普遍补贴对象是所有公民，专项补助的对象则是特定人群或特定项目。补贴虽然提高了个人选择服务的能力，但补贴的实际消费或生产用途经常可能偏离补贴的目标。凭单制是针对特定公共服务项目而对特定的使用者群体采取直接方法的凭单形式的补贴。凭单制由于被指定用于特定服务，因而既可以给特定群体提供切实的援助，又弥补了普遍补贴的资金用途无法保证的缺陷，同时又给了个人选择服务提供者的自由。

看一种公共服务是否收费，主要是看个人消费时是否会对社会产生影响，是否有利于社会公平。但对于每一种公共服务，选择什么样的提供方式的确是一个值得深入分析的问题。生活用水是一个典型的公共服务，如果不计量收费则必浪费，会很快引起水资源危机，但英国的家庭却是不安装水表的。义务教育收费引起大量穷人孩子辍学，但故宫博物院的收费则对于减少游客流量、保护文物是必要的。

政府的比较优势在于通过政治过程确定公共服务的需求、范围、数量、标准以及规则，并拥有强制权力组织市场所不能提供的纯公共物品或是有益品的生产。政府可以直接生产这些纯公共物品，并间接生产自然垄断行业的公共服务。在公共服务中，政府和市场各自拥有对方所不具备的比较优势，有必要区分服务提供者和服务生产者的角色，将掌舵和划桨的职能分离，以便优化组合其比较优势，形成合理的、高效的公私伙伴关系。

政府可以通过和私人营利或者非营利组织签约外包，与其他政府签约外包，为私人生产商提供特许经营，为私人生产商提供补贴，与私人生产商共担风险、内部市场、私有化、资产出售等方式实现公共服务的有效提供。通过职能分离并依靠市场，政府可以更加集中精力于有效掌舵，并且打破公共组织垄断，获得选择服务生产方式的自由，迫使双方确定服务规格和质量标准，并通过竞争提高效率，节约成本，以及获得最大的灵活性。

二、强化公共服务的政府改革

（一）重整政府业务流程

政府如何能够有效地提供公共服务，有两种途径，一种是政治途径，即变革体制层面，即统治体制和行政体制；一种是管理途径，即从组织和工作流程层面入手。很多学者主张建设服务型政府必须同时进行政治体制和行政体制改革，而往往忽视了具体的政府公共服务的业务成果和业务过程。毫无疑问，从政治途径入手，推动政治体制和行政体制改革，将大大提高政府的代表性、回应性和责任，增强行政决策中的透明性和提高公众参与等。①

　　虽然以登哈特为代表的新公共服务更加强调回应性和责任，甚至有些国内学者提出公共服务型政府意味着管理主义的终结。但是，我们不难辨析这两个途径之间的关系，首先，行政体制和政府机构改革的需求，来自于执行业务过程的需要，用以确保业务过程的高效、顺畅运行。没有明确业务过程而进行行政体制或政府机构的变革，就只能是"瞎子摸象"。其次，服务理念本身并不能产生任何服务，公共服务作为政府的业务结果，一定是产生于政府组织的"流程"或者"活动"，因为任何产品都是而且只能是通过"流程"或"活动"来取得的，这些是政府的生产方式及其所履行的实际工作。

　　西方国家的经验证明，变革流程和组织可以推动行政体制的变革，"我们从工作流程入手，最后发现一切都得以改变"。"唯有推动组织层面的变革，体制变革才会发生"。"只要通过更高层面的支持，管理者可以不必等待政治家，就能够成功地影响变革"。而从中国的国情来说，唯有推动组织和流程层面的变革，行政体制和政治体制的变革才能真正发生。② 在我国，显而易见地，政府同样是"执政为民"的政府，同样能够"确保公共行政管理者能够代表并回应民众利益"。因此，管理途径能够更加务实而有效地促进公共服务提供并推动政府转变成服务型政府。

　　如果我们明确了政府需要提供哪些公共服务，并且确定了提供这些公共服务的方式，则我们可以设计提供这些公共服务所需的流程或活动。任何产品都是通过"流程"或"活动"来取得的，这些流程和活动是政府的生产方式及其所履行的实际工作，比如，社会福利部门确定申请者的资格，确定福利水准，发放救济金；警察部门社区巡逻，回应投诉，犯罪调查，交通违章罚款等，不能对结果有贡献的、不能创造价值的业务活动

---

① ［美］戴维·H.罗森布鲁姆等：《公共行政学：管理、政治和法律的途径》，中国人民大学出版社2002年版，第31—34页。

② ［美］戴维·奥斯本等：《摒弃官僚制：政府再造的五项战略》，中国人民大学出版社2002年版，第53页。

应该被删减。根据流程中执行这些活动的角色，才能来设计组织结构并确定人力资源需求，当组织机构和业务没有必然联系，这些多余的组织机构应该被裁减或合并。

同样是为了以公民为中心提供有效的公共服务，在具体的政府业务运作过程方面，中外政府并不像在政治体制和行政体制层面那样存在巨大的差异。参考国外的经验，美国联邦政府用业务参考模型作为思考政府运作过程的可靠途径，供联邦机构实际使用于其管理流程，并取得了显著的功效。美国联邦管理和预算办公室（OMB）创建的联邦事业架构（FEA），为联邦政府创造了一个完全业务驱动的蓝图。其业务参考模型（BRM）提供了一个框架，这个框架用于提供一个联邦政府的业务线（LoBs）的功能视图，这些业务线包括它的内部运作和它为公民提供的服务，并且不依赖于执行这些业务的机构、局署和办公室。在其业务参考模型中，将服务作为联邦政府的唯一使命和责任，这些服务包括社区和社会服务、防卫和国家安全、灾难管理、经济发展、教育、能源、环境管理、法律实施、诉讼和司法活动、罪犯改造、卫生保健、国土安全、收入保障、国际商业和商业、自然资源、运输、劳动力管理、基础科学和创新等。①

按照美国的政府业务模型框架，业务领域处于最高层次，接着是业务线，然后是和每个业务线相关的相应的业务子功能。业务领域将政府运作区分为高层面的类别，这些类别涉及政府目的（为公民服务）、政府为了实现目标所用的机制（服务方式）、管理政府运作所必需的支持功能（支持服务交付），以及支持所有领域的政府业务的资源管理功能（政府资源管理）。BRM 的业务领域在业务线中被进一步分解，且每个业务线由一组子功能组成。这个业务模型是管理和预算办公室思考分析政府业务的有效途径，其目的是将联邦政府变革成一个以公民为中心的、结果导向的和基于市场的组织，业务驱动和促进跨部门合作是其核心指导原则。

---

① The Office of Management and Budget's（OMB）Office: FEA Consolidated Reference Model Document Version 2.1.

这种思考业务的途径来自于哈默等提出基于流程的业务重整思想，哈默博士提醒我们，我们现在已经习以为常的企业流程多是根据早年的观念发展而成的，许多流程其实早已没有存在的价值，但我们仍然习以为常，仍继续遵循。他主张必须重新设计业务流程，除去不必要的步骤。"流程是一系列的特定工作，有一个起点和终点，有明确的触发条件，有明确的输入资源和输出成果"。流程再造是指，"基于流程对业务进行本质上的反思，彻底地分析流程，并予以重新设计，以在各项指标上有突破性的进展"。这些指标包括：质量、准确、反应速度、成本、灵活性、满意度等。其要点在于：基于流程；以顾客为导向；结合 IT，另辟新途；突破性的改进。①

按照这种方法，政府业务流程的设计首先要识别所有的业务流程。每个业务流程的识别，都是从公民所需的公共服务出发的，把这些公共服务作为业务流程的输出结果，识别能够产出这些输出结果的业务流程及其所需要的支持流程，所有的流程都要为公民创造价值，不创造价值的流程将被删减，通过这种思路识别所有的业务流程，必然构成一个以公民为中心的业务模型，这同时完成了政府职能的转变。在设计业务流程过程中，将定义用于支持公民期望和政府业务目标和策略的流程、子流程活动和任务，描述这些流程的触发条件、输入和输出、服务对象、工作角色以及评价标准等。这将确保流程所期望的产出结果能够达成。

一般来说，政府公共服务业务模型至少应该包括以下几个业务领域，即确定公共服务及其服务水平，提供公共服务，公共服务的交付方式，支持公共服务交付和政府资源管理。确定公共服务及其服务水平，是指用于确定公共服务及其服务水平的公民参与政府决策过程，比如听证会、征求意见、集体协商等；提供服务，是指向公民交付公共服务的过程，比如提供防卫、教育、环境保护、医疗卫生等；交付方式，是指政府选择何种方式作为向公民交付服务的手段，如直接免费提供、使用者付费或者财政补

---

① 梅绍祖、〔美〕James T. C. Teng：《流程再造：理论、方法和技术》，清华大学出版社 2004 年版，第 11 页。

贴等财政；支持公共服务交付，是指能使服务交付过程顺利进行的支持性业务过程，如立法、预算、税收等；政府资源管理，是指使政府能够高效运作的支持性过程，如人力资源、政府采购、信息技术等。

（二）建立公共财政体制

要加快行政体制改革，切实转变政府职能，推动由全能型政府逐步向公共服务型政府转变，全面履行经济调节、市场监管、社会管理和公共服务职能。在这个过程中，首先要逐步建立和完善作为政府履行公共服务职能基础的公共财政体系。

公共支出是财政功能的主要体现，在过去一个世纪，西方现代国家政府的扩张始终伴随着公共支出结构的巨大变化，OECD（经济合作组织）国家政府总支出占 GDP 的比重 20 世纪初为 10%，30 年代为 20%，80 年代为 40%，1995 年达 43%。发展中国家政府总支出占 GDP 的比重也由 20 世纪 60 年代的 15%，上升到近年的 20%—30%。公共支出结构的变化反映着政府职能的变化，一个世纪以前，公共支出主要限于维护法治和秩序、对外安全以及非常有限的政府服务于投资。在随后几十年，政府提供的商品和服务的范围大大扩展了。公共支出的主要功能是弥补市场失灵，提供公共产品，满足社会的公共服务需要。以医疗卫生支出为例，1970 年，整个经合组织的医疗卫生支出仅占 GDP 的 5%，到 2005 年，这一比例已升至 9%。

《财经》报道称，中国建立公共财政体制始于 1998 年。政府计划从 1998 年开始，中国的财政体制将从"建设性财政"向"公共财政"转型。可是，从 1998 年到 2005 年的 7 年间，全国财政在教育、科学和医疗卫生领域的支出比重不升反降。数据证实了这个让人难以理解的现实：1998 年，全国财政支出中用于教育的支出比重为 13.1%，科技支出为 3.3%，医疗卫生支出为 3.8%，三项支出合计所占比重为 20.2%。而到了 2005 年，这三项数据及其合计分别降为 11.7%、2.9%、3.0% 和 17.6%，分别下降了 1.4%、0.4%、0.8% 和 2.6%。[①]

---

① 王长勇：《公共财政"拐点"隐现》，《财经》2006 年第 8 期。

中国财政学会安体富副会长指出，长期以来，中国政府用于公共服务方面的支出偏低，所占财政支出的比重长期低于20%，2003年以来提高到了30%，但与国外比差距还很大。例如，2003—2007年，我国财政教育支出占同期GDP的比重为2.6%，远低于1993年颁布的《中国教育改革和发展纲要》所确定的2000年达到4%的目标，距离国际一般水准更有很大差距。据统计，国际平均教育投入占GDP的比例为5.1%，其中，发达国家为5.3%，发展中国家为4%。从教育支出占财政总支出的比重来看，中国1996年这一比重达到17.84%，2006年下降为11.82%，也低于《中国教育改革和发展纲要》规定的15%的目标，与国际上发展中国家比较属于较低水准。又如医疗卫生，2003—2007年，中国医疗卫生支出占同期财政支出的比重为3.56%，比发达国家普遍低很多，如：美国（2000年）为20.5%，德国（1998年）为18.89%，英国（1999年）为15.41%，法国（1997年）为21.71%，可见差距之大。①

随着财政收入快速增长，政府财力大大增强，目前中国具备了使财政支出结构向民生倾斜的条件。2007年，全国财政收入51304亿元，是2003年财政收入的2.4倍，比2006年增加12544亿元，增长32.4%，2003—2007年间，财政收入平均年增长22.1%。此外，在目前的财政支出中，减少行政管理支出，降低其在财政支出中的比重，还有很大潜力。中国行政管理支出占财政支出的比重，1978年为4.71%，2004年提高到19.38%，明显偏高。根据国际经验，随着经济社会的发展，行政管理支出的比重会不断下降，例如，美国1902—1980年间财政支出结构中，一般行政支出由12%下降为3.5%。另外，随着经济的发展和市场经济体制改革的完善，一些准公共产品和服务，如基础设施，可以尽可能吸收民营资本投入，减少政府支出，以便将这方面的资金转向不断增加的教育、保健与福利服务等基本公共服务方面的支出。

他指出，要巩固民生财政成果，关键在于完善制度。这主要包括完善

① 参见《瞭望新闻周刊》2008年第12期。

财政体制和规范转移支付。关于财政体制，应当进一步明确中央政府与地方政府，以及地方各级政府之间在提供义务教育、公共卫生、社会保障和生态环境等基本公共服务方面的事权，健全财力与事权相匹配的财政体制。而中国目前的财政转移支付制度存在的问题有二：一是转移支付制度总体设计存在缺陷，形式过多，结构不合理。目前，世界上大多数国家都采用两种类型的财政转移支付形式，即均等化的一般性转移支付和专项转移支付，前者为主，后者为辅。而中国的转移支付形式在 6 种以上，其中一般性转移支付仅在 10% 左右，均等化作用有限。二是转移支付资金分配办法不规范、不公开、不透明。目前转移支付形式中，只有一般性转移支付相对比较规范，但在标准收入和标准支出测算的范围、包括的内容上有待改进和完善，在指标的选择上也有待进一步改进。

安体富建议，鉴于上述问题，需要进一步改革和完善转移支付制度：首先，完善转移支付制度的指导思想，以实现全国各地公共服务水平的均等化为基本目标，应以一般转移支付为主，专项转移支付为辅；其次，试行纵向转移与横向转移相结合的模式；第三，逐步取消税收返还，将其并入一般转移支付形式；第四，科学界定专项转移支付的标准，控制其准入的条件和规模；第五，完善财政转移支付的法制化建设，用法律形式把转移支付制度的原则、内容、形式、预算和监督等确定下来。

但从总的发展趋势来说，中国财政体制正在逐步向公共财政转型，体现在政府公共支出结构上，就是经济性支出比例逐渐下降，社会性支出比例逐步上升。近年来，中央财政支出积极向卫生、教育和社会保障等方面倾斜，支持解决民生问题，促进经济社会全面协调发展。党的十七大报告要求，围绕推进基本公共服务均等化和主体功能区建设，完善公共财政体系。深化预算制度改革，强化预算管理和监督，健全中央和地方财力与事权相匹配的体制，加快形成统一规范透明的财政转移支付制度，提高一般性转移支付规模和比例，加大公共服务领域投入。完善省以下财政体制，增强基层政府提供公共服务能力。

从近五年来公共财政的支出方向可以看出，公共财政作为公共资源配置的主体，日益注重社会建设，着力保障和改善民生，促进社会公平。中央财政始终坚持把支持解决"三农"问题作为预算安排和财政工作的重中之重。2007年，中央财政用于"三农"的各项支出合计4318亿元，增长23%。2008年，中央财政预算计划支出5625亿元，较2007年增长30.3%。教育影响人生走向，涉及千家万户，惠及子孙后代，关系国家未来。过去五年，中央财政逐年增加投入力度，着力支持解决"上学难、上学贵"等一系列群众关心的问题。2007年，中央财政用于教育支出1076.35亿元，增长76%。2008年，中央财政预算计划用于教育的支出1561.76亿元，增长45.1%。"看病难、看病贵"状况逐步得到改变，健康关系人民群众幸福生活，是人全面发展和经济社会可持续发展的基础。2007年，中央财政用于医疗卫生支出664.31亿元，增长296.8%。2008年，中央财政安排用于医疗卫生的预算支出831.58亿元，比2007年增长25.2%。民生之本更坚实，逐年增加的劳动和社会保障方面的财政支出，以及党中央采取的各项保障措施，让就业和社会保障这一民生之本更加坚实。2007年，中央财政用于社会保障和就业支出2303.16亿元，增长13.7%。2008年，中央财政预算计划安排用于社会保障和就业支出2761.61亿元，增长24.2%。

第十二章

中国行政体制
改革展望

第一节　进入战略转折期的中国行政改革

一、过去五次行政体制改革的评价

　　中国改革开放已经历了 30 年历程。作为改革开放的重要内容——行政体制改革几乎一直没有停歇过。从 1982 年开始到 2008 年 3 月新的行政体制改革之前，我国至少经历了五次大的改革：即 1982 年、1988 年、1993 年、1998 年以及 2003 年的改革，如果加上 2008 年这次改革，就是第六次了。应当说，每次改革所处的环境不同，所面临的问题也有一定的差异，但对解决当时政府面临的问题方面，无疑发挥了重要作用。从整体上看，中国行政体制改革走过了一条螺旋式上升的道路，政府管理也从适应计划经济的管理，走到了大体能够适应市场经济的管理。

　　在新一轮行政体制改革展开的情况下，总结过去行政体改革的经验教训，准确地判断当前中国改革发展的趋势，无疑对中国未来的发展产生深远的影响。

　　就过去所经历的五次行政体制改革的实践来看，至少有以下四个方面的启示①：

第一，中国的行政体制改革，是一个异常艰难的过程。这种艰难性，至少表现在三个方面：首先，每一次行政体制改革，绝不仅仅是机构、人员、数量的增减，它首先是一种权力关系、权力格局的重新调整和分配，增加一个部门的权力容易，任何意义上的剥夺，都会遇到阻力；其次，每一次行政体制改革，在权力关系、权力格局调整的后面，又隐藏着利益关系，在"权力部门化、部门利益化"比较突出的情况下，调整部门利益的格局，同样是十分艰难的；再次，每一次行政体制改革，对广大行政人员来说，几乎面临一次新的职业选择，在裁减机构、精简人员面前，谁都可能被分流，因此，行政体制改革遇到公务员心理上的反感、抵触是全世界普遍的现象，不仅仅是中国。

第二，行政体制改革又是一个逐步深化的过程，很难一步到位。这种现象与中国的整体渐进式改革是联系在一起的。比如，1982年进行第一次行政体制改革的时候，一个直观的认识，就是国务院有上百个机构，明显太多了，所以精简机构就成为最主要的目标，而在政府职能的转变等方面，几乎没有提出任何新的内容。但是到了1988年的改革，情况就发生了重要变化：不仅提出政企分开的改革目标，而且第一次提出要转变政府职能的概念，这对后来的行政改革，产生了重要影响。由此我们可以看出，中国过去的行政体制改革，绝不是一个简单的重复过程，而是一个逐步深化、螺旋式推进的过程。

第三，行政体制改革与经济体制改革是相辅相成、互为因果的。可以说，每一次行政体制改革的任务，几乎都是由经济体制改革深入后提出来的；反过来，每一次行政体制改革的实施，又为经济体制改革的进一步深入扫清了障碍。两者之间是一种相辅相成、互为因果的关系。比如，1982年进行第一次行政体制改革的时候，我们认为中国经济的性质是计划经

---

① 参见汪玉凯：《中国行政体制改革与政府管理创新》（走科学发展之路　实现"十一五"蓝图），人民日报出版社2006年版。

济，当时叫"计划经济为主，市场调节为辅"；到 1988 年进行第二次行政体制改革的时候，我们认为中国的经济性质是商品经济，是"有计划的社会主义商品经济"；到 1993 年进行第三次行政体制改革的时候，我们认为是市场经济，即社会主义市场经济。这就是说，从 1982 年到 1988 年再到 1993 年这三次行政体制改革，我们对中国经济性质的判断上了三个台阶，既然经济基础发生了变化，那么我们的行政体制、政府管理，必然要随着对经济性质的判断变化进行调整和改革，这是最浅显的道理了。

第四，中国行政体制改革的发展趋势，也符合国际社会政府改革的潮流。我们知道，自 20 世纪 70 年代以来，国外政府在持续地变革。政府管理变革的内容涉及面很广，但主要集中在四个方面：大刀阔斧地裁减政府机构，裁减行政人员；将政府的一些服务性职能，向社会转移，让第三部门、民间组织参与公共治理；政府放松对市场、社会的管制和规制，更加注重发挥市场和社会自身的作用，减少政府不必要的干预；大力推进公共服务市场化，把企业管理的理念、价值观引用到政府管理中来，在公共管理活动中讲投入、讲产出、讲成本、讲效益。如果仔细分析一下中国这些年行政体制改革的实践和探索，就会发现，其实我们的很多改革尽管带有中国特色，但总体上说是与国际社会的公共管理变革是紧密相联的，也是符合这一国际社会的变革潮流的。

当然，中国过去的行政体制改革，也有值得认真反思的教训。

第一，改革目标的低效率重复。我们的改革虽然取得了很大的成就，但应该看到，改革中还存在着明显的改革目标的低效率重复问题。比如，1988 年以后的每次行政体制改革都有政企分开、转变职能、降低成本、裁减人员、裁减机构、提高效率等目标，但是，每次改革都不尽如人意，我们的改革陷入了改革目标低效率重复的怪圈。

第二，行政体制改革孤军深入，没有和事业单位等改革同步推进。比如，1987 年以前中国的事业改革、行政改革大体是整体推进的，但到了 1987 年以后，我们把主要精力用来推动国有企业改革和政府自身的改革，而把有 130 多万家机构，2900 万人的事业单位改革，整体放在一边稳住。

这一改革思路，虽然对推进国有企业改革有利，但导致事业单位改革整体滞后，以至于有的地方出现了行政和事业的数字游戏，行政机构编制不够就用事业编制，要么把整个行政部门转成事业单位。所以就导致了这样的现象：每次行政体制改革后，不仅财政开支难以减少，反而还要增加10%—15%的财政开支。

第三，单一的行政思维。在相当长一段时间内，我们认为通过行政体制改革能够解决政府管理层面的问题，但最后发现不完全对。因为行政体制改革只能解决政府管理层面的一小部分问题，关键的问题、更深层次的问题靠行政体制改革似乎很难解决。因为这些深层次的问题和我们的官员选拔制度、政治层面发生了联系，如果没有政治体制层面改革的配合，光靠行政体制改革难以奏效。

二、改革的战略转折，使行政体制改革上升到更重要的位置

在分析中国过去行政体制改革的经验和教训的同时，我们还应高度关注中国改革发展的阶段性特征，以及这一特征对未来行政体制改革的影响。

笔者认为，中国改革发展经历了30年之后，进入一个战略转折期。

如果说从1978年改革开放以来，中国一直是以经济建设为中心，以经济体制改革为主轴展开整个改革开放，那么，到了目前，行政体制改革，特别是政府的自身改革已经上升到更重要的位置了。其主要标志有两个：一是我们需要重构对改革的共识；二是改革的重心似乎也在转移。

就重构对改革的共识来言，中央有关领导如胡锦涛、温家宝等都相继谈了这方面的问题。2006年3月的"两会"期间，胡锦涛在参加上海代表团的讨论时指出，中国必须在新的历史起点上推进改革开放。温家宝也强调，倒退是没有出路的，只有坚定不移地推进改革开放才能解决、化解中国前进道路上遇到的问题。到了2007年召开党的十七大前后，这方面的问题更加凸显出来，因此党的十七大报告围绕这方面的问题，做了进一步的阐述。如报告中指出，"新时期最明显的特点是改革开放"，"新时期

最显著的成就是快速发展"，"新时期最突出的标志是与时俱进"，"停顿和倒退没有出路"，等等。这些论述掷地有声，对统一全党和全国人民的思想，产生了重要的影响。可见，重构对改革的共识，成为我们能不能把改革事业向前推进的重要思想基础。

就改革重心的转移而言，过去 30 年，我们一直把经济体制改革放在第一位，以经济建设为中心，以经济体制改革为主导。这一改革的基本思路是：经济体制改革推进的过程中遇到什么障碍，就解决什么问题，其他改革更多的是围绕深化经济体制改革展开的。但是，越到后来，政府越来越成为矛盾的中心和重点。因此，2005 年中央制定"十一五"规划的时候做出了一个重要判断，这就是未来行政体制改革将成为中国全面深化改革和扩大对外开放的关键。这个判断，在笔者看来带有战略转移的意义，行政体制将上升到更重要的位置。换句话讲，我们现在遇到的很多问题，说到底几乎都与政府有关。这些问题解决到什么程度，能不能推进，与政府自身的改革能不能推进息息相关。所以说，改革进入战略转折期，政府自身的改革前所未有地被提上了重要的议事日程。

与此相联系，未来以行政体制改革为中心的改革最终将会引起政府自身的转型。这种转型有可能出现三个趋势[1]：

第一个趋势，由管制型政府向服务型政府转变。在计划体制下，我们的政府是全面管制的政府、全能性政府，政府的功能几乎无所不包，但在市场经济条件下，这样的政府管理不可能再继续，必须改革，正因为如此，党的十七大报告明确提出要通过行政体制改革，建设服务型政府。而服务型政府从本质上说应该是一个以公众为中心、而不是以政府自身为中心的政府。也就是说，政府的所作所为，都要体现为民众服务的理念、价值、目标和追求。这也意味着政府的社会管理和公共服务职能将上升到更加重要的位置。

第二个趋势，由单一的经济建设型政府向一个公共治理型政府转变。

---

[1] 参见汪玉凯：《严治官，善待民：中国行政改革新趋势》，《人民论坛》2007 年 4 月。

过去几十年，中国政府高度重视经济建设，无可厚非，因为中国人首先要解决温饱问题，要让人民吃饱饭，这是前提条件。所以，在过去改革开放的数十年中，我们的各级政府"咬住青山"不放松，抓经济、抓发展。有的地方把以经济建设为中心，变成以产值、GDP 为中心。但是，2003年的"非典"给了我们深刻的教训。因为"非典"肆虐，夺去了很多人的宝贵生命，这时候我们才发现，当人的生命都不存在的时候，GDP 还有价值吗？从这个意义上说，如果没有"非典"这个灾难，我们也许就提不出以人为本的科学发展观。

与此相联系，没有"非典"，我们大概也不会如此重视应急管理。在此之前，我们的各级政府不仅缺乏应对公共危机事件的预案，而且这方面的意识也很淡漠，可以肯定地说，2003年后，我们的各级政府之所以能够如此重视应急管理、制定大量的应急预案，并在后来发生的天灾、特别是在四川大地震中如此快速地做出反应，指挥、调度娴熟，表现出政府超强组织动员能力并得到各方面好评，都与这些年来我们高度重视危机管理、制定大量的部门、总体应对公共危机的预案，有直接的联系。

同样，2003年的"非典"也成为我们加强政府的社会管理和公共服务的重要契机。在此之前，我们的各级政府把过多的精力放在抓监管、抓发展方面，而对于政府的社会管理和公共服务职能，明显重视不够。这本来应该是政府更重要的责任，因为发展经济政府只是一只"看得见的手"，政府应该更多地发挥市场这只"看不见的手"的作用，而社会管理和公共服务，则是政府的天职。老百姓、企业把这么多的税交给政府，变为政府公共财政，不仅维持政府自身的运转，还应该为社会提供社会管理和公共服务。因为在这两个领域，如果政府不作为，没有任何机构可以替代政府，只有政府做出制度安排和政策选择，民间组织、社会才能发挥作用。正因为如此，"非典"以后，我们各级政府的一个明显变化，就是把政府职能的侧重点，转移到社会管理和公共服务方面来。

第三个趋势，由手工作业型政府向信息网络、电子政务主导的政府转变。过去我们政府基本上都是手工作业的政府，通过这些年来大力推行政务信息化，加快电子政务建设，实现政府上网，办公自动化以及网上办事、网上服务等，已经使我们的政府发生了历史性变化。从整体上看，我们的政府正在从一个手工作业型的政府转向信息网络主导的政府，可以预见，未来随着信息网络技术在政府管理过程中的广泛应用，无论是对政府公务员的管理理念、行为，还是对政府的权力结构、业务流程、运行和管理，都会产生深远的影响，并直接演变成一场新的革命。

第二节　以政府为中心的行政改革需要战略上的突破

一、目前中国公共治理中面临的突出问题和压力

在中国的公共治理中，有些问题如果处理得不好，将会长期制约和影响我们的发展。比如中央多次提到的政府职能转变滞后、行政审批事项过多、社会管理和公共服务职能比较薄弱的问题；一些部门之间职责不清、协调不力、管理方式落后、办事效率不高的问题；一些关系到群众利益的问题没有得到根本解决，政府部门的形式主义、官僚主义、弄虚作假和奢侈浪费等这些比较突出的问题；政府工作人员依法行政观念不强，腐败现象在一些地方、部门和单位比较严重等问题。所有这些问题，归结起来实际上又集中反映在三个方面[1]：

首先，中国经济经历了 30 年的高增长，经济社会发展积累了一系列深层次的问题，如果深入分析就会发现，这些问题几乎都与我们不合理的体制有关。比如宏观调控在某些方面的失灵，中央权威得不到应有的维护，地方主义明显抬头等，这些都是中央和地方体制架构内在冲突的外在表现；再比如，社会管理和公共服务职能薄弱，也与传统行政管理不合理的制度安排和运行行为息息相关。还比如，权力行使的非理性，权力滥用，权

---

[1] 参见汪玉凯：《中国政府改革需要战略上的突破》，《南风窗》2006 年 8 月。

钱交易，是与我们至今没有建立起有效的权力制约结构有关。因此，从体制和制度层面寻求解决问题的办法和途径，就成为我们面临的关键问题。

其次，以部门主导的公共政策过程，使权力部门化、部门利益化、利益法定化更加突出，部门利益已经凌驾于公众利益甚至国家利益之上，从而导致了公共政策的扭曲、变异。这样的公共政策过程，导致的直接后果是，公共政策制定的成本很高，周期很长，效率也很低，大量的时间和精力都被消耗到毫无意义的部门利益的争夺、扯皮和推诿之中。与此相联系，这样的公共政策过程，也可能使政府所代表的公平、正义的天平，发生倾斜，用部门利益危害社会的公共利益。

最后，权力行使的非理性以及由此产生的官员腐败现象并没有得到有效的遏制。尽管新一届领导加大了反腐败的力度，采取了被称之为"四管齐下"的改革举措，即制定党内监督条例、制定党内纪律处分条例、对中央部委的纪检监察实行垂直管理、对地方实行巡视制度。这些制度所发挥的重要作用是显而易见的，但是令人疑惑的是，这些制度反腐的举措，并没能有效遏制住腐败在一些地方蔓延的局面。这不能不引起人们的疑虑，中国反腐败的出路究竟在哪里，这种腐败蔓延的现象，究竟是机制层面的，还是制度体制层面的，我们需要构建一种什么样的体制才能真正防止权力的非理性？

值得我们深入思考的问题是，如果我国政府的行政体制不能有一个大的改变，政府目前面临的一些压力就很难化解。这些挑战或者压力将主要来自以下三个方面：

第一，在发展战略上，我们面临着可持续发展的巨大压力，这种可持续发展的战略与官员长期以来形成的"政绩观"，有可能产生内在的冲突，并最终危害到可持续战略的实施。应当看到，我国过去在相当长的时间里，经济的快速增长、高速发展，很大程度上是以巨大的资源消耗支撑的，也付出了过高的环境成本。尽管我们深深意识到了靠资源的过度消耗和环境恶化为代价的发展道路，风险是巨大的，但是真正要在二者之间做出取舍时，并非易事。因为这与我们长期形成地、对官员的选拔任用的价值标准、选拔体制、考核标准以及由此形成的官员的价值追求等，很容易发生冲突。比如，我们提出了"科学发展观"这样带有战略意义的方针，但是要使这一方针变成各级政府及其官员的自觉行动，就不那么简单了。在这方面，我们整体上面临的压力和挑战将是连续的、持久的。如何走出一条资源节约型发展道路，如何保持经济、社会、政治的协调发展，是摆在我们面前必须回答而又不一定能回答好的全局性问题。

第二，从社会管理层面上看，政府面临着化解社会冲突的巨大压力。中国 30 年改革开放的一个重要特征，就是经济、社会的变革异常迅猛，几乎波及社会的各个领域。特别是随着改革的深入，社会利益群体的分化，不同社会组织之间的结构性矛盾和冲突，日渐显现。有学者形容目前中国社会的基本特征是"利益关系失衡，社会结构紧张，不稳定的因素增加"。再加上改革发展规律的支配，越到后面，改革的难度越大，涉及的利益矛盾更加复杂。在这样的社会背景下，一旦代表社会公平正义的政府的公共政策出现失误，就会进一步激化社会矛盾和社会冲突，给政府公共治理形成巨大的压力，甚至直接影响到政府公共治理权力的合法性基础。可见，维护社会稳定的前提是有效化解社会冲突；构建和谐社会的关键在于消除社会中存在的不和谐因素。

第三，从政府自身来看，由于政府实质性改革进展迟缓，政府转型落后于社会转型和体制转轨，政府的强势依然如故，"市场化"与"行政化"的内在冲突加剧，从而使公共治理面临新的挑战。需要指出的是，在中国市场化改革和市场经济体制的建立过程中，政府扮演了重要角色，发挥了很大作用，目前的政府管理，无论从组织架构、管理方式、运行机制等，与计划体制下相比，都发生了历史性的变化。在充分肯定政府作用的同时，也应该看到目前政府自身存在的问题。如果政府依然强势不改，扮演经济建设型政府的角色，实际上有少数地方已经把"以经济建设为中心变为以 GDP 为中心"，忽视或者淡化政府的社会管理和公共服务，甚至继续把大量的公共财政资金投资于竞争性领域，继续强化政府的行政审批功能，其结果，不仅会导致市场作用和行政权之间的扭曲，引发政府行为的紊乱，助长权力行使的非理性，而且还有可能引发民众对政府的不信任，使政府的公信力大大下降。

我国政府管理面临的上述问题，迫切需要我们加大政府自身改革的力度。

二、行政体制的改革与创新有赖于理论上的突破

在市场经济条件下，行政体制的组织结构、运作方式主要取决于政府的功能选择和职能定位。功能选择解决的是政府管什么的问题；职能定位解决的是政府怎样管的问题。就前者来说，社会主义市场经济的特征决定，中国政府对社会经济的管理，比一般西方国家负有更多的职责，仍处于国民经济总枢纽的地位。但这种总枢纽的地位，并不意味着政府还应沿袭计划体制下的管理模式。

具体来说，政府除了维护社会秩序、贯彻政治主张、发展社会文化、实施社会保障以及加强对环境、资源、人口等管理外，在经济领域主要承担着制定经济发展战略和经济政策，营造良好的市场环境，管理国有资产，参与国际经济竞争等重要职责，并推动经济的持续增长和社会的良性发展。政府功能的这种选择和管理范围，在一定程度上反映了社会主义政治制度的客观要求。就后者来说，是在政府功能选择的基础上，通过设置必要的政府部门，对职能进行分解。这种分解一方面要严格按照市场经济发展的内在规律和功能选择的要求，充分发挥市场在资源配置中的基础性作用，使政府的职能配置与市场机制相适应；另一方面通过改革传统的政府管理方式，调整政府与企业、政府与社会的关系，实现对社会经济的间接管理。

对于上述问题，过去虽然有了比较一致的认识，1993 年以来的行政体制改革也大体是沿着这条改革思路进行的。然而，实施的结果与我们的初衷似乎有较大的距离。这就向我们提出了这样一个问题：为什么按照市场经济体制要求进行的行政体制改革，仍然没能有效地解决政府管理运行中的某些深层次问题呢？我们认为，造成这种现象的原因是多方面的，比如市场经济体制在中国建立的时间还比较短，本身就有一个不断完善的问

题，也有计划体制所具有的强大惯性以及行政人员的观念、管理行为不易很快转变的问题，还有行政体制改革的理论准备不充分的问题等。在这诸多因素中，我们认为，最关键的还是行政体制改革的整体思路没有大的突破，缺乏新的思考问题的视角，或者受传统思维定势的束缚。而改革思路没有大的突破的关键，则在于理论准备不足。

因此，寻求理论上的突破将成为我国行政体制创新与发展的起点。

如果说政治体制改革涉及上层建筑领域中一系列重大理论和实际问题，那么，作为政治体制改革的重要组成部分，行政体制改革不仅与政治体制中的一些理论和实际问题有关，而且还与经济体制密切相关的政府架构、职能、管理模式、管理行为等诸多理论与实际问题相关。从目前我国政府管理和运行的实际状况看，适应市场经济要求的行政体制改革，至少有三个带有根本性的理论问题，值得我们高度重视。[1]

（一）关于政府管理的统一性与政府间规模结构的关系问题

长期以来，我们在强调政府管理的统一性时，往往把政府机构上下对口也作为一个先决性条件。这是导致各级政府规模普遍较大、人员臃肿的一个重要原因。事实上，政府管理的统一性，主要指领导、政策、规范、管理程序、管理方式的统一性，以及与此相联系的管理活动的规范性。至于各级政府机构的具体设置，除基本的以外，主要取决于该级政府在行政体系中所担负的职责，以及本地区经济社会发展的实际状况等。用行政手段要求政府机构设置得上下对口，这是计划经济体制直接管理的产物。

按照我们的理解，在市场经济条件下，我国的行政体制创新，非但不能用统一性强调上下机构的对口，而且行政体制改革的一个重要任务，就是要积极调整中央与地方各级政府之间的规模结构，使政府间保持一种适度的、规模结构合理的架构。我们之所以强调这一点，不仅在于保持政府间合理规模对政府管理本身有重大影响，而且对这个问题的认识，直接关系到行政体制改革的整体思路。其具体理由是：第一，在决定一级政府的

---

[1] 参见汪玉凯：《中国行政体制改革 20 年》，中州古籍出版社 1998 年版，第 348 页。

规模方面，管理社会、经济的部门，特别是与经济直接相关的部门，往往是矛盾的焦点。尽管其他部门也存在内设机构臃肿、人浮于事的问题，但更容易导致机构膨胀、职能交叉的，都在这个领域。第二，在市场经济条件下，政府的职能，特别是经济职能、管理方式等，都发生了很大变化，中央和地方各级政府承担的管理职责也发生了一定变化。比如，中央政府担负着整个国民经济的宏观调控职责，省级政府严格讲并不直接承担宏观调控功能，只是间接地担负区域性调整职责，至于县及县以下的政府基本不承担宏观调控职责，因此，按照各级政府所承担的具体经济职责和事权划分原则，调整社会经济部门的设置，进而调整政府的纵向规模结构，就成为一个十分重要的任务。第三，按照国外的经验，一般是中央政府的规模大，机构数量多，功能齐全，而地方政府规模相对较小，结构也比较简单。以美国为例，州和地方政府官员总数，是联邦政府的6倍，这在世界上属于高的，而我国，地方各级党政机关的人员总数是中央的12倍。这说明，按照市场经济的要求，调整各级政府的规模结构有很大潜力；同时也说明，行政体制改革、创新的首要任务，是合理确定各级政府的规模，以及实现政府间规模结构的优化。如果不从这一新的视角思考问题，或者仍然沿袭传统的思维定势，行政体制的创新与发展就很难有效地推进。

（二）关于政府规模与行政资源供给能力的关系问题

在过去的行政体制改革中，我们很少考虑政府规模与行政资源供给能力之间的关系。这里所说的行政资源，是指政府行政支出中的各种资源的总和，一般主要指政府的行政事业费支出。也就是说，我们在确定一个政府的具体规模时，除了考虑这个政府所承担的社会职责、管辖的地域面积、人口等因素外，对该地区的财政供给能力与政府的行政事业费支出之间很少有刚性的指标。比如，1993年机构改革中，我们根据不同的情况，将全国的市分为三类，规定一、二、三类市的机构总数分别为60个左右、50个左右和30个左右；将全国的县分为四类，规定一、二、三、四类县的机构总数分别为30个左右、25个左右、20个左右和15个左右；将镇分为三类，规定一、二、三类乡镇的政府人员总数分别为45人、30人、

15 人不等。在指标的选择中，虽然市、县都考虑到了财政收入因素，如市的分类，财政收入占指标权数的 15%，县占 30%，但所占比重明显太低。更重要的是，对于行政管理费支出在财政收入中的比例，也缺少具体规定，使许多地方的财政实际上变成了"吃饭财政"，甚至连党政机关、事业单位的工资也不能及时兑现。至于对省和地区级政府管理机构的设置，只是提出一些原则性数量要求，并没有实施分类制度。

在行政体制改革中，我们之所以要强调政府规模与行政资源供给能力的某种刚性关系，至少有 5 个方面理由：第一，作为凌驾在社会之上的公共机构，政府的各种行政支出，只能从财政收入中支付，政府的规模在一般情况下，不能超越财政供给能力；如果在一个财政供给能力很低的地区，仍然保留着庞大的政府规模，其结果只能阻碍而不是有利于这个地区社会经济的发展与进步。第二，我国幅员辽阔，地区间经济社会发展极不平衡。同样是省、市、县或乡，其发展差距十分悬殊。因此，全面制定包括财政供给能力等多项社会经济指标在内的分类标准，使其与政府规模之间建立某种制约关系并使之法定化，对保证行政体制改革的成功有重要的指导意义。第三，对那些经济社会相对落后的地区，在政府规模的确定上，可以制定一些特殊的弹性政策，鼓励其加快发展的步伐，提高行政资源供给能力。例如，允许一些经济欠发达的地区，随着财政供给能力的提高，保留政府规模适度扩大的自主权等。第四，从国外一些国家地方政府的组织情况看，其规模的大小，也主要取决于行政资源供给能力。以美国为例，美国州以下地方政府大都采取地方自治，实行行政、立法、司法合一的组织体制。这两条原则，前者使地方政府的规模必然受到地方财政收入的制约；后者"三位一体"的管理模式，较为简单，一般不会导致政府规模的过度膨胀。中国政治体制虽与美国有本质的区别，两国政府管理的运作方式也不尽相同，但美国在政府规模与行政资源供给能力方面某些关系准则，值得我们借鉴。第五，对于经济社会较发达的地区，也不能因有较强的行政资源供给能力，任其政府规模扩张，而是要制定最高限额予以遏制。从市场经济发展的要求看，加强对社会经济的管理，主要不是通过增加政府机构的途径来实现，而是要大力培育和发展社会中介组织，使其成为政府与社会之间的桥梁和纽带。另外，控制政府规模的膨胀，就意味着可以节省一定的财政支出；而财政支出减少了，人民的税赋也就可以减轻，政府可以获得更大的支持。可见，控制政府规模的直接受益者，是广大人民群众，这与马克思所设想的"廉价政府"，以及我们所遵循的为人民服务宗旨是完全一致的。

（三）关于市场经济条件下政府的特殊利益行为问题

市场经济的发展在一定程度上会加速利益群体的分化，导致多元利益主体格局的形成。政府在社会利益分配中承担的重要职责，就是通过制定政策实行价值的权威性分配，使社会利益在不同的利益主体之间保持相对的平衡。而这种平衡，往往是社会良性发展的重要条件。

目前中国政府管理中遇到的一个突出问题是，在多元利益主体中，政府是否也是一个特殊的多元利益主体之一？因为按照人们的一般理解，政府是最具权威的公共组织，是整个社会公共利益的代表者。如果说政府有自身的特殊利益，那就是代表统治阶级的政治经济利益。很显然，我们所说的：政府在市场经济条件下是否具有特殊利益，并不是在这个意义上提出的，而主要是指政府在代表公众利益的同时，是否要有自身特殊的经济利益。

这个问题之所以成为经济体制发展中的一个重要问题，一方面在于它与政府的行为方式、管理方式密切相关；另一方面也与我们是否有信心、有能力通过行政体制改革，从根本上解决这一问题有关。从它与政府的管理行为、管理方式的关系看，政府应不应该具有这种特殊的经济利益和有没有这种特殊的经济利益，都会直接影响到政府机关及其公职人员的管理行为和管理方式。比如，如果允许政府各部门在履行管理职责时，运用行政权力过多地收取各种管理费用，或通过行使审批权获得某种潜在性的利益，并与本部门的收入状况、个人利益直接发生某种联系，那么就会极大地助长行政机关、公职人员谋取更多收费项目、数量，获取更多审批权力的冲动欲，甚至把本该属于无偿服务的项目也变为有偿服务的项目，本该不属于审批或不属于本部门审批的事项，也要硬性纳入审批的范围，其后果，必然导致政府管理方式和管理行为的扭曲。

目前，中国政府职能之所以难以转换，一些政府部门之所以乐于审批，忙于审批，乱收费、乱罚款之所以在一些地方屡禁不止，并演变为难以遏制的部门行业不正之风，恐怕都与这个问题有关。

从我们是否有信心、有能力通过行政体制改革解决这一问题来看，首要的是要对政府应不应该具有自身的特殊经济利益本身达成共识。如果认为在市场经济条件下，政府在代表公共利益的同时，还可以有自己的特殊经济利益，那只是对上述现象如何有序地规范管理的问题，政府对不同政府部门间的收入差距也可以不必花更多的精力予以协调、解决，甚至允许政府各部门通过自收自支弥补财政经费的不足。如果认为政府除了代表公共利益之外，不能有自身特殊的经济利益，更不能通过部门的行政性收费，补贴自身的财政不足或者与部门、个人收入挂钩，那么政府就必须承担起平抑政府机关各部门收入差距的职责，以及为各部门提供足够的财力保障。很显然，中国行政体制的创新与发展，首先要在这二者之间做出正确的选择。

我们认为，过去中国行政体制改革之所以未能解决政府管理中的某些深层次问题，从某种意义上说，与我们陷入上述二者之间的两难选择有关。因为从理论上说，政府在市场经济条件下可以有自身的特殊经济利益，肯定是难以成立的。即使在西方国家，政府机关及其公职人员的赢利行为都是被严格制止的。即便是合理的收费，也采取严格的收支分离的做法，并通过财政预算，有效控制政府的财政支出，否则政府的管理行为、管理方式就会失去规范的客观标准。但在我国，实际情况是，在新旧体制转轨过程中，许多政府机关事实上默认了自身特殊利益的存在，并在实践中强化了这种默认，使一些政府内部的不同部门收入差距也有拉大的趋势。这种现象不仅目前仍然在一些地方继续存在，还没有解决好，而且存在的时间都比较长。据有关资料显示，早在 1995 年，同属于中央党政机构的年平均工资（人均）最高的达 15475 元，最低的只有 4472 元，相差

3.4倍。① 而这种差距效应，会进一步激发低收入部门的"创收"冲动。在政府机构庞大，人员臃肿，而政府难以提供足够财政支持的情况下，当利益驱动使愈演愈烈的部门、行业不正之风很难有效遏制时，都可能影响到政府做出果断选择的决心。由此不难看出，对于市场经济条件下政府非正当利益行为的有效控制，不仅应成为我国行政体制创新发展的重要目标之一，而且也是实现政府职能转变，确立正确的管理方式、良好的管理行为的基本前提。

三、以政府自身改革为中心的改革战略

正像上面指出的那样，在中国正面临着社会转型和体制转轨的双重历史进程中，中国政府的转型是必然的。而要实现这种历史性跨越，只能通过改革。政府的改革要真正顺应市场经济发展的潮流，就必须有战略性突破。那么，如何才能实现政府改革的战略性突破呢？

我们认为，包括2008年在内的未来中国行政体制改革，除了要认真贯彻中央有关深化行政体制改革的重要部署和政策之外，还要力求从整体战略方面有所突破，这无疑是一篇大文章。在这方面，笔者以为当前主要有六个方面问题值得考虑②：

（一）政府改革要高度重视制度设计和整体设计

一方面要通过制度设计，对未来中国政府管理的模式、运行机制等带有根本性的问题，形成目标共识，如中国要不要走大部制管理的道路？中国要不要实行决策与执行的分离等。而过去我国的多数机构改革方案主要是针对当时面临的一些突出问题展开的，缺乏长远的制度性设计，甚至过多受到领导者个人喜好的影响，使一些深层次问题不断被积累。另一方面，还要对政府改革、政治体制改革、事业单位改革以及政府对民间组织的管理等，进行整体的设计。这是改变政府改革孤军深入最好的办法。如

---

① 参见杨宜勇等著：《公平与效率》，今日中国出版社1997年版，第120—125页。
② 参见汪玉凯：《中国政府改革需要战略上的突破》，《南风窗》2006年8月。

果不能把我国的事业发展、事业单位改革，整体纳入公共部门的功能设计中，不仅会影响新形势下我国事业的发展，影响事业单位自身的功能定位和发展目标，使事业单位的存在形态继续被扭曲，如普遍的营利性倾向等，而且也会继续成为政府改革的避风港。

（二）真正树立法制在政府改革中的权威

早在 1998 年的政府改革中，我们就把实现政府机构、职能、编制的法定化，作为政府改革的重要目标和原则，有关中央与地方的财权、事权的划分，也是我们一直寻求法律解决的一个重要问题。但是在这方面，似乎只是成了一种口号，法制的权威似乎一直难以被真正树立。这种在政府管理方面法制严重缺位的问题，不仅直接影响了法制本身作用的发挥，更重要的是给政府机构、编制、人员方面的人为作用，提供了可能。从长远看，中国的政府改革如果没有法制的跟进，政府管理的规范化、科学化、民主化是很难实现的。

（三）改进政府公共政策制定系统，使之真正代表公正、公平与正义

防止国家在公共政策制定中被"俘获"现象的出现，这是我国政府改革在市场化进程中遇到的新问题，但也许是解决起来最困难的问题之一，值得我们高度重视。否则我们不能理解，为什么在国家综合实力有了极大提高、人民生活水平有了很大改善的情况下，社会矛盾会如此突出？为什么在短短 20 多年的进程中，中国的贫富差距会拉得如此之大？对一个正处在发展过程中的国家来说，我们的基尼系数超过美国，虽不能说是我们公共政策在分配制度方面的失败，但至少值得我们认真反思。正是从这个意义上，我们认为政府行政体制改革中的一个重要任务，就是重新思考构建我国的公共政策制定系统，使我国公共政策制定的过程、公共政策的结果，都能最大可能地代表公平、公正和正义。

（四）对官员要有更严厉的管理手段

大量的事实证明，目前严重的问题在于教育官员，如何保证公共权力的非理性，如何建立一套使官员主要对民众负责，而不是简单地向上级负

责的选拔任用体系，是我们面临的最大问题之一。在这方面，我们必须进行大胆地探索，并将之制度化。

（五）防止政府旧体制的复归

在旧体制复归方面，我们尤其要关注公共财政的支出与旧体制复归之间的联系问题。这就给我们提出这样的问题：如果我国的财政收入在3000亿水平的时候，我们把财政支出的主要部分用于维持国家的运转；如果到了近4万亿的时候，仍然不能在涉及广大人民群众的教育、医疗、社会保障方面有明显的增长，继续在公务和行政支出方面保持着高增长的比例，这不能不说是政府治理中一个严重失误的问题。因此，防止旧体制的复归，应该是我国下一步政府改革中一个不容忽视的重要问题。

（六）要跳出行政层面的单一思维，解决政府管理中的深层次问题

过去是就行政而行政，没有跳出行政层面思考和解决问题，政治层面的问题严重滞后。许多问题，表面上看在行政管理层面，但问题的核心可能就在政治层面。如急功近利、形象工程、弄虚作假，以及把以经济建设为中心，演变为以 GDP 为中心等，都是现行干部选拔制度弊端的必然产物。只有跳出行政层面，比如说从政治体制的"高端"寻求解决问题的对策，深化政治体制改革，才有可能使政府改革不断深入。从这个意义上说，深化政府改革的战略性突破，必须依赖于政治体制"高端"改革的推进。①

四、深化政府自身改革的政策选择

在深化行政体制改革方面，除了重视整体战略问题的突破外，有关改革的具体举措对改革的成败同样十分重要。在这方面，笔者认为主要应该抓住以下七个环节。

---

① 我们认为：政治体制改革分为"高端"和"下端"。"下端"就是我们平常所说的行政体制改革，如转变职能、政企分开，降低成本，提高效率等，而政治体制"高端"，则主要包括宪政体制、民主政治、政党政治以及社会主义法制等。

（一）要按照改变政府主导型的经济增长方式转向市场主导型的经济增长方式的思路，调整政府的组织结构，确定政府的基本功能

这就要在横向和纵向两个方面进行改革。在结构和功能的设计方面，要抛弃政府机构改革的概念，明确提出建立公共行政体制的组织架构。这中间，尤其要解决前面我们提到的政府部门主导公共政策过程所带来的一系列严重问题。如果我们的改革不能抓住这个关键的问题进行具有实质意义的改革，重新配置政府的权力结构和功能，改变目前的公共政策过程，改革仍然可能陷入失败。

（二）适应社会公共需求的变化，加快公共服务体制建设的步伐

加大政府的社会管理和公共服务职能，无疑是未来中国行政体制改革的重点。在这方面，一个突出问题，就是要围绕建立公共服务体制，重构公共服务体系，加强政府在社会管理和公共服务领域的职责。因此，促进政府由传统管制型政府向服务型政府转变，由单一的经济建设型政府向公共治理型政府转变，由主要靠手工作业的政府向信息化政府转变，就成为行政体制改革的重要使命。

（三）要抓住公共财政体制和公共投资体制改革这两个关键，解决由政府主导型经济增长方式向由市场主导型经济增长方式的转变

一方面要加快公共财政体制的建立，强化政府的社会管理和公共服务职能；另一方面要通过投资体制改革，逐步从竞争性领域中退出，进一步发挥市场在资源配置等方面的作用。从长远来看，只有这两个层面的改革取得实质性的突破，我们才能真正建立起一个与现代市场经济相适应的政府管理架构。

（四）要进一步深化行政审批制度改革

尽管行政审批制度改革取得了较大的成绩，但仍然存在一些问题，比如还存在一些不必要的审批、重复审批以及有些行政审批的程序设计上存在的矛盾，但是其实际效果并不理想，很多重大项目的审批权难以触动。在继续深化行政审批制度改革上，要进一步清理和调整行政审批项目，理顺行政服务中心的管理机制，真正贯彻落实《中华人民共和国行政许

可法》。

（五）下决心推动事业单位改革，重构公共服务体系

要正确认识事业单位改革的意义。在当前形势下，推动事业单位改革，不是为了简单的人员分流，而是为了给整个行政体制改革提供必要支持，提高公共服务的有效性，同时推动社会事业发展，促进社会和谐。要以分类改革为主导，积极进行改革探索，要创新机制，强化事业单位内部管理，要把握好改革节奏，保障事业单位改革的平稳推进。要看到：

事业单位改革涉及众多社会事业机构和个人的利益。在改革过程中，应妥善解决新老制度的衔接和待遇的平稳过渡，不能造成新的不稳定因素。必须审慎协调各种复杂的利益关系。

其中养老保险由于涉及人多，基金筹集和支付量大，更是重点需要解决的问题。改革既要充分考虑老制度下退休人员的既得利益，又要合理确定新制度下退休人员的待遇水平。另外，未聘人员的就业、补偿和安置问题，人员流动特别是流向企业后社会保障制度的连续与衔接问题、事业单位的资产处置和产权安排等问题也都必须妥善解决。总之，推进社会保障制度改革，健全社会保障体系，为全面推进事业单位改革创造良好的外部条件。

在事业单位改革中，还有一个十分重要的问题是，要处理好市场职能与政府责任的关系。

在事业单位改革过程中，要防止两种错误的倾向：一是政府职能越位；二是市场化过度。从总体上看，目前仍有大量直接从事生产经营活动、其产品和服务可以通过市场交易行为换取收入、不具有社会公益性的机构也列为事业单位进行管理。大量该市场化的领域没有市场化，政府机构充斥其中；另外，也要防止另一个极端——市场化过度的倾向，有些带有公益性的机构在实施了企业化转制或企业化运行后，放弃了本身应当具有的公益目标，而将赢利作为唯一目标。有些机构甚至以损害社会公益目标为手段获取自身经济利益。

因此，在事业单位改革过程中，一方面要放开，鼓励社会资本、民间

资本的积极介入，另一方面政府也要明确自己的责任所在，类似教育、医疗、社会保障等带有公益性、公共性的事业必须由政府来承担。政府不能借改革为由"卸包袱"，把它们全部推给市场。

（六）建立严格的行政问责制和绩效评估制度

解决行政问责中的实践问题，需要理论、制度与实践层面多头立体推进。这中间有四个问题值得重视：

一是加强行政问责的理论研究。应将行政问责提升至民主政治建设的高度，推动加强对建设责任政府的理论探索，加强对地方政府行政问责的经验总结，密切关注行政问责实践中的重点与难点问题并寻求解决办法；要对行政问责的内涵、性质和定位形成基本的理论共识，对行政问责的主体、客体、程序和责任方式做出较为成熟的理论描述。

二是借鉴国外行政问责的良好做法。世界发达国家的行政问责，均重视法律与制度建设，重视专门机构监督，重视行政问责的实施与监督机制，重视行政问责体系建设，重视行政公开、公众参与和媒体监督等相结合。这些国外先进经验和良好做法，应予以总结和借鉴。

三是构建行政问责的配套制度。要将行政问责制与开展绩效评估结合起来；将行政问责制与行政监察、政府审计和行政伦理建设结合起来；将行政问责制与电子政务、行政公开和依法行政等行政法治原则结合起来。

四是要建立健全政府的责任体系和问责体系，这是最核心的。在经济调节、市场监管、社会管理和公共服务等职能配置基础上，进一步理顺并确定政府各部门的责任体系，明确各级政府和各部门行政首长及相关人员应承担的政治责任、行政责任、法律责任和道德责任。在健全责任体系的基础上，规范行政问责的主体与权限、客体与职责、责任种类与问责事由、追责程序与问责方式，改进和健全行政问责的制度体系，逐步实现全国范围内行政问责的规范化、制度化和法制化。

改进政府绩效评估也有三个问题需要重视：

一是推动形成绩效评估的统一性规则，逐步实现绩效评估的制度化和法律化。当前，指导绩效评估的规范散见于《国务院工作规则》和中组部印发实施的《体现科学发展观要求的地方党政领导班子和领导干部综合考核评价试行办法》等规则，这些规则远不能适应我国政府绩效评估的实践需要，因此，应考虑推动形成国家层面的统一绩效规则。在规则中规定政府绩效评估的指导思想和基本原则，划定绩效评估的事项范围和主要内容，设定绩效评估的指标体系和评价标准，明确绩效评估的相应程序和具体方法，规范绩效评估的组织、领导、实施、运行和结果应用等评估机制。在此基础上，借鉴发达国家的法制化经验，开展绩效评估立法活动，实现绩效评估的制度化与法律化。

二是建立绩效评估配套机制，实现政府绩效评估的长效运行。逐步构建统计、财务、政务公开、评估报告、行政问责和评估奖惩等绩效评估的配套制度，改进评估指标、评估方式、评估环境、评估组织和评估信息流转等体系，建立开放性与竞争性相结合的评估资源配置机制，通过绩效信息的有效流转推动政府管理和政府服务，实现政府绩效评估的长效化。

三是加强绩效评估的理论研究，为政府绩效评估提供科学指导。在我国，绩效管理和绩效评估是舶来的新兴事物，其基本内涵和范畴国际上也存在不同看法。应当推动绩效评估的理论研究和学术探索，加强对绩效评估的性质、功能、作用与政府定位等方面的理论研究，发挥专业评估和研究机构的理论导向作用，提升政府绩效评估研究报告的质量，强化对政府绩效评估的技术指导，确实为政府绩效评估提供智识支持和理论支撑。

（七）注重培育发展社会组织，重视行业协会的改革

加快社会组织的培育发展，是市场经济发展的客观要求，我们要从理念、战略、策略等多方面有新的举措。其中，要特别注重行业协会的改革。深化行业协会市场化改革，就是要把更适宜于行业协会承担的行业管理等职能，委托或转移给行业协会；将本应属于行业协会的职能，如行业标准制定、行业准入的资质审核、技能素质考核、格式协调、行业统计、调查、规划，连同权力、事务和经费，移交给行业协会；要进一步明确行业协会地位，履行行业维权、行业服务、行业自律、行业代表、行业协调等职能；要大力培育发展那些功能显著、行为规范、服务有效的新型行业

协会，提高行业代表性，形成符合社会主义市场经济规律和国际惯例的行业协会组建、发展、运作和退出机制；加强业务主管单位和登记管理机关对行业协会的业务指导和监督管理；建立政府与行业协会委托和购买服务制度，形成行业政策互动机制等。从发展的角度看，没有社会组织特别是行业协会的大发展，政府职能转变的步伐也很难加快。

第三节　"大部门体制"改革及其成功的条件

一、"大部门体制"与"大部门体制改革"

党的十七大在部署未来的行政体制改革中明确指出："加快行政管理体制改革，建设服务型政府"，行政体制改革将"着力转变职能、理顺关系、优化结构、提高效能"，在此基础上要形成"权责一致、分工合理、决策科学、执行顺畅、监督有力的行政管理体制"。

党的十七大报告特别指出要"加大机构整合力度，探索实行职能有机统一的大部门体制，健全部门间协调配合机制。精简和规范各类议事协调机构及其办事机构，减少行政层次，降低行政成本，着力解决机构重叠、职责交叉、政出多门问题。统筹党委、政府和人大、政协机构设置，减少领导职数，严格控制编制"。党的十七大报告对未来行政体制改革提出的一系列有别于以往改革的思路，为未来行政体制改革指明了方向。

所谓大部门体制，就是在政府的部门设置中，将那些职能相近、业务范围雷同的事项相对集中，由一个部门统一进行管理，最大限度地避免政府职能交叉、政出多门、多头管理，从而达到提高行政效率、降低行政成本的目标。大部门体制，是国外市场化程度比较高的国家普遍实行的一种政府管理模式，比如"大运输"、"大农业"等，并在公共管理变革中有了新的发展，如决策权与执行权的分离等。

市场化国家之所以普遍实行大部门制管理模式，主要在于它有一些明显的优越性。

其一，这种管理模式能够减少部门、机构的数量，降低行政成本；其二，能够有效地避免政府机构之间由于职能分工过细，导致政府职能交叉、重叠等引发的政出多门、多头管理；其三，由于实行相近业务的统一管理，可以防止部门之间沟通难、协调难等政府各部门经常会遇到的通病。

那么为什么要进行大部门体制改革呢？

（1）与过去历次行政体制改革相比，2008 年的行政体制改革，面临着三个方面的较大压力：

一是宏观经济的压力。2007 年中国行政体制改革的一个重要特点，就是我们在宏观经济领域遇到了一些比较突出的问题。其主要表现是，居民消费指数增长幅度过大、过快，物价呈现出由结构性上涨到出现通货膨胀的风险，使政府的宏观调控面临比较大的压力。

二是公众对政府改革诉求的压力。近几年来，政府自身改革滞后的问题，似乎成为社会的普遍共识，行政体制改革，不仅成为"全面深化改革和扩大对外开放的关键"，而且政府已成为社会矛盾的焦点和中心，无论是社会各界，还是公众，都对以政府自身改革为重点的行政体制改革有很高的期盼和诉求，这就使这次行政体制改革更具有了不寻常的意义，改革成败影响深远。

三是民主政治发展的压力。今年行政体制改革外部环境的另一个重要特点，就是党的十七大提出的一系列发展社会主义民主政治的要求，再加上政府信息公开条例正式实施，也会直接影响到本次行政体制改革。从民主政治发展来看，党的十七大提出的一系列发展民主政治的重大举措，如强调人民民主是社会主义的生命，强调多层次、多领域地扩大公民的有序政治参与，实行基层群众的自治制度，实行自我管理、自我服务、自我教育、自我监督等，都将对行政体制改革产生深刻影响。2008 年 5 月 1 日，政府信息公开条例正式实施。政府信息公开条例的实施，不仅要求各级政府要按照"公开是原则，不公开是例外"的原则公开政务信息，打造阳光式政府，而且任何一个公民，只要向政府提出某一具体的公开信息的请求，如果该信息不属于保密的范围，就要为其公开。政府信息公开条例的实施，对于保障公民的知情权、参与权、表达权、监督权无疑具有十分重要的意义，但对政府管理来说，不可避免地将面临很大的压力。

（2）中国推行大部门体制改革，是与我国市场经济体制本身发展以及自身存在的问题密切相关的。新中国成立以来，我们搞了 30 年的计划经济。政府部门设置多，实行条条管理。比如当时的机械工业部下有九个部，有管常规机械的，有管电子的，有管兵器的，有管飞机的。

随着计划经济解体和市场经济确立，政府部门必然进行调整。我国现在的政府架构，与计划经济时代完全不可同日而语，已经发生了很大变化；但和成熟的市场经济国家相比，我国政府部门设置依然较多。比如，2008 年 5 月国务院的组成部门仍然有 27 个，而日本是 12 个、美国是 15 个、英国是 17 个。当然，部门数量多少虽然不应该是衡量一个政府管理优劣的唯一依据，但大量事实证明，政府机构职能交叉、重叠引发的政府管理的问题，是人们普遍都能感受得到的。比如，还在 2008 年年初的时候，我国的民航总局管空中运输，交通部管水路和公路运输，铁道部管铁路运输，但美国的运输部就包含了海、陆、空运输，甚至在一些国家把邮电也放在运输部的管辖中。这体现了"大运输"的思维。再如美国农业部的职能，大体涵盖了我国的农业部、水利部、国家林业局等多个部门的职能，体现出"大农业"概念，管辖范围比较宽。

只要实行市场经济体制，要真正发挥市场在资源配置中的基础性作用，就必然会朝着大部制管理方向迈进。从我国的实际情况看，由计划经济转向市场经济，客观上要求政府不能过多干预微观经济，反映在政府体制上就是必须走大部门体制管理的道路。

二、"大部门体制"改革的趋势与特点

按照大部门体制的思路调整政府组织结构，无疑会对政府的管理和运行产生重要影响。正像前面所分析的那样，实行这样的管理，可以大大减

少政府部门之间职能交叉、重叠，政出多门，沟通难、协调难等方面的问题。同时，通过政府部门的整合和调整，能进一步理顺部门之间的职能，减少机构的数量，减少过多的协调和沟通的环节，这对提高行政效率，降低行政成本也具有重要意义。按照中央的部署，2008年以大部制为重点的政府机构改革，最主要的任务是：合理配置宏观调控部门的职能，形成科学权威高效的宏观调控体系；整合完善行业管理体制，注重发挥行业管理部门在制定和组织实施产业政策、行业规划、国家标准等方面的作用；理顺市场监管体制，整合执法监管力量，解决多头执法、重复执法问题；加强社会管理和公共服务部门建设，健全管理体制，强化服务功能，保障和改善民生。很明显，这次改革与过去五次改革相比，至少具有五个特点：

第一，这次改革的目标明确定位为建设服务型政府，首次把行政体制改革大目标定为建设服务型政府。而服务型政府，不是政府公共服务职能的简单放大，它要整体反映政府的理念、价值、目标和宗旨。也就是要建设人民满意的政府，政府应该成为人民群众的办事机构。

第二，强调通过制定行政体制规划来推进行政改革。这次行政体制改革目标不是五年目标，而是一个中长期目标，就是说从现在开始，到2020年，用12年的时间来建立现代行政体制框架，这次行政体制改革可以看成是一个过程，分阶段逐步推进，不像过去基本上是每次都是五年一次，只管五年。

第三，这次行政体制改革和过去不同之处在于，提出以职能有机统一的大部门体制管理模式的思路推进改革，突出了转变职能这个中心，并通过大部门体制改革，建立决策、执行、监督三者相互协调、相互制约的权力结构和政府的运行机制。这实际上是政府权力的重组。

第四，强调要通过改革，实现"政企、政资、政事、政社"分开，进一步理顺政府与社会、政府与市场的关系，发挥市场、社会在公共治理中的作用。

第五，突出整体推进的改革思路，也就是注重配套改革。包括解决中央垂直管理和地方政府的关系，改革议事协调机构，深化事业单位的改革等。

有人说，我们不是一直倡导小政府吗，如果实行大部门体制管理模式，是不是与小政府的目标相冲突呢？

实际上这是一种误解。世界各个国家都在追求小政府，叫"小政府，大社会"，但是这个"小政府"不是绝对意义上的"小"，要使政府的管理能力和它承担的责任、管理的事务相适应，是相对意义上的"小"。所以我们现在搞大部门体制的改革，和我们追求整体"小政府"的大目标是完全一致的。我们讲大部制并不追求大政府，而是希望政府把原来部门设置过多、职能相互交叉、职能重叠这种政出多门、多头管理情况，按照职能统一的原则归由一个部门来管，通过对部门内部机构的整合，使政府部门设置总数相对减少。

另外，通过改革，要使政府部门之间有合理的分工，比如有些部门行使决策权，有一些部门行使执行权，有些部门行使监督权，以此改变既决策又执行、又监督的现象。通过这样的功能分化，可以做到一件事归一个部门来管，外面又有对其进行监督的组织机构。可见，我们探索职能统一的大部制不是要追求大政府，而是注重政府组织内部结构的调整，使它既能适应市场体制的发展，又能适应我们政治体制深入改革的要求，也能适应老百姓公共参与的要求。这足以说明，"小政府"和大部门体制管理是内在统一的，它们不是一对矛盾。

从国外大部门体制改革的实践来看，现在绝大多数发达国家都是大部门体制管理，他们把自己的机构分成四种类型：第一种叫内阁机构，这是专门行使决策权的部门；第二种是执行机构，有的叫法定机构，还有的叫"独立机构"，它不行使决策权，执行内阁的决策；第三种叫监管机构，对社会、对市场进行一些监管；第四种叫议事协调机构。这些国家的内阁机构非常精干，基本上是3个1/3：1/3管理政治事务的机构；1/3管理社会的机构；1/3管理经济的机构。在内阁机构下或者内阁机构外有大量的执行机构。我们所说的大部门体制改革，主要是调整国务院的组成部分，使他总数不要太多，我们现在是 28 个组成部门，与其他国家相比数量还是偏多。当然这与我们处于发展中国家的现状有关，部门设置多少和一个国家经济发展有关，但是我们还有整合部制的空间，这种整合和我们追求小政府这个目标是没有冲突的。

三、"大部门体制" 改革的难点分析

我们要冷静地看待大部门体制改革，尽管这一管理模式在国外有比较成功的经验，但在现行的体制下，究竟能不能十分有效，建立的过程中可能遇到哪些阻力，都是值得我们关注的。比如，实行大部制管理后，一个部门的权力更大了，能不能建立起有效的权力约束机制？再比如，在执政党的机构设置方面，如何与政府的大部门体制进行对接，不重复、不重叠？还比如，在大部门体制管理模式下，作为国家权力机关的人大应该在机构的建设方面，如何加强对大部门体制权力的监督和控制？在具体推进的过程中，大部门体制改革是一步到位，还是逐步改革？首先选择在哪些领域改革等等，所有这些问题都是我们需要认真思考的。

当前有四个问题尤其值得关注[1]：

第一，如何按照"决策、执行、监督"相互协调、相互监督制约的改革思路，重构政府权力结构和政府的运行机制，为大部门体制改革后的对权力的监督提供保障。深入学习党的十七大报告，其中提到大部门体制改革时，确立了"建立健全决策权、执行权、监督权既相互制约又相互协调的权力机构和运行机制"的改革方向，这就意味着大部门体制的整体构建要与政府决策权、执行权、监督权相互协调、相互制约，是要在此基础上建立权力机构和运行机制。大部门体制可以有两种模式：一是在部与部之间，让有些部门专门行使决策权，有些部门专门行使执行权，有些部门专门行使监督权；二是在一个大部门体制内部，机构的功能要进行分化，有些机构专门行使决策权，有些机构专门行使执行权，有些机构专门

---

① 参见汪玉凯：《大部制应坚持决策、执行、监督分离》，《新京报》2007 年 10 月 28 日。

行使监督权。比如《政府采购法》颁布实施后，财政部是政府采购政策制定机构，但不是执行机构。执行权交给国务院机关事务管理局代管的国务院政府采购中心。这样就把决策和执行分开了。

在进行上述改革时，是否要把调整、整合政府的议事协调机构、事业单位改革，特别是有行政职能的事业单位的改革进行统一的考虑？也就是说，要把有些议事协调机构改革为决策机构，把有行政职能的事业单位改革为执行机构或者法定机构。只有这样，才能实现功能的整体分化，确立起权力的结构性约束机制。当然对大部制的约束监督，更值得我们关注的还是如何从外部对其进行监督。实践证明，对公权力的制约，最有效的还是外部的监督，

第二，大部门体制能不能有效遏制部门利益，也成为最关键的问题之一。大部门体制机构设置有可能把部门职能交叉、政出多门、相互扯皮问题，通过改变组织形态来加以抑制。过去部门之间职能交叉，决策周期长，制定成本高，协调沟通困难，原因就在于受到了部门利益的严重影响，所谓"权力部门化、部门利益化、利益集团化"，导致政府运行成本太高、效率太低，甚至把部门利益凌驾于公众利益之上。有人担心，大部门体制改革可能把分散的部门利益，积聚为集中的部门利益。如果一个部门变为一个超级部，权力很大，对它进行监督恐怕就更加困难。

第三，大部门体制改革可能会牵动政治体制改革，没有政治体制改革推进，真正的大部制也许很难确立。从更深层次来看，大部门体制改革的思路和方向，最终必然会涉及和涵盖到党政、人大等系统，因此是跨党政的，甚至要考虑党的权力和政府权力的对接，这个问题非常关键。比如文化部、广电局与中宣部的关系，公安部、安全部、司法部与政法委的关系，中组部与人事部的关系等。过去这些年来，我们把中纪委与监察部合署办公，联动作战，成效显著，如何进一步整合党政部门，也许是下一步大部制改革中应该思考的问题。从这个意义上说，应该把行政体制改革方案纳入到政治体制改革方案中，从国家权力结构上进行调整，也许更具有长远性。

第四，大部门体制改革的策略和方法也至关重要。应该看到，大部门体制改革的最大阻力，仍然是多年来被强化的部门利益。如在2007年的两会期间，有人建议将卫生部、国家计划生育委员会、国家食品药品管理局、国务院中医药管理局整合为一个"人口与健康委员会"，但真的要这样整合恐怕难度还是很大的。这样的动议不管是否被采纳，但明显是一种大部门体制的思维。另外，"大部"内部决策、执行、监督机构如何设置，权力如何划分？我们过去毕竟没有这方面经验，所以改革的策略和方法就显得很重要。中国的大部制改革很难一步到位，而应该是一个循序渐进的过程。应该选择那些职能交叉突出、涉及公众的服务对象广泛、外部呼声比较大的部门开始，然后逐步扩大，而且一定要把结构调整和功能的定位有机结合起来。

四、"大部门体制"改革成功的条件

认真学习党的十七大对行政体制改革的总体部署和要求，我们认为，这次行政体制改革的成功，至少需要两个条件：

一是要制定出一个好的总体改革方案。中国过去行政体制改革中最大问题之一，就是缺乏整体规划，有明显的头痛医头、脚痛医脚的问题。而且这个改革的整体方案不具备权威性和长期性。以至于到现在，我们政府的整体组织架构、权力结构，依然还没有相对稳定，没有形成一种有效的治理结构。一个明显的例子是，作为一个大国的政府，我们的政府组成部门究竟应该保持多少数量，主要应集中于哪些领域，如何使其尽早实现相对法定化，所有这些重要问题至今仍然没有答案，甚至从决策层面没有进行过深入系统的分析、论证和比较。因此，这次行政体制改革成功的条件之一，就是要制定一个行政体制改革的总体规划，要明确未来中国行政体制的组织结构、政务部门、社会事务部门、经济事务管理的总体数量，决策部门、执行部门、监管部门的法律关系等。

抓紧制定行政体制改革总体方案。加强对行政体制改革的总体战略研究，增强行政体制改革的整体性、系统性与连续性。研究行政体制改革在全面建设小康社会、构建社会主义和谐社会中的战略地位，研究行政体制改革措施与经济体制改革、政治体制改革、社会管理体制改革的措施相配套，科学确定行政体制改革总体目标、中长期目标与近期目标，明确行政体制改革的基本任务与工作重点，积极稳妥地推进行政体制改革。如果不能对这些关系政府管理组织架构、规则、程序、运行机制等重要问题做出总体规划，就很难使改革取得突破性进展。

二是在权力的约束和制约方面取得突破。中国政府管理目前面临的重要问题，就在于我们至今仍然没有确立起、甚至没有找到一种十分有效的对公共权力进行约束和制约的机制。这些年来，少数党政部门、领导人，甚至一些高级领导人之所以出现严重的贪污腐败都与此有关。这种现象不仅严重地影响了政府的公信力，也给国家和人民的利益造成严重危害。过去历次行政体制改革也很重视对政府权力的制约，但腐败仍在继续孳生、蔓延，也给即将开始的这一次改革提出了新的课题。

就目前政府权力运行的突出问题而言，行政体制改革最关键的是要解决三个问题：一是如何从政府权力的组织结构上，真正建立起决策科学、执行顺畅、监督有力的权力结构，实现决策、执行、监督既相互协调又相互制约的目标，这就意味着我们似乎要改变一些传统的思维，要在政府权力的组织架构上有比较大的结构性调整，并使其逐步走向法定化。二是如何有效地制约和约束部门利益，解决目前包括事业单位在内的公共部门普遍利益泛化的问题，从长远来看，如果我们的政府部门不能从根本上克服与民争利的问题，公共政策制定中的公平、公正的问题，以及规范政府行为的问题，就不能说我们已经找到了对公权力进行有效制约的途径。三是在行政体制改革中，建立权力制约机制，如果没有政治体制层面改革的配合，行政体制改革就很难孤军深入。就当前来说，从政治层面解决对政府权力的有效制约，最终可能是要解决"三权"的问题。这就是张扬民权、废除特权、约束公权。如果不能在这些基本的方面有所突破，光靠行政体制改革解决对政府权力的有效制约可能是比较困难的。

此外，还要把握好改革的节奏。应该看到，中国的大部制改革不可能一蹴而就，必须遵循循序渐进的推进策略，在认真试点的基础上逐步推行。从国务院机构方案来看，也体现了积极稳妥的策略。比如新组建的工业与信息化部、交通部与运输部、人力资源与社会保障部、住房与城乡建设部以及环境保护部等，不仅体现了大部制改革的思路，而且突出了解决民生问题、强化政府的社会管理和公共服务的特点，在这些重点领域率先进行整合，既反映了政府管理目前面临的一些突出问题，也体现了重点解决这些问题的决心。这样的推行策略，无疑为今后进一步深化行政体制改革奠定了重要的基础。

第四节　中国行政体制改革的深入，
呼唤政治改革创新

在展望未来中国行政体制改革发展的趋势时，还有一个十分重要的问题，这就是中国的政治改革问题。尽管行政体制改革整体上看，应该是政治体制改革中的重要组成部分，二者有着密不可分的联系，但行政体制改革在笔者看来毕竟是政治体制的下端。如果前者主要解决的问题是转变职能、政企分开、提高效率、降低成本等的话，那么，后者就要更加关注诸如宪政体制、政党政治、社会主义民主以及社会主义法治等问题。而政治层面改革的力度、进展又会对行政层面的改革产生直接的影响。正是从这个意义上，笔者以为，中国行政体制改革的深入，有待于政治改革的创新。

一、中国发展结构中的"失衡现象"引发的思考

在讨论中国的政治发展中，我们有必要引入一个重要的概念，这就是发展结构问题。所谓发展结构，是笔者对一个国家整体发展的内在构成关系的一种概括。之所以如此，在于笔者发现，任何一个国家的发展，其不

同部分之间的平衡发展是至关重要的。一般来说，我们考察一个国家或社会的发展状况时，既要通过大量的指标体系，用以衡量其经济社会发展水平，同时，还要认真分析其发展结构中不同部分之间的关系，并力求寻找内在变动的规律。

在发展结构中，经济发展、社会发展和政治发展，无疑是最重要的组成部分。在衡量一个国家政治发展的状况时，主要应当看其权力的合理性、结构分化以及公民政治参与的程度等，其最终的成果应体现在政治民主化的提高和社会政治的稳定。同样，衡量经济发展和社会发展的状况，主要是看经济增长率、经济发展的质量以及科技教育水平、社会成员的生活状况和整个社会发育的程度、社会自我管理的能力等。当然，在多数情况下，经济发展、社会发展和政治发展这三者之间会呈现出异常复杂的互动关系，也就是说任何一种因素的变量，都可能成为影响其他因素乃至全局发生变化的依据。比如说，一个国家的政治发展或政治衰退，就可能从不同的两极对经济、社会的发展产生一定影响；同样，一个国家的经济发展、社会发展也必然会影响到政治发展的内容、形式等。因此，追求发展的相对平衡，就成为决定一个国家健康发展的重要问题了。

正是从这个意义上，我们说，提高一个国家的综合竞争能力，除了经济和社会的竞争能力之外，政治层面的竞争同样至关重要。因为任何一个国家综合竞争能力的提高，不可能离开政治层面的制度安排及其合理性，更离不开政治、经济、社会之间的相互协调的平衡发展。很难想象，在一个存在严重政治制度安排和权力运作不合理、政治结构分化程度不高、公民政治参与渠道不畅的国家，其经济、社会发展会持久健康地继续下去。

毋庸置疑，中国 30 年的改革开放，无论是经济发展、社会发展，还是政治发展，都是改革开放以前所不能比拟的。在经济发展方面，中国通过渐进式的改革策略，坚决放弃了计划经济体制，走市场化发展的道路，始终不渝地坚持以经济建设为中心，使中国的 GDP 总量大幅度上升，国民经济保持了 30 年的高增长，平均增长率达到 9.7%，贫困人口大幅度减少，成为世界上的"一枝独秀"，也使中国的综合国力和在世界上的竞争能力大大提高。

在社会发展方面，随着经济的发展，科学教育事业的进步以及人民生活水平的提高，社会分化速度加快、分化程度提高，各类非政府公共组织也迅速发展，再加上社会观念的变革，社会成员的参与意识、自主意识、独立意识、竞争意识的增强，使中国社会充满了空前的活力。按照中国（海南）改革研究院的一项研究结果，认为中国社会到 2006 年已经由生存型社会转向发展型社会。按照联合国制定的人类发展指数，把全世界的国家按照"预期寿命与健康、教育、生活水平"三大指标的发展状况，划分为三类：高人类发展国家（0.8 以上）、中等人类发展国家（0.5—0.8）、低人类发展国家（0.5 以下）。中国在 2004 年距离 0.8 只有 0.032 的差距，目前应该已经接近或者已经达到了 0.8。从发展型社会的经济指标看，也证实了这一结论。如消费结构中的恩格尔系数下降到 50% 以下（2000 年中国农村下降到 50% 以下，城市 39.44%）；第一产业产值在 GDP 的比重下降到 15% 以下（2001 年为 14.4%）；第三产业在总产值中的比重不低于 40%（2001 年为 40.5%）；城市化率超过 40%（2003 年为 40.53%）等。发展型社会的到来，既说明社会发展程度得到明显提高，但同时也给我们的政治发展和经济发展提出了一系列新的要求。

在政治发展方面，随着对"左"的错误清算，一系列新的制度体系也开始建立，如加强人民代表大会制度和中国共产党领导的多党合作制度，完善司法制度，坚持依法行政、依法治国的方针，提出建立社会主义法治国家的目标，扩大直接选举的范围，改革政府机构，建立国家公务员制度，实行村民委员会自治，等等。所有这些成就和历史性进步，都是中国在近 30 年时间内能够发生巨变的根本原因。

在充分肯定中国上述发展结构整体进步的同时，我们也应清楚地看到中国发展结构中存在的潜在性问题。这些问题，突出地表现在政治发展的内在冲突以及由此引发的与经济发展、社会发展的不平衡性上。

需要指出的是，中国政治发展的滞后，或发展结构整体上表现出的某些不平衡性，并不一定都是以政治问题的形式表现出来的，而是呈现出异常复杂的情形。比如，许多问题往往是以政治层面的"权力运作"开始、而以经济层面"攫取利益"的结果而终。这种现象，从社会深层原因分析，是与中国市场经济本身的人为嫁接性有直接的联系。众所周知，中国缺乏市场经济的自然历史过程，商品经济也没有得到充分发展，在许多领域，封建主义残余的影响至今仍很严重。在这样的社会历史背景下，市场经济体制的建立过程中必然会遇到许多意想不到的困难，如疯狂、贪婪、无序等现象的出现，就是其突出的表现。难怪有人说，从 20 世纪 80 年代以来中国的市场发育过程中，人们似乎看到了当年马克思在《资本论》中所描绘的资本原始积累所具有的某种疯狂性的影子。

从中国目前的实际情况看，政治发展滞后以及经济、社会体制本身存在的不完善引发的社会经济问题，突出地表现在：一是腐败问题愈演愈烈。权力资本的扩张和寻租活动的猖獗，几乎成为中国社会中最大的政治毒瘤。尽管根治这种政治毒瘤已成为当务之急，但一时又无更有效的办法。二是民生问题凸现，广大民众的上学难、看病难、住房难、就业难等问题越来越突出。三是社会秩序恶化，犯罪率上升，人们生活缺乏安全感。四是政府行为扭曲，公共权力私利化的问题越来越突出。部门利益、行业利益不断蔓延，国家对此采取过许多措施，但至今收效甚微。五是出现了新中国成立以来少有的司法腐败和吏治腐败的严重问题。贪赃枉法、买官卖官现象绝非鲜见。在世界经济日趋一体化、各国之间的竞争更加激烈的新世纪到来之际，中国解决这些问题的出路究竟在哪里，这不能不引起人们的广泛关注。

二、中国政治发展呼唤体制创新

笔者 2004 年曾撰文对未来改善公共治理的策略概括为四句话，即"严治官，善待民，创新政体，稳定银根"。几年后，如果再用这个应对策略来分析中国目前的公共治理的状况的话，我们会有很多启迪。

从"严治官"方面来看，这几年新一届领导人明显加大对官员治理的力度，特别是对高官的腐败采取了严格的高压政策，有资料显示，仅

2006 年一年，中央查处的省部级高官的腐败案件已经超过了 20 起，是这几年来查处人数最多的一年，它进一步显示了中央反腐败的坚强决心，给民众以信心。这就是说"严治官"的力度在明显加大。

在"善待民"方面，也有突破性进展。其最主要的标志是，关注弱势群体的利益，解决普通民众切身的问题，特别是提出构建和谐社会的目标，解决全民最低生活保障。这些举措，同样受到了广大民众的拥护和响应。

在"创新政体"方面，笔者认为主要是从两方面展开的：一是以地方党政换届为契机，扩大党内民主，如制定了党政干部的任用条例、回避条例、异地交流条例，减少党内专职副书记的数量，改善党内的决策领导体制，在产生十七大党代表中，扩大差额选举的范围等；二是进一步推动行政体制改革，如加快转变政府职能的步伐，建立法制政府，建立行政问责制，深化行政审批制度改革，建立对政府的绩效评价体系，推进政务公开。

在"稳定银根"方面，应该说从 2004 年起，就一直在进行宏观调控，促进经济的健康发展。尽管在这方面我们也遇到了很多阻力和问题，但是没有动摇宏观调控的决心。人们很清楚，中国经济到了现在这个程度，已经非常大了，经济能不能保持平稳的发展，能不能稳定，对我们国家影响是很大的。这也就是说，今天的中国经济已经经受不起大起大落的打击了。

基于上面的分析，我把中国过去几年中国行政体制改革的特点概括为以下五点：

一是开始把改革重点向行政体制改革转移，为实现政府行政改革的目标进行多个层面的推进；

二是加强对公共权力的监督，加大反腐败的力度；

三是政府的社会管理和公共服务职能得到进一步重视和加强，并有一系列实质性举措，包括取消农业税，建立包括农村在内的最低生活保障制度；

四是人们对未来中国行政体制改革和政治体制改革产生了很多的联想和期待；

五是宏观调控虽然步履艰难，但大体保持了中国经济的稳定和发展。

但总体上看，行政体制改革滞后的问题并没有从根本上解决，之所以如此，一个重要原因，就在于我们的某些政治改革还没有及时跟进，因此，直接影响行政体制改革的深入。这是一个很值得我们认真思考的问题。

现在人们都在谈论创新。比如技术创新、科技创新、企业创新，这些关系国家未来在国际社会中竞争力的创新活动，无疑至关重要。但是，如果我们冷静地思考一下就会发现，在所有的创新活动中，体制创新似乎更带有根本性。因为正像前面我们所指出的那样，中国"发展结构"的不平衡，尽管表现形式多种多样，但归根到底首先还是体制创新方面的不平衡。如果对中国改革开放的过程稍许进行考察，就会发现，这一过程在很大程度上也首先是经济体制和社会管理体制的创新过程。比如。就经济体制来看，从改革开放到现在，至少中国的经济体制已由传统的计划经济体制转向市场经济体制；中国的经济制度安排，也由公有制为主体、多种经济成分并存发展到公有制为主体、多种经济成分共同发展这样一个新的高度。尽管这一过程异常复杂、艰难和曲折，但所取得的历史性突破是有目共睹的。相比之下，中国政治层面的体制创新，则显得不尽如人意。在这方面我们虽然也付出了极大的努力，特别是邓小平在 20 世纪 80 年代初就政治体制的革新提出过一系列极其重要的思想，随后也出台了一些具体改革政策，并在不同的领域取得了一些进展，但总的看，似乎还不能适应经济体制和社会体制创新的要求。在某些方面甚至制约了经济和社会的发展，也影响到经济体制和社会体制的进一步创新。可见，加快政治体制创新的步伐，已成为我们必须高度重视的关键问题。

就政治发展内在的冲突而言，中国目前最大的问题莫过于政治结构分化不充分，以及由此导致权力结构中的制衡体制难以有效建立；而权力制衡的缺位，在某种意义上又助长了权力行使非理性的扩张，从而动摇了权力合法性在人们心目中的地位。另外，社会问题的突出，政治参与渠道、参与途径的短缺，也在一定程度上影响乃至挫伤了人们政治参与的热情，增加了政治不稳定的因素。这就告诉我们，中国政治层面的体制创新，最根本的问题是要解决政治结构的科学分化以及与此相联系的制度的重新安排问题。我们这样提出问题，绝不意味着要改变我国的基本政治制度本身，而是在这一基本政治制度下，如何使政治结构的配置更加合理、有效。在这方面，党的十七大已经提出了非常明确的目标和路径：如要依法实行民主选举、民主决策、民主管理、民主监督；保障人民的知情权、参与权、表达权、监督权；发展基层民主，实行自我管理，自我服务，自我教育，自我监督。可见，我们政治创新最关键的是，如何按照党的十七大提出的这些目标，加以具体化，并将之制度化、规范化。就当前来看，我们在政治体制创新方面，当务之急是要认真探索在制度层面对公共权力的有效监督问题。

那么，在政治体制创新中，我们如何建立有效制约权力、防范腐败的权力结构呢？

应当指出，建立抑制腐败的权力制衡体制，必须对我国现行的权力结构进行较大幅度的调整和重新配置，真正确立起一套新的执政党、人大、政协、政府四者之间的责任体系。在做出这种选择时，首先要消除长期存在一些人头脑中的某些观念：即建立权力制衡体制，似乎就会削弱执政党的领导，这完全是一种误解。其实，进行这样的调整，绝不是要削弱中国共产党的执政地位，而是要有效地加强和改善党的领导。这是因为，中国共产党的执政地位是近代中国社会、中国革命的历史性选择。在当代中国社会，没有任何一种政治力量可以取代。建立起科学有效的权力制衡体制，只会进一步改善中国共产党的执政方式，更好地加强党的领导地位，推动社会的进步，而不是相反。我们思考问题的前提只有放在这样一个基点上，才有可能做出正确的抉择。

建立权力制衡体制，首先要对执政党的执政方式进行必要的改革，以接受来自党内外更多的监督。具体讲，改变执政方式，主要是更好地发挥政权机关（人大）和参政机关（政协）的作用，使国家的治权机关（国务院）真正对人大负责；使政协及其所容纳的各民主党派真正成为监督执政党的参政力量。也就是说，要通过政协的参政权制约执政党的执政权。与此同时，中国共产党在其内部，一方面要扩大党内民主，发挥党员在党的路线、方针、政策制定以及重大人事安排中的重要作用，如党内要实行较大范围的差额选举，在各级党的代表会议上，党员数人可以联名提出党的有关领导候选人等；另一方面，将现行的党的纪律检查机关的组织体制加以改造，变同级党委领导为上级纪委垂直领导，加强对包括党的高级领导人员行为的监督，如制定中国共产党党内监督条例等。

参政党的改革，主要是加强中国共产党领导的多党合作，建立具有中国特色的政党政治制度。按照我国的政党制度，各民主党派通过政协参政议政，这无疑是一种好的组织形式。但目前政协的运作机制，从整体功能看，还难以真正发挥参政议政的作用，也不利于对执政党进行有效的监督。为改变这种局面，应把政协作为一个强有力的参政机关和对执政党的权力制约机构进行改革。如可以赋予政协推荐国家政权机关与治权机关某些领导人的权力，并与执政党、人大代表推荐的候选人，一并参与竞争，供人代会代表选择；政协的换届会议可以考虑与中国共产党的代表大会同时召开，这样才能使政协对执政党提出的路线、方针、政策，进行真正意义上的协商，以便取得共识；政协的领导成员应有严格的任期制，并不宜由过多的超龄人员出任；政协内部领导成员的产生，应充分发扬民主，实行差额选举；赋予政协提出弹劾执政党担任高级领导职务人员动议的权力，以及对执政党重大路线、方针、政策提出质询的权力等。

权力机关的改革，主要是要加强国家权力机关对行政机关和司法机关的监督制约功能，反映人民的意愿。目前国家权力机关的权威之所以不强，究其原因，一是人大对政府组成人员及司法机关的领导成员，缺少真正意义上的选择权；二是对向其负责的政府及其司法系统，没能建立起一套行之有效的监督制约机制。为了改变这种状况，对人民代表大会制度，有必要进一步健全和完善。比如，要扩大全国人大及其常委会选择行政机关政府组成人员及司法机关领导成员的权力，对各方面推荐出的候选人实行普遍的差额选举制或竞争任命制，使被选举或被任命者从中产生压力和动力；还可以考虑将目前设在行政机关的审计机关归属权力机关直接领导，从组织体制上加强权力机关对行政机关的监督；制定弹劾政府组成人员的实施细则，加强人大对政府部长级以上高级官员弹劾的力度；加强人大对司法机关的监督，并保证司法权的相对独立。为了加强司法监督，还可以考虑设立宪法法院，追究政党以及政府官员的违宪行为等。另外，人大与政协都应有强有力的舆论阵地，通过媒体，加强对国家行政机关、司法机关以及执政党的舆论监督。

应当说，我国的政治结构如果按照这样的架构进行改革或分化，不仅仍然保持着我国政治体制的基本原则，坚持中国共产党的领导地位和执政地位，而且可以真正建立起中国特色的权力制衡体制，这对中国未来的政治发展无疑会产生深远的影响。

附录　新中国成立以来国务院组织机构

图 1　1949 年 12 月中央人民政府及政务院机构设置图

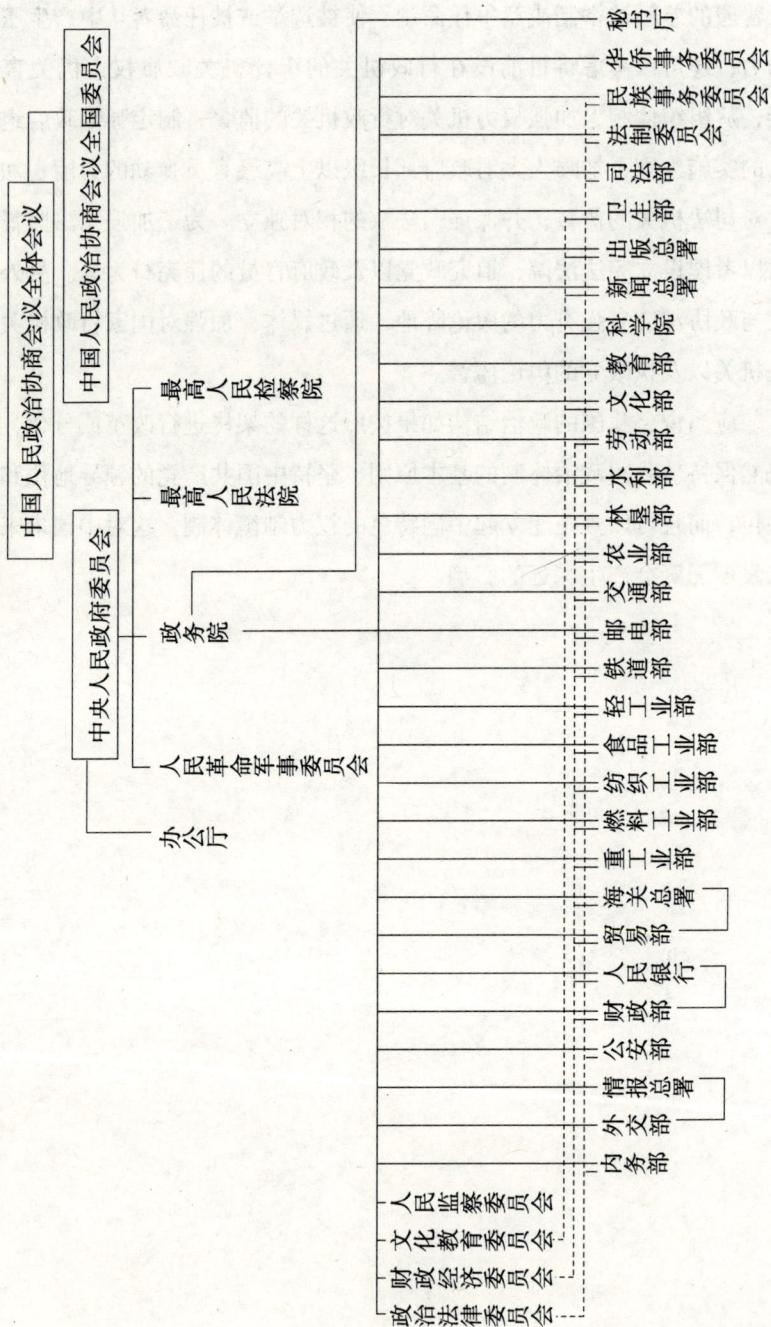

中国人民政治协商会议全体会议

中国人民政治协商会议全国委员会

中国人民政治协商会议

中央人民政府委员会

办公厅　人民革命军事委员会　政务院　最高人民法院　最高人民检察院

秘书厅　华侨事务委员会　民族事务委员会　法制委员会　司法部　卫生部　出版总署　新闻总署　科学院　教育部　文化部　劳动部　水利部　林垦部　农业部　交通部　邮电部　铁道部　轻工业部　食品工业部　纺织工业部　燃料工业部　重工业部　海关总署　贸易部　人民银行　财政部　公安部　情报总署　外交部　内务部

政治法律委员会　财政经济委员会　文化教育委员会　人民监察委员会

图 2　1954 年国务院组织机构图

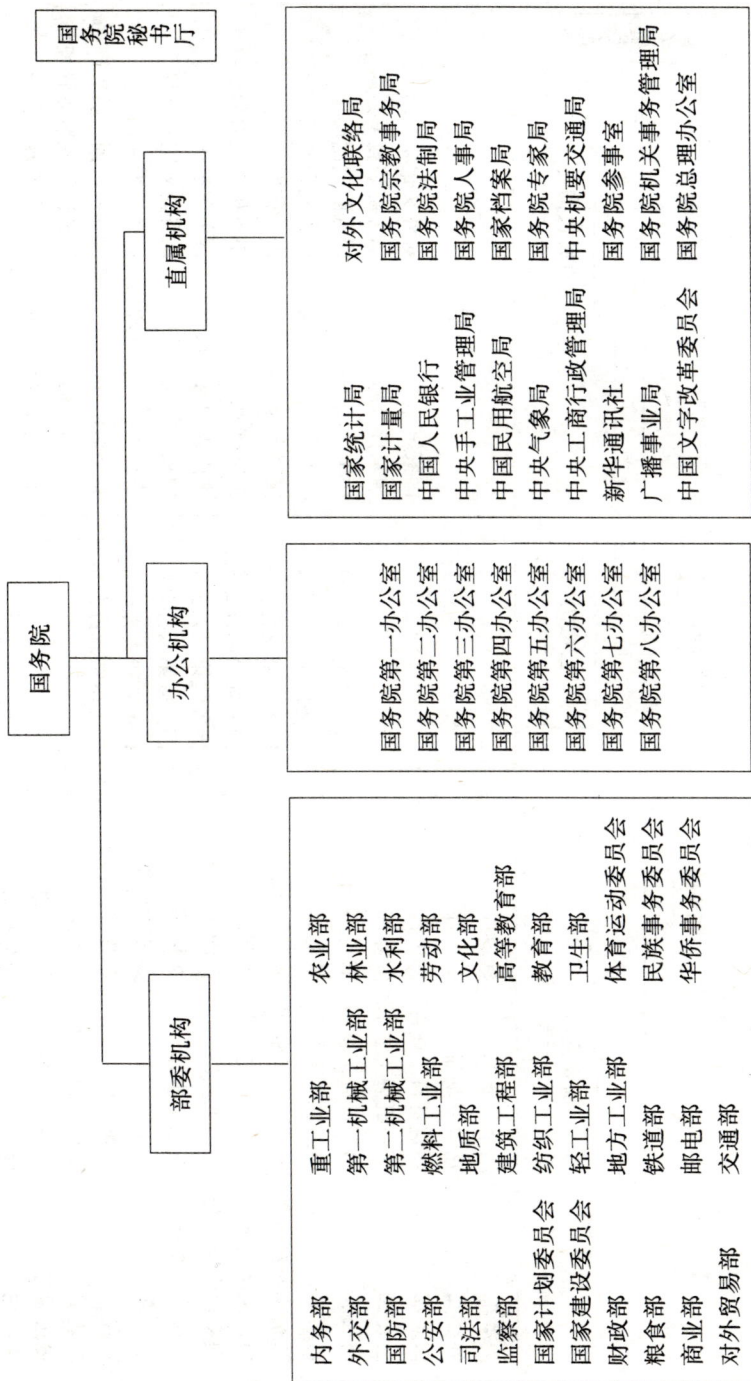

国务院秘书厅

国务院

部委机构	办公机构	直属机构

部委机构

内务部
外交部
国防部
公安部
司法部
监察部
国家计划委员会
国家建设委员会
财政部
粮食部
商业部
对外贸易部
重工业部
第一机械工业部
第二机械工业部
燃料工业部
地质部
建筑工程部
纺织工业部
轻工业部
地方工业部
铁道部
邮电部
交通部
农业部
林业部
水利部
劳动部
文化部
高等教育部
教育部
卫生部
体育运动委员会
民族事务委员会
华侨事务委员会

办公机构

国务院第一办公室
国务院第二办公室
国务院第三办公室
国务院第四办公室
国务院第五办公室
国务院第六办公室
国务院第七办公室
国务院第八办公室

直属机构

国家统计局
国家计量局
中国人民银行
中央手工业管理局
中国民用航空局
中央气象局
中央工商行政管理局
新华通讯社
广播事业局
中国文字改革委员会
对外文化联络局
国务院宗教事务局
国务院法制局
国务院人事局
国家档案局
国务院专家局
中央机要交通局
国务院参事室
国务院机关事务管理局
国务院总理办公室

图 3　1956 年国务院组织机构图

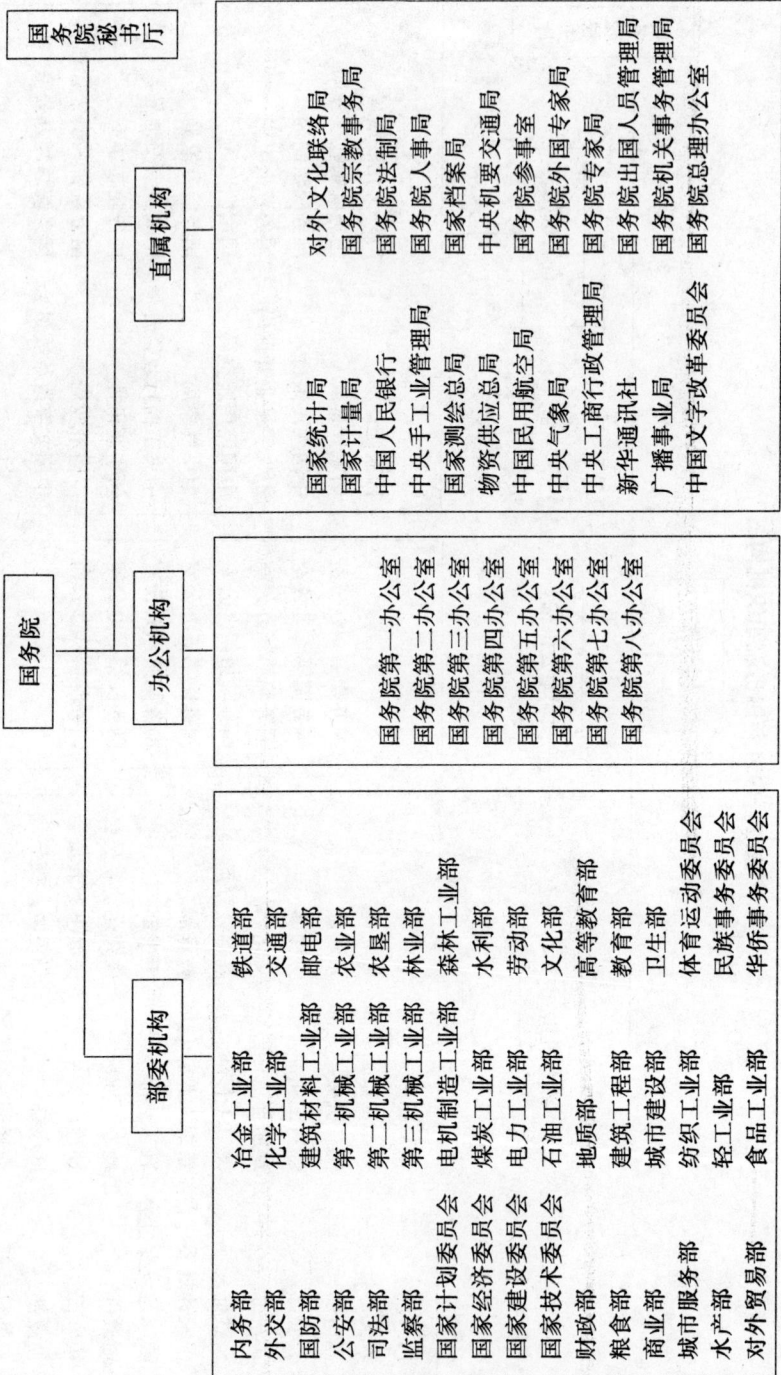

国务院

国务院秘书厅

部委机构

- 内务部
- 外交部
- 国防部
- 公安部
- 司法部
- 监察部
- 国家计划委员会
- 国家经济委员会
- 国家建设委员会
- 国家技术委员会
- 财政部
- 粮食部
- 商业部
- 城市服务部
- 水产部
- 对外贸易部
- 冶金工业部
- 化学工业部
- 建筑材料工业部
- 第一机械工业部
- 第二机械工业部
- 第三机械工业部
- 电机制造工业部
- 煤炭工业部
- 电力工业部
- 石油工业部
- 地质部
- 建筑工程部
- 城市建设部
- 纺织工业部
- 轻工业部
- 食品工业部
- 铁道部
- 交通部
- 邮电部
- 农业部
- 农垦部
- 林业部
- 森林工业部
- 水利部
- 劳动部
- 文化部
- 高等教育部
- 教育部
- 卫生部
- 体育运动委员会
- 民族事务委员会
- 华侨事务委员会

办公机构

- 国务院第一办公室
- 国务院第二办公室
- 国务院第三办公室
- 国务院第四办公室
- 国务院第五办公室
- 国务院第六办公室
- 国务院第七办公室
- 国务院第八办公室

直属机构

- 国家统计局
- 国家计量局
- 中国人民银行
- 中央手工业管理局
- 国家测绘总局
- 物资供应总局
- 中国民用航空局
- 中央气象局
- 中央工商行政管理局
- 新华通讯社
- 广播事业局
- 中国文字改革委员会
- 对外文化联络局
- 国务院宗教事制局
- 国务院法制局
- 国务院人事局
- 国家档案局
- 中央机要交通局
- 国务院参事室
- 国务院外国专家局
- 国务院专家局
- 国务院出国人员管理局
- 国务院机关事务管理局
- 国务院总理办公室

图4 1959年国务院组织机构图

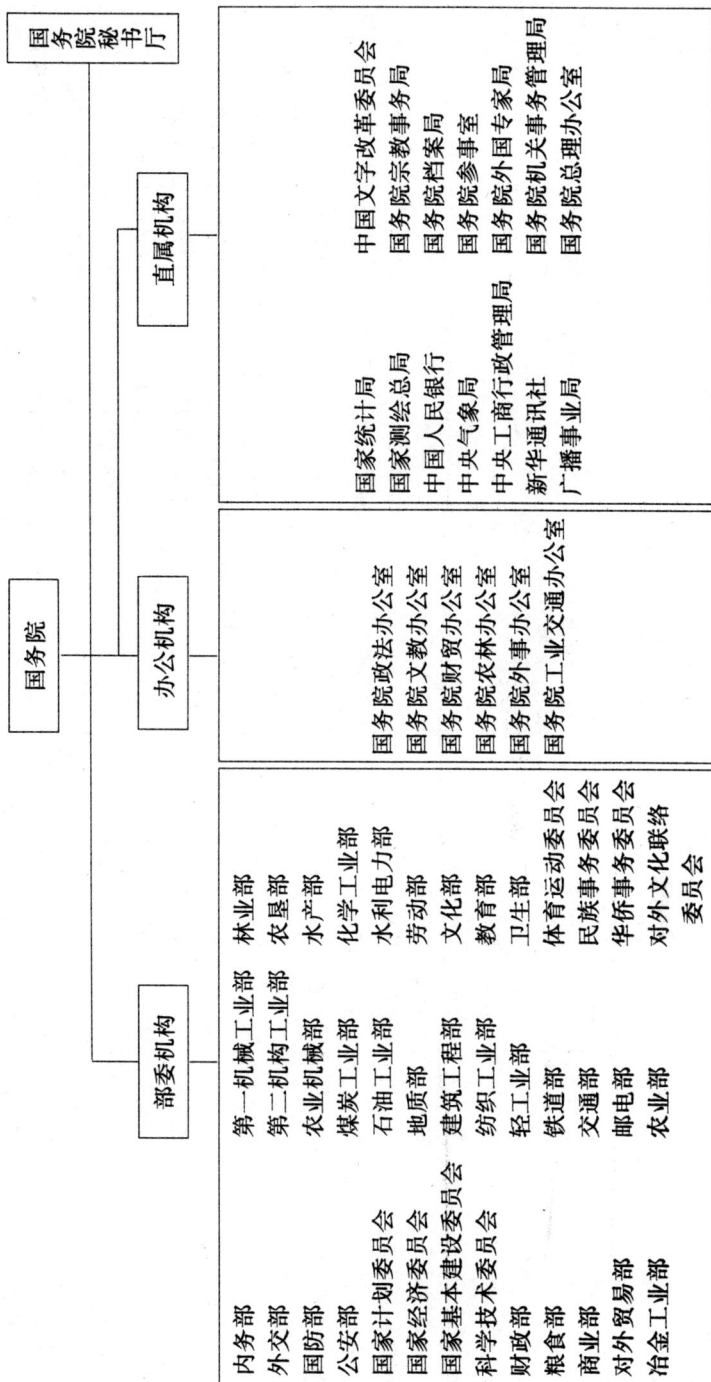

国务院

部委机构

内务部
外交部
国防部
公安部
国家计划委员会
国家经济委员会
国家基本建设委员会
科学技术委员会
财政部
粮食部
商业部
对外贸易部
冶金工业部

第一机械工业部
第二机械工业部
农业机械部
煤炭工业部
石油工业部
地质部
建筑工程部
纺织工业部
轻工业部
铁道部
交通部
邮电部
农业部

林业部
农垦部
水产部
化学工业部
水利电力部
劳动部
文化部
教育部
卫生部
体育运动委员会
民族事务委员会
华侨事务委员会
对外文化联络委员会

办公机构

国务院政法办公室
国务院文教办公室
国务院财贸办公室
国务院农林办公室
国务院外事办公室
国务院工业交通办公室

直属机构

国家统计局
国家测绘总局
中国人民银行
中央气象局
中央工商行政管理局
新华通讯社
广播事业局

中国文字改革委员会
国务院宗教事务局
国务院档案局
国务院参事室
国务院外国专家局
国务院机关事务管理局
国务院总理办公室

国务院秘书厅

411

图5 1965年国务院组织机构图

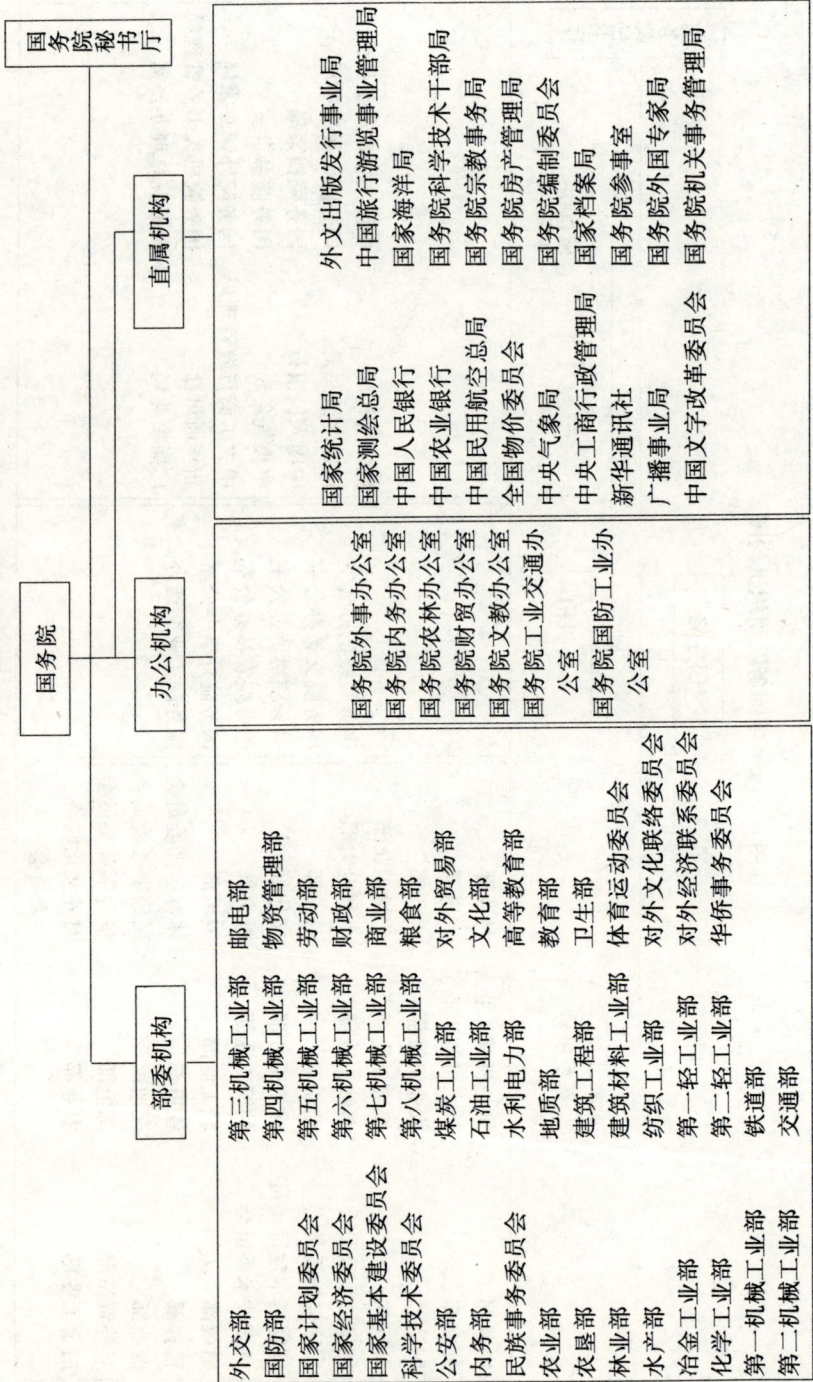

国务院

国务院秘书厅

部委机构

外交部
国防部
国家计划委员会
国家经济委员会
国家基本建设委员会
科学技术委员会
公安部
内务部
民族事务委员会
农业部
农垦部
林业部
水产部
冶金工业部
化学工业部
第一机械工业部
第二机械工业部

第三机械工业部
第四机械工业部
第五机械工业部
第六机械工业部
第七机械工业部
第八机械工业部
煤炭工业部
石油工业部
水利电力部
地质部
建筑工程部
建筑材料工业部
纺织工业部
第一轻工业部
第二轻工业部
铁道部
交通部

邮电部
物资管理部
劳动部
财政部
商业部
粮食部
对外贸易部
文化部
高等教育部
教育部
卫生部
体育运动委员会
对外文化联络委员会
对外经济联系委员会
华侨事务委员会

办公机构

国务院外事办公室
国务院内务办公室
国务院农林办公室
国务院财贸办公室
国务院文教办公室
国务院工业交通办公室
国务院国防工业办公室

直属机构

国家统计局
国家测绘总局
中国人民银行
中国农业银行
中国民用航空总局
全国物价委员会
中央气象局
中央工商行政管理局
新华通讯社
广播事业局
中国文字改革委员会

外文出版发行事业局
中国旅行游览事业管理局
国家海洋局
国务院科学技术干部局
国务院宗教事务局
国务院房产管理局
国务院编制委员会
国家档案局
国务院参事室
国务院外国专家局
国务院机关事务管理局

图 6 1975 年国务院组织机构图

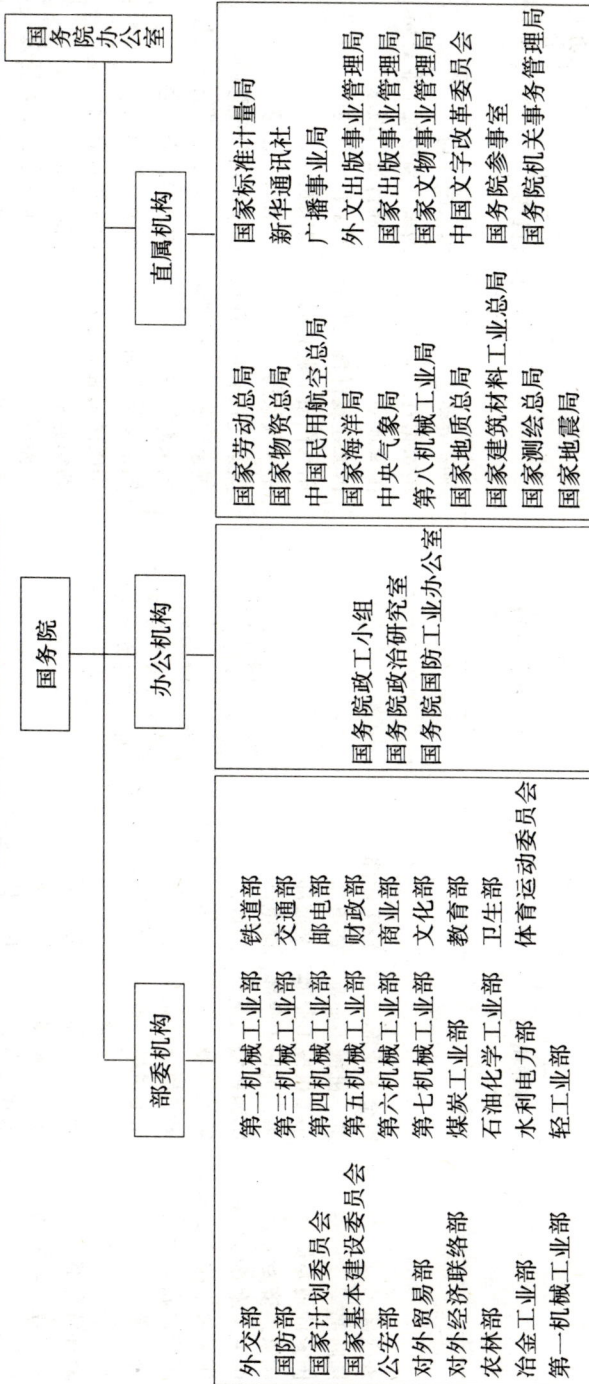

国务院

国务院办公室

部委机构

外交部
国防部
国家计划委员会
国家基本建设委员会
公安部
对外贸易部
对外经济联络部
农林部
冶金工业部
第一机械工业部

第二机械工业部
第三机械工业部
第四机械工业部
第五机械工业部
第六机械工业部
第七机械工业部
煤炭部
石油化学工业部
水利电力部
轻工业部

铁道部
交通部
邮电部
财政部
商业部
文化部
教育部
卫生部
体育运动委员会

办公机构

国务院政工小组
国务院政治研究室
国务院国防工业办公室

国家劳动总局
国家物资总局
中国民用航空总局
国家海洋局
中央气象局
第八机械工业局
国家地质总局
国家建筑材料工业总局
国家测绘总局
国家地震局

直属机构

国家标准计量局
新华通讯社
广播事业局
外文出版事业管理局
国家出版事业管理局
国家文物事业管理局
中国文字改革委员会
国务院参事室
国务院机关事务管理局

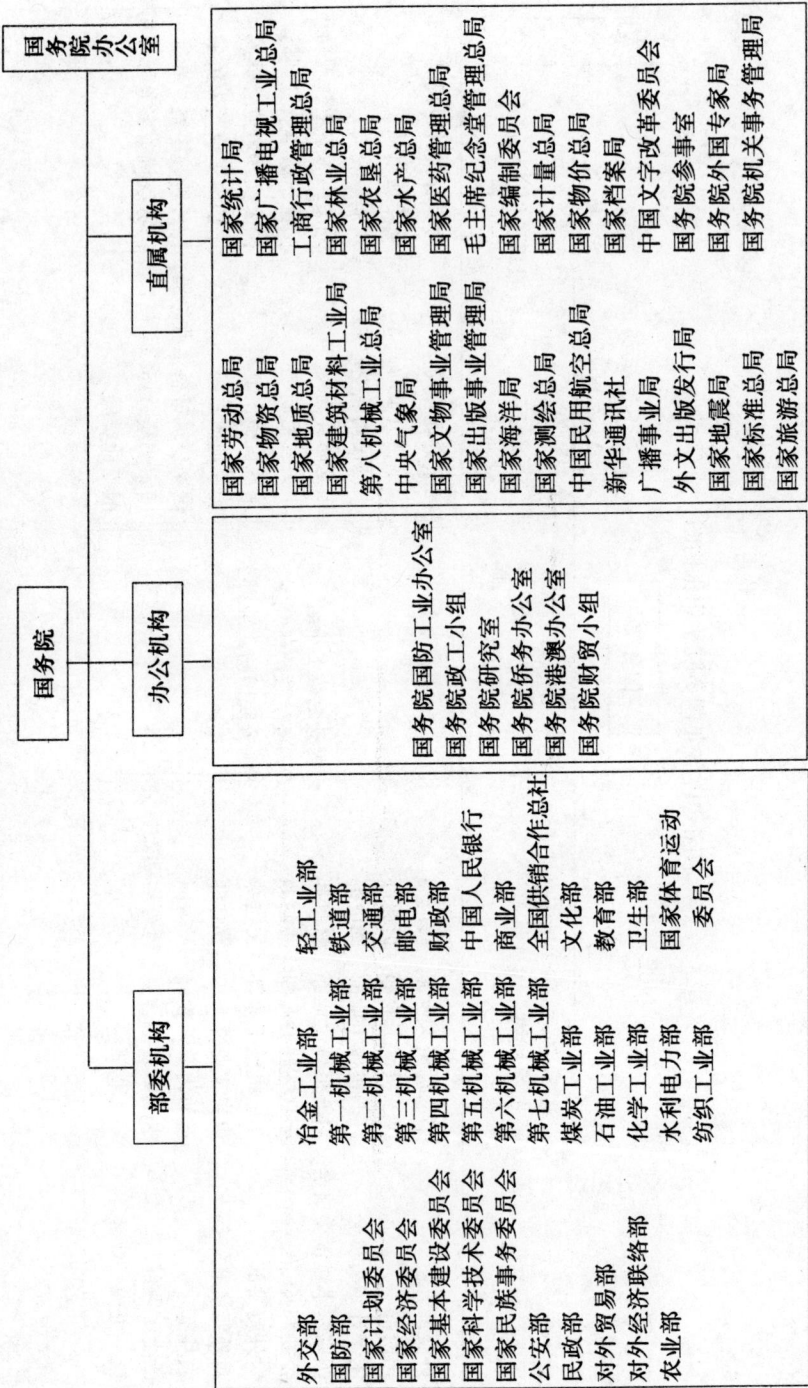

图 7 1978 年国务院组织机构图

国务院办公室

国务院

部委机构

外交部
国防部
国家计划委员会
国家经济委员会
国家基本建设委员会
国家科学技术委员会
国家民族事务委员会
公安部
民政部
对外贸易部
对外经济联络部
农业部
冶金工业部
第一机械工业部
第二机械工业部
第三机械工业部
第四机械工业部
第五机械工业部
第六机械工业部
第七机械工业部
煤炭工业部
石油工业部
化学工业部
水利电力部
纺织工业部
轻工业部
铁道部
交通部
邮电部
财政部
中国人民银行
商业部
全国供销合作总社
文化部
教育部
卫生部
国家体育运动委员会

办公机构

国务院国防工业办公室
国务院政工小组
国务院研究室
国务院侨务办公室
国务院港澳办公室
国务院财贸小组

直属机构

国家统计局
国家广播电视工业总局
工商行政管理总局
国家林业总局
国家农垦总局
国家水产总局
国家医药管理总局
毛主席纪念堂管理局
国家编制委员会
国家计量总局
国家物价总局
国家档案局
中国文字改革委员会
国务院参事室
国务院外国专家局
国务院机关事务管理局

国家劳动总局
国家物资总局
国家地质总局
国家建筑材料工业局
第八机械工业局
中央气象局
国家文物事业管理局
国家出版事业管理局
国家海洋局
国家测绘总局
中国民用航空总局
新华通讯社
广播事业局
外文出版发行局
国家地震局
国家标准总局
国家旅游总局

图 8 1981 年国务院组织机构图

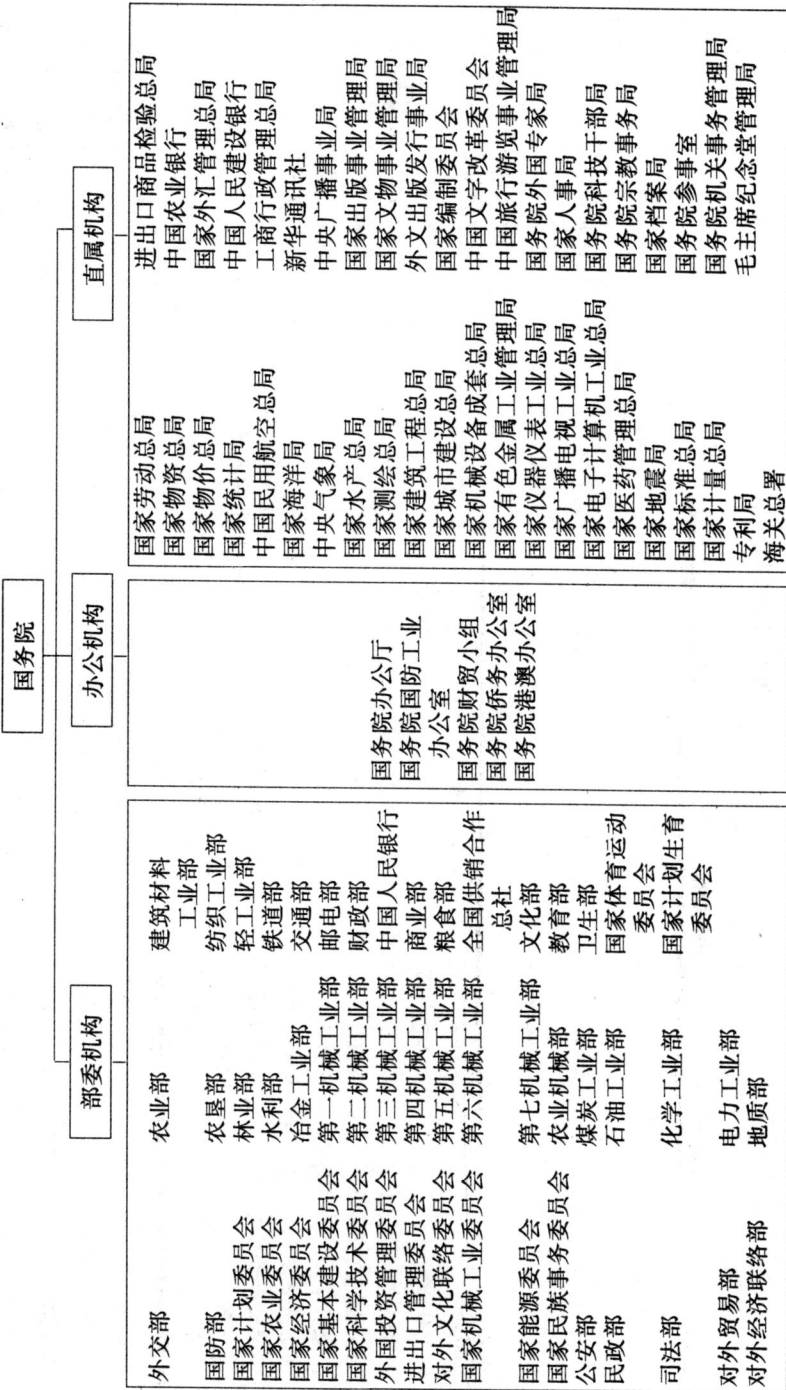

国务院

部委机构

外交部
国防部
国家计划委员会
国家农业委员会
国家经济委员会
国家基本建设委员会
国家科学技术委员会
外国投资管理委员会
进出口管理委员会
对外文化联络委员会
国家机械工业委员会
国家能源委员会
国家民族事务委员会
公安部
民政部
司法部
对外贸易部
对外经济联络部

农业部
农垦部
林业部
水利部
冶金工业部
第一机械工业部
第二机械工业部
第三机械工业部
第四机械工业部
第五机械工业部
第六机械工业部
第七机械工业部
农业工业部
煤炭工业部
石油工业部
化学工业部
电力工业部
地质部

建筑材料工业部
纺织工业部
轻工业部
铁道部
交通部
邮电部
财政部
中国人民银行
商业部
粮食部
全国供销合作总社
文化部
教育部
卫生部
国家体育运动委员会
国家计划生育委员会

办公机构

国务院办公厅
国务院国防工业办公室
国务院财贸小组
国务院侨务办公室
国务院港澳办公室

直属机构

国家劳动总局
国家物资总局
国家物价总局
国家统计局
中国民用航空总局
国家海洋局
中央气象局
国家水产总局
国家测绘总局
国家建筑工程总局
国家城市建设总局
国家机械设备成套总局
国家有色金属工业总局
国家仪器仪表工业总局
国家广播电视工业总局
国家电子计算机工业总局
国家医药管理总局
国家地震局
国家标准总局
国家计量总局
专利局
海关总署

进出口商品检验总局
中国农业银行
国家外汇管理总局
中国人民建设银行
工商行政管理总局
新华通讯社
中央广播事业局
国家出版事业管理局
国家文物事业管理局
外文出版发行事业局
国家编制委员会
中国文字改革委员会
中国旅行游览事业管理局
国务院外国专家局
国家人事局
国务院科技干部局
国务院宗教事务局
国务院机关事务管理局
国家档案局
国务院参事室
国务院宗教事务管理局
毛主席纪念堂管理局

图9　1982年国务院组织机构图

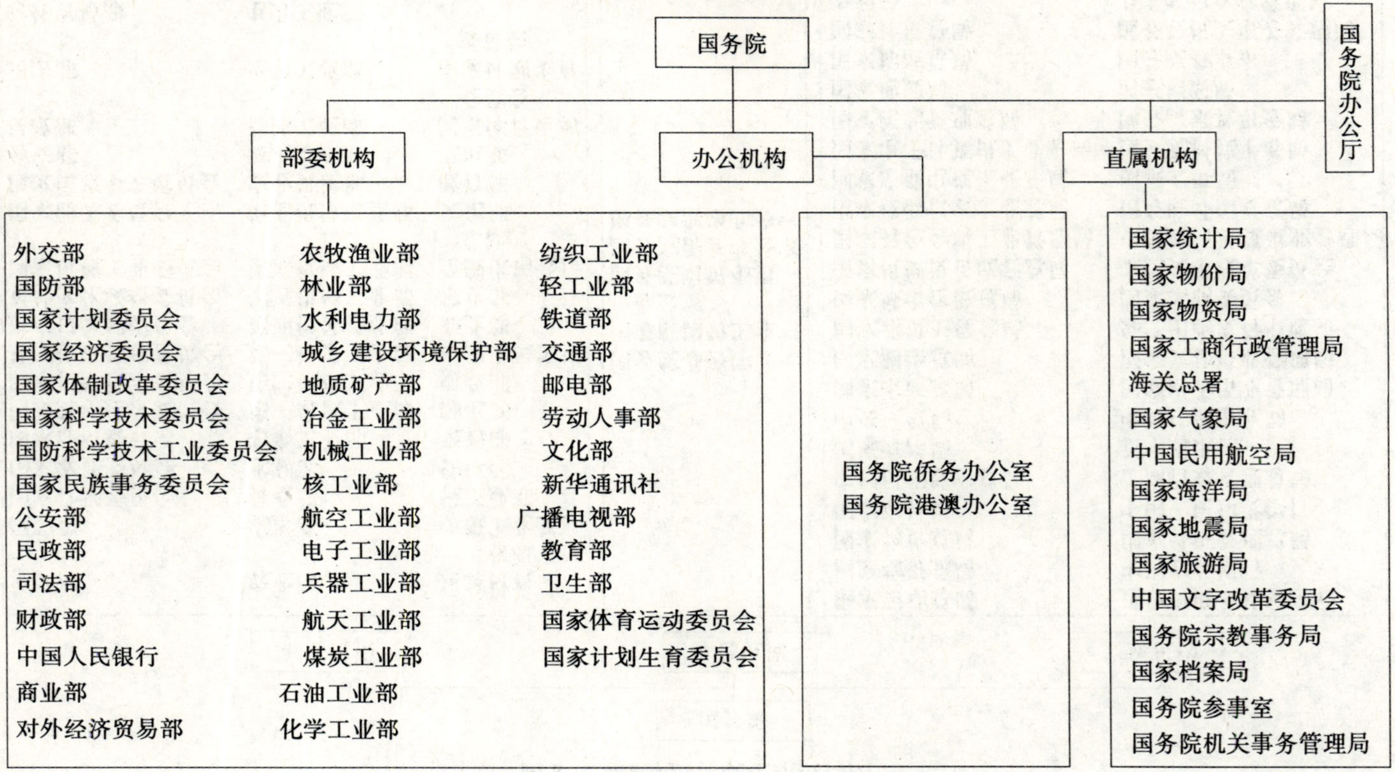

国务院办公厅

国务院

直属机构
- 国家统计局
- 国家物价局
- 国家物资局
- 国家工商行政管理局
- 海关总署
- 国家气象局
- 中国民用航空局
- 国家海洋局
- 国家地震局
- 国家旅游局
- 中国文字改革委员会
- 国务院宗教事务局
- 国家档案局
- 国务院参事室
- 国务院机关事务管理局

办公机构
- 国务院侨务办公室
- 国务院港澳办公室

部委机构
- 外交部
- 国防部
- 国家计划委员会
- 国家经济委员会
- 国家体制改革委员会
- 国家科学技术委员会
- 国防科学技术工业委员会
- 国家民族事务委员会
- 公安部
- 民政部
- 司法部
- 财政部
- 中国人民银行
- 商业部
- 对外经济贸易部
- 农牧渔业部
- 林业部
- 水利电力部
- 城乡建设环境保护部
- 地质矿产部
- 冶金工业部
- 机械工业部
- 核工业部
- 航空工业部
- 电子工业部
- 兵器工业部
- 航天工业部
- 煤炭工业部
- 石油工业部
- 化学工业部
- 纺织工业部
- 轻工业部
- 铁道部
- 交通部
- 邮电部
- 劳动人事部
- 文化部
- 新华通讯社
- 广播电视部
- 教育部
- 卫生部
- 国家体育运动委员会
- 国家计划生育委员会

图 10 1988 年国务院组织机构图

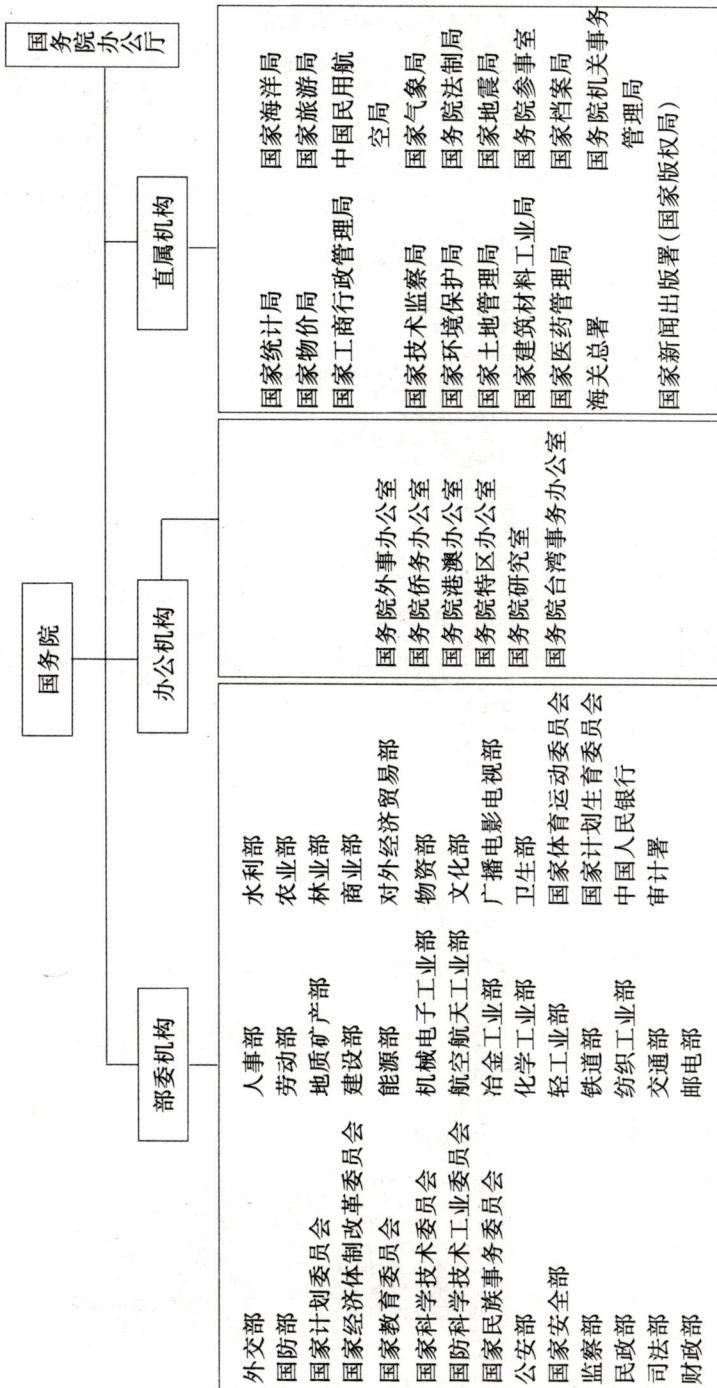

国务院

国务院办公厅

部委机构

外交部
国防部
国家计划委员会
国家经济体制改革委员会
国家教育委员会
国家科学技术委员会
国防科学技术工业委员会
国家民族事务委员会
公安部
国家安全部
监察部
民政部
司法部
财政部

人事部
劳动部
地质矿产部
建设部
能源部
机械电子工业部
航空航天工业部
冶金工业部
化学工业部
轻工业部
铁道部
纺织工业部
交通部
邮电部

水利部
农业部
林业部
商业部
对外经济贸易部
物资部
文化部
广播电影电视部
卫生部
国家体育运动委员会
国家计划生育委员会
中国人民银行
审计署

办公机构

国务院外事办公室
国务院侨务办公室
国务院港澳办公室
国务院特区办公室
国务院研究室
国务院台湾事务办公室

直属机构

国家统计局
国家物价局
国家工商行政管理局
国家技术监察局
国家环境保护局
国家土地管理局
国家建筑材料工业局
国家医药管理局
海关总署
国家新闻出版署（国家版权局）

国家海洋局
国家旅游局
中国民用航空局
国家气象局
国务院法制局
国家地震局
国务院参事室
国家档案局
国务院机关事务管理局

图 11 1993 年国务院组织机构图

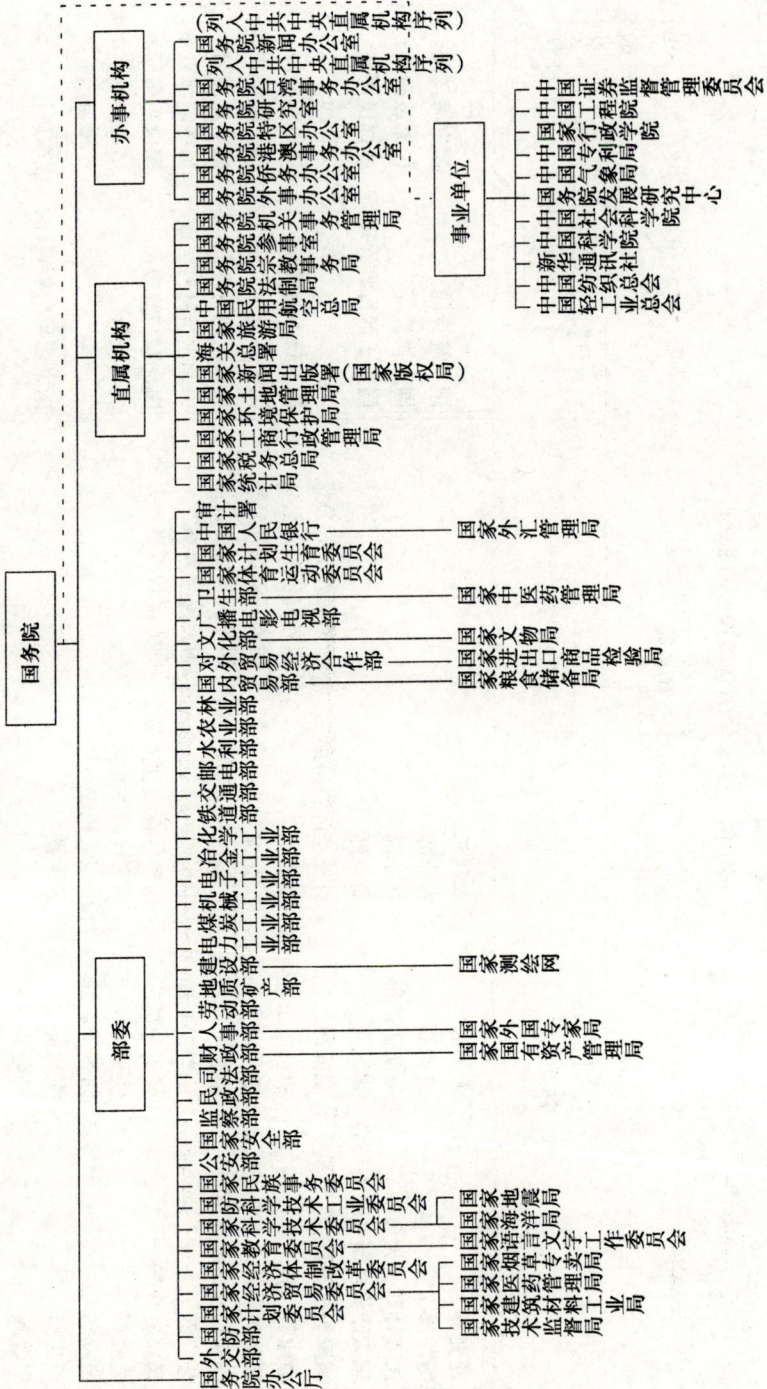

国务院

部委
- 国务院办公厅
- 外交部
- 国防部
- 国家计划委员会
- 国家经济贸易委员会
- 国家教育委员会
- 国家科学技术委员会
- 国家体制改革委员会
- 国防科学技术工业委员会
- 国家民族事务委员会
- 公安部
- 国家安全部
- 监察部
- 民政部
- 司法部
- 财政部
- 人事部
- 劳动部
- 地质矿产部
- 建设部 —— 国家测绘局
- 电力工业部
- 煤炭工业部
- 机械工业部
- 电子工业部
- 冶金工业部
- 化学工业部
- 铁道部
- 交通部
- 邮电部
- 水利部
- 农业部
- 林业部
- 对外贸易经济合作部
- 内贸部
- 文化部
- 广播电影电视部
- 卫生部
- 国家计划生育委员会
- 中国人民银行 —— 国家外汇管理局
- 审计署

（下属机构）
- 国家建筑材料工业局
- 国家医药管理局
- 国家烟草专卖局
- 国家语言文字工作委员会
- 国家海洋局
- 国家地震局
- 国家国有资产管理局
- 国家中医药管理局
- 国家文物局
- 国家粮食储备局
- 国家进出口商品检验局

直属机构
- 国家统计局
- 海关总署
- 国家税务总局
- 国家环境保护局
- 国家工商行政管理局
- 国家土地管理局
- 国家新闻出版署（国家版权局）
- 国家旅游局
- 中国民用航空总局
- 国务院宗教事务局
- 国务院机关事务管理局

办事机构
- 国务院侨务办公室（国务院新闻办公室中共中央对外宣传办公室一个机构两块牌子）
- 国务院外事办公室
- 国务院港澳事务办公室
- 国务院台湾事务办公室（中共中央台湾工作办公室一个机构两块牌子）
- 国务院法制局

事业单位
- 新华通讯社
- 中国科学院
- 中国社会科学院
- 中国工程院
- 国务院发展研究中心
- 国家行政学院
- 中国气象局
- 中国证券监督管理委员会
- 中国轻工总会
- 中国纺织总会

图12　1998年国务院机构设置图

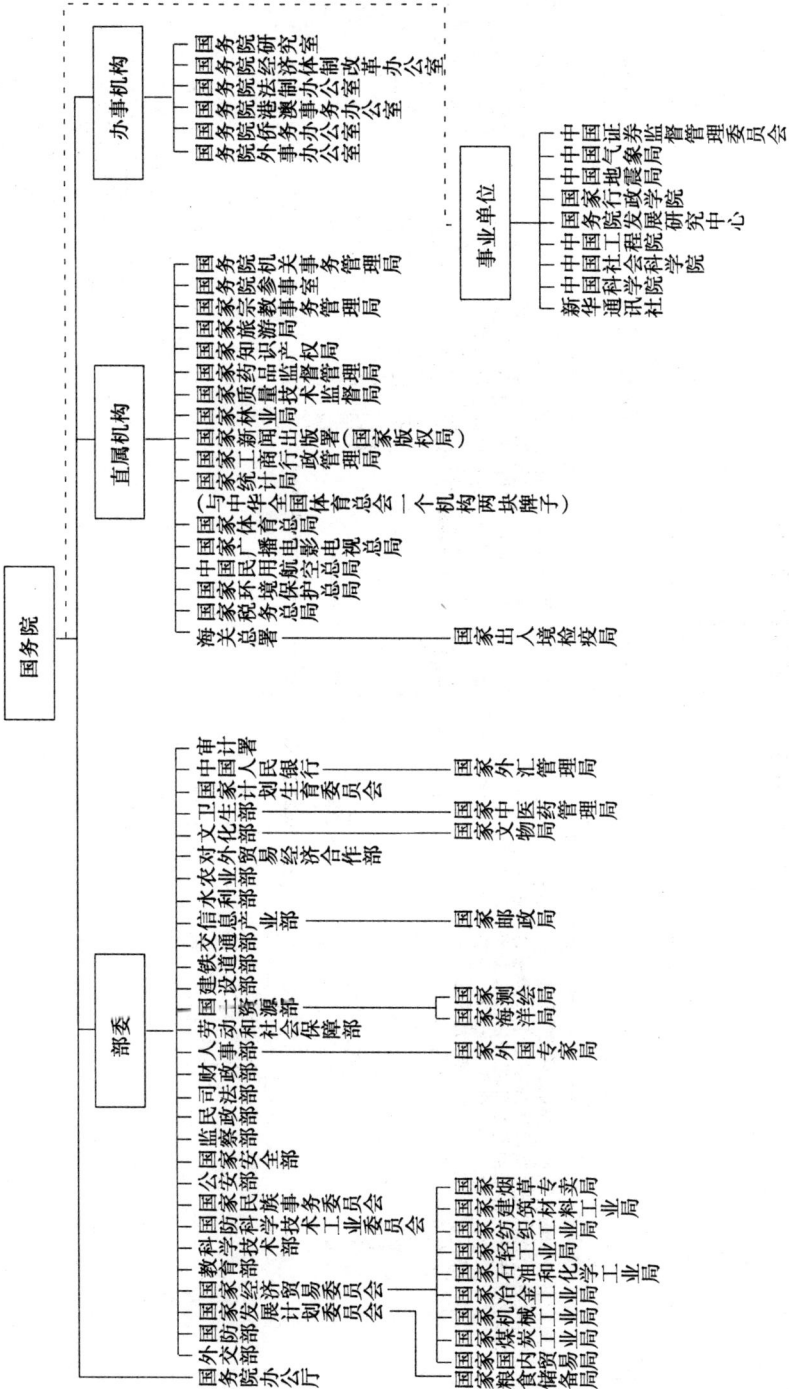

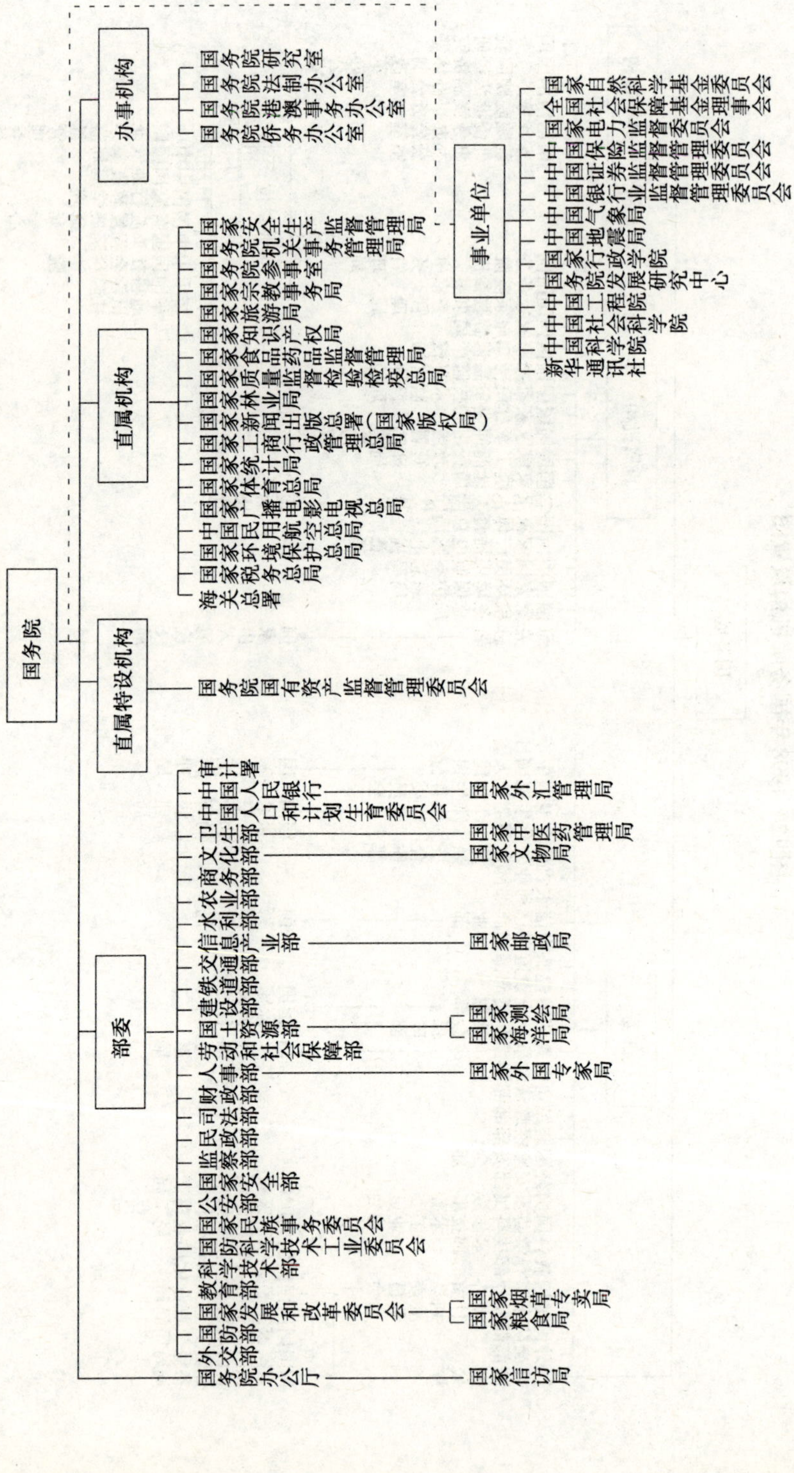

图 13 2003 年国务院机构设置图

图 14 2008 年国务院机构设置图

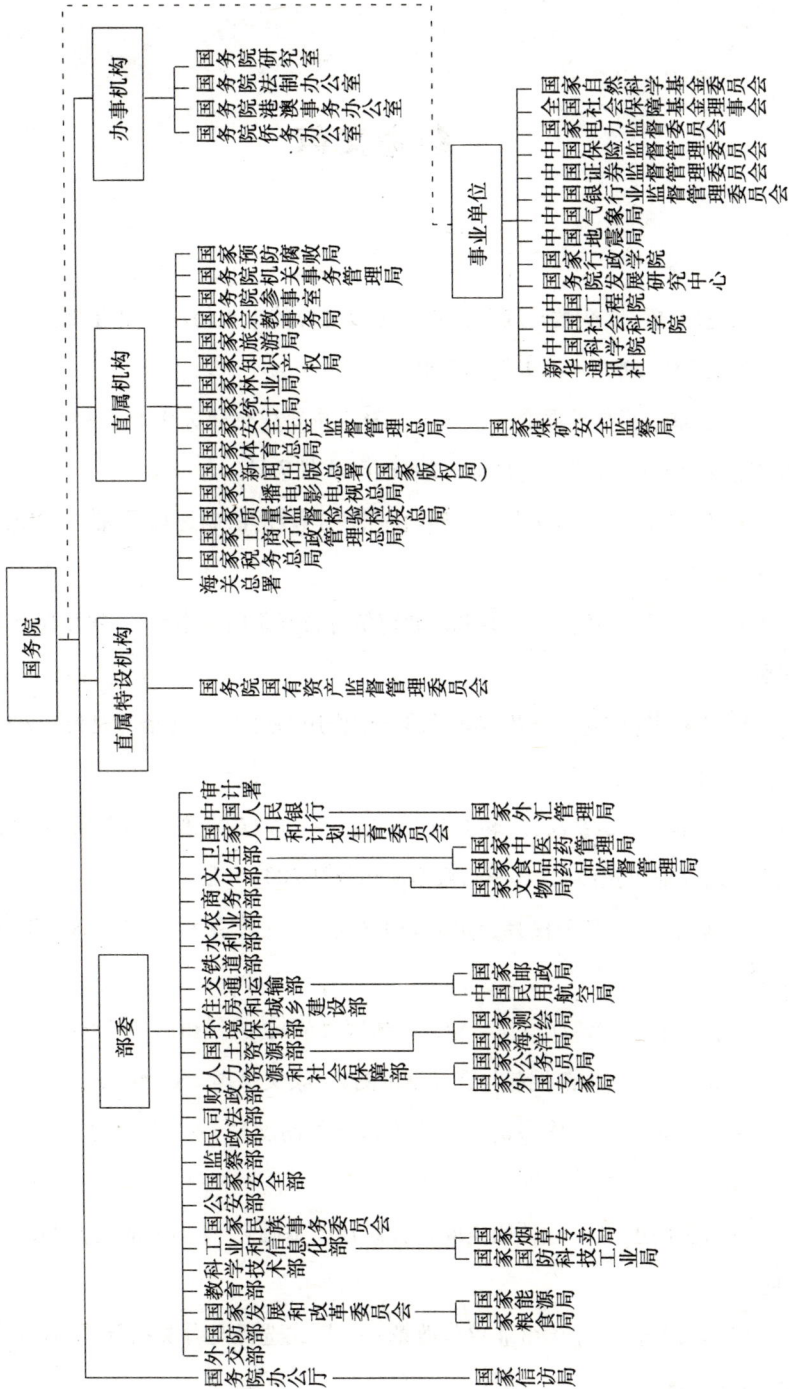

国务院

办事机构
- 国务院侨务办公室
- 国务院港澳事务办公室
- 国务院法制办公室
- 国务院研究室

直属机构
- 海关总署
- 国家税务总局
- 国家工商行政管理总局
- 国家质量监督检验检疫总局
- 国家广播电影电视总局
- 国家新闻出版总署(国家版权局)
- 国家体育总局
- 国家安全生产监督管理总局
- 国家统计局
- 国家林业局
- 国家知识产权局
- 国家旅游局
- 国家宗教事务局
- 国务院参事室
- 国务院机关事务管理局
- 国家预防腐败局
  - 国家煤矿安全监察局

直属特设机构
- 国务院国有资产监督管理委员会

部委
- 外交部
- 国防部
- 国家发展和改革委员会
  - 国家能源局
  - 国家粮食局
- 教育部
- 科学技术部
- 工业和信息化部
  - 国家国防科技工业局
  - 国家烟草专卖局
- 国家民族事务委员会
- 公安部
- 国家安全部
- 监察部
- 民政部
- 司法部
- 财政部
- 人力资源和社会保障部
- 国土资源部
- 环境保护部
- 住房和城乡建设部
- 交通运输部
  - 国家民用航空局
  - 国家邮政局
- 铁道部
- 水利部
- 农业部
- 商务部
- 文化部
- 卫生部
  - 国家食品药品监督管理局
  - 国家中医药管理局
- 国家人口和计划生育委员会
- 中国人民银行
- 审计署
  - 国家外汇管理局
- 国家测绘局
- 国务院国有资产监督管理委员会
- 国家海洋局
- 国家外国专家局

事业单位
- 新华通讯社
- 中国科学院
- 中国社会科学院
- 中国工程院
- 国务院发展研究中心
- 国家行政学院
- 中国地震局
- 中国气象局
- 中国银行业监督管理委员会
- 中国证券监督管理委员会
- 中国保险监督管理委员会
- 全国社会保障基金理事会
- 国家电力监管委员会
- 国家自然科学基金委员会

参考文献

1. 包万超:《儒教与新教:百年宪政建设的本土情结与文化抵抗》,《北大法律评论》1998 年第 1 卷第 2 辑。

2. 北京市邓小平理论和"三个代表"重要思想研究中心:《第三部门发展的意义和作用》,《人民日报》2005 年 10 月 7 日。

3. 蔡立辉:《政府法制论:转轨时期中国政府法制建设研究》,中国社会科学出版社 2002 年版。

4. 曹康泰:《中华人民共和国政府信息公开条例读本》,人民出版社 2007 年版。

5. 陈彬彬:《对改善我国非政府组织作用的思考》,《学习时报》2007 年 1 月 24 日。

6. 陈福今、唐铁汉:《转变政府职能 促进改革发展》(国家行政学院国家课题研究成果选编),国家行政学院出版社 2004 年版。

7. 陈健民:《从公民社会走向和谐社会》,《岭南大讲坛》2007 年 10 月 12 日。

8. 陈泰锋:《WTO 与新一轮行政体制改革》,人民出版社 2006 年版。

9. 陈文科:《中部崛起与武汉城市圈》,崇文书局 2005 年版。

10. 陈宪:《让非常态的转机成为常态的制度》,《解放日报》2008 年 6 月 20 日。

11. 陈子明:《开放社团空间,打好社改基础》,《商务周刊》2008 年第 1 期。

12. 成思危:《中国事业单位改革——模式选择与分类引导》,民主与建设出版社 2000 年版。

13. 程样国、韩艺：《国际新公共管理浪潮与行政改革》，人民出版社 2005 年版。

14. 迟福林：《让民间组织参与公共服务》，《华夏之声论坛》2007 年 5 月 23 日。

15. 迟福林：《以参与公共服务为主要目标的民间组织发展》，《中国经济时报》2006 年 6 月 27 日。

16. 迟福林：《2006，中国改革评估报告》，中国经济出版社 2006 年版。

17. 迟福林：《2007，中国改革评估报告》，中国经济出版社 2007 年版。

18. 邓琛琛、陈良华：《非营利组织视角下的事业单位改革问题的思考》，《中国高新技术企业》2007 年第 15 期。

19. 邓琛琛、陈良华：《深化事业单位改革问题之我见》，《价值工程》2007 年第 12 期。

20. 邓小平：《建设有中国特色的社会主义》（增订本），人民出版社 1987 年版。

21. 邓小平：《邓小平文选》（第二卷），人民出版社 1994 年版。

22. 第一次全国经济普查项目研究课题组：《中国卫生行业发展的现状与特点》，《统计研究》2007 年第 3 期。

23. 丁元竹：《为发育缓慢的社会组织提速》，《新京报》2008 年 4 月 21 日。

24. 董炜：《中国人事工作五年成效显著》，《中国人事报》2007 年 12 月 24 日。

25. 杜治洲、汪玉凯：《电子政务与中国公共服务创新》，《中国行政管理》2007 年第 6 期。

26. 范恒山：《关于事业单位改革的思考》，《学习月刊》2005 年第 1 期。

27. 范恒山：《行政体制改革——全面深化改革和提高对外开放水平的关键》，经济科学出版社 2007 年版。

28. 范恒山：《以政府行政体制改革为重点全面推进体制创新》，人民出版社 2006 年版。

29. 范津文：《解读党的十七大报告关于干部人事制度改革的新思想》，《党政干部学刊》2008 年第 2 期。

30. 费常泰：《温州试点直聘公务员》，《21 世纪经济报道》2008 年 4 月 2 日。

31. 符钢战：《关于中国事业部门体制转型问题研究》，《管理世界》2005 年第 2 期。

32. 傅小随：《政策执行专职化：政策制定与执行适度分开的改革路径》，《中国行政管理》2008 年第 2 期。

33. 傅小随：《中国行政体制改革的运行方式及趋势》，《北京行政学院学报》2000 年第 5 期。

34. 傅小随：《中国行政体制改革的制度分析》，国家行政学院出版社 1999 年版。

35. 高丙中：《社团合作与中国公民社会的有机团结》，《中国社会科学》2006 年第 3 期。

36. 高尚全、迟福林：《增创新优势　中国经济特区的进一步发展》，中国经济出版社 1996 年版。

37. 高新民、于施洋：《我国电子政务建设的进展与问题》，《2008 高技术发展报告》，科学出版社 2008 年版。

38. 顾家麒：《从机构改革到行政体制改革的实践与思考》，中国发展出版社 1997 年版。

39. 郭宝平：《行政改革理论和实践的特点与误区》，《中国行政管理》1999 年第 1 期。

40. 郭道晖：《"以人为本"重在以人的自由为本》，《法学》2007 年第 9 期。

41. 国家民间组织管理局：《民间组织能力亟待加强》，《中国新闻网》2007 年 11 月 25 日。

42. 国家行政学院：《中华人民共和国政府机构五十年》，党建读物出版社、国家行政学院出版社 2000 年版。

43. 国家行政学院研究室、上海浦东新区人民政府:《转型中的政府 上海浦东新区政府体制创新报告》,国家行政学院出版社 2002 年版。

44. 国务院特区办公室:《大有希望的事业 经济技术开发区十周年纪念文集》,中国法制出版社 1995 年版。

45. 国务院新闻办:《中国的法治建设》白皮书,2008 年 2 月 28 日。

46. 国务院信息化工作办公室政策规划组:《国家信息化发展战略学习读本》,电子工业出版社 2007 年版。

47. 国务院行政审批制度改革工作领导小组办公室:《改革行政审批制度 推进政府职能转变》,中国方正出版社 2003 年版。

48. 何椿霖:《中国经济特区与沿海经济技术开发区年鉴 1980—1989》,改革出版社 1991 年版。

49. 胡仙芝:《论社会中介组织在公共管理中的职能和作用》,《中国行政管理》2007 年 6 月。

50. 胡仙芝:《社会中介组织的培育与社会矛盾调节体系的构建》,《中国发展观察》2006 年 9 月 4 日。

51. 黄章晋:《蹒跚中民间组织走向台前》,《中国青年报》2008 年 6 月 13 日。

52. 姬斌:《国务院机构改革概览》,新华出版社 1998 年版。

53. 贾品荣:《中国社会团体官气十足 非盈利组织成食利集团》,《中国经济时报》2007 年 8 月 7 日。

54. 江必新:《法治政府的建构〈全面推进依法行政实施纲要〉解读》,中国青年出版社 2004 年版。

55. 姜国俊:《公共管理改革的动力:国际比较与中国经验》,《东南学术》2007 年第 6 期。

56. 姜杰:《体制变迁与制度设计 国家级经济技术开发区行政体制研究》,经济科学出版社 2008 年版。

57. 教育部:《二〇〇五年全国教育事业发展统计公报》,2006 年 5 月。

58. 金太军、赵晖:《中央与地方政府关系建构与协调》,广东人民出版社 2005 年版。

59. 金太军:《乡镇机构改革挑战与对策》,广东人民出版社 2005 年版。

60. 经济合作与发展组织:《中国治理》,中国科学院——清华大学国情研究中心译,清华大学出版社 2007 年版。

61. 孔昭林、张学栋:《机构革命——地方政府机构改革的对策研究》,中国文史出版社 2001 年版。

62. 李登峰:《加快推进行政体制改革——"学习贯彻十七大精神　加快推进行政体制改革"研讨会综述》,《国家行政学院学报》2007 年第 6 期。

63. 李建勇、程挺:《非政府组织在城市治理中的作用、问题和对策》,《法治论丛》2007 年 6 月。

64. 李军鹏:《公共服务型政府》,北京大学出版社 2004 年版。

65. 李凯:《转型时期我国政府与社会关系的变迁》,《四川行政学院学报》2003 年 4 月。

66. 李庆钧:《公务员考试录用制度存在的问题及对策》,《人事人才》2006 年第 4 期。

67. 梁文道:《公民道德复现于赈灾重建中》,《南方都市报》2008 年 5 月 23 日。

68. 廖昆明:《我国政府职能转变存在的问题与对策》,《国家行政学院学报》2008 年第 2 期。

69. 林楚方、法伊莎:《事业单位改革:一场涉及 2900 万人变革拉开大幕》,《南方周末》2004 年 4 月 15 日。

70. 林兆木:《发挥各类社会组织在促进社会和谐中的作用》,《党建研究》2007 年 1 月。

71. 刘华安:《民间组织的崛起与执政党的政治整合》,《云南行政学院学报》2007 年 6 月。

72. 刘维涛:《中国登记注册民间组织近 29 万个　政府职能"瘦身"》,《人民日报》2005 年 9 月 23 日。

73. 刘文光:《国外政府危机管理的基本经验及其启示》,《中共云南省委党校学报》2007 年 7 月。

74. 刘县书：《修改社团管理条例释放草根力量》，《中国青年报》2008 年 3 月 17 日。

75. 刘莘：《法治政府与行政决策、行政立法》，北京大学出版社 2006 年版。

76. 刘莹、杜晓丽：《我国公务员制度的发展与展望》，《沿海企业与科技》2006 年第 2 期。

77. 刘永彪：《创新型国家的基因工程　中国高新技术产业开发区探究》，中共中央党校出版社 2006 年版。

78. 刘兆华、赵辰光、徐光：《略论事业单位人事制度改革的问题、难点和对策》，《边疆经济与文化》2007 年第 12 期。

79. 刘智峰：《第七次革命：1998—2003 中国政府机构改革问题报告》，中国社会科学出版社 2003 年版。

80. 鲁兵：《中国经济特区新论》，海南出版社 2005 年版。

81. 罗干：《重大战略决策——加快发展第三产业》（上），中国政法大学出版社 1992 年版。

82. 罗海藩：《长株潭城市群转型》，社会科学文献出版社 2007 年版。

83. 罗豪才：《现代行政法制的发展趋势》，法律出版社 2003 年版。

84. 马国芳、马金书：《政府机构改革与社会中介组织发展互动关系研究》，《宁夏党校学报》（银川）2004 年第 3 期。

85. 马怀德：《法治政府特征及建设途径》，《国家行政学院学报》2008 年第 2 期。

86. 马怀德：《莫让〈国家赔偿法〉成"国家不赔法"》，《中国青年报》2008 年 4 月 23 日。

87. 毛寿龙：《中国政府体制改革的过去与未来》，《江苏行政学院学报》2004 年第 2 期。

88. ［美］鲍德威、威迪逊：《公共部门经济学》，邓力平译，中国人民大学出版社 2000 年版。

89. ［美］戴维·H. 罗森布罗姆：《公共行政学：管理、政治和法律的途径》，张成福等校译，中国人民大学出版社 2002 年版。

90. ［美］戴维·奥斯本、彼得·普拉斯特里克：《政府改革手册：战略与工具》，谭功荣等译，中国人民大学出版社 2004 年版。

91. ［美］戴维·奥斯本、特德·盖布勒：《改革政府：企业家精神如何改革着公营部门》，周敦仁等译，上海译文出版社 1996 年版。

92. ［美］费勒尔·海迪：《比较公共行政》（第六版），刘俊生译，中国人民大学出版社 2006 年版。

93. ［美］简·芳汀：《构建虚拟政府：信息技术与制度创新》，邵国松译，中国人民大学出版社 2004 年版。

94. ［美］罗伯特·赖克：《国家的作用：21 世纪的资本主义前景》，上海市政协编译组、东方编译所译，上海译文出版社 1994 年版。

95. ［美］尼古拉斯·亨利：《公共行政与公共事务》（第八版），张昕等译，中国人民大学出版社 2002 年版。

96. ［美］维托·坦奇：《20 世纪的公共支出》，胡家勇译，商务印书馆 2005 年版。

97. ［美］约翰·克莱顿·托马斯：《公共决策中的公民参与：公共管理者的新技能与新策略》，孙柏瑛等译，中国人民大学出版社 2005 年版。

98. ［美］詹姆斯·D. 格瓦特尼：《经济学：私人与公共选择》，梁砾译，中信出版社 2004 年版。

99. ［美］珍妮特·V. 登哈特：《新公共服务：服务，而不是掌舵》，丁煌译，中国人民大学出版社 2004 年版。

100. 牟宝柱：《中国高新技术产业开发区理论与实践》，中国物价出版社 1999 年版。

101. 倪鹏飞：《中国新型城市化道路——城乡双赢（以成都为案例）》，社会科学文献出版社 2007 年版。

102. 彭立勋：《邓小平经济特区建设理论与实践》（第 2 版），湖北人民出版社 1999 年版。

103. 皮黔生、王恺:《走出孤岛——中国经济技术开发区概论》,北京三联书店 2004 年版。

104. 评论员文章:《发挥好民间组织的作用》,《人民日报》2004 年 12 月 11 日。

105. 浦兴祖:《当代中国政治制度》,上海人民出版社 1990 年版。

106. 钱颖一:《市场与法治》,《经济社会体制比较》2000 年第 3 期。

107. 任晓:《中国行政改革》,浙江人民出版社 1998 年版。

108. 任晓林、郭延飞:《利益、功能与事业单位改革的路径选择》,《延安大学学报(社会科学版)》2006 年第 4 期。

109. 深圳市人民政府:《全面推进事业单位改革、创新社会事业管理体制机制》,《四川改革》2007 年第 5 期。

110. 沈德理:《非均衡格局中的地方自主性——对海南经济特区(1998—2002 年)发展的实证研究》,中国社会科学出版社 2004 年版。

111. 沈路涛、邹声文:《我国农村初中辍学率反弹问题突出》,《北京青年报》2004 年 10 月 27 日。

112. 沈小平:《完善领导干部职务任期制的思考》,《中国党政干部论坛》2005 年第 9 期。

113. 世界银行:《2006 年世界发展报告》,清华大学出版社 2007 年版。

114. 世界银行:《2006 世界发展指标》,中国财政经济出版社 2007 年版。

115. 宋凯:《专家谈灾害应急处理 呼吁国家建立综合协调部门》,《中国财经报》2008 年 6 月 5 日。

116. 苏东斌:《中国经济特区史略》,广东经济出版社 2001 年版。

117. 孙宇挺:《中国高层首次总结抗震救灾经验》,《中国新闻网》2008 年 6 月 19 日。

118. 谭人玮:《领导的子女当领导?》,《南方都市报》2008 年 5 月 1 日。

119. 唐晓阳:《深化事业单位改革必须注意运行机制的健全》,《广东行政学院学报》2007 年 12 月。

120. 唐之享:《法治:传承与创新:中国当代依法治国之路再探》,湖南人民出版社 2006 年版。

121. 陶学荣、陶睿：《中国行政体制改革研究》，人民出版社 2006 年版。

122. 汪文庆、刘一丁：《改革开放初期的人事制度改革》，《百年潮》2007 年 5 月。

123. 汪玉凯、张勇进：《业务流程再造理论在政府管理中的应用》，《电子政务》2007 年第 6 期。

124. 汪玉凯：《现阶段公共服务的突出矛盾与政府的责任》，《中国经济时报》2006 年 11 月 30 日。

125. 汪玉凯：《一个关键问题：加快行政体制改革》，《理论参考》2006 年第 6 期。

126. 汪玉凯：《中国行政体制改革 20 年的回顾与思考》，《中国行政管理》1998 年第 12 期。

127. 汪玉凯：《中国政府转型与电子政务建设》，《光明日报》2007 年 6 月。

128. 汪玉凯：《重构改革共识，推进政府的实质性改革》，《学习与研究》2007 年 2 月。

129. 汪玉凯：《电子政务在中国——理念、战略与过程》，国家行政学院出版社 2006 年版。

130. 汪玉凯：《公共管理与非政府公共组织》，中央党校出版社 2003 年版。

131. 汪玉凯：《公共权力与公共治理》，中共中央党校出版社 2006 年版。

132. 汪玉凯：《中国行政体制改革 20 年》，中州古籍出版社 1998 年版。

133. 王长胜：《电子政务蓝皮书：中国电子政务发展报告（2008）》，社会科学文献出版社 2008 年版。

134. 王长胜：《电子政务蓝皮书：中国电子政务发展报告 No.1》，社会科学文献出版社 2003 年版。

135. 王长胜：《电子政务蓝皮书：中国电子政务发展报告 No.4》，社会科学文献出版社 2007 年版。

136. 王京生：《改革创新与经济特区新使命 中国经济特区成立 25 周年理论研讨会论文集》，中央编译出版社 2006 年版。

137. 王克稳：《我国行政审批与行政许可关系的重新梳理与规范》，《中国法学》2007 年第 4 期。

138. 王名：《中国第三部门之路》，《21 世纪经济报道》2005 年 12 月 25 日。

139. 王明强：《我国依法行政的基本制度》，西南交通大学出版社 2005 年版。

140. 王绍光：《分权的底限》，中国计划出版社 1997 年版。

141. 王占阳：《汶川大地震激发了中国改革的七大动力》，《南方都市报》2008 年 6 月 4 日。

142. 韦健：《我国公务员考核存在的主要问题与对策分析》，《行政与法》2008 年 1 月。

143. 魏武、李亚杰：《十六大以来我国干部人事制度改革稳步推进》，《解放日报》2007 年 9 月 15 日。

144. 文正邦：《法治政府建构论：依法行政理论与实践研究》，法律出版社 2001 年版。

145. 吴江：《我国政府机构改革的历史经验》，《中国行政管理》2005 年第 3 期。

146. 吴佩纶：《我国的政府机构改革》，经济日报出版社 1990 年版。

147. 吴伟：《这是中国政府最成功的一次危机管理》，《联合早报》2008 年 5 月 19 日。

148. 吴倚天：《吉林政府雇员制 促进政务信息化建设》，《信息化建设》2003 年第 7 期。

149. 夏海：《政府的自我革命——中国政府机构改革研究》，中国法制出版社 2004 年版。

150. 夏勇：《依法治国：国家与社会》，社会科学文献出版社 2004 年版。

151. 肖金成、史育龙、李忠：《第三增长极的崛起 天津滨海新区发展战略研究》，经济科学出版社 2006 年版。

152. 谢庆奎、燕继荣、赵成根：《中国政府体制分析》，中国广播电视出版社 1995 年版。

153. 辛传海：《中国行政体制改革概论》，中国商务出版社 2006 年版。

154. 徐建军、任丰金：《国务院各部门机构改革究竟精简了多少?》，《行政人事管理》1999 年第 1 期。

155. 徐强胜：《我国事业单位法人制度改革的法理思考》，《河南省政法管理干部学院学报》2006 年第 5 期。

156. 徐善衍：《推动社团承接政府职能》，《人民日报》2005 年 9 月 23 日。

157. 徐颂陶、王鼎、陈二伟：《中国干部人事制度改革 30 年》，《中国人才》2007 年第 12 期。

158. 徐征峰、季明：《非政府组织将崛起成为中国社会的重要力量》，《新华网》2004 年 8 月 19 日。

159. 薛刚凌：《行政体制改革研究》，北京大学出版社 2006 年版。

160. 薛雯：《对西部地区人力资源开发的探讨》，《特区经济》2007 年第 2 期。

161. 闫东：《改革开放以来中国共产党与民间组织的关系》，《当代中国研究》2007 年第 3 期。

162. 颜珂、蒲阳、谷继建：《高校办学规模与办学社会效益浅议》，《中国成人教育》2007 年 11 月。

163. 颜如春：《培育和发展非政府组织促进社会稳定与和谐》，《人民网》2006 年 7 月 11 日。

164. 颜廷锐等：《中国行政体制改革问题报告》，中国发展出版社 2004 年版。

165. 杨利敏：《2008 年，铸造新国民国家的新起点》，《法制日报》2008 年 5 月 23 日。

166. 杨庆东：《深化干部人事制度改革的历程及走向》，《理论月刊》

2005 年第 5 期。

167. 杨之刚等：《财政分权理论与基层公共财政改革》，经济科学出版社 2006 年版。

168. 叶国文：《从"9·11"事件看政府危机管理》，《国际论坛》2003 年 2 月 19 日。

169. 应松年、张恋华：《政府法制通用教程》，中共中央党校出版社 2005 年版。

170. 应松年：《铺设权力运行的"轨道"》，《湖南在线》2008 年 4 月 22 日。

171. 应松年：《行政权与物权之关系研究——主要以〈物权法〉文本为分析对象》，《中国法学》2007 年第 5 期。

172. ［英］洛克：《政府论》，陕西人民出版社 2004 年版。

173. ［英］亚当·斯密著：《国民财富的性质和原因的研究》（下卷），商务印书馆 2002 年版。

174. 于安：《行政体制改革应告别运动式》，《理论参考》2006 年第 6 期。

175. 俞可平：《中国特色公民社会的兴起》，《21 世纪经济报道》2007 年 1 月 17 日。

176. 郁建兴、吴宇：《中国民间组织的兴起与国家—社会关系理论的转型》，《思想库报告》2007 年 4 月 17 日。

177. 袁北星：《汶川地震考量政府应急机制》，《湖北日报》2008 年 6 月 7 日。

178. 袁曙宏：《加快推进行政体制改革》，《国家行政学院学报》2007 年第 6 期。

179. 翟伟、李术峰：《消除人情关，打破关系网，我国公务员轮岗有效促进廉政建设》，新华社北京 2000 年 8 月 16 日电。

180. 占少华、韩嘉玲：《中国的农民工非政府组织：经验与挑战》，《中国社会学网》2005 年 6 月 27 日。

181. 张安庆、汪洋：《当代中国社会环境与行政体制改革》，《武汉大学学报（社会科学版）》1993 年第 2 期。

182. 张国庆：《公共行政学》（第三版），北京大学出版社 2007 年版。

183. 张莉、先幼果：《第三部门及其在我国发展的思考》，《西安电子科技大学学报》2007 年 7 月。

184. 张萍：《长株潭城市群发展报告》，社会科学文献出版社 2008 年版。

185. 张兆端：《危机管理与危机警务》，《江苏警官学院学报》2007 年 6 月 3 日。

186. 张志坚：《中国机构改革的历史、现状与未来》，《政治学研究》1998 年第 3 期。

187. 张志坚：《中国行政体制和机构改革》，中国大百科全书出版社 1994 年版。

188. 赵宝煦：《行政机构改革透析　中国地方行政机构改革研究》，苏州大学出版社 1998 年版。

189. 赵立波：《政府行政改革——走向 21 世纪的中国观点》，山东人民出版社 1998 年版。

190. 政府工作报告（1981、1993、1996、1998、2003、2008 年），人民出版社版。

191. 中共北京市委讲师团：《和谐社会十人谈》，京华出版社 2007 年版。

192. 中国（海南）改革发展研究院，《强国之路：中国改革步入 30 年》，中国经济出版社 2008 年版。

193. 中国（海南）改革发展研究院：《转型时期非政府组织的发展专题座谈会综述》，《中国改革论坛》2004 年 5 月 4 日。

194. 中国（海南）改革发展研究院：《建设公共服务型政府》，中国经济出版社 2004 年版。

195. 中国（海南）改革发展研究院：《政府转型——中国改革下一步》，中国经济出版社 2005 年版。

196. 中国法学会行政法学研究会：《行政管理体制改革的法律问题》，中国政法大学出版社 2007 年版。

197.《中华人民共和国第八届全国人民代表大会第四次会议文件汇编》，人民出版社 1996 年版。

198. 中华人民共和国国家统计局：《中国发展报告 2007》，中国统计出版社 2007 年版。

199. 钟瑞添、欧仁山：《政府治理变革与公法发展》，人民出版社 2007 年版。

200. 周大仁：《"公共行政与全球化"国际研讨会在意大利召开》，《中国行政管理》2000 年第 9 期。

201. 周洁：《我国人事行政体制改革的理论探讨》，《法制与社会》2007 年 10 月。

202. 周文水：《非典催生国家危机管理》，《时代潮》2003 年第 11 期。

203. 周志忍：《我国行政体制改革的回顾与前瞻》，《新视野》1996 年第 4 期。

204. 周志忍：《英国执行机构改革及其对我们的启示》，《中国行政管理》2004 年第 7 期。

205. 周志忍：《当代国外行政改革比较研究》，国家行政学院出版社 1999 年版。

206. 朱光磊、陆明远：《中国非营利组织的"二重性"及其监管问题》，《理论与现代化》2007 年 6 月。

207. 朱健刚：《民间力量推动着中国社会的改革开放》，《南方都市报》2007 年 1 月 23 日。

208. 朱喜群：《深化事业单位改革的战略思考》，《行政论坛》2006 年第 3 期。

209. 朱永新：《中国开发区组织管理体制与地方政府机构改革》，天津人民出版社 2001 年版。

210. 朱中原：《"大部制"将引领机构改革》，《中国改革》2008 年第 1 期。

211. 竹立家:《"大部制"改革之我见》,《中国改革》2008 年第 1 期。

212. 祝灵君:《现代公民社会中的社会民主》,《学习时报》2007 年 8 月 28 日。

213. 左然:《国外中央政府机构设置研究》,《中国行政管理》2006 年第 4 期。

214. OECD: "Public Management Development Survey: 1990", Paris: OECD. Savoie, D. : "Reforming Civil Service Reform", Policy Options, April 1994.

后 记

　　1998 年，由我主笔的《中国行政体制改革 20 年》一书正式出版。作为一名学者，在此后的十年间，我一直关注并跟踪中国行政体制改革的研究。现在回想起来，这一研究主要得益于我所活动的四个平台：一是我所在的国家行政学院。国家行政学院是一所培养高中级公务员的学府，集教学、科研和咨询于一体。这些年来我一直在教学的第一线，并长期为省部长、司局长等各类高层次培训班讲授有关政府管理方面的专题课程，这为我比较深入地了解政府管理的实际和行政体制改革方面的问题，提供了一个重要的途径。二是中国（海南）改革发展研究院。中改院是一个综合性、高水平、专门研究中国改革与发展的研究机构。这个平台上集中了包括王梦奎、高尚全、张卓元等一批老一代学者型官员和知名专家，以及迟福林、樊纲、常修泽、孙立平、巴曙松等一大批活跃在学术界的知名学者。从 1991 年成立以来，该院已经为中央提出了 123 项政策建议，召开的各种学术研讨会达 178 次，出版了 149 部著作，其在海内外产生的影响力是相当广泛的。特别从 2003 年 7 月召开"建设公共服务型政府"国际会议后，围绕深化行政体制改革、建设服务型政府，展开了全方位的研究，为中央提出了很多重要建议，受到高层的关注。我从 2002 年开始参与这个平台上的许多重要学术活动，获益良多。应该说，本书的组织和动议，最初就是从中改院开始的。三是国家信息化专家咨询委员会。早在 2002 年，我作为总体专家组成员参与了国家"十五"重大科技专项国务院电子政务示范工程的研究工作，有机会从理论和实践的结合上，研究电子政务；之后我被入选为国家信息化专家咨询委员会委员。这个平台上聚集了我国信息界的许多院士以及吴敬琏等知名学者，并为国家信息化领导小组提供决策咨询建议。这个平台给我提供的大量信息及其知识，使我对政府管理的工具性变革有了更深入的了解。四是北京大学政府管理学院。从 2001 年起，我被北京大学聘为兼职教授并在政府管理学院招收行政管理研究方向的博士研究生。前后录取了十多名博士生。这些学生致力于政府管理或行政改革方面的研究，我和他们之间形成了一个教学相长的研究团队。本书的主要作者，除了我之外，其余都是我带的已经毕业的博士生或在读的博士研究生。如果没有大家的集体合作，本书是难以在比较短的时间内完成的。

参与本书写作的作者包括：黎映桃（第一章）、王晓芳（第二章、第六章）、杜治州（第三章）、张勇进（第四章、第九章）、商维庆（第五章）、吴倚天（第七章、第八章）、于施洋（第十章）、樊健康（第十一章）。我除了撰写导论、第十二章外，还负责拟定全书的大纲、统稿、修订等工作。另外王晓芳承担了很多编务方面的事情，并精心校对、编制了新中国成立以来我国机构变化的附表。

本书能够顺利完成和出版，得益于中国（海南）改革发展研究院的动议、组织，得益于人民出版社的重视特别是郑海燕女士的精心编辑，在此表示由衷的感谢！

需要特别说明的是，本书的写作，为了体现首尾的衔接性和一贯性，比较多地吸收了《中国行政体制改革 20 年》一书中的某些内容，那本书还包括了其他一些作者的心血。正像我在导论中所说的，由于中国行政体制改革的时间跨度长，涉及的内容广泛，本书只是从专题研究的视角，对 30 年来中国行政体制改革进行了描绘和分析，其他一些问题还没有涉及。因此，不足、错讹之处在所难免，任何对本书的批评，都是对我们最大的鞭策，我们热切欢迎社会各界对本书的批评和指正！

汪玉凯

2008 年 9 月 20 日于国家行政学院

策划编辑:郑海燕
责任编辑:郑海燕
装帧设计:曹　春
责任校对:周　昕

图书在版编目(CIP)数据

中国行政体制改革 30 年回顾与展望/汪玉凯等著.
-北京:人民出版社,2008.11
ISBN 978 - 7 - 01 - 007347 - 7

Ⅰ.中…　Ⅱ.汪…　Ⅲ.①行政管理-政治体制改革-概况
-中国-1978~2008　Ⅳ.D63

中国版本图书馆 CIP 数据核字(2008)第 147787 号

中国行政体制改革 30 年回顾与展望
ZHONGGUO XINGZHENG TIZHI GAIGE 30 NIAN HUIGU YU ZHANWANG

汪玉凯　等著

人民出版社 出版发行
(100706　北京朝阳门内大街 166 号)

北京瑞古冠中印刷厂印刷　新华书店经销

2008 年 11 月第 1 版　2008 年 11 月北京第 1 次印刷
开本:700 毫米×1000 毫米 1/16　印张:28
字数:392 千字

ISBN 978 - 7 - 01 - 007347 - 7　定价:50.00 元

邮购地址 100706　北京朝阳门内大街 166 号
人民东方图书销售中心　电话 (010)65250042　65289539